ESPAÑA
OCÉANO ATLÁNTICO
MAR CANTÁBRICO
0 50 100 150 200 KILÓMETROS
FRANCIA
ANDORRA
PRINCIPADO DE ASTURIAS
GALICIA
Santiago
Santander
CANTABRIA
Bilbao
PAÍS VASCO
Pamplona
CORDILLERA CANTÁBRICA
NAVARRA
PIRINEOS
CASTILLA Y LEÓN
Río Ebro
Gerona
LA RIOJA
Zaragoza
Lérida
CATALUÑA
Barcelona
Valladolid
Segovia
Salamanca
SIERRA DE GUADARRAMA
ARAGÓN
Costa Brava
PORTUGAL
Madrid
MADRID
MENORCA
COMUNIDAD VALENCIANA
Río Tajo
Toledo
Palma
Valencia
MALLORCA
CASTILLA-LA MANCHA
Lisboa
IBIZA
ISLAS BALEARES
EXTREMADURA
Ciudad Real
MURCIA
Alicante
Murcia
Río Guadalquivir
Córdoba
MAR MEDITERRÁNEO
Sevilla
ANDALUCÍA
Cartagena
Granada
SIERRA NEVADA
Málaga
Cádiz
Estrecho de Gibraltar
Costa del Sol
Gibraltar (Br.)
Ceuta (Sp.)
Tanger
Melilla (Sp.)
MARRUECOS
ISLAS CANARIAS
LA PALMA
TENERIFE
GRAN CANARIA
Las Palmas
HIERRO
GOMERA
LANZAROTE
FUERTEVENTURA
0 MILLAS 75
0 KILÓMETROS 120
ÁFRICA

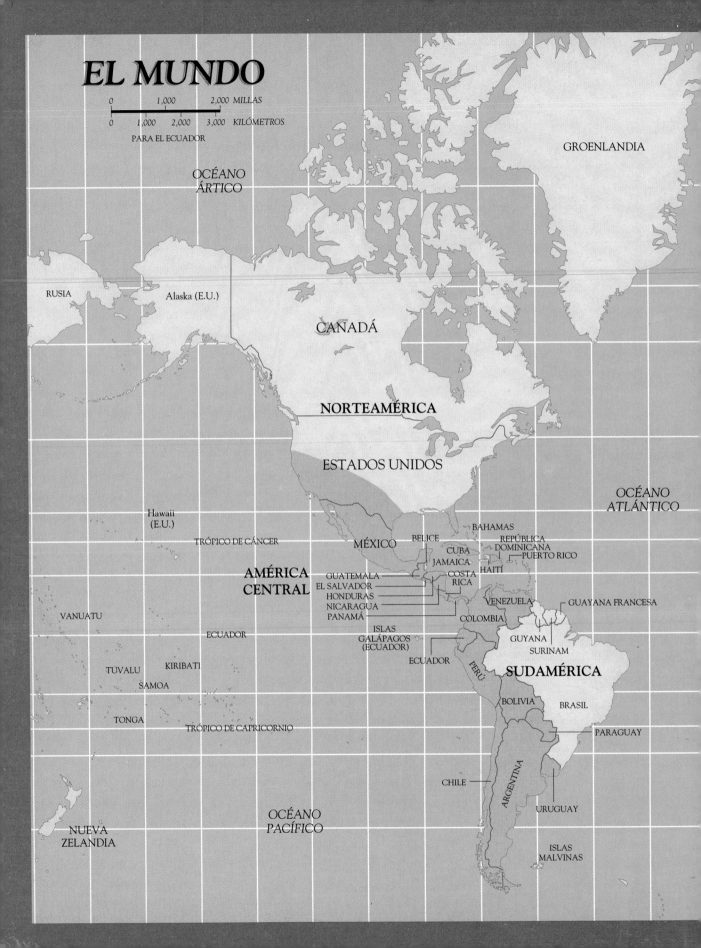

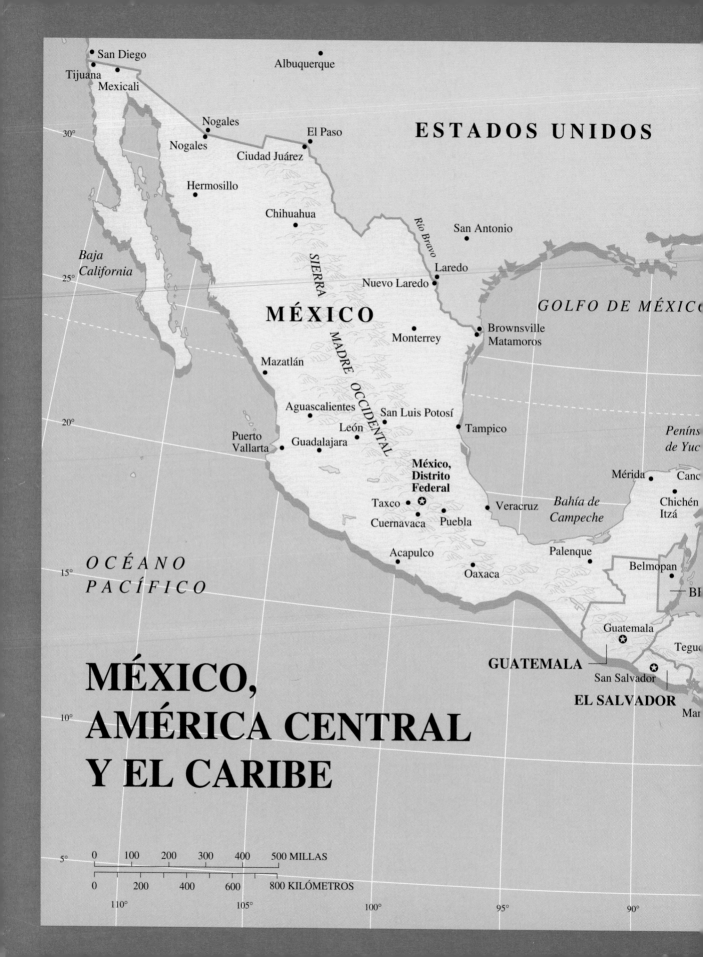

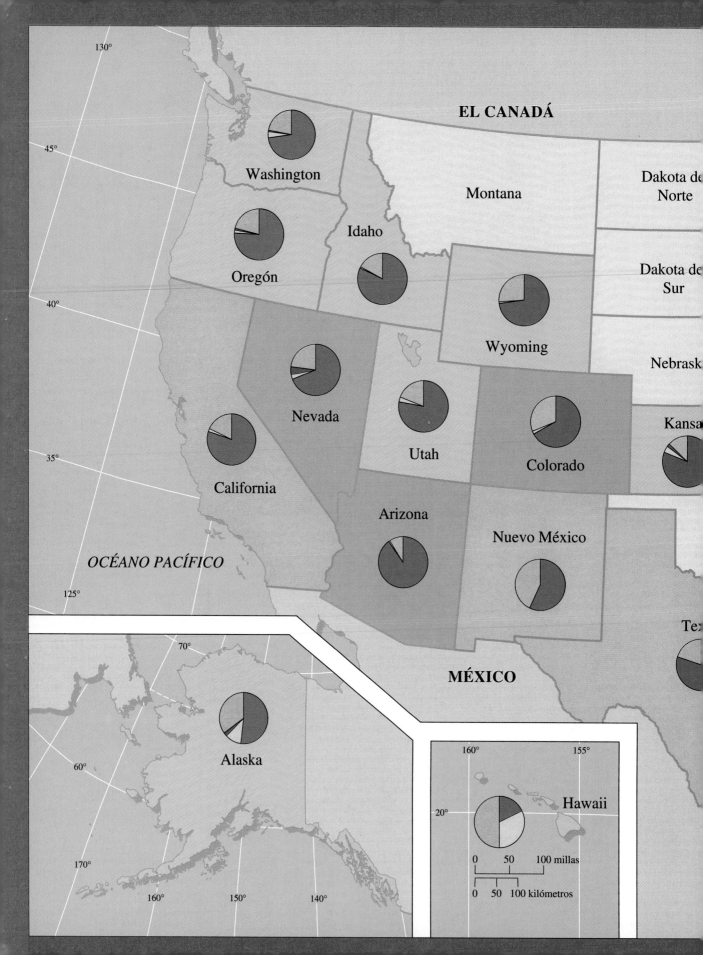

EL CANADÁ

Washington

Montana

Dakota del Norte

Idaho

Oregón

Dakota del Sur

Wyoming

Nebraska

Nevada

Utah

Kansas

California

Colorado

Arizona

Nuevo México

OCÉANO PACÍFICO

MÉXICO

Texas

Alaska

160°   155°

20°   Hawaii

0   50   100 millas

0   50   100 kilómetros

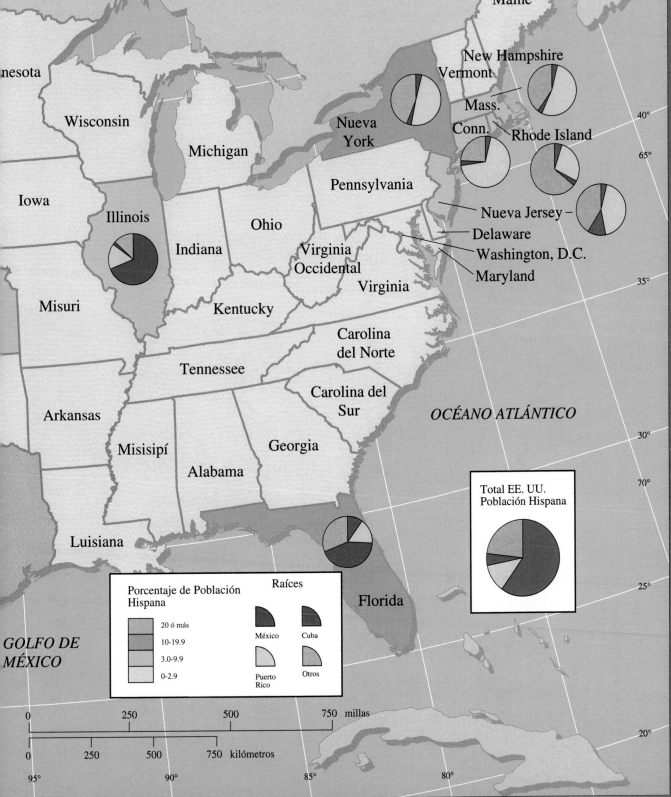

LOS HISPANOHABLANTES EN LOS ESTADOS UNIDOS

Maine

New Hampshire

Vermont

Mass.

Conn.

Rhode Island

Nueva York

nesota

Wisconsin

Michigan

Pennsylvania

Iowa

Illinois

Ohio

Indiana

Nueva Jersey

Delaware

Washington, D.C.

Maryland

Virginia
Occidental

Virginia

Misuri

Kentucky

Carolina
del Norte

Arkansas

Tennessee

Carolina del
Sur

OCÉANO ATLÁNTICO

Misisipí

Georgia

Total EE. UU.
Población Hispana

Alabama

Luisiana

Florida

Porcentaje de Población
Hispana

Raíces

20 ó más

10-19.9

3.0-9.9

0-2.9

México

Cuba

Puerto
Rico

Otros

GOLFO DE
MÉXICO

| 0 | 250 | 500 | 750 | millas |

| 0 | 250 | 500 | 750 | kilómetros |

95°   90°   85°   80°

40°

65°

35°

30°

70°

25°

20°

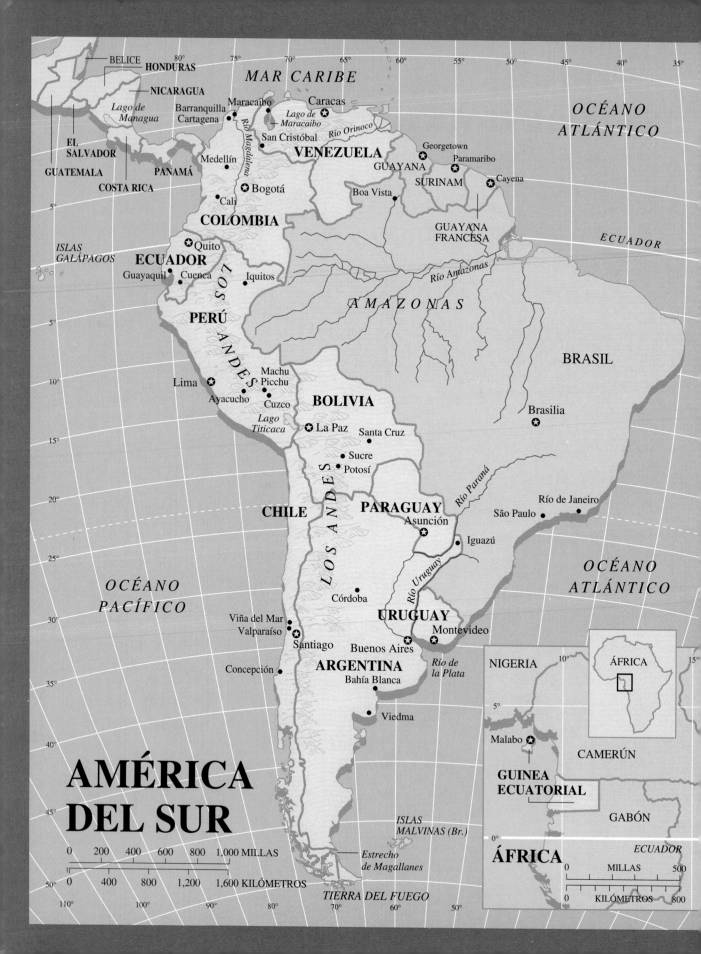

CONTIGO
ESSENTIALS OF SPANISH

THIRD EDITION

CONTIGO
ESSENTIALS OF SPANISH

THIRD EDITION

Oscar Ozete
University of Southern Indiana

Sergio D. Guillén
Emeritus, Anderson University

Holt, Rinehart and Winston
Harcourt Brace College Publishers

Fort Worth   Philadelphia   San Diego   New York   Orlando   Austin   San Antonio
Toronto   Montreal   London   Sydney   Tokyo

Publisher	Ted Buchholz
Senior Acquisitions Editor	Jim Harmon
Senior Developmental Editor	Jeff Gilbreath
Project Editor	Monotype Composition Company, Inc.
Senior Production Manager	Tad Gaither
Art Director	Peggy Young
Photo Editor	Judy Mason
Illustrator	Jim Van Heyningen
Compositor	The Clarinda Company

ISBN: 0–15–501075–1

Permission Acknowledgments and Photo Credits in the back of the book.

Printed in the United States of America

5 6 7 8 9 0 1 2 3 4   048   9 8 7 6 5 4 3 2 1

To our wives for their understanding and support.
Anita Ozete
Myrna Guillen

Contigo: Essentials of Spanish, Third Edition is a successful, flexible beginning Spanish program adaptable to different teaching and learning situations. The program focuses on comprehension, communication, and cultural understanding. Emphasis is on essential structures and vocabulary. In the text, these are spiraled to reinforce tools needed for effective daily face-to-face communication. The text is thoroughly integrated—teaching the four skills—through structures and situations that facilitate prompt, accurate, communication. Maximum practice with common functions of language is possible since low-frequency constructions appear primarily as recognition items. As such, *Contigo* responds to the current foreign language trend that calls for a proficiency-based curriculum. In addition, a strong reading strand runs through the book. Relying on numerous illustrations, prereading activities, and similarities between English and Spanish, students quickly read and understand prose passages that progress from simple to complex.

NEW TO THE THIRD EDITION

We are again truly grateful to you, our colleagues, for the warm acceptance you continue to give *Contigo* and for your valuable comments to make this an even better program. With these comments in mind, *Contigo* has incorporated the following new features.

1. The themes of the lessons, rearranged and modified, follow a more natural sequence, e. g., **En el aeropuerto** now precedes **En el hotel.**
2. **Conversaciones diarias,** reduced from six to five, enable students to begin understanding and communicating immediately in Spanish. Total Physical Response activities, expanded in the **Conversaciones,** build the learner's confidence in listening and understanding the language in context.
3. Grammar explanations are more self-explanatory, allowing class time to center on communication.
4. Exercises elicit greater group interaction and conversation—mostly in pairs— so that communication is more true to life and learners feel more at ease.
5. **Notas culturales** furnish more relevant cross-cultural insights. As early as in **Conversación diaria B, Notas** appear in easy-to-read Spanish and include aural and written comprehension checks.
6. Short stories capture the reader's attention with high interest content and manageable new vocabulary entries.
7. Additional annotations in the Instructor's Annotated Edition provide even more practical teaching, cultural, and communicative activities.
8. Each **Conversación** has its own vocabulary listed separately.
9. Humor—through additional cartoons, tongue twisters, and riddles—enlivens the content and underscores language concepts.
10. Additional full-color photos and illustrations further enhance communicative functions.
11. New and enlarged maps in color provide greater detailed information of the Spanish-speaking world (including the United States). A new map of the world, with countries labeled in Spanish, is also included.
12. A listening comprehension activity on tape, **Escuchemos,** caps each **Conversación** and **Lección.** This is recorded on an audio cassette that

accompanies each student textbook and checks for specific information, main ideas, and inferences.

13. Verb charts in the **Apéndices** have been expanded and reorganized for easier reference.

14. The workbook/lab manual mirrors the student textbook more closely and includes additional communicative practice.

15. The testing program, extensively overhauled, reflects changes in the student text and accommodates a more communicative format. The testing program now includes the EXAMaster+™ computerized testing program, so that instructors may customize tests.

16. New video ancillaries with text-specific instructor's manuals enrich the visual-aural components of the program.

ORGANIZATION

The **Primera parte** of *Contigo* contains five **Conversaciones diarias (A–E)** that provide basic listening, reading, cross-cultural awareness, and speaking practice for successful communication from the outset. After completing these introductory lessons, students will be able to speak, first about themselves and their own immediate world (personal characteristics, likes and dislikes), and then about their families, friends, and other topics of personal interest. In addition, they will gain cultural insights related to the lessons presented. Since most of the grammatical structures in these preliminary lessons will be spiraled and formally covered later, the instructor should resist the temptation to teach too much grammar here.

The **Segunda parte** consists of fourteen **Lecciones** that begin with short narratives or real-life dialogues that engage students and help them attain an oral command of the content. Subsequent questions and adaptations encourage creative recombination of the material introduced. The vocabulary from each lesson centers around thematically related units, e.g., the airport, the hotel reception desk, and so forth.

Grammatical explanations are succinct and represent contemporary usage. Important grammatical features and vocabulary are reintroduced systematically to reinforce accuracy while, at the same time, promoting original practice with language.

Varied exercises and activities have been incorporated into the lessons to enhance student participation in the language acquisition process. Exercises stress the practical and communicative function of language within the appropriate social setting and allow for practice in asking, receiving, and supplying information. Emphasis is placed on pair and small group interaction, and students advance from single prescribed questions and answers to more involved use of the language through describing, asking and answering questions, narrating, giving and following directions, expressing opinions, and hypothesizing.

Readings in *Contigo* include **Notas culturales,** which provide cross-cultural information and **Observaciones,** which present culture-specific insights into the Hispanic world with contexts ranging from everyday messages to adapted authentic texts. The lessons end with the **Actividades,** brief exercises generally adapted from Spanish-language periodicals or realia. Seven **Exámenes** (Self-tests) provide a comprehensive review of previous lessons through exercises that emphasize previously introduced vocabulary and structures in a modified format.

SUPPLEMENTARY MATERIALS

The *Manual de ejercicios y de laboratorio* serves both as a workbook for additional writing exercises and as lab manual to be used with the accompanying laboratory cassette program. Lessons from the main text have corresponding listening, speaking, and writing exercises in the *Manual*.

The Instructor's Annotated Edition contains practical lesson plans and marginal notes which give pointers in presenting new material, along with suggestions for using exercises and activities. The front matter of the Instructor's Annotated Edition also gives hints and techniques for enriching the communicative competence of the students.

A detailed description of the ancillary materials: *Manual de ejercicios y de laboratorio*, *Escuchemos* audio cassette accompanying the student textbook, video, testing program, transparencies, software, and situation cards is contained in the preface to the Instructor's Annotated Edition.

ACKNOWLEDGMENTS

The authors would like to thank Jeff Gilbreath of Holt, Rinehart and Winston for his candid suggestions, encouragement, and careful editing of the manuscript. We are also grateful to Tad Gaither of Harcourt Brace College Publishers and Danica Lorincz and Tripp Narup of Monotype, Inc. for their painstaking efforts in leading the manuscript through production.

We would also like to express our gratitude to the following reviewers for their insightful and much appreciated comments.

Hersilia Alvarez-Ruf, Hope College
Geraldine Ameriks, University of Notre Dame
Kathryn Bartholomew, Seattle Pacific University
Maria P. Boudet, Valencia Community College
Leon Bright, University of Southern Colorado
Theo Burns, Community College of Southern Nevada
John Chaston, University of New Hampshire
Sharon Cherry, University of South Carolina at Spartansburg
Jim Jones, Midland College
Paul O'Donnell, University of Michigan at Flint
Mary Plevich-Darretta, Rutgers University at Newark
Richard Siebolt, University of Minnesota at Duluth
Beth Willingham, College of William and Mary

Our appreciation goes to Carol Wattsel for her help in preparing the manuscript. Finally, we would like to include a special word of gratitude to our wives, Anita Ozete and Myrna Guillén, for their patience and encouragement throughout the three editions of this project.

WHY STUDY SPANISH

This is an exciting time to learn Spanish. More than 300 million people throughout the world speak Spanish, making it the fifth most spoken language in the world. It is spoken in Spain, Latin America, and in parts of Africa and the Pacific. In the United States one out of ten residents is a Spanish-speaker.

Learning Spanish will help you become aware of how a variety of people think and act in different cultural and social situations. You will gain insights into your *own* language and society as you compare how another culture views, organizes, and puts into words the world we share. And of course, acquiring this important world language gives you an additional tool to help you in your present or future career.

WHAT DOES "CONTIGO" MEAN

Contigo is the familiar way of saying "with you" in Spanish. This book, called *Contigo*, will help you learn Spanish and familiarize you with many people in the United States and abroad who speak this vibrant language. The emphasis will be on standard Latin American Spanish; therefore, the verb forms for **vosotros (as)** you, familiar, plural (used in Spain) will be introduced, but not practiced. However, your instructor may wish to place added emphasis on this form.

HOW DO YOU LEARN SPANISH?

Learning another language—especially in the beginning—is like learning to play a musical instrument or a sport: it takes daily, organized practice. Here are a few tips.

1. Practice in shorter, more frequent sessions rather than in longer less frequent ones.
2. Make intelligent guesses by relying on similar words in the two languages and by tuning into the context. For example, at the airport you will probably hear: **su pasaporte, por favor, la visa, las reservaciones, el avión, ¡atención!, etc.**
3. Repeat key expressions aloud to yourself, even if you're alone. Visualize how and where they would apply. Make vocabulary flashcards that you periodically review aloud, expand, and rotate.
4. Preview each lesson or a tape to get a sense of its organization and content. Concentrate on the first sentence of each paragraph. Then go back to scan for supporting details that answer the *who?*, *what?*, *where?*, and *when?* questions. Later reread or replay the material until you can grasp and sketch out the main ideas.
5. Use Spanish in every possible opportunity before, during, and after class. Listen to CDs and tapes in Spanish. Go to or rent movies in Spanish. If possible, listen to radio or TV programs in the language. Greet and engage in small talk with other students and Spanish-speakers in your area. Don't be afraid to make mistakes or mispronounce a word. Most of all, have FUN with Spanish. TRY, try, and you will *succeed*. **¡Estamos contigo!** We're with you!

WHO ARE THE SPANISH SPEAKERS?

By the sixteenth century, Spain had established colonies in all the continents except Australia. Spanish-speakers of today reflect the richness of this vast and diverse historical legacy through their different ethnic groups and dialects.

In the United States, Spanish influence predates Plymouth Rock (1620). In the Southwest and Florida, Spaniards created the first permanent European settlements. Today a more broad-based Spanish culture—referred to as Hispanic or Latin—continues to share its legacy with the ever evolving American mosaic.

Now turn to your book map **Los hispanohablantes en los Estados Unidos** and notice where Spanish-speakers reside and what ethnic groups make up the population there. What geographical names in Spanish in the United States can you list?

In subsequent days, study the other maps in your book, focusing on locations, cities, mountains, and waterways. What could you guess about the climate, food, transportation, and clothing of those locations? Is the Spanish-speaking world the same all over, or is there variety?

CONTENIDO

PRIMERA PARTE CONVERSACIONES DIARIAS

SEGUNDA PARTE: LO ESENCIAL DEL ESPAÑOL

LECCIÓN 1   LOS OFICIOS   69

COMUNICACIÓN

TO INQUIRE ABOUT HOTEL
ACCOMMODATIONS

TO DESCRIBE ACTIONS IN
PROGRESS

TO POINT OUT PEOPLE AND
THINGS

TO TALK ABOUT COMPLETED
ACTIONS IN THE PAST

COMUNICACIÓN

TO SHOP FOR FOOD

TO TALK ABOUT COMPLETE
ACTIONS IN THE PAST

TO COMPARE PEOPLE AND
THINGS

COMUNICACIÓN

TO ORDER FOOD

TO RELATE PAST ACTIONS
AND STATES

COMUNICACIÓN

TO HANDLE ROUTINE TELE-
PHONE CALLS

TO AVOID REPETITIONS OF
NAMES

TO INDICATE TO WHOM OR
FOR WHOM ACTIONS ARE
DONE

TO EXPRESS LIKES AND DIS-
LIKES, INTERESTS, AND
CONCERNS

COMUNICACIÓN

TO TALK ABOUT ACTIONS THAT ARE (OR WERE) PENDING

TO EXPRESS HYPOTHETICAL SITUATIONS

PRIMERA PARTE

• • • • • • • • • •

CONVERSACIONES DIARIAS

LAS PRESENTACIONES
Y LA CLASE

COMMUNICATION

to introduce yourself and others
to describe people
to count from zero to thirty
to name classroom items
to recognize and respond to common classroom commands

CULTURE

tú (familiar) and **usted** (formal) for *you*

PRONUNCIATION

vowels, diphthongs, and accents

GRAMMAR

introduction to gender agreement of nouns and adjectives

A

CONVERSACIÓN DIARIA

It is the first day of class, and two students are introducing themselves. They smile and shake hands.

Hispanic people often shake hands when they meet and when they say good-bye.

Luis	Hola. Me llamo° Luis Alonso.	*Hi. My name is (I call myself).*
	Y tú, ¿cómo te llamas?°	*And you, what's your name?*
Irene	Me llamo Irene Pérez.	
Luis	Mucho gusto.°	*Glad to meet you.*
Irene	El gusto es mío.°	*The pleasure is mine.*

Professor Eduardo Lima introduces himself to Professor Ana María Reyes. They both smile and shake hands.

Professor Lima	Buenas tardes.° Me llamo	*Good afternoon.*
	Eduardo Lima.	
	Y usted, ¿cómo se llama?°	*And you (formal . . . ?*
Professor Reyes	Me llamo Ana María Reyes.	
Profesor Lima	Encantado.°	*Delighted*
Profesora Reyes	Igualmente.°	*Likewise*

Hola	*Hi, Hello*	Mucho gusto.	*Glad to meet you.*
Buenos días	*Good morning*	El gusto es mío	*The pleasure is mine.*
Buenas tardes	*Good afternoon*	Encantado(a)	*Delighted*
Buenas noches	*Good evening*	Igualmente	*Likewise*

EXPLICACIONES

Both men and women use **mucho gusto** and **el gusto es mío** when introducing themselves. For variety, a man could say **encantado** and a woman, **encantada.** **Igualmente** does not change for either one.

NOTAS CULTURALES

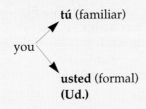

Both **tú** and **usted** mean *you.* We use **tú** when speaking to a young person or anyone we call by his or her first name. We use **usted** (abbreviated **Ud.**) when speaking to an adult we don't know well or to persons we call by their last name.

Adaptación

1. Act out the opening dialogues with a few classmates. Depending on the situation, use the familiar **tú** or the formal **usted.** Vary the expressions in the dialogues; for example: **Buenos días** to **Buenas tardes** and **Mucho gusto** to **Encantado(a).** Remember to shake hands.

2. Introduce two students to one another.

> MODELO **tú: Juanita Mendoza, David Vega.**
> **Juanita**   *(Glad to meet you.)*
> **David**   *(The pleasure is mine.)*

Next, let the other two students make the introductions. Vary the expressions to *delighted* and *likewise.*

LOS NÚMEROS 0–30

0 cero	3 tres	6 seis
		7 siete
1 uno	4 cuatro	8 ocho
		9 nueve
		10 diez
	5 cinco	11 once
		12 doce
2 dos		

13 trece	22 veintidós (veinte y dos)
14 catorce	23 veintitrés (veinte y tres)
15 quince	24 veinticuatro (veinte y cuatro)
16 dieciséis (diez y seis)	25 veinticinco (veinte y cinco)
17 diecisiete (diez y siete)	26 veintiséis (veinte y seis)
18 dieciocho (diez y ocho)	27 veintisiete (veinte y siete)
19 diecinueve (diez y nueve)	28 veintiocho (veinte y ocho)
20 veinte	29 veintinueve (viente y nueve)
21 veintiuno (veinte y uno)	30 treinta

Uno becomes **un** before a masculine noun: **un amigo**—*a (one) male friend*. **Una** is used before a feminine noun: **una amiga**—*a (one) female friend*. The same occurs with larger numbers ending in **uno** (21, 31, 101…). Numbers 16 through 19 and 21 through 29 may be written as one word—the more common—or as three words. Note the accent mark on some combined forms.

➤ Práctica 1

a. Below are signs you might see in a Spanish-speaking country. Rank them from most important (1) to least important (6) according to your opinion. Then compare your ranking with another student.

A.   B.   C.   D.   E.   F.

b. Lea (*read*) en español.

3 amigos	12 pesos	1 secreto	16 estudiantes	25 kilómetros	15 minutos
1 maestro	10 dólares	7 noches	1 maestra	30 personas	28 días

c. Complete this popular singsong. (Note **y** = *and;* **son** = *are.*)

Dos y _____?_____ son cuatro,
cuatro y dos son _____?_____,
seis y dos son _____?_____
y _____?_____ dieciséis.

Pronunciación

Las vocales

Spanish vowels are more tense and shorter, and do not have the accompanying glide or diphthong that characterizes English vowels. Unlike English, Spanish vowels maintain their basic sound and do not reduce to an *uh* sound in unstressed positions.

Pronounce these words after your instructor.

a as in f*a*ther:
  casa banana sala mala fama
e as in b*e*t:
  mesa tenis peso de tela
i and **y** as in f*ee*t:
  sí fin piso cinco minuros y

o as in n*o*te:
  como solo dos pico foto
u as in t*oo*l:
  uno tú Cuba luna gusto

Los diptongos

A diphthong is the combination of any two vowels that inclues **i (y)** or **u.** The emphasis falls on the strong vowels **a, e,** and **o** and not on the weak vowels **i(y)** and **u.**

siete   tiene   seis   gracias   aire   estudio   soy
agua   cuando   auto   bueno   duermo   Luis   muy

In a diphthong with two weak vowels **i (y)** and **u,** the second vowel has the stronger stress:

Luis fui ciudad viuda

La acentuación

Words that end in a vowel, a diphthong, or the consonants **n** or **s** are stressed on the next-to-the-last syllable. (Each syllable has one vowel or diphthong.)

pa-so a-**mi**-ga fa-**mi**-lia es-**tu**-tio es-**tu**-dian **tar**-des **fe**-o

Words that end in a consonant other than **n** or **s** are stressed on the last syllable.

se-**ñor** pa-**pel** es-tu-**diar** us-**ted**

Words that do not follow the above two patterns have a written accent to indicate the stressed syllable:

a-**diós** me-**cá**-ni-co te-**lé**-fo-no es-ta-**ción**

Accents are always used

1. with interrogative words:

¿Cómo *How?*   ¿Cuándo? *When?*   ¿Qué *What?*

2. with exclamations:

¡Qué gusto!   *What a pleasure!*

3. to differentiate words identical in spelling but different in meaning:

tú	*you*	tu	*your*	sí	*yes*	si	*if*
él	*he*	el	*the*	sólo	*only*	solo	*alone*

Palabras familiares   *(familiar words)*

Many Spanish words will become familiar to you as you learn the sounds of your new language. The first set of words below can be used to describe a person—male or female. Listen and repeat after your instructor.

importante	cruel	popular	diferente
flexible	puntual	superior	independiente
interesante	sentimental	terrible	valiente
inteligente	parcial	noble	impresionante
eficiente	liberal	competente	rebelde

The second set of familiar words may end in **-o** or **-a**. Use the **-o** ending when describing a man and the **-a** ending when describing a woman. Again listen and repeat after your instructor.

sincero(a)	generoso(a)	dinámico(a)	magnífico(a)
famoso(a)	curioso(a)	tímido(a)	atractivo(a)
moderno(a)	ambicioso(a)	cómico(a)	agresivo(a)
serio(a)	afectuoso(a)	fantástico(a)	intenso(a)
activo(a)	estudioso(a)	espontáneo(a)	expresivo(a)

➤ *Práctica 2*
....

Conteste Ud. en español. *(Answer in Spanish.)*

> MODELO ¿Eres tolerante?   *(Are you . . . ?)*
> **Sí, soy tolerante**.   *(Yes, I am . . .)*
> **No, no soy ...**   *(No, I am not . . .)*

1. ¿Eres sentimental?
2. ¿Eres rebelde?
3. ¿Eres ambicioso (a)?
4. ¿Eres modesto(a)? ¿sarcástico(a)?
5. ¿Eres muy *(very)* sociable?
6. ¿Eres curioso(a)? ¿famoso(a)?
7. ¿Eres muy estudioso(a)?
8. ¿Eres discreto(a) o *(or)* indiscreto(a)?
9. ¿Eres muy paciente o muy impaciente?
10. ¿Eres muy responsable o muy irresponsable?

a. Primeras impresiones. Using five adjectives, describe your first impressions of a classmate. See if he or she agrees with you.

> MODELO *You* ¿Eres muy estudioso(a)?
>
> *Classmate* **Sí soy muy estudioso(a).**
>
> **No, no soy…**

b. Más impresiones. Use five of the **palabras familiares** to describe your first impressions of your instructor; then compare your impressions with a classmate's.

> MODELO **Mi profesor(a) es inteligente.**
>
> **Es atractivo(a).**

(What do you think **es** means in English?)

EN LA CLASE

1. la ventana

2. la luz

3. el reloj

4. la pizarra

5. la puerta

6. la silla

7. la mesa

8. el libro

9. el lápiz

10. el bolígrafo

11. el papel

12. la grabadora

13. el cuaderno

14. el asiento

15. la profesora

16. los estudiantes

Libros y amigos, pocos y buenos.°

With books, as with friends, it is
quality, not quantity, that counts.

> *Práctica 4*
....

a. Cover the list of words and, looking only at the drawing, name as many items as you can. You may wish to work with a classmate.

MODELO Cinco es **la puerta.**

b. Find the word on the right that is most closely associated with the one on the left.

1. **la mesa:** la puerta, el reloj, la silla
2. **el cuaderno:** el papel, la puerta, la ventana
3. **el lápiz:** el asiento, la clase, el bolígrafo
4. **la luz:** el libro, la ventana, el asiento
5. **la profesora:** los días, las tardes, los estudiantes

c. The new semester has just started. Tell a classmate how many books, notebooks, pens, and pencils you need.

MODELO Necesito (*I need*)…

Expresiones para la clase

Listen to these typical classroom commands as your instructor acts them out. For now, try to understand the commands and perform them accordingly. In later lessons we'll focus on how to write them.

Escuche.	*Listen.*
Repita.	*Repeat.*
Mire.	*Look.*
Escriba.	*Write.*
Lea.	*Read.*
Camine.	*Walk.*
Déle el papel.	*Give him (her) the paper.*
Pregúntele.	*Ask him (her).*
Contéstele.	*Answer him (her).*
Abra el libro.	*Open the book.*
Cierre la puerta.	*Close the door.*
Levántese.	*Stand up. / Get up.*
Siéntese.	*Sit down.*

The preceding commands can be made plural by adding **n** to the verb. **Usted(es)** may be left out.

Escuchen (ustedes.	*Listen (you, pl.).*	Escuche (usted).	*Listen (you, sing.).*
Pregúntele (ustedes).	*Ask him/her (you, pl.).*	Pregúntele (usted).	*Ask him/her (you, sing.).*

➤ *Práctica 5*

¿Cuál *(Which one)* es la expresión correcta?

1. a. ¡Hable!
    b. ¡Escuche!
    c. ¡Lea!

2. a. ¡Escriba!
    b. ¡Repita!
    c. ¡Mire!

3. a. ¡Abra el libro!
    b. ¡Note el libro!
    c. ¡Cierre el libro!

4. a. ¡Escríbale!
    b. ¡Déle
    c. ¡Pregúntele!

5. a. ¡Levántese!
    b. ¡Siéntese!
    c. ¡Márchese!

6. a. ¡Camine!
    b. ¡Lea!
    c. ¡Mire!

7. a. ¡Mire la puerta!
    b. ¡Abra la puerta!
    c. ¡Camine a la puerta!

8. a. ¡Cierre el menú!
    b. ¡Prepare el menú!
    c. ¡Déle el menú

9. a. ¡Mire!
    b. ¡Conteste!
    c. ¡Visite!

Preview the questions below to help you focus your attention. Then, listen to the following dialogue between a professor and a new student. Remember, you do not need to know every single word to get the gist of the conversation. Rely on context and surrounding words.

1. Las personas están *(are)* en ___?___.
   a. el aeropuerto
   b. el hospital
   c. la universidad

2. Alicia es ___?___.
   a. la doctora
   b. la estudiante
   c. la directora

3. Alicia escribe su apellido *(surname)* ___?___
   a. Reid: R–e–i–d
   b. Reed: R–e–e–d
   c. Read: R–e–a–d

4. Alicia cierra ___?___.
   a. la ventana
   b. la puerta
   c. el libro

5. Alicia ___?___.
   a. escribe la lección
   b. abre la puerta
   c. lee el libro

6. Alicia es ___?___.
   a. expresiva
   b. rebelde
   c. tímida

Vocabulario

Hints for learning vocabulary

1. Study carefully the vocabulary that appears at the end of the lessons. Then cover the English translation and read the words aloud in Spanish, checking to see if you recall the meanings. For future study, mark those words whose meanings you are unsure of. If a word is a cognate or has a similar root in English, beward of differences in spelling and pronunciation. For example, **familia** ends in **-ia**, not **-y**; and **clase** and **profesor** have only one **s**.

2. To avoid errors in communication, do not reduce the vowels to an *uh* sound: **niño** *(boy)* but **niña** *(girl)*; **hombre** *(man)* but **hambre** *(hunger)*.

3. To strengthen your command of the vocabulary even more, prepare flashcards for each succeeding Vocabulario. Review these cards periodically, double-checking your pronunciation and spelling.

4. Practice expressions and words in different situations and with different people both in and out of class. The more associations you make with your new vocabulary words, the more easily you will remember them.

5. Each day while you wait for class to begin, try different Spanish expressions with your classmates.

Expresiones

*¡Hola!	Hi! Hello!
Buenos días.	Good morning.
Buenas tardes.	Good afternoon.
Buenas noches.	Good evening.
*¿Eres… ?	Are you . . . ? (familiar)
Sí, soy…	Yes, I am . . .
y	and

Presentaciones

¿Cómo te llamas?	What's your name? (familiar) (Literally: What do you call yourself?)
¿Cómo se llama usted?	What is your name? (formal)
Mucho gusto.	Glad to meet you.
El gusto es mío.	The pleasure is mine.
Encantado(a).	Delighted.
Igualmente.	Likewise.

Los sustantivos (nouns)

(En la clase)s

el asiento	seat
el bolígrafo	pen
el cuaderno	notebook
la grabadora	tape recorder
el lápiz	pencil
el libro	book
la luz	light
la mesa	table
el papel	paper
la pizarra	chalkboard
la puerta	door
el reloj	clock, watch
la silla	chair
la ventana	window

Las personas

tú	you (familiar)
usted (Ud.)	you (formal)
el amigo	friend (male)
la amiga	friend (female)
el profesor	professor (m.)
la profesora	professor (f.)
el estudiante	student (m.)
la estudiante	student (f.)

Los números 0–30

0	cero	
1	uno	16 dieciséis (diez y seis)
2	dos	17 diecisiete (diez y siete)
3	tres	18 dieciocho (diez y ocho)
4	cuatro	19 diecinueve (diez y nueve)
5	cinco	20 veinte
6	seis	21 veintiuno (veinte y uno)
7	siete	22 veintidós (veinte y dos)
8	ocho	23 veintitrés (veinte y tres)
9	nueve	24 veinticuatro (veinte y cuatro)
10	diez	25 veinticinco (veinte y cinco)
11	once	26 veintiséis (veinte y seis)
12	doce	27 veintisiete (veinte y siete)
13	trece	28 veintiocho (veinte y ocho)
14	catorce	29 veintinueve (veinte y nueve)
15	quince	30 treinta

*Notice how Spanish inverts the exclamation point and question mark at the beginning of the sentence or question.

LOS SALUDOS
Y LA FAMILIA

COMMUNICATION

to greet and bid farewell to others
to identify and describe family members
to count from 31 to 99
to look up and say telephone numbers and addresses

CULTURE

family relationships, basic courtesies

PRONUNCIATION

consonants: **h, b, v, ll, y, ñ,s, z;** syllable division

GRAMMAR

plural of family nouns

B

CONVERSACIÓN DIARIA

YOLI

Yolanda and her friend Teresa run into each other. They stop briefly and each asks how the other is doing. They use their nicknames: Yoli and Tere.

Yoli	Hola°, Tere. ¿Cómo estás?°	*Hi / How are you? (familiar)*
Tere	Muy bien, gracias. ¿Y tú, Yoli?°	*Very well, thanks. And you?*
Yoli	Regular.°	*Not bad.*
Tere	Chao.°	*Bye; so long.*
Yoli	Hasta luego.°	*See you later.*

Mr. Campos greets Mrs. del Valle, a business acquaintance.

El señor	Buenas tardes, señora del Valle. ¿Cómo está?	
La señora	Bien, gracias. ¿Y usted?	
El señor	Más o menos.° ¿Cómo está la familia?°	*So-so* / *How's the family?*
La señora	Todos bien,° gracias. Adiós.°	*All fine / Good-bye.*
El señor	Hasta pronto.°	*See you soon.*

Expresiones

¿Qué tal?	*How are things?*
Hasta* mañana.	*Until tomorrow.*
señor (Sr.)	*Mr., sir, gentleman*
señora (Sra.)	*Mrs., madam, ma'am, lady*
señorita (Srta.)	*Miss, young lady*

NOTAS CULTURALES

For years young Spanish-speakers have been using *ciao* for *good-bye* or *so long.*

Spanish speakers say **adiós** *(good-bye)* when leaving and also when passing in the street and don't have the time or desire to stop and talk.

Two women or a man and a woman who are friends often greet each other with a slight kiss on the cheek. In Spain and Argentina friends kiss on both cheeks. Male friends usually hug **(el abrazo)** and pat each other on the back.

---

*The **h** is not pronounced in Spanish except in the consonant group **ch (mucho).**

Adaptación

1. Act out the two previous dialogues with a few classmates. Use the **tú** familiar version in some cases and the **usted** formal in others.

2. Complete the following dialogue with a classmate. Use the person's first name.

   A: ¡Hola,_____!¿Qué tal?

   B: Más o _____, gracias. ¿Y tú?

   A: _____. ¿Cómo está la familia?

   B: Todos _____, _____· Adiós.

   A: _____ mañana.

Julio Ochoa
el padre (the father)
papá (dad)

Marta García de Ochoa
la madre (the mother)
mamá (mom)

Yolanda (*Yoli*)
la hija (the daughter)

Diego
el hijo (the son)

In Spanish-speaking countries married women generally retain their maiden names. The husband's surname, usually prefaced by **de** (*of*), is often added to the wife's name. Thus, Marta García may add **Ochoa** or **de Ochoa** to her full name. The children, in turn, have the surname of each parent, with the father's surname coming first. For example, for official purposes Yolanda is referred to as Yolanda Ochoa García.

EXPLICACIONES

Nouns and adjectives in Spanish are classified as either masculine or feminine. However, in a group of both males and females, Spanish uses the masculine plural form. For example, **hermanos** can refer to a group of both brothers and sisters (siblings) as well as to a group of brothers only; likewise, **padres** can refer to both parents or to fathers. The feminine plural refers only to females: **hermanas** means sisters; **amigas** means female friends.

Yolanda y su (her) *familia* . . . .

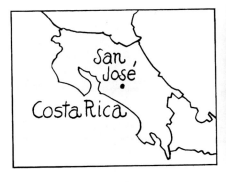

Somos° cuatro en mi familia: mi mamá, mi papá, mi hermano y yo.° Todos somos de° San José, Costa Rica.

We are

I / from

Mis abuelos° Carmen y Jesús Ochoa son muy simpáticos.° Son° de España.

Tío° Pedro es agricultor° y tía Gloria es ama de casa.° Mi prima° Conchita es profesora de biología y su esposo° Fermín es administrador. Mi primo° Juanito es estudiante. Es muy alegre° y simpático.

grandparents / nice
They are
Uncle / farmer / housewife
cousin (f.) / spouse
cousin (m.)
cheerful

TÍO PEDRO

TÍA GLORIA

JUANITO

CONCHITA

FERMÍN

a. Take turns with a classmate to describe Yolanda's family. Indicate the relationship of each member to her.

    MODELO **Juanito es su primo.**

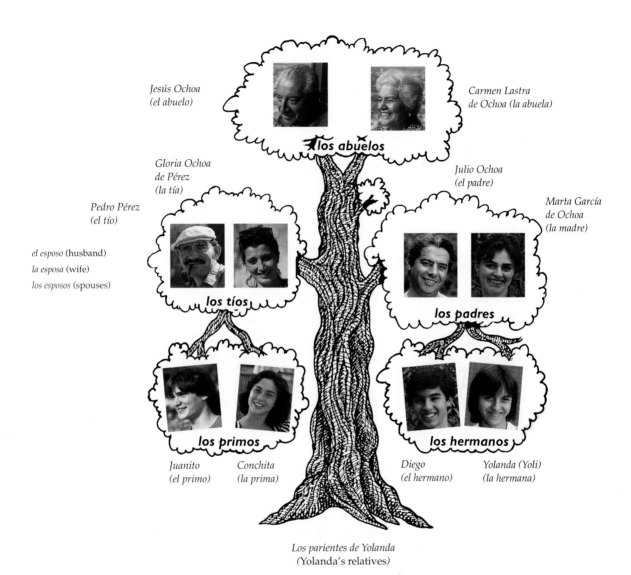

Jesús Ochoa
(el abuelo)

Carmen Lastra
de Ochoa (la abuela)

los abuelos

Gloria Ochoa
de Pérez
(la tía)

Julio Ochoa
(el padre)

Pedro Pérez
(el tío)

Marta García
de Ochoa
(la madre)

el esposo (husband)
la esposa (wife)
los esposos (spouses)

los tíos

los padres

los primos

los hermanos

Juanito
(el primo)

Conchita
(la prima)

Diego
(el hermano)

Yolanda (Yoli)
(la hermana)

Los parientes de Yolanda
(Yolanda's relatives)

b. Take turns in giving three relationships for each of Yolanda's family members.

    MODELO **Jesús Ochoa es el esposo de Carmen Lastra.**
                 Es el padre de Julio.
                 Es el abuelo de Diego.

1. Julio Ochoa	**3.** Conchita	**5.** Juanito	**7.** Marta
2. Diego	**4.** Carmen Lastra	**6.** Gloria	**8.** Pedro

c. Using Yolanda's description of her family as a guide, describe your own family to your classmate. Use your family tree or a family photo to illustrate.

MODELO **Mi abuela es Anita. Es de Los Ángeles. Es magnífica.**

NOTAS CULTURALES

La familia hispana es muy unida;° el divorcio es raro o no permitido. Tradicionalmente° el padre es el jefe° de la familia. La señora atiende° a los hijos y la casa. Hoy° más y más mujeres° asumen trabajos° o profesiones. Generalmente la familia hispana es más grande que° la familia norteamericana.

united
Traditionally / chief, head / takes care of
Today / women
jobs / larger than

Los abuelos ocupan una posición importante en la familia. Frecuentemente tres generaciones viven° en una casa: los abuelos, los padres y los niños.°

live / children

Los niños tienen° padrinos.° Generalmente son un tío y una tía o unos buenos amigos de la familia. Los padrinos tienen la responsabilidad de ayudar° a los niños.

have / godparents
of helping

Pronunciación

H is not pronounced in Spanish.

Escuche y repita. *(Listen and repeat.)*

hasta **h**ermana **h**ombre **h**oy a**h**ora a**h**í

B and **v** are pronounced alike in Spanish. At the beginning of a word group or after an **m** sound, **b (v)** is made with both lips close together like the English *b* in *boat*. Elsewhere, **b (v)** is made with the lips barely touching.

LIPS CLOSED		**LIPS BARELY TOUCHING**	
va	tam**b**ién	no **v**a	nue**v**e
bueno	nom**b**re	el **b**anco	de**b**en
ve		muy **b**ien	favorito

Ll and **y** at the beginning of a syllable, as in **mayo** (ma-yo), are pronounced like the English *y* in *yes* by most Spanish speakers. **Ll** forms one consonant in Spanish.

llamo ca**ll**e ca**ll**o **ll**ueve ma**y**o **Y**ucatán va**y**a a**y**er

Ñ is pronounced approximately like the English *ni* in *onion*. (The wavy line above the letter is called **la tilde.**)

espa**ñ**ol ma**ñ**ana se**ñ**or a**ñ**o ni**ñ**a oto**ñ**o monta**ñ**a

S, z, (and **c** before **e** or **i**) in Latin America are pronounced like *s* in *sit.**

sí **s**olo **S**an Fran**c**i**s**co die**z** Vene**z**uela **c**ero **c**in**c**o

---

*In Spain **z** (and **c** before **e** or **i**) are pronounced like *th* in *thin*.

Unlike English, the **s** between vowels is *not* voiced (the *z* sound of English). This also applies to **z.**

ca**s**a	pe**s**o	pre**s**idente	mú**s**ica
la**z**o	cerve**z**a *(beer)*	ra**z**ón *(reason)*	ro**s**a

Make sure you maintain the **s** sound in the endings **-sión** and **-ción** and avoid the English *-shun.*

mi**sión** pa**sión** confu**sión** na**ción** esta**ción**

C before **a, o,** and **u** has a hard **k** sound like *c* in *Coca-Cola.*

California ¿**c**ómo? **c**urva

División en sílabas

1. The most common syllable pattern is a single consonant (including **ch, ll,** and **rr**) plus a vowel or diphthong.*

se-ñor	bue-no	sie-te	mu-cho
gui-ta-rra	va-lle	fa-mi-lia	a-mi-go

2. When there are two consonants together, the syllable is divided between the two, except in most words where **l** or **r** is the second consonant.

gus-to es-pa-ñol in-ten-so lec-ción ar-te

BUT cua-tro pa-dre no-ble ha-bla

3. Three consonants are divided between the second and the third, unless the third is **l** or **r.**

ins-tan-te trans-mi-tir

BUT nom-bre com-pren-der com-ple-te

4. A written accent over the **i** or **u** breaks the diphthong.

dí-a Ra-úl

The strong vowels (**a, e,** and **o**) are separated.

i-de-a le-o

---

*Stressed and unstressed syllables in Spanish take about the same time to pronounce. In English, stressed syllables take longer than unstressed ones. Compare: **familia (fa-*mi*-lia)** / *family;* **lección (lec-*ción*)** / *lesson.*

Práctica 2

Pronounce the following words. Then write each word and divide it into syllables. Underline the stressed syllable

MODELO **gracias**   <u>**gra**</u>-**cias**

niña	muy	calle
madre	carro	ahora
América	particular	escribir
adiós	fácil	transporte
muchacho	mío	apartamento
treinta	estudio	padrastro *(stepfather)*
inglés	Puerto Rico	madrastra *(stepmother)*
acción	teatro	

Los números 31–99

31	treinta y uno*	50	cincuenta	80	ochenta
32	treinta y dos	60	sesenta	90	noventa
40	cuarenta	70	setenta	99	noventa y nueve

El teléfono

Spanish speakers frequently express telephone numbers in tens. For example:

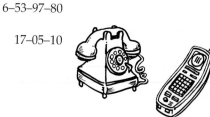

20–31–45	veinte–treinta y uno–cuarenta y cinco
6–53–97–80	seis–cincuenta y tres–noventa y siete–ochenta
17–05–10	diecisiete–cero, cinco–diez

➤ Práctica 3

a. Lea los números.

Hotel Presidente: 30–14–20
Restaurante Toledo: 16–50–72
Policía: 10–30–50
Taxi: 4–76–93–21
Banco Nacional: 7–80–65–90

Clínica: 84–59–60
Bomberos *(Firemen)*: 5–15–25–35
Ambulancia: 42–64–88
Hospital: 9–00–75–85
Universidad: 49–90–00

---

*__BUT__ treinta y *un* señores; treinta y *una* señoras

b. 1. ¿Cuál es tu número de teléfono? *(What is your telephone number?)*
   2. ¿Cuál es el número de urgencia *(emergency)*?

c. To look up someone in the phone book in a Spanish-speaking country you need to look under the father's surname. For example, Luis Ochoa González is listed as Ochoa González, L. Now look up these names in the Madrid directory below and be ready to give the address **(dirección)** and phone number.

MODELO **Luis Ochoa González**
   dirección: Duque, 40
   teléfono: 6-63-31-57

GUÍA TELEFÓNICA   MADRID CAPITAL

OCHOA GONZÁLEZ, L. -Duque, 40.	663 3157
OCHOA HERNÁNDEZ, A. -Toledo, 23.	478 5694
OCHOA LARA, F. -Loyola, 75.	255 8176
OCHOA MARTÍNEZ, J. -San Delfín, 15.	742 4263
OJEDA AYALA, M. -Alcalá, 96.	203 1927
OJEDA CASAS, E. -Tutor, 51.	464 3613
OJEDA CUESTA, G. -Canarias, 84.	431 1459
OJEDA DÍAZ, C. -Trafalgar, 63.	734 1588
OLALLA DE BLAS, F. -San Martín, 47.	479 1246
OLALLA DEL RÍO, P. -Goya, 26.	247 0891
OLIVA CRESPO, R. -Prado, 12.	465 2211
OLIVA MUÑOZ, O. -Castellana, 98.	233 1952
OLMOS GUERRERO, V. -Princesa, 77.	742 0770
OLMOS IGLESIAS, B. -Dulcinea, 10.	404 7981
OLLERO ÁLVAREZ, D. -Lorca, 98.	276 2998

1. Armando Ochoa Hernández
2. Elvira Ojeda Casas
3. Plácido Olalla Del Río
4. Victoria Olmos Guerrero
5. Fermín Ochoa Lara
6. Daniel Ollero Álvarez
7. Claudia Ojeda Díaz
8. Octavio Oliva Muñoz

La cortesía

Por favor.	*Please. (also used to get a person's attention)*
Perdón.	*Excuse me (for my mistake, for interrupting).*
Con permiso.	*Excuse me. (I'm leaving. I'd like to pass by.)*
Muchas gracias.	*Thank you very much.*
De nada.	*You're welcome.*
Lo siento.	*I'm sorry.*

What would you say in these situations?

1. *You're trying to get the clerk's attention in a store.*

2. *You've stepped on someone's foot by mistake.*

3. *You're in a theater and are trying to get to a seat in the middle of the row.*

4. *Your friends surprise you with a birthday party.*

5. *?*

Golly!

 • • • • • • • • • • • • • • • • • • • ESCUCHEMOS

Preview the questions on this page to help you focus your attention; then, listen to the following dialogue between three young people. Remember, you do not need to know every single word to get the gist of the conversation. Rely on context and surrounding words.

1. Mario está ____?____.
   a. muy bien
   b. más o menos
   c. alegre

2. Tere Medina es la ____?____.
   a. hermana de Esteban
   b. tía del señor Durán
   c. prima de Mario

3. Tere Medina es de _____?_____ .
   a. Puerto Rico
   b. San Diego
   c. Costa Rica

4. Mario interrumpe y dice (*says*) _____?_____ .

   a. Bueno, bueno. Con permiso
   b. No, no. Soy de San José
   c. El gusto es mío

5. El número de teléfono de Esteban es _____?_____ .
   a. 9–55–63–44
   b. 9–22–35–60
   c. 9–82–45–76

6. Mario y Esteban son _____?_____ .
   a. primos
   b. amigos
   c. hermanos

Vocabulario

Expresiones

¿Cómo estás?	*How are you? (familiar)*
¿Cómo está usted?	*How are you? (formal)*
¿Qué tal?	*How are things?*
Muy bien, gracias.	*Very well, thanks.*
Más o menos.	*So-so.*
Hasta luego.	*See you later. (Until later.)*
Hasta mañana.	*See you tomorrow. (Until tomorrow.)*
Hasta pronto.	*See you soon.*
Adiós.	*Good-bye*
¿Cuál es tu número de teléfono?	*What's your telephone number?*

La familia

el abuelo, la abuela	*grandfather, grandmother*
los abuelos	*grandparents; grandfathers*
el padre	*father*
el padrastro	*stepfather*
la madre	*mother*
la madrastra	*stepmother*
los padres	*parents; fathers*
el hijo, la hija	*son, daughter*
los hijos	*sons; children*
el niño, la niña	*child; boy, girl*
los niños	*boys; children*
el hermano, la hermana	*brother, sister*
los hermanos	*brothers; brothers and sisters*
el tío, la tía	*uncle, aunt*
los tíos	*uncles; aunts and uncles*
el primo, la prima	*cousin (m., f.)*

los primos	*cousins*
el esposo (el marido)	*husband*
la esposa (la mujer)	*wife (woman)*
los esposos	*spouses*

Los títulos (titles)

señor (Sr.)	Mr., sir, gentleman
señora (Sra.)	Mrs., madam, lady
señorita (Srta.)	Miss, young lady

Adjetivos

alegre	*cheerful*
simpático (a)	*nice*

La cortesía

Lo siento.	*I'm sorry.*
(Muchas) gracias.	*Thank you (very much).*
De nada.	*You're welcome.*
Perdón.	*Excuse me (for my mistake, for interrupting).*
Con permiso.	*Excuse me. (I'm leaving. I'd like to pass by.)*
Por favor.	*Please.*

Los números 31–99

31	treinta y uno	70	setenta
32	treinta y dos	80	ochenta
40	cuarenta	90	noventa
50	cincuenta	99	noventa y nueve
60	sesenta		

EXAMEN I (SELF-TEST)

Take the Listening and Speaking sections of the **Examen** with a classmate, who will supply information as needed. Do not look at what your classmate has chosen or written; rely instead on your listening skills.

LISTENING

I. Mandatos *(Commands).* Your classmate will pick several of the commands below and will read them twice for you to act out. Variations appear in parentheses.

Abra el libro a la página 15 (24, 96,...).
Levántese.
Cierre el libro (la puerta).
Mire el reloj (el libro de español, el papel,...). *[Mention at least 10 items from page 9 in random order.]*
Siéntese (pronto).
Repita el nombre del profesor (de la profesora, de la estudiante,...).

II. Números. You will hear a series of telephone numbers that your classmate will make up. Write them down in digits; *do not spell them.*

1. El Restaurante Granada 46–74–07
2. El Museo de Historia ¿...?
3. Galerías San Francisco ¿...?

SPEAKING

I. Listen to each question and answer orally. Your classmate can change the order of the sample questions and create new ones with the information in parentheses.

1. ¿Eres muy puntual (rebelde, estudioso/a, curios/a,...)?
2. ¿Cómo estás?
3. ¿Cómo te llamas?
4. ¿Son cuatro en tu familia?
5. ¿Cuál es tu número de teléfono (seguro social,...)?
6. ¿Es tu profesor(a) de español paciente (flexible, simpático/a,...)?

II. Situaciones

1. Pretend that you and another guest meet at a party. Introduce yourselves. Say you are a student and ask if he/she is a student also.
2. You and a close friend run across each other on the way to class. Ask each other how you are, how the family is, and then say good-bye. Use appropriate gestures.

WRITING

For the remaining sections of the **Examen,** write your answers on a separate sheet of paper.

I. Write a paragraph about your family. Tell who they are, where they are from, and what they are like, using at least two adjectives. Begin with: *We are . . . in my family.*

II. **Translate.**

1. Good morning, Mrs. Gómez. How are you?
2. So-so. And you (formal)?
3. Glad to meet you.
4. I'm sorry.
5. Give her ninety pesos.
6. Excuse me. (I'd like to pass by.)
7. Likewise.
8. Until tomorrow.

III. **Cultura y geografía.** Write **cierto** or **falso,** depending on the content. Rewrite those items you marked **falso** to make them true.

1. Los padrinos son generalmente el padre y la madre.
2. Frecuentemente los abuelos viven en casa con los hijos.
3. Usted / (Ud.) es informal en español.
4. El abrazo es popular y usual en Hispanoamérica.
5. La señora Victoria Olmos de Guerrero es la esposa del señor Olmos.
6. La capital de Costa Rica es San Juan.

READING

I. Match the English translation with the information on the signs.

1.	FUEGO	a.	*pull*
2.	CAJA	b.	*elevator*
3.	TIRE	c.	*fire*
4.	CERRADO	d.	*closed*
5.	PROHIBIDO FUMAR	e.	*danger*
6.	ASCENSOR	f.	*no smoking*
7.	PELIGRO	g.	*gentlemen*
8.	SEÑORES	h.	*it doesn't work (out of order)*
9.	NO FUNCIONA	i.	*cash register*
10.	ABIERTO	j.	*open*

II. Complete the description of two grandparents. Where you're given a choice, write the word that best completes each portion of the passage.

Mis abuelos (1. es, son) de México. Los dos (2. viven, abren) en casa con mis padres. Mi abuela se (3. levanta, llama) Luz María Toledo de Sánchez. Es (4. alegre, pesimista) y dinámica. Mi abuelo Jaime es (5. familiar, igualmente) dinámico. Es un abuelo (6. muy, soy) bueno.

EL TIEMPO Y EL CALENDARIO

COMMUNICATION

to talk about weather, seasons, and dates
to apply numbers to dates and currencies

CULTURE

climates, birthdays and saints' days, money, and gestures

PRONUNCIATION

d / t and **r / rr**

GRAMMAR

hace with weather expressions

CONVERSACIÓN DIARIA

(The weather and the calendar.)

¿Qué tiempo hace? *(How's the weather?)*

Hace (mucho) sol.*
It's (very) sunny.

Hace (mucho) frío.
It's (very) cold.

Hace (mucho) calor.
It's (very) hot.

Hace (mucho) viento.
It's (very) windy.

15°C — 59°F

Hace fresco.
It's cool.

Está lloviendo (ahora).
Llueve frecuentemente.
It's raining (now).
It rains frequently.

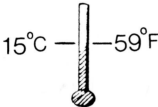

Hace buen tiempo.
The weather is fine.

Está nevando.
Nieva mucho en Canadá.
It's snowing.
It snows a lot in Canada.

Está nublado.
It's cloudy.

Está despejado.
It's clear.

Hace mal tiempo.
The weather is bad.

---

*Many weather expressions in Spanish begin with **hace**. Use **mucho** to modify the accompanying nouns **(sol, calor, ...).**

Adaptación

Have a classmate play the role of a foreign student who asks about the weather in your city during February, April, July, and October. Supply the appropriate information in the blanks.

1. a. ¿Hace frío en febrero?
    b. _____
    a. ¿Nieva mucho?
    b. _____

2. a. ¿Qué tiempo _____ en abril?
    b. Hace _____
    a. ¿Llueve?
    b. _____

3. a. ¿_____ en julio?
    b. _____
    a. ¿Hace calor?
    b. _____
    a. ¿Hace sol?
    b. _____

4. a. ¿Hace fresco en octubre?
    b. _____
    a. ¿Hace viento?
    b. _____
    a. ¿Está nublado?
    b. _____

➤ Práctica 1

a. Can you match the weather forecaster's words with the symbols?

despejado   lluvia   nieve   nublado   viento

b. Refer to the map and describe the weather in the following Mexican cities for a March day. Use centigrade (Celsius). Temperatures are for the day's high.

MODELO Cancún: **medio nublado, calor, treinta grados**

1.	Acapulco	**4.**	Guadalajara	**7.**	Chihuahua
2.	Ciudad Juárez	**5.**	Tijuana	**8.**	México, D. F. (Distrito Federal)
3.	Veracruz	**6.**	Monterrey		

c. Describe in detail today's weather to your classmate.

Los meses y las estaciones

(Months and Seasons)

EL INVIERNO	*winter*
diciembre	*December*
enero	*January*
febrero	*February*
LA PRIMAVERA	*spring*
marzo	*March*
abril	*April*
mayo	*May*
EL VERANO	*summer*
junio	*June*
julio	*July*
agosto	*August*
EL OTOÑO	*fall*
septiembre	*September*
octubre	*October*
noviembre	*November*

Madrid, capital de España, está situada en el centro de la Península Ibérica.

La Paz, capital de Bolivia,* es la ciudad más alta de Sudamérica.

La Habana es la capital y el puerto principal de Cuba.

En Norteamérica y España hace frío en diciembre, enero, febrero y marzo; pero° en Sudamérica hace calor porque° es verano. Muchas de las capitales en la América Latina están° en las montañas:° Bogotá, Colombia; La Paz, Bolivia; Quito, Ecuador; la ciudad° de México. Allí° hace fresco generalmente, pero no nieva. Muchos hispanos están acostumbrados a la altitud pero no a la nieve. El clima° de la América Latina varía mucho. Hace frío en los Andes y calor en el Mar Caribe,° donde llueve frecuentemente de mayo a noviembre.

but / because
are located / the mountains
city / There

climate
Caribbean

➢ Práctica 2

a. Las estaciones. Conteste, por favor.

1. ¿En qué meses hace calor aquí *(here)?*
2. ¿Cuándo hace fresco? ¿frío?
3. ¿Cuándo llueve?
4. ¿Cuándo nieva?
5. ¿Cuándo es la primavera en Norteamérica?
6. ¿Cuándo es el invierno en Sudamérica?

b. Los deportes. *(Sports.)* Conteste, por favor.

1. ¿En qué estaciones jugamos *(we play)* al golf? En la primavera y...
2. ¿En qué estaciones jugamos al béisbol? ¿al tenis? ¿al fútbol? ¿al hockey? ¿al básquetbol (baloncesto)?

---

*Bolivia tiene dos capitales. La Paz tiene el Congreso y la residencia del presidente. Sucre tiene la Corte Suprema.

¿Cuál es la fecha?   *(What is the date?)*

Spanish uses cardinal numbers to express dates except for the first **(primero)** of the month.

Hoy es el quince de septiembre.
Today is the fifteenth of September.

Mañana es el dieciséis.
Tomorrow is the sixteenth.

Mi cumpleaños es el primero de mayo.
My birthday is the first of May.

➤ *Práctica 3*
....

Pregúntele a otro(a) estudiante.

1. ¿Cuál es la fecha de hoy?
2. ¿Cuándo es tu *(your)* cumpleaños? Mi cumpleaños es...
3. ¿Cuándo es el cumpleaños de tu mamá? ¿de tu papá?
4. ¿Cuándo es el cumpleaños de Jorge Wáshington?
5. ¿Cuándo es el Día de la Independencia?
6. ¿Cuándo es el Año Nuevo *(New Year's)*?

place
signature

Los días de la semana   *(Days of the Week)*

The days of the week in Spanish are masculine and are not capitalized.

el lunes	*Monday*
el martes	*Tuesday*
el miércoles	*Wednesday*
el jueves	*Thursday*
el viernes	*Friday*
el sábado	*Saturday*
el domingo	*Sunday*

En Hispanoamérica y España el lunes es el primer° día de la semana. Cada° *first / Each*
día del calendario tiene el nombre de un santo.° Es costumbre ponerle° a un *has a saint's name / to*
niño el nombre de un santo o una santa. *put (give)*

El Día de la Raza, o *Columbus Day* en Norteamérica, conmemora la herencia° *heritage*
española en todo el mundo° hispánico. El Día del Obrero, o *Labor Day* en los *world*
Estados Unidos, es el primero de mayo en muchos países.° *countries*

OCTUBRE						
LUNES	MARTES	MIÉRCOLES	JUEVES	VIERNES	SÁBADO	DOMINGO
			1	2	3	4
5	6	7	8	9	10	11
12	13	14	15	16	17	18
19	20	21	22	23	24	25
26	27	28	29	30	31	

➤ *Práctica 4*

a. Refiérase al calendario para contestar estas *(these)* preguntas.

1. ¿Qué día es el 7 de octubre? **(Es...)** ¿Qué día es el 10? ¿el 15? ¿el 28? ¿el 30? ¿el primero?
2. ¿Cuántos *(How many)* lunes hay *(are there)* en octubre? **(Hay...)**
3. ¿Cuántos sábados hay?
4. ¿Cuántos días hay en octubre, treinta o treinta y uno?
5. ¿Cuándo es el Día de la Raza?
6. ¿Cuándo es el Día del Obrero en muchos países?
7. ¿Qué día es el primer día de la semana?
8. De verdad *(Really)*, ¿qué día es hoy? **(Hoy es...)**
9. ¿Qué día es mañana?
10. ¿Qué día fue ayer *(was yesterday)*?
11. ¿Hay clases los domingos?
12. ¿Qué días hay clase de español?

b. Lea en español.

MODELO Monday, July 10
el* lunes, 10 de julio

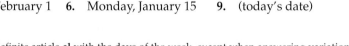

¡Contigo, todos los días son domingos!

1. Tuesday, July 4
2. Saturday, May 30
3. Wednesday, February 1
4. Sunday, March 3
5. Friday, November 22
6. Monday, January 15
7. Thursday, April 12
8. Tuesday, August 17
9. (today's date)

---

*Use the masculine definite article **el** with the days of the week, except when answering variations of the question **¿Qué día es hoy?** —**Hoy es lunes; ayer fue domingo.**

Los números 100–1000

100	cien	600	seiscientos(as)
101	ciento uno	700	setecientos(as)
200	doscientos(as)	800	ochocientos(as)
300	trescientos(as)	900	novecientos(as)*
400	cuatrocientos(as)	1000	mil
500	quinientos(as)	10.000	diez mil

Cien becomes **ciento** when other numbers are added to it. However, with **mil** (1000), **millón, billón,** and so on, Spanish uses **cien:**

$125 = **ciento** veinticinco dólares
BUT $100.000 = **cien** mil dólares / pesos

Spanish does not have the option of counting by hundreds after a thousand (as in such English examples as, "twelve hundred", "eighteen hundred", "nineteen eighty", and the like); for example, 1980 is **mil novecientos ochenta.**

1012	mil doce
1492	mil cuatrocientos noventa y dos
1776	mil setecientos setenta y seis
50.321	cincuenta mil trescientos veintiuno

Note that Spanish uses a decimal point where English uses a comma, and vice versa.

NOTAS CULTURALES

La inflación es un problema grave en Hispanoamérica. En algunos° países no es raro un aumento° en la inflación de cien por ciento (100%) o mucho más en un año. El efecto es desastroso, pues° el pueblo necesita más y más dinero para los productos básicos.

some
increase
since

El signo **$** representa el **dólar** de los Estados Unidos y el **peso** de varias naciones de Hispanoamérica. La historia del signo **$** es interesante pues significa *Spanish dollar,* una moneda° en uso en los Estados Unidos durante° la Revolución norteamericana de 1775–1783.

coin / during

---

*The numbers 200 to 900 take the ending **-as** when modifying a feminine noun:
doscientos pesos   doscientas pesetas. (España)
quinientos dólares   quinientas libras. (El Reino Unido/U.K.)

> *Práctica 5*
....

a. Lea las fechas de las abreviaturas. Note el orden en español: fecha / mes / año.

    MODELO 4/7/90
        el cuatro de julio de mil novecientos noventa

1.	28/2/85	**5.**	20/8/71
2.	17/10/33	**6.**	9/1/68
3.	9/12/50	**7.**	1/6/94
4.	15/5/46	**8.**	su fecha de nacimiento *(your birthday)*

b. **¿A cuánto está el cambio?** *(What's the exchange rate?)* Lea las comparaciones (cotizaciones) monetarias para el dólar norteamericano (US $) de un día reciente.

MODELO   Uruguay (peso) 5.667
          cinco mil seiscientos sesenta y siete

Colombia	(peso)	700
Costa Rica	(colón)	150
Chile	(peso)	598
Ecuador	(sucre)	2.500
España	(peseta)	117
México	(nuevo peso)	3
Paraguay	(guaraníes)	2.495
Venezuela	(bolívar)	94

c. ¿Cuánto cuesta? *(How much does it cost?)* Pregúntele a otro(a) estudiante cuánto cuesta cada artículo en dólares.

¿Cuánto cuesta...

1. un televisor a colores?
2. una computadora pequeña *(small)?*
3. un carro pequeño? ¿grande?
4. un carro de sport?
5. una motocicleta?
6. un reloj de oro *(gold)?*
7. una cámara buena?
8. una casa modesta?

Pronunciación

D in Spanish is dental; that is, the tongue tip presses against the upper front teeth to produce the sound. At the beginning of a word or word group, or after **n** or **l**, the **d** has a hard sound (the flow of air in the mouth is stopped). Elsewhere the **d** is soft (the air is allowed to escape) and is pronounced similarly to the English *th* in *these*.

Escuche y repita.

HARD D		**SOFT D**	
de	¿**D**ónde?	to**d**o	cinco **d**ólares
diez	un **d**ólar	na**d**a	ca**d**a **d**ía
dos	el **d**octor	na**d**ie	la fiesta **d**e Pilar
¿Cuán**d**o?	Gil**d**a		

At the end of a word, **d** is so soft that at times it disappears completely:

uste**d**   verda**d**   ciuda**d**   universida**d**

T in Spanish is also dental. While **d** is voiced (vocal chords vibrate), **t** is unvoiced, with very little puff of air.

tú	tiempo
tonto	tomate
tostada	tres
treinta	turista

R is similar to the English intervocalic *t (tt)* or *dd: water, butter, ladder.*

cara	para	tren	metro	grande	aprende	perdón
duro	pero	barco	febrero	cuarto	permiso	abril

RR is made exactly like **r**, but with the tongue vibrating several times. At the beginning of a word, **r** is always pronounced like **rr.**

rojo	carro	recibo	rápido
rico	perro	tierra	cierra
Roberto	carrera	párrafo	correo

Los gestos   *(Gestures)*

Los gestos son una parte intrínseca de la lengua española. Las personas expresan su personalidad y herencia cultural con los gestos. Observe unos gestos de los hispanos:

   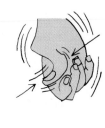

1.   2.   3.   4.

No   *Un momentito,*   *Es tacaño.* (stingy)   *Dinero*
              Un poquito (a little bit)

5. *¡Ojo!* (Watch out!)   6. *Más o menos.*   7. *¡Delicioso!*   8. *Después* (After/later)

Use las expresiones y los gestos apropiados en español.

1. So, so. 3. No! 5. Careful! 7. Just a moment.
2. Afterwards. 4. Tightwad! 6. Delicious! Excellent! 8. Do you have money?

● ESCUCHEMOS

Preview the questions on this page to help you focus your attention; then, listen to the following weather report (**el reporte del tiempo**) for the Republic of Mexico. Remember, you do not need to know every single word to get the gist of the report. Note that the Spanish word **tormentas** does not mean *torments* but rather *storms* in English. You may want to play this weather report three or four times, listening for different information each time, then answering the questions.

1. El reporte del tiempo es para *(for)* ___?___ .
   a. el viernes
   b. el sábado
   c. el domingo

2. La fecha del reporte es el ___?___ .
   a. 20 de marzo
   b. 30 de junio
   c. 21 de diciembre

3. El reporte dice que *(says that)* es ___?___ .
   a. el final del verano
   b. el día del eclipse
   c. el primer día de primavera

4. El reporte informa que en el Golfo de México ___?___ .
   a. hace buen tiempo
   b. está despejado
   c. está lloviendo

5. En el centro de la república hace ___?___ .
   a. sol y calor
   b. fresco y probabilidad de lluvias
   c. viento y está nevando

6. En el norte de la república las temperaturas mínimas son de ___?___ .
   a. 15 grados centígrados o 60 grados Fahrenheit
   b. 25 grados centígrados o 77 grados Fahrenheit
   c. 30 grados centígrados o 86 grados Fahreneheit

Vocabulario

Expresiones

¿Cuál es la fecha?	*What is the date?*
¿Cuántos(as)?	*How many?*
¡Feliz cumpleaños!	*Happy Birthday!*

¿Qué tiempo hace? *(How's the weather?)*

Hace buen (mal) tiempo.	*The weather is fine (bad).*
Hace (mucho) calor.	*It's (very) hot.*
Hace (mucho) frío.	*It's (very) cold.*
Hace (mucho) viento.	*It's (very) windy.*
Hace (mucho) sol.	*It's (very) sunny.*
Está lloviendo (mucho).	*It's raining (a lot).*
Está nevando (mucho).	*It's snowing (a lot).*
Está nublado.	*It's cloudy.*
Está despejado.	*It's clear.*

Los meses del año *(The months of the year)*

enero	*January*	julio	*July*
febrero	*February*	agosto	*August*
marzo	*March*	septiembre	*September*
abril	*April*	octubre	*October*
mayo	*May*	noviembre	*November*
junio	*June*	diciembre	*December*

Los días de la semana

lunes	*Monday*
martes	*Tuesday*
miércoles	*Wednesday*
jueves	*Thursday*
viernes	*Friday*
sábado	*Saturday*
domingo	*Sunday*
ayer	*yesterday*
hoy	*today*
mañana	*tomorrow*
la mañana	*morning*
la tarde	*afternoon*
el día	*day*
la noche	*evening, night*

Las estaciones *(The seasons)*

la primavera	*spring*
el verano	*summer*
el otoño	*autumn*
el invierno	*winter*

Los números 100–1000

100	cien
101	ciento uno
102	ciento dos...
200	doscientos(as)
300	trescientos(as)
400	cuatrocientos(as)
500	quinientos(as)
600	seiscientos(as)
700	setecientos(as)
800	ochocientos(as)
900	novecientos(as)
1000	mil

LA HORA Y EL HORARIO

COMMUNICATION

to ask and answer questions about time and schedules

to talk about school subjects

to express *there is / there are (not)*

CULTURE

time, appointments, and schooling

PRONUNCIATION

j, g, p, qu, and x

GRAMMAR

there is / there are (not)

CONVERSACIÓN DIARIA

D

(Time and Schedule)

¿Qué hora es?   *(What time is it?)*

Use **¿Qué hora es?** to ask for the time. To answer the question say **Son las...** and then give the hour. For times dealing with one o'clock say: **Es la...** and then the hour. To say "on the dot" or "sharp" add **en punto.**

     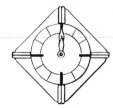   

Son las dos   *Son las once*   *Son las doce.*   *Es la una*
(en punto).   *(en punto).*   *(Es mediodía.)*   *(en punto).*
                                     (Es medianoche.)

From the hour to the half hour we add minutes (+ **y**)

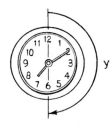   y         

Son las siete y   *Son las ocho y*   *Son las nueve y*   *Es la una y*
diez.   *cuarto (quince).*   *media (treinta).*   *media (treinta).*

From the half hour to the hour we subtract the minutes (**– menos**).

menos 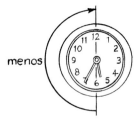   

Son las seis menos   *Son las once*   *Es la una menos*
veinticinco.   *menos cuarto.*   *diez.**

---

*Remember that for times with one o'clock (12:31–1:30) say **Es la una (menos / y)...** then the minutes.

¿Qué hora es? Exprese la hora.

1. (5:05)   2. (10:20)   3. (8:50)   4. (3:45)

5. (10:10)   6. (1:00)   7. (9:15)   8. (7:05)

9. (8:30)   10. (6:35)   11. (5:45)   12. (12:50)

Expressing A.M. and P.M.

The phrases **de la mañana, de la tarde,** and **de la noche** help to distinguish between A.M. and P.M.

Son las ocho **de la mañana.**   *It's 8 A.M.*
Son las ocho **de la noche.**   *It's 8 P.M.*

De la tarde is used for the afternoon until around 7:30 P.M. Business hours and time schedules (planes, trains, and programs) are frequently expressed by using the twenty-four-hour clock system. The hours zero to eleven refer to A.M. and the hours twelve to twenty-three refer to P.M.

El programa es a las 21 (veintiuna) horas.   *The program is at 9:00 P.M.*

Palacio de Bellas Artes
Segundo Piso
Precio $80
6 de Jul. de 1995
21:00 Horas
Nº18
ballet
folklórico
de
México
FILA "A"
Fila A N-18

Exprese la hora con las expresiones **de la mañana (de la tarde, de la noche).**

MODELO 6:40 P.M.
Son las siete menos veinte de la tarde.

1.	4:30 P.M.	**5.**	7:50 A.M.
2.	5:50 P.M.	**6.**	10:05 A.M.
3.	8:15 P.M.	**7.**	11:20 A.M.
4.	9:45 P.M.	**8.**	12:00 A.M.

NOTAS CULTURALES

El concepto de la hora es diferente en Hispanoamérica y España de los Estados Unidos, especialmente en los círculos sociales. Para° los hispanos el tiempo° es más elástico y menos concreto. La puntualidad° depende de la situación y las personas. Los invitados° normalmente llegan° treinta minutos o una hora tarde.°

For / time in general
punctuality
guests / arrive
late

Para confirmar la hora de una reunión con un norteamericano, el hispano —en broma°— pregunta: «¿Hora americana o latina?» Hora americana indica **en punto** y hora latina significa un poco° más tarde.

in jest
a little

Los hispanos escriben° la hora de diferentes maneras.° Por ejemplo:° es posible escribir las 3:30 así:° 3³⁰ / 3.30 / 3,30.

write / ways / For example
like this

¿A qué hora es?

(At what time is it?)

A la(s) + *time* corresponds to the English *at* + time.

¿A qué hora es la fiesta? —A las nueve de la noche.	*At what time is the party? —At 9 P.M.*
La reunión es a la una.	*The meeting is at one.*

➤ *Práctica 3*
....

Pregúntele a otro(a) estudiante.

1. ¿A qué hora es tu clase de español? **(Es a la(s)...)**
2. ¿A qué hora es tu clase de inglés? ¿de matemáticas?*
3. ¿A qué hora es tu primera clase? ¿y tu última *(last)* clase?
4. ¿A qué hora es tu programa favorito de televisión?*
5. ¿A qué hora es el noticiero *(news)* de la tarde?* ¿y el noticiero de la noche?*
6. ¿A qué hora es la cena *(dinner)* en tu casa? ¿el almuerzo *(lunch)*? ¿y el desayuno *(breakfast)*?

---

*Use el sistema de doce horas y de veinticuatro.

EL HORARIO
(The Schedule)

La Universidad de Santiago de Chile

Nombre *Antonio Rivera*

	lunes	martes	miércoles	jueves	viernes	
9:00	MATEMÁTICAS		MATEMÁTICAS		MATEMÁTICAS	
10:00	INGLÉS	HISTORIA	INGLÉS	HISTORIA	INGLÉS	
11:00	EDUCACIÓN FÍSICA	HORA DE ESTUDIO	HORA DE ESTUDIO	HORA DE ESTUDIO	HORA DE ESTUDIO	
12:00		BIOLOGÍA		BIOLOGÍA	TRABAJO°	*work*
1:00			BIBLIOTECA°	LABORATORIO	TRABAJO	*library*
2:00	ALMUERZO°		BIBLIOTECA	LABORATORIO	TRABAJO	*lunch*
3:00		LITERATURA		LITERATURA		
4:00	BIBLIOTECA	PRÁCTICA DE FÚTBOL°	PRÁCTICA DE FÚTBOL	PRÁCTICA DE FÚTBOL	PRÁCTICA DE FÚTBOL	*soccer*

➤ *Práctica 4*
....

a. With a classmate, answer the following questions. Ask your classmate the even-numbered questions, and he/she in turn will ask you the odd-numbered ones.

1. ¿Qué días tiene *(has)* Antonio historia? ¿matemáticas? **(Antonio tiene...)**

2. ¿A qué hora es la clase de literatura? ¿la clase de inglés?

3. ¿A qué hora es el almuerzo?

4. ¿Tiene Antonio clases a la una?

5. ¿Hay *(Is there)* biblioteca en la universidad? ¿Hay laboratorio?

6. ¿Qué día trabaja *(works)* Antonio? **(Antonio trabaja...)**

7. ¿Cuántas *(How many)* horas trabaja Antonio?

8. ¿A qué hora tiene práctica de fútbol?

9. ¿A qué hora es la primera clase de Antonio los martes? ¿y la última?

10. ¿Qué días no tiene clases Antonio?

11. ¿Tiene Antonio clases de noche?

12. ¿Cuántas clases en total tiene Antonio?

LAS MATERIAS

(School Subjects)

Catálogo

Editorial° Castilla

Índice general   *Páginas*

Publishing House

Chemistry

Accounting

Computer Science

German

b. Write your class schedule and then compare it with a classmate's. Circle the classes you have in common. Ask each other these questions.

1. ¿Tienes clase de historia (arte...)? **(Sí, [No, no] tengo clase de...)**
2. ¿Qué días tienes historia?
3. ¿A qué hora es tu clase de historia? **(Mi [*my*] clase...)**
4. Y finalmente, ¿las clases en común son...?

En España y en Hispanoamérica las universidades se dividen° en facultades.° *are divided / univ. schools*
Tradicionalmente las facultades son:

Filosofía y Letras° *Humanities*
Ciencias
Ciencias Políticas y Económicas
Derecho° *Law*
Medicina

Los estudiantes universitarios empiezan sus° estudios especializados° *begin their / specialized*
inmediatamente. Es un programa rígido con pocas opciones.

Las universidades usualmente no tienen° residencias o dormitorios. La vida° *don't have / life*
social de los estudiantes es aparte de la universidad. Las fiestas o reuniones
son más frecuentes en casa, los cafés o las discotecas. Generalmente no hay° *there aren't*
equipos deportivos° en las universidades, pero° hay excepciones *sports teams / but*
especialmente hoy día° con el fútbol. *nowadays*

La Universidad Nacional Autónoma de México (UNAM) se fundó (was founded) el 20 de septiembre de 1551. Hoy tiene más de 400.000 estudiantes.

La primera universidad de España se fundó en el siglo (century) XIII.

Hay / No Hay

The word **hay** means both *there is* and *there are*. The negative form is **no hay**.

Hay una facultad de ciencia.	*There's a School of Science.*
Hay una biblioteca.	*There's a library.*
No hay un hospital.	*There isn't a hospital.*

➤ *Práctica 5*
....

a. Tell what structures there are in the university.

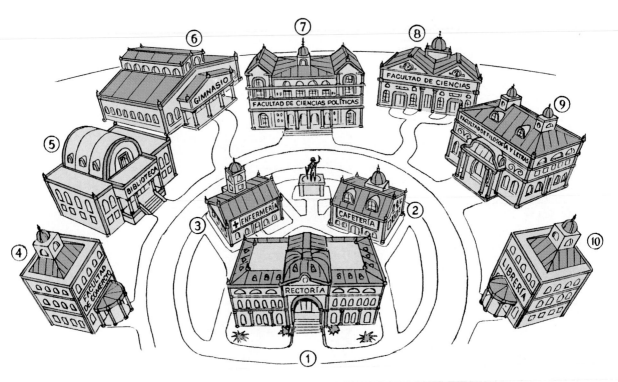

1. **Rectoría (Administration)**
2. **Cafetería**
3. **Enfermería**
4. **Facultad de Comercio**
5. **Biblioteca**
6. **Gimnasio**
7. **Facultad de Ciencias Políticas**
8. **Facultad de Ciencias**
9. **Facultad de Filosofía y Letras**
10. **Librería**

b. Conteste usted.

MODELO ¿Hay un gimnasio?	¿Hay un hotel?
Sí, hay un gimnasio.	**No, no hay un hotel.** *(No, there isn't a hotel.)**

---

*To answer a question in the negative use **no** twice, one for *no* followed by a pause (comma) and the other for *not*.

1. ¿Hay una cafetería en la universidad?
2. ¿Hay un estadio *(stadium)* de fútbol? ¿y de béisbol?
3. ¿Hay una facultad de medicina? ¿y de ciencias?
4. ¿Hay una facultad de música? ¿y de teatro?
5. ¿Hay una facultad de agricultura? ¿y de pedagogía (educación)?
6. ¿Hay una librería? ¿y un banco?
7. ¿Hay un observatorio?¿Hay un laboratorio de ciencias? ¿y de lenguas?
8. ¿Hay residencias (dormitorios)?
9. ¿Hay una emisora (estación) de radio? ¿y de televisión?

c. Mention at least five structures that are on your campus and then mention five that are not there.

Pronunciación

J is pronounced approximately like the English *h* in *hat*.

bajo   **J**iménez   **j**unio
jefe   mu**j**er   **J**osé

The **x** in the words **México** and **Texas** is also pronounced like the Spanish **j.**

G before **e** or **i** is also pronounced like the Spanish **j.**

gente   **g**eneroso   a**g**ente   a**g**encia
gigante   **g**imnasio   pá**g**ina   **g**eneral

In all other positions **g** has a hard sound like *g* in *go.*

ne**g**ocio   supon**g**o   **g**olfo   **g**araje
gigante   pro**g**rama   **g**usto   **g**ato

Note that **u** is not pronounced in the letter groups **gue** and **gui.**

guitarra (gui-ta-rra)   **guí**a (guí-a)   **Gui**llermo (Gui-ller-mo)
si**gue** (si-gue)   pa**gue** (pa-gue)   **gue**rra (gue-rra)

P is said without the puff of air that accompanies the English *p.**

pan   **p**eso   **p**rensa   **p**or   **p**iso   **p**uro   **p**apá

Qu is pronounced like *k* and appears before **e** or **i.**

que   **qu**ince   **qu**ien   por**qu**e   yan**qu**i

But notice the *k* sound for **c** with other vowels.

café   **c**osa   **c**uánto   **C**ara**c**as

X before a consonant is pronounced like English *ss* in *miss.*

e**x**tra   e**x**preso   e**x**plicar   e**x**tremo

Between vowels, **x** is pronounced like the English *ks.*

e**x**acto   se**x**o   e**x**amen   má**x**imo

---

*Note that the written **ph** in English becomes **f** in written Spanish: foto, teléfono, farmacia, filosofía, frase.

Listen to the dialogue between two students. Then answer the following questions.

1. Tito pregunta: _____?_____
   a. ¿Qué día es hoy?
   b. ¿Qué tiempo hace?
   c. ¿Qué hora es?
2. La clase de biología es _____?_____.
   a. a las diez menos cuarto
   b. a las diez en punto
   c. a las diez y media
3. Tito *no* tiene clases de _____?_____.
   a. literatura
   b. psicología
   c. matemáticas

4. El horario de Tito hoy es _____?_____.
   a. trivial
   b. moderado
   c. excesivo
5. Nacho es un amigo _____?_____.
   a. paciente
   b. sarcástico
   c. agresivo
6. Tito es _____?_____.
   a. estudioso
   b. indiferente
   c. paciente

Vocabulario

Expresiones

Hay	*There is / are*
¿Qué hora es?	*What time is it?*
Son las...	*It's (for times "two" and after).*
Es la una...	*It's (for times with one o'clock).*
¿A qué hora es?	*At what time is it?*
Es a la(s)...	*It's at . . .*
¿Tienes?	*Do you have?*
Sí, tengo...	*Yes, I have . . .*
No, no tengo...	*No, I don't have . . .*
primer, primero(a)	*first*
último(a)	*last*
para	*for, in order to*

Las materias (Subjects)

el arte	*art*
la biología	*biology*
la computación	*computer science*
las comunicaciones	*communications*
la economía	*economics*
el español	*Spanish*
la historia	*history*
el inglés	*English*
la literatura	*literature*

las matemáticas	*mathematics*
la psicología	*psychology*
la sociología	*sociology*

La universidad

la biblioteca	*library*
la enfermería	*infirmary*
la facultad de	*the school of*
ciencias	*sciences*
ciencias políticas	*political sciences*
comercio	*business*
derecho	*law*
filosofía y letras	*humanities*
medicina	*medicine*
el gimnasio	*gym*
el laboratorio	*lab*
la librería	*bookstore*
la rectoría	*administration*

LOS DEPORTES

COMMUNICATION

to talk about sports
to express likes and dislikes
to describe with colors

CULTURE

sports and colors

PRONUNCIATION

linking words together
the alphabet

GRAMMAR

agreement of adjectives
preview of the verb **gustar**

CONVERSACIÓN DIARIA

E

el jugador, la jugadora	*player*
el equipo	*team*
el partido	*match, game*
jugar a	*to play (sport)*
practicar	*to practice*

el golfista — la golfista

el golf

la pelota

el béisbol

el baloncesto

el fútbol, jugar al fútbol

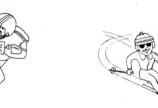

la raqueta

la jugadora

la red

el jugador

el fútbol norteamericano

los esquíes

el esquí, esquíar

el tenis, jugar al tenis

la piscina

los natadores

la natación
nadar

la pelota
la canasta

el jai-alai, la cancha (court)

los atletas

la pista

el atletismo

los bolos	*bowling*
el boxeo	*boxing*
el ciclismo	*cycling*
la gimnasia	*gymnastics*
el hockey	
el karate	
el levantamiento de pesas	*weightlifting*
la lucha libre	*wrestling*
el voleibol	*volleyball*

los corredores

correr (el jogging)

Me gusta...

To indicate you like something, say **Me gusta...**
To ask a friend if he or she likes something, use **¿Te gusta... ?** Use **¿Le gusta... ?**
with your instructor.

Mario, ¿te gusta el béisbol?   —Sí, me gusta el béisbol.
                                    —No, no me gusta el béisbol.

➤ Práctica 1

Pregúntele a otro(a) estudiante.

1. ¿Te gusta el tenis? ¿el golf?
2. ¿Te gusta el baloncesto? ¿el fútbol norteamericano?
3. ¿Te gusta el boxeo? ¿la lucha libre? ¿la gimnasia?
4. ¿Te gusta más el voleibol o el fútbol?
5. ¿Te gusta más el ciclismo o el atletismo?
6. ¿Te gusta correr?
7. ¿Te gusta nadar?
8. ¿Te gusta practicar el karate? ¿el boxeo?
9. ¿Te gusta más esquiar o nadar?
10. ¿Te gusta jugar al pingpong? ¿al ráquetbol? ¿al sóftbol?

EL TRABALENGUAS *(Tongue Twister)*

A Chacho no le gusta que su coche° choque° porque si° el coche de Chacho
choca° Chacho chocado quedará.°

car / bump / because if

bumps / he'll remain bumped

¿Te gustan... ?

Use **gustan...** when what you like is plural.

¿Te gustan los deportes?   *Do you like sports?*
Sí, me gustan los deportes.   *Yes, I like sports.*
No, no me gustan los deportes.   *No, I don't like sports.*

➤ Práctica 2

Pregúntele a otro(a) estudiante.

1. ¿Te gustan más los deportes de verano o de invierno?
2. ¿Te gustan los partidos de baloncesto? ¿los partidos de fútbol norteamericano?
3. ¿Te gustan los Jets? ¿los Delfines? ¿los Patriotas?
4. ¿Qué equipos de béisbol te gustan en las Ligas Mayores?
5. ¿Qué equipos de baloncesto te gustan en la NBA?
6. ¿Qué equipos de hockey te gustan en la NHL?

Rafael Palmeiro es de origen cubano. Es un jugador de cuadro (infield) para los Orioles de Baltimore.

Nancy López, de origen mexicano-americano, es una golfista dinámica.

La corrida de toros es popular en España, México, Colombia, Ecuador y Perú.

El fútbol es el deporte más popular del mundo (world) hispano

Gabriela Sabatini es una tenista muy famosa de la Argentina.
La familia Sabatini es de origen italiano.

El jai alai es un deporte popular de origen vasco (Basque) del norte de España.

¿Qué deportes le gustan al hispano? ··········
(What sports does the Hispanic like?)

Al hispano le gusta el fútbol° especialmente en España, México y Sudamérica. Los colegios° y clubes deportivos° de muchas ciudades participan en el fútbol con gran entusiasmo y tienen muchos aficionados.° Los partidos internacionales son muy importantes y emocionantes, en particular, cuando celebran la Copa Mundial° cada° cuatro años.

En el Caribe° predomina el béisbol. Hay excelentes jugadores hispanos de béisbol en los equipos de las Ligas Mayores.

El jai alai* es popular en varias regiones incluso° la Florida y Nueva York. Al hispano le gustan las carreras de caballos,° de bicicletas y de carros. Le gustan el tenis, el boxeo, la pesca° y la natación.°

La corrida de toros° es un espectáculo y no un deporte. No todos los países° celebran la corrida. Las fechas del espectáculo varían de región a región según° el tiempo. Las corridas profesionales son en el otoño y en la primavera cuando hace menos calor.

soccer

schools/sports (adj.)

fans

World Cup / every

Caribbean

including

horse racing
fishing
swimming
bullfighting
countries
according to

***Jai alai**, of Basque origin (northern Spain) means *happy fiesta*. It is a game like handball played with a basketlike racket fastened to the arm. This sport is commonly known as **pelota,** which means *ball*. However, in the Caribbean **pelota** refers to baseball and a **pelotero** would be a baseball player.

LOS COLORES

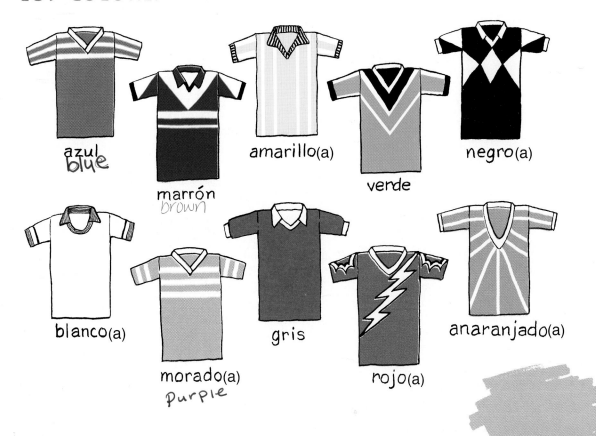

azul
blue

marrón
brown

amarillo(a)

verde

negro(a)

blanco(a)

morado(a)
purple

gris

rojo(a)

anaranjado(a)

Adjectives of color ending in **–o** change their ending to **–a** when modifying most nouns ending in **–a***.

Mi carro es amarillo.	*My car is yellow.*
Mi casa es blanca y azul.	*My house is white and blue.*

rosado(a)

➢ *Práctica 3*

a. ¿De qué color es? *(What's the color?)* Ask a classmate.

1. ¿De qué color es tu casa? ¿tu carro?
2. ¿De qué color es tu bolígrafo? ¿tu lápiz? ¿tu cuaderno de español? ¿tu calcu-ladora?
3. ¿Cuál es tu color favorito?
4. ¿Cuáles son los colores de la universidad?
5. ¿Cuáles son los colores de la bandera *(flag)* de México? ¿de Francia? ¿de España? ¿de tu estado *(state)*?
6. ¿Cuáles son los colores del otoño? ¿de la primavera?
7. ¿Cuáles son los colores más populares hoy día *(nowadays)*?
8. ¿Tienes un perro *(dog)* o un gato *(cat)*? ¿De qué color es?

*More on noun/adjective agreement in *Lecciones* 1 and 3.

b. Me falta... *(I'm missing . . .)* You've been on a bus tour and lost several items. Use the grid below to describe the missing items to your classmate.

MODELO **Me falta una maleta pequeña. Es gris y negra.**

1. una maleta *(suitcase)*	grande	azul
2. una bolsa *(bag)*	pequeño(a) *(small)*	marrón
3. un paquete *(package)*	mediano(a) *(medium)*	rojo(a)
4. una caja *(box)*		blanco(a)
5. una chaqueta *(jacket)*		¿...?

NOTAS CULTURALES

El color rojo tiene el sinónimo° de **colorado,** que° también es el nombre de un estado norteamericano.   *synonym / that*

Hay varios sinónimos para **marrón.** En España y partes de Sudamérica **marrón** es común. En los países° que producen café, incluso° México, prefieren usar° **color café. Castaño,** *(chestnut, brown)* y no **marrón** se usa° generalmente para describir los ojos y el pelo.°   *countries / including to use / is used eyes and hair*

Moreno(a)° es para describir a las personas de pelo oscuro,° y **rubio(a)**° es para las personas de pelo claro.°   *brunette / dark / blonde light*

Es interesante comparar° los colores en inglés y español: *to compare*

gray hair es pelo blanco o canas;
an off-color joke es un chiste verde;
a black-and-blue mark es un moretón.

LA DESCRIPCIÓN

Gloria tiene el pelo negro.
Tiene los ojos castaños.

Jorge tiene el pelo rubio (blonde).
Tiene los ojos verdes.

Rosita tiene el pelo rojo.
Tiene los ojos negros.

Adjectives ending in a vowel add **–s** to form the plural, while those ending in a consonant add **–es: rojo, rojos; azul, azules; grande, grandes; popular, populares.**

a. Conteste usted, por favor.

1. ¿Tienes el pelo rubio? ¿castaño? ¿blanco? ¿negro?
2. ¿Tienes los ojos azules? ¿grises? ¿castaños?

b. Pick a classmate and describe his or her hair and eyes to a partner. With hair you could use: **largo** *(long)*, **corto** *(short)*, **rizado** *(curly)*, **lacio** *(straight)*. Include a few adjectives from **Conversación diaria A.** See if your partner can name whom you are describing. Alternate describing and naming.

> MODELO **Es morena. Tiene los ojos verdes. Tiene el pelo castaño y corto.**
> **Es muy discreta y responsable.**

Pronunciación

El enlace (linking)

In all speech, the pronunciation of words may change slightly as they blend with other words. In Spanish the final vowel of a word is joined with the first vowel in the next word. If the two vowels are the same, they are pronounced as a single vowel.

la amiga (pronounced: «lamiga»)

su hijo

¿Cómo está usted?

de España

The final consonant of a word is joined with the initial vowel of the following word.

¿Quién es?   el abuelo   los estudiantes

Repita, por favor.

una amiga   mi hija   su hijo Orlando   su última clase

treinta y uno   cincuenta y seis

nueve estudiantes   la clase de español   Felipe es hermano de Elena

¿Qué es?   ¿Qué hora es?   ¿Cuál es la fecha?   ¿Son amigos?

EL ALFABETO

LA LETRA (letter)		EL NOMERE (name)	EL EJEMPLO
A a	*Aa*	a	el, la artista
B b	*Bb*	be	el, la banquero(a) *(banker)*
C c	*Cc*	ce	el, la computista *(computer operator)*
Ch ch	*Ch ch*	che	el, la chofer *(chauffeur, driver)*
D d	*Dd*	de	el, la doctor(a)
E e	*Ee*	e	el, la estudiante
F f	*Ff*	efe	el, la fabricante *(manufacturer)*
G g	*Gg*	ge	el, la gerente
H h	*Hh*	haché	el, la hostelero(a) *(innkeeper)*
I i	*Ii*	i	el, la ingeniero(a) *(engineer)*
J j	*Jj*	jota	el, la juez *(judge)*
K k	*Kk*	ka*	
L l	*Ll*	ele	el, la lector(a) *(reader)*
Ll ll	*Ll ll*	elle	el, la detallista *(retailer)*
M m	*Mm*	eme	el, la maestro(a) *(teacher)*
N n	*Nn*	ene	el, la naturalista
Ñ ñ	*Ññ*	eñe	el, la diseñador(a) *(designer)*
O o	*Oo*	o	el, la obrero(a) *(worker)*
P p	*Pp*	pe	el policía, la mujer policía *(police woman)*
Q q	*Qq*	cu	el, la químico(a) *(chemist)*
R r	*Rr*	ere	el, la constructor(a) *(builder)*
Rr rr	*Rr rr*	erre	el, la corredor(a) *(broker, runner)*
S s	*Ss*	ese	el, la secretario(a)
T t	*Tt*	te	el, la traductor(a) *(translator)*
U u	*Uu*	u	el, la universitario(a) *(university student)*
V v	*Vv*	ve (ve corte, uve)	el, la vendedor(a) *(salesperson)*
W w	*Ww*	doble ve, doble u*	
X x	*Xx*	equis	el, la taxista *(taxi driver)*
Y y	*Yy*	i griega	el, la ayudante *(helper)*
Z z	*Zz*	zeta	el, la zapatero *(shoemaker, shoe dealer)*

* The letters k (ka) and w (doble ve, doble u) appear mainly in words of foreign origin: Kilómeter, Wáshington.

Today **ch, ll,** and **rr** are not considered as separate letters. New dictionaries won't have entries for words beginning with **ch** or **ll** but rather list them under **c** and **l,** respectively. No *written* word begins with **rr;** however, **r** at the beginning of a word is pronounced as **rr:** Roberto.

a. Combine la pronunciación con la letra.

1. v _____
2. ll _____
3. a _____
4. ñ _____
5. e _____
6. z _____
7. g before a, o, or u _____
8. j and g before e or i _____
9. h _____
10. r in the beginning of a word; rr within a word _____

a. like the English *e* in *pet*
b. not pronounced
c. similar to the English *g* in *go*
d. like the English *y* in *yes*
e. same as **b** in Spanish
f. multiple **r** sounds
g. comparable to the English *h* in *his*
h. similar to the English *a* in *car*
i. comparable to the *ni* sound in *onion*
j. **i**n Spanish America pronounced like the English *s* in *sit*

DOMINGO

FÚTBOL
● Juventus-Nápoles (Canal +, 15.00). ● Valencia-Real Madrid (Canal +, 19.00).

NATACIÓN
● Campeonato de España (Canal 33, 12.55 / 18.30).

BALONCESTO
● NBA: Knicks-Detroit (Canal 33, 15.30), ● Copa del Rey, final (La 2, 19.50).

ATLETISMO
● Campeonato de España de cross (La 2, 12.00).

SQUASH
● Open de España (La 2, *El mejor deporte*).

MOTOCICLISMO
● Campeonato de España de velocidad (La 2, *El mejor deporte*).

GOLF
● Open del Mediterráneo (La 2, *El mejor deporte*).

b. Lea en voz alta *(aloud)* la información de las emisoras (estaciones de radio).

1. WNYC 75 FM Nueva York
2. KVOZ 105 FM Laredo, Texas
3. WQBA 1140 AM Miami, Florida
4. XHGC 1160 AM México, D.F.
5. CREL 92 FM Quebec, Canadá
6. Mi emisora favorita es...

Los oficios *(Occupations)*

Spanish omits the article when expressing a person's occupation.
¿Eres artista? —Sí, soy artista. No, no soy artista.
Compare: I'm *an* artist; she's *a* student.

Pregúntele a otro (a) estudiante.

1. ¿Eres estudiante? ¿mecánico? ¿secretaria? ¿maestra?
2. ¿Es profesora tu mamá? **(Sí, mi mamá es... No, mi mamá no...)** ¿Es doctora? ¿ama de casa *(housewife)*? ¿administradora?
3. ¿Es vendedor tu papá? ¿ingeniero? ¿fabricante? ¿agricultor?

Listen to a description of a well-known athlete. Then, be ready to answer the questions below.

1. A Gabriela Sabatini le gusta _____.
    a. el golf
    b. el baloncesto
    c. el tenis

2. Gabriela es de _____.
    a. Sudamérica
    b. España
    c. Norteamérica

3. Gabriela tiene los ojos _____.
    a. azules
    b. castaños
    c. verdes

4. Gabriela participa en _____.
    a. las carreras de Indianápolis
    b. los partidos de fútbol
    c. los semifinales de Wimbledon

5. También a Gabriela le gustan _____.
    a. los carros de sport
    b. los juegos electrónicos
    c. las novelas de misterio

6. Gabriela es una persona _____.
    a. reservada
    b. poco atractiva
    c. muy expresiva

Vocabulario

Expresiones

¿Te gusta(n)... ?	*Do you like . . .*
Sí, me gusta(n)...	*Yes, I like . . .*
No, no me gusta(n)...	*No, I don't like . . .*
¿De qué color es?	*What's the color?*
Tengo los ojos...	*I have . . . eyes.*
Tengo el pelo...	*I have . . . hair.*
Es moreno(a).	*He (She) is brunette.*
Es rubio(a).	*He (She) is blonde.*
hoy día	*nowadays*

Los colores (adjetivos)

amarillo(a)	*yellow*
anaranjado(a)	*orange*
azul	*blue*
blanco(a)	*white*
castaño(a)	*brown (eyes, hair)*
gris	*gray*
marrón	*brown*
morado(a)	*purple*
negro(a)	*black*
rojo(a)	*red*
rosado(a)	*pink*
verde	*green*

Otros adjetivos

claro(a)	*light (color)*
grande	*big*
mediano(a)	*medium*
oscuro(a)	*dark*
pequeño(a)	*small*

Los deportes

el baloncesto	*basketball*
el béisbol	*baseball*
las carreras de	*races*
bicicletas	*bicycles*
carros	*cars*
caballos	*horses*
el fútbol	*soccer*
el fútbol norteamericano	*football*
la natación	*swimming*
el partido	*match, game*
la pelota	*ball, jai alai, baseball*
la pesca	*fishing*
el tenis	*tennis*

Las personas

el equipo	*team*
el hispano, la hispana	*Hispanic*
el jugador, la jugadora	*player*

Los animales

el gato, la gata	*cat*
el perro, la perra	*dog*

Las actividades (los verbos)

correr	*to run*
esquiar	*to ski*
jugar a	*to play*
nadar	*to swim*
practicar	*to practice*
usar	*to use*

Take the Listening and Speaking sections of the **Examen** with a classmate, who will supply information as needed. Do not look at what your classmate has chosen or written; rely instead on your listening and speaking skills.

LISTENING

I. Los días. Your classmate will say three days of the week in Spanish. After each day you are to give the day that comes before and after it.

MODELO miércoles —martes, jueves

II. El dinero. You're bargaining at an outdoor market in Spain. A classmate will read aloud the original prices. Offer one hundred **pesetas** less than the merchant wants.

MODELO You hear: 500 pesetas.
You say: **cuatrocientas pesetas**

1. 300 pesetas   4. ¿...? pesetas
2. 800 pesetas   5. ¿...? pesetas
3. 1.700 pesetas

III. Los gestos. Your classmate will pick five of the expressions below. You must act out their corresponding gestures.

1. un poquito   3. ojo   5. tacaño   7. después
2. más o menos   4. no   6. dinero   8. delicioso

IV. El reloj. Draw a clock face about 5" in diameter. Your classmate will say at least 8 different clock times. You are to indicate those times on the drawing using pencils for clock hands. Make sure you use times with **y** and **menos**.

V. El alfabeto. You will hear four family names and their spelling. Write out the names correctly.

MODELO You hear: Villar uve-i-elle-a-ere
You write: **Villar**
1. Herrera   2. ¿...?   3. ¿...?   4. ¿...?

Possible names: Navarro, Portilla, Camacho, Reyes, Yáñez, Ortiz...

I. Listen to each question and answer orally. Your classmate can change the order of the sample questions below, and create new questions with the information in parentheses.

1. ¿Cuándo es tu cumpleaños? (¿Cuándo es el cumpleaños de tu mamá?)
2. ¿Cuál es la fecha de hoy (de mañana, del sábado, ...)?
3. ¿A qué hora es tu clase de español (inglés, matemáticas, ...)?
4. ¿Qué tiempo hace hoy (en agosto, en diciembre, ...)?
5. ¿De qué color es tu carro (perro, bolígrafo, ...)?
6. ¿Tienes el pelo castaño (los ojos azules, ...)?

II. Situaciones

1. You're trying to get together with a classmate next week. Tell each other your class and work schedules.
2. You're thinking about next year's calendar. Tell your classmate what holidays you celebrate and when. Include: El Día del doctor Martín Lutero King, El Día de los Presidentes, El Día de los Novios (San Valentín), San Patricio, El Día de la Independencia, El Día del Obrero, El Día de la Raza, El Día de Acción de Gracias o Thanksgiving, las fechas religiosas (cristianas, judías, árabes, budistas, ...)

WRITING

For the remaining sections of the **Examen,** write your answers on a separate sheet of paper.

I. Write a paragraph describing the sports North Americans like to play. Tell in what region each is popular and in what season they play it. (**jugar al béisbol...** *to play baseball;* **ellos juegan al...** *they play*)

II. You're writing a prospective student in Chile about your institution. Tell her what buildings or schools there are. Explain the typical schedule for a first-year student. Describe the professors and students. Mention sports, cultural activities, and organizations. Note the various expenses **(los gastos)** students have. Finally, tell her about the seasons and weather in your area.

III. Translate.

1. What's the date today? *¿Cuál es la fecha de hoy?*
2. Is it very hot here in the summer? *¿Hace mucho calor aquí en el verano?*
3. What books do you like to read? *¿Qué libros te gustaría leer?*
4. I have brown hair and brown eyes. *Tengo pelo y ojos marrón.*
5. How much does it cost? *¿Cuántos cuesta?*
6. What's the color of your car? *¿De qué color es su coche?*
7. Is there a clock here? *¿Hay una reloj aquí?*

IV. Cultura. Write **cierto** or **falso,** depending on the content. Rewrite those items you marked **falso** to make them true.

1. En Sudamérica hace frío en diciembre.
2. Generalmente los hispanos están acostumbrados a la nieve.
3. El hispano es expresivo y usa gestos cuando conversa.
4. El Día de la Raza conmemora el cumpleaños de Cristóbal Colón.
5. Frecuentemente los comercios —los bancos, los teatros, los restaurantes— usan el sistema de 24 horas.
6. Los españoles y los sudamericanos juegan muy poco al fútbol (*soccer*).
7. La inflación es un problema grave en Latinoamérica.
8. La vida social de los estudiantes es parte de las universidades.

READING

I. Match the English translation with the information on the signs.

1. ANUNCIO   **a.** *rain*
2. LLUVIA   **b.** *drug store*
3. HORARIO   **c.** *schedule*
4. FARMACIA   **d.** *clear*
5. CAMBIO   **e.** *money exchange*
6. DESPEJADO   **f.** *advertisement, announcement*

II. Rolando is writing about Independence Day in his country. Choose the word that best completes each portion of the passage.

1. Me (llama, llamo) Rolando Morales y Torres. 2. (Soy, Es) de la República Dominicana. 3. Hoy es (la, el) 27 de febrero. 4. Es el (hora, día) de la Independencia de mi país. 5. No (luego, tengo) clases hoy. 6. Es una (fecha, tienda) muy importante. Visito la plaza. 7. Escucho música (patriótica, pequeña). Participo en el desfile *(parade)*. 8. Me (gusta, gustan) mucho los desfiles.

SEGUNDA PARTE

· · · · · · · · · ·

LO ESENCIAL
DEL ESPAÑOL

LOS OFICIOS

COMMUNICATION

to identify people and things
to say where one is going
to ask and answer questions about common activities
to describe actions in the near future

CULTURE

to practice forms of addressing people formally and informally
to talk about trades and professions

GRAMMAR

definite and indefinite articles
contractions
subject pronouns
regular **-ar** verbs
the verb **ser**
the verbs **ir** and **dar**
Ir a + infinitive

LECCIÓN

1

Me llamo María Luisa Ruiz. Soy de San Antonio, Texas. Estudio arte comercial, lenguas y literatura. Participo° en los deportes de la universidad. Soy soltera.° Me gusta, me fascina,* la ciudad de San Antonio por° sus tradiciones hispanas y norteamericanas.

I participate
single
because of

Me llamo Ramiro Delgado y Oliva. Soy obrero.° Trabajo° en la compañía° Petróleos Nacionales de Venezuela. Hablo° inglés y español. Soy ambicioso y fuerte° de carácter. Me interesan* mucho los deportes, especialmente el béisbol y el boxeo. Soy socio° de varias asociaciones cívicas.

worker | I work | company
I speak
strong
member

Soy el doctor Francisco López-Silva. Enseño° medicina en la Universidad Nacional de México. También° tengo un consultorio° aparte donde atiendo a mis pacientes. Me gusta mucho mi profesión. Soy casado y tengo dos hijos mayores.° Uno estudia medicina y el otro° trabaja en un banco.

I teach
Also
doctor's office
older, grown-up
the other

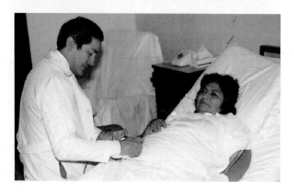

---

*Me gusta(n), me fascina(n)—*to fascinate—*and me interesa(n)* function the same way: **me interesa** *el béisbol.* **Me fascinan** *los deportes.* More on this in **Lección 9.**

¿Recuerda Ud.? (Do you remember?)

First answer these questions by yourself. Next, take turns with a classmate in asking and answering the questions. Occasionally give a wrong answer to see if your classmate can spot the error and correct it. Verify all answers.

1. **a.** ¿Qué estudia María Luisa? (María Luisa estudia...)
    b. ¿Es soltera?
    c. ¿Es María Luisa de Arizona?
    d. ¿Participa María Luisa en los festivales de música o en los deportes?
    e. ¿Le gusta a María Luisa la ciudad de San Antonio? (Sí/No le gusta...)
    f. ¿Por qué *(Why)* le fascina la ciudad? (Porque . . . [*Because...*])

2. **a.** ¿Habla inglés Ramiro? ¿y español?
    b. ¿Dónde *(Where)* trabaja Ramiro?
    c. ¿Es obrero o profesor Ramiro?
    d. ¿Es reservado y modesto?
    e. ¿Qué deportes le interesan a Ramiro?
    f. ¿Es socio de un club de golf?

3. **a.** ¿Qué enseña el doctor López-Silva?
    b. ¿Dónde enseña el doctor?
    c. ¿Le gusta su profesión?
    d. ¿Trabaja el doctor exclusivamente en la universidad?
    e. ¿Dónde atiende a los pacientes?
    f. ¿Es soltero o casado el doctor?
    g. ¿Cuántos hijos tiene? ¿Son mayores o menores?
    h. ¿Qué estudia uno de los hijos?
    i. ¿Qué estudia el otro hijo?

Adaptación

Hable usted un poco de su vida.

1. Me llamo...
2. Soy de...
3. Soy casado(a), soltero(a), divorciado(a).
4. Estudio...
5. Trabajo en...
6. Soy socio(a) de...
7. Me gusta(n)... Me fascina(n)...
8. Tengo...

Pregúntele a otro(a) estudiante.

Ask a classmate these questions and then have him/her ask you the same.

1. ¿Hablas español? (Sí, hablo... / No, no hablo...)
2. ¿Estudias inglés? ¿historia?
3. ¿Eres *(Are you)* de la América Latina? ¿de los Estados Unidos?
4. ¿Eres soltero(a)?
5. ¿Eres socio(a) de una asociación?
6. ¿Enseñas tenis? ¿golf?
7. ¿Trabajas mucho o poco?
8. ¿Qué días trabajas?
9. ¿Qué deportes te interesan?
10. ¿Tienes hermanos? ¿Cuántos?

En Hispanoamérica los hombres° hispanos frecuentemente trabajan muchas horas *men*
al día en uno o dos trabajos. Los profesionales, por ejemplo los médicos
(doctores), abogados° y arquitectos enseñan en los institutos o las universidades *lawyers*
pero también tienen su práctica particular.° *private*

Con las crisis económicas más y más mujeres° trabajan en fábricas° y comercios *women / factories*
para también mantener° a la familia. Hoy muchas mujeres hispanas estudian en *support*
las universidades y asumen responsabilidades y oficios notables en la industria,
las profesiones y el gobierno, pero no tanto° en los centros financieros. Este *not as much*
cambio° tiene un impacto fundamental para la familia, pues la mujer hispana *This change*
tradicionalmente cuida° a los niños y depende del esposo, pero no tanto hoy día *takes care of*
particularmente en las ciudades.

➢ *Práctica 1* . . . .

Lea las **Notas culturales** y diga *(tell)* si la información es **cierta** o **falsa.**

1. Frecuentemente los doctores en la América Latina enseñan en las universidades y tienen su práctica particular.
2. Menos y menos mujeres hispanas trabajan en fábricas.
3. Hoy día las mujeres asumen más responsabilidades en las profesiones.
4. Muchas mujeres trabajan en los centros financieros.
5. Con las crisis económicas los dos padres necesitan trabajar.

───────────────── ESTRUCTURA

I. Sustantivos y artículos   *(Nouns and articles)*

A. Nouns referring to males, and for the most part those ending in **-o,** are labeled *masculine.* Those referring to females or those generally ending in **-a, -ción, -dad,** and **-tad** are called *feminine.*

el señor	la señora
el profesor	la educación
el cuaderno	la sociedad
	la libertad

To make a noun plural add **-s** if it ends in a vowel and **-es** if it ends in a consonant. A final **-z** becomes **-ces** in the plural.

la amiga	→ las amiga**s**	una lección	→unas leccion**es**
el español	→ los español**es**	un lápiz	→unos lápi**ces**
el francés *(French)*	→ los france**ses**		

Note that nouns ending with a written accent drop the accent in the plural.

lección   lecciones (lec-**cio**-nes)

B. El artículo definido (*the*). Articles in Spanish are also either masculine or feminine. Spanish has four definite articles.

	SINGULAR	PLURAL
MASCULINO	**el** peso (*the peso*)	**los** pesos (*the pesos*)
	el señor	**los** señores
FEMENINO	**la** fiesta	**las** fiestas
	la amiga	**las** amigas

The definite article is used with titles except when addressing the person directly.

> **El señor Ruiz** es mi profesor.

BUT **Doctora Sánchez,** ¿cómo está usted?

It is helpful to learn the article with nouns that do not end in **-o** or **-a,** as well as those that are exceptions to the rule.

el dólar	**la** clase	**el** día (Buen**os** días)	**el** árbol (*the tree*)	**el** hotel
la mano	**el** problema	**el** mapa	**el** restaurante	**la** llave
(*the band*)				(*key*)

C. El artículo indefinido (*a, an*). Spanish also has four indefinite articles.

un amigo	*a male friend*	**unos** amigos	*some male friends*
una amiga	*a female friend*	**unas** amigas	*some female friends*

The plural **unos, unas** means *some* or *a few*.

➤ *Práctica 2*

a. Use the singular definite article with the nouns below; then do the items again in the plural.

> MODELO señora **la señora, las señoras**
> papel **el papel, los papeles**

hermana	lección	luz	asiento
padre	sociedad	bolígrafo	madre
amiga	español	llave	constitución
casa	inglés	profesor	problema
La mano	universidad	día	restaurante
La nación	francés	semana	familia
dólar	mesa	árbol	lápiz

b. Mention that you need the following items, using the indefinite article in your statement.

> MODELO pesos **Necesito unos pesos.** (*I need some pesos.*)

libros	papel	diccionario	sillas
aspirinas	lección más fácil	dólares	clase de inglés
teléfono	vacaciones	bolígrafo	libro de español

c. Tell what things there are in the plaza, using the indefinite article.

MODELO **Hay un café**.

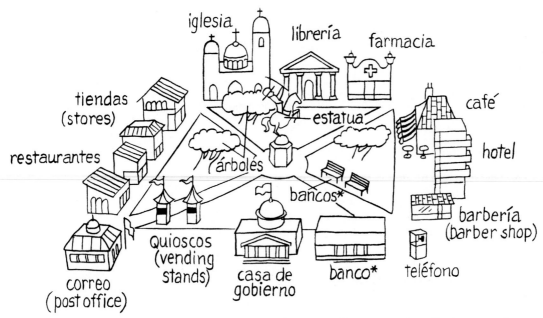

iglesia

librería

farmacia

tiendas (stores)

café

restaurantes

estatua

hotel

árboles

bancos*

barbería (barber shop)

Quioscos (vending stands)

correo (post office)

casa de gobierno

banco*

teléfono

*El banco means the bank or the bench. Context clarifies meaning.

d. Mention at least five things there are in the main section of your town. Next, mention five that are not there.

II. Dos contracciones

Spanish has only two contractions:

a + el = **al**
de + el = **del**

A. The preposition **a** *(to)* plus the definite article **el** contract to **al.**

el parque: Voy **al** parque. *I am going to the park.*

BUT   las tiendas: Vamos **a las** tiendas. *We're going to the stores.*

B. The preposition **de** *(of, from)* plus the article **el** becomes **del.**

el título **del** libro *the title of the book*

BUT   el presidente **de la** república

Por favor, ¿para ir° al correo? / *in order to go*

Todo recto.° / *keep straight*

a. You've been asked **¿Adónde vas?** *(Where are you going?)* Answer the questions with the cues provided.

MODELO el cine **Voy al cine.** *(I am going to the movies.)*

el teatro	el hotel	la fiesta	el médico
el banco	el parque	el auto	el trabajo
las tiendas	las clases	el restaurante	Los Ángeles

b. Study the vocabulary below. Then alternate with another student, asking each other where you are going. Try to expand your answers.

MODELO ¿Adónde vas? **Voy al aeropuerto el viernes a las dos.**
Voy al centro en autobús.
Voy a casa* con *(with)* **Conchita y Manuel.**

la iglesia *el templo* *la sinagoga* *la casa** *el aeropuerto*

el correo *la farmacia* *el museo*

el centro **(downtown)** *la estación*

el mercado *el campo* *la playa*

---

*To express *I'm going home,* Spanish speakers say **Voy a casa.**

c. Mention at least three places you're going to today. Tell with whom you are going and include the time you are going.

d. Complete con la forma correcta: **del, de los, de la, de las.**

1. El lunes es el primer día _____ semana.
2. La **ñ** es una letra _____ alfabeto.
3. Son las diez y cuarto _____ mañana.
4. David es _____ Estados Unidos.
5. Soy amigo _____ Sr. López.
6. Raúl es el tío _____ niñas.
7. Yolanda es la hermana _____ niño.
8. Hablo _____ padres.

e. You need the addresses of several places and people. Form questions from the cues.

MODELO hotel   **¿Cuál es la dirección del hotel?**

el museo	la universidad	los estudiantes	el hotel
la farmacia	la iglesia	la Sra. Gómez	el hospital
el correo	el banco	las amigas	los padres
el restaurante	el Sr. Pérez	las tiendas	la profesora

III. Yo, usted... *(subject pronouns)*

PERSON		SINGULAR	PLURAL	
1	yo	*I*	nosotros, nosotras	*we*
2	tú	*you (familiar)*	vosotros(as)	*you (familiar)*
3	usted (Ud.)	*you (formal)*	ustedes (Uds.)	*you (formal)*
	él, ella	*he, she*	ellos, ellas	*they*

The English subject pronoun *it* has no equivalent in Spanish: **Es Ricardo.** (*It's Ricardo.*)

Except for emphasis or clarification, Spanish speakers normally omit the subject pronouns since the verb endings indicate the subject. However, **Ud(s).** is often used for politeness.

Estudio inglés.	*I study English.*
Trabajan mucho.	*They work a lot.*

Spanish has two words for *you* (singular): **tú** and **usted. Tú** is informal and is used when addressing people with whom you are on a first-name basis. **Usted,** abbreviated **Ud.,** is formal and used with people you would address by their last name or with people you don't know very well. **Nosotros, vosotros,** and **ellos** refer either to groups of all males or to males and females combined. In Spain, **vosotros(as)** is used in place of **ustedes (Uds.)** among relatives and close friends. *In Latin America,* **ustedes** *is the plural of both* **tú** *and* **usted** *and is the form practiced in this book.*

a. Say the subject pronoun suggested by the pictures.

1. ¿...?   2. ¿...?   3. ¿...?   4. ¿...?   5. ¿...?

6. ¿...?   7. ¿...?   8. ¿...?   9. ¿...?

b. Which form of *you* (**tú, Ud., Uds.**) would you use to address these people in Latin America?

1. a teacher
2. a long-time friend
3. your classmate, Silvia
4. Mr. and Mrs. Martínez
5. your cousins
6. your sister
7. a restaurant waiter
8. your dog
9. a clerk in a store
10. your banker, Mrs. Gutiérrez

c. Replace the noun subject with the appropriate pronoun: **él, ella, nosotros, nosotras, ellos, ellas.**

1. Ramiro habla inglés.
2. María es de España.
3. Tomás y yo estudiamos arte.
4. La Sra. del Valle y su hija son muy bonitas.
5. Los padres necesitan unas vacaciones.
6. Ana y Pablo trabajan en México.

IV. El presente de los verbos regulares -ar

A. The basic form (infinitive) of many Spanish verbs ends in **-ar;** for example, **hablar** *(to speak, to talk)*. To form the present tense of regular **-ar** verbs, we drop the infinitive marker **-ar** and add a set of endings to the remaining stem.

	trabajar	*to work*
(yo)	trabaj**o**	**Trabajo** el viernes.
(tú)	trabaj**as**	**Trabajas** mañana.
Ud., (él, ella)	trabaj**a**	Ramiro **trabaja** aquí.
(nosotros/as)	trabaj**amos**	**Trabajamos** ocho horas.
(vosotros/as)	trabaj**áis**	**Trabajáis** mucho.
Uds., (ellos, ellas)	trabaj**an**	Ellos **trabajan** en la tienda.

The **-a** and **-an** endings are changed to **-e (-en)** when expressing formal commands:

¡Trabaj**e** Ud.!   ¡Trabaj**en** Uds.!   *Work!*

B. The Spanish present tense can have more than one meaning in English.

Trabajo mucho.   *I work, I do work, I am working a lot.*

The present tense can be used in place of the future tense to indicate immediate future action.

Hablamos mañana.   *We will talk tomorrow.*

C. Unlike English, Spanish does not use a helping verb *(do)* to form questions and negative statements. **No** is put before the verb to make a negative statement.

¿Trabajas hoy? —No, **no** trabajo hoy.   *Do you work today? —No, I **don't** work today.*

Ellos **no** hablan inglés.   *They **do not** speak English.*
No estamos cansados.   *We **aren't** tired.*

D. Other common **-ar** verbs:

bailar	*to dance*	**esperar**[1]	*to wait (for)*
buscar[1]	*to look (for)*	**estudiar**	*to study*
caminar	*to walk*	**llegar**	*to arrive*
cocinar	*to cook*	**necesitar**[2]	*to need*
comprar	*to buy*	**participar**	*to participate*
desear[2]	*to wish*	**regresar**	*to return*
enseñar	*to teach*	**tomar**	*to take, drink*
escuchar[3]	*to listen (to)*		

Bailas muy bien.

Gracias. Me gusta bailar mucho.

---

[1]**Buscar** and **esperar** do not use a preposition to express "for."

[2]**Desear** and **necesitar** often take an infinitive: Deseo caminar un poco.   *I wish to walk a little.*   No necesitamos esperar.   *We don't need to wait.*

[3]**Escuchar** does not use a preposition to express "to." Escucho el noticiero.   *I listen to the news.*

➤ *Práctica 5*

a. Entrevista *(Interview).* Ask your instructor questions using the verbs and additional words provided. Note that the subject follows the verb in forming questions.

> MODELO   trabajar mucho   **¿Trabaja Ud. mucho?**

1. estudiar arte
2. hablar rápido
3. desear tomar café
4. esperar el autobús
5. comprar en Sears o JC Penney
6. caminar al centro
7. regresar el sábado
8. cocinar bien
9. buscar el libro de español
10. llegar a las ocho de la mañana
11. necesitar estudiar
12. visitar el museo
13. participar en los deportes
14. tomar café
15. escuchar música clásica

b. This time you and a classmate alternate asking and answering questions using the same words above.

> MODELO **¿Trabajas mucho?**   **Sí, trabajo mucho.**
> **No, no trabajo mucho.**

Afterwards, be ready to present to the class as much information as you can about the person you questioned.

> MODELO   **Betty estudia comercio y español. Trabaja en una oficina.**
> **No cocina mucho. Desea bailar los fines de semana.**

c. Using the cues, tell what the following people are studying.

> MODELO   yo... español   **Estudio español.**

1. tú... música
2. nosotros... lenguas
3. el Sr. López... medicina
4. Uds... comercio
5. ellos... inglés
6. Clara y yo... literatura
7. yo... matemáticas
8. los señores... computación

d. Do the previous exercise again using the verb **enseñar.**

e. Do exercise **c.** again telling what the people need to study.

> MODELO   yo... español   **Necesito estudiar español.**

f. ¿Cómo se dice en español?

1. I speak Spanish.
2. Roberto works tomorrow.
3. They *(f.)* need five hundred pesos.
4. You **(tú)** buy a lot.
5. She doesn't drink coffee.
6. Do you **(Ud.)** teach English?
7. We *(m.)* are waiting for a taxi.
8. You **(Uds.)** arrive June 10 at 3:30 P.M.
9. I wish to buy a book.
10. Are you **(tú)** listening to the news?

g. Take turns with a classmate making original sentences with the subjects below. Use a different verb each time.

MODELO **Ellos buscan la llave del carro.**

1. Uds.
2. La Sra. García
3. Tú no
4. Diego y yo
5. Yo no
6. Él
7. Ellos
8. Mi amiga
9. ¿...?

V. El verbo *ser*

	ser	to be		
(yo)	soy	(nosotros/as)	somos
(tú)	eres	(vosotros/as)	sois
Ud.		Uds.	
(él)	es	(ellos)	son
(ella)		(ellas)	

Spanish uses the verb **ser** to identify and to describe traits or characteristics of people and things. It is also used with **de** to express where people and things are from.

Soy soltero(a).	*I'm single.*
No somos primos.	*We are not cousins.*
Mi casa es grande y bonita.	*My house is big and beautiful.*
¿Eres de Puerto Rico?	*Are you from Puerto Rico?*

➤ *Práctica 6*

a. Identifique a las personas o cosas *(things)* usando la forma correcta de **ser**.

MODELO Gabriel _____ mecánico.
       Gabriel es mecánico.

1. Ellos _____ vendedores.
2. Yo no _____ Arturo Padilla.
3. Tú _____ una persona muy práctica.
4. Nosotros _____ buenos amigos.
5. Sus apellidos _____ italianos.
6. La señora de Reyes _____ una doctora excelente.
7. Hoy _____ miércoles, ¿no?
8. Nancy no _____ de Cuba.
9. ¿Quiénes (*Who*, pl.) _____ ellas?
10. ¿_____ Ud. la tía de Julia?

b. Describa Ud. a las personas.

MODELO Carmela Luna
       Sevilla, España
       morena
       soltera
       profesora de matemáticas
       dinámica y muy competente

Carmen Luna es de Sevilla, España. Es morena. Es soltera. Es profesora de matemáticas. Es dinámica y muy competente.

1. Alejandro Solano
   Quito, Ecuador
   moreno
   casado
   electricista
   reservado y muy discreto

2. Eva María y Fernando Castillo
   Buenos Aires, Argentina
   rubios
   casados
   músicos
   alegres y expresivos

3. nosotros
   los Estados Unidos/el Canadá
   estudiantes
   estudiosos y responsables
   buenos amigos

4. yo
   ¿...?
   ¿...?
   ¿...?
   ¿...?
   ¿...?

VI. Los verbos *ir* y *dar*

ir		to go	
(yo)	**voy**	(nosotros/as)	**vamos**
(tú)	**vas**	(vosotros/as)	**vais**
Ud.		Uds.	
(él)	**va**	(ellos)	**van**
(ella)		(ellas)	

dar		to give	
(yo)	**doy**	(nosotros/as)	**damos**
(tú)	**das**	(vosotros/as)	**dais**
Ud.		Uds.	
(él)	**da**	(ellos)	**dan**
(ella)		(ellas)	

Ir and **dar** are irregular in the first-person singular.

A. Verbs of motion like **ir, llegar,** and **caminar** require the preposition **a** when a destination is mentioned.

Vamos a la playa.   **Llego a** Caracas el viernes.

B. The construction **ir a** + *infinitive (to be going to...)* describes actions in the near future.

Voy a estudiar luego.   *I'm going to study later.*

C. **Vamos a** + *infinitive* may either express a future action or a suggestion (in the affirmative) equivalent to *Let's.*

Vamos a esperar un rato.   *We're going to wait awhile.*
¡Vamos a caminar!   *Let's walk!*

➤ *Práctica 7*

a. ¿Dónde necesitamos la preposición **a?** ¿Recuerda Ud. que **a + el = al?**

1. Voy _____ la oficina.
2. Necesitamos _____ una casa más grande.
3. ¿Caminas _____ el centro?
4. Mariana llega _____ Quito el 15 de enero.

5. La reunión es _____ las diez de la mañana.
6. ¿Deseas _____ ir con nosotros?
7. ¡Vamos _____ trabajar!
8. ¿Vas _____ el correo?

b. A group of you is getting together to review **(repasar)** for a Spanish exam. Tell what each one is going to do.

MODELO tú / organizar las lecciones
Tú vas a organizar las lecciones.

1. Mercedes / preparar el vocabulario
2. yo / estudiar las notas culturales
3. René y yo / completar las prácticas
4. tú / simplificar las observaciones
5. Martina y Fabián / enseñar la gramática
6. ¿...? / repasar los números

c. Mention to a classmate five things that you are going to do this weekend. Then mention five things you are *not* going to do.

MODELOS **Este fin de semana voy a...**
Este fin de semana no voy a...

d. Several people at work are giving money to charity **(la beneficencia).** Tell what each one gives in pesos. Remember that the value of the peso varies from country to country.

MODELO el Sr. Castellanos / $500
El Sr. Castellanos da quinientos pesos.

1. La Sra. de Buendía / $125
2. Victoria y Ernesto / $300
3. tú / $775
4. Ud. / $550
5. nosotros / $940
6. yo / ¿...?

e. Ask a classmate of the opposite sex what he/she will give you for the items below.

MODELO **¿Cuánto me das por el bolígrafo?**
Te doy dos dólares.

1. el libro de español
2. el lápiz
3. el reloj
4. el cuaderno...
5. el cassette
6. un beso *(a kiss)*
7. ¿...?

*Reading in Spanish will be easier if you try to grasp the general ideas of each sentence of the passage instead of trying to translate word-for-word. Although you will recognize many cognates (words similar in two languages, like **mucho**) it will be necessary to make intelligent guesses about the meanings of words you don't know. Rely on the surrounding words to decipher the meaning of an unknown word. For example, can you guess the meaning of the glossed word in this series?*

La manufactura, la minería° y la agricultura   *mining*

To help you with your reading, new words not readily discernible from the context are defined in the right margin.

La selección de una carrera •••••••••••••••••••

El estudiante de hoy debe pensar° mucho en su futuro y   *should think*
en su preparación académica. Un elemento muy importante de
la preparación académica es el estudio de las lenguas extran-
jeras.° La persona que° habla español, portugués, francés,   *foreign / who*
alemán o japonés no tiene garantías° de un empleo° impor-   *guarantees / employment*
tante con una agencia o con una compañía. Pero el individuo
que habla dos o más lenguas tiene una ventaja° muy grande.   *advantage*

La selección de una profesión es una decisión muy importante en la vida del estudiante. La satisfacción personal del
individuo depende en gran° parte de la satisfacción en el tra-   *great*
bajo.

La abundancia de trabajo en la manufactura, la minería y
la agricultura ya no° existe en los Estados Unidos. Hoy los ser-   *no longer*
vicios técnicos y sociales y el comercio internacional ofrecen
excelentes oportunidades, específicamente:

  Agencias de servicios sociales
   Profesiones relacionadas° con la medicina   *related*
    Ingeniería eléctrica, petrolífera,...
     Comercio internacional
      Agencias de publicidad
       Comunicaciones
        Contabilidad°   *accounting*
         Computación
         Bancos
          Compañías de seguros.°   *insurance*

¿Comprende Ud.?

Read the passage again without consulting the translations in the margin, if at all possible. Then tell whether the statements below are true (**cierto**) or false (**falso**). Write down the sentence in the reading that supports your answer.

1. La idea principal del artículo es la selección de una buena universidad.
2. La preparación académica del estudiante de hoy es muy importante.
3. El estudio de las lenguas extranjeras garantiza (*guarantees*) un empleo importante.
4. El alemán es una lengua extranjera.
5. El individuo que habla dos o tres lenguas tiene una ventaja.
6. La satisfacción personal no tiene relación con la satisfacción en el empleo.
7. En la minería y la manufactura existen abundantes oportunidades de trabajo.
8. Las agencias de publicidad y las compañías de seguros ofrecen buenas posibilidades de empleo.

• • • • • • • • • • • • • • • • • • • ACTIVIDADES

LOS ANUNCIOS DE EMPLEO

(1)

¡OPORTUNIDAD!

TIEMPO PARCIAL $150

TIEMPO COMPLETO. . $360

Semanales

P E R S O N A S

Con auto, mayores de 21 años° que lean y escriban español bien. Que les guste el comercio. Pida° entrevista

7-24-05-45

9-91-82-95

(2)

DISTRIBUIDORA — Nacional de Cosméticos necesita vendedores y vendedoras, sueldo° básico $5.700 más comisiones de 10%, 15%, 20%. Presentarse° Av. 68 N°12-38 Sur. Entrevista de 2:00 a 4:30 pm.

salary

(to) present oneself

Interview

(3)

years

Se necesitan administradores hotel restaurante categoría, experiencia mínima diez años. Entrevistas tres a cinco, Carrera Novena No. 22-87, oficina 202.

ask for

(4)

¡FÁBRICA° BLUE JEANS NECESITA OBREROS(AS) EXPERTOS(AS)! ENVIAR° SOLICITUD° No 68-48. AVENIDA 68.

factory

send / application

a. Conteste, por favor.

1. ¿Qué palabras (*words*) en inglés hay en los anuncios?

2. ¿Qué palabras son similares en inglés y español?

3. En el anuncio 2:
  a. ¿Cuál es la dirección? *Avenida...*
  b. ¿Cuánto (*How much*) es el sueldo?
  c. ¿A qué hora es la entrevista?

4. En el anuncio 4:
  a. ¿Qué necesita la fábrica?
  b. ¿Es necesaria una solicitud?

5. ¿Cuál de los cuatro trabajos le gusta más a Ud.? ¿Cuál menos?

b. Prepare Ud. un anuncio de trabajo. Use los modelos 1–4 y su imaginación.

• • • • • • • • • • • • • • • • • • ESCUCHEMOS

Listen while Vicente Luis Molina, an exporter from Central America, talks about himself and his family. Remember you do not need to know every single word to understand the passage. Rely on context and surrounding words. Be ready to answer the questions on page 00 of your textbook.

1. Vicente Luis Molina es de _____.
  a. San José, Costa Rica
  b. San Juan, Puerto Rico
  c. San Salvador, El Salvador

2. El Sr. Molina exporta _____.
  a. café
  b. bananas
  c. medicinas

3. La oficina del señor está en _____.
  a. la plaza central
  b. la Avenida de la República
  c. a y b

4. La esposa del señor trabaja en _____.
  a. una tienda
  b. un hospital
  c. una escuela

5. El hijo mayor del señor está _____.
  a. con los abuelos
  b. en California
  c. en el campo

6. El Sr. Molina es _____.
  a. poco ambicioso
  b. tímido
  c. activo

7. Al señor le gustan _____.
  a. el fútbol y la música
  b. el béisbol y la playa
  c. el golf y los carros

8. El señor participa en _____.
  a. la política
  b. las asociaciones cívicas
  c. a y b

Vocabulario

Sustantivos

el aeropuerto	*airport*
el árbol	*tree*
el campo	*countryside*
la casa	*house*
el centro	*center; downtown*
el cine	*show, movies*
la ciudad	*city*
la compañía	*company (firm)*
el correo	*post office*
España	*Spain*
el español	*Spanish*
la estación	*station*
los Estados Unidos	*United States*
la farmacia	*pharmacy*
el hispano, la hispana	*Hispanic*
el hombre	*man*
el inglés	*English*
la llave	*key*
el mercado	*market*
la mujer	*woman*
el museo	*museum*
el obrero, la obrera	*worker*
la playa	*beach*
el socio, la socia	*member*
el templo	*temple*
la tienda	*store*
la universidad	*university*

Adjetivos

casado(a)	*married*
divorciado(a)	*divorced*
fuerte	*strong*
otro(a)	*other, another*
soltero(a)	*single, unmarried*

Verbos

bailar	*to dance*
buscar	*to look (for)*
caminar	*to walk*
comprar	*to buy*
dar (doy)	*to give*
desear	*to wish, want*
enseñar	*to teach; to show*
escuchar	*to listen (to)*
esperar	*to wait (for)*
estudiar	*to study*
hablar	*to speak, talk*
ir (voy, vas...) a	*to go to (I go, you go . . .)*
Voy a + *infinitive*	*I'm going to*
llegar	*to arrive*
necesitar	*to need*
participar	*to participate*
regresar	*to return*
ser (soy, eres...)	*to be (I am, you are . . .)*
tomar	*to take; to drink*
trabajar	*to work*

Expresiones

a	*to*
con	*with*
de	*of; from*
más	*more*
por	*for (because of)*
también	*also*

EL HOGAR Y LOS MUEBLES

(Home and Furniture)

COMMUNICATION

to describe your home and furniture

to ask and answer routine information questions

to express knowing and being acquainted

CULTURE

Hispanic homes and customs

diminutives

GRAMMAR

regular **-er** / **-ir** verbs

interrogative words

personal **a**

saber vs. **conocer**

LECCIÓN 2

Elba y Rogelio Cardona son un matrimonio° venezolano.   *married couple*
Ellos son de Caracas, la capital. Elba describe los cuartos° y los   *rooms*
muebles de su hogar.

Furniture   *home*

Estudie Ud. el plano y el vocabulario del hogar y después°   *afterwards*
lea la descripción.

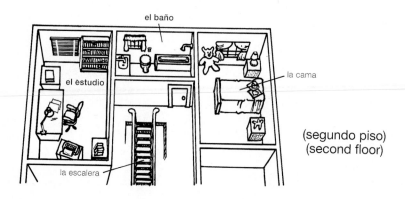

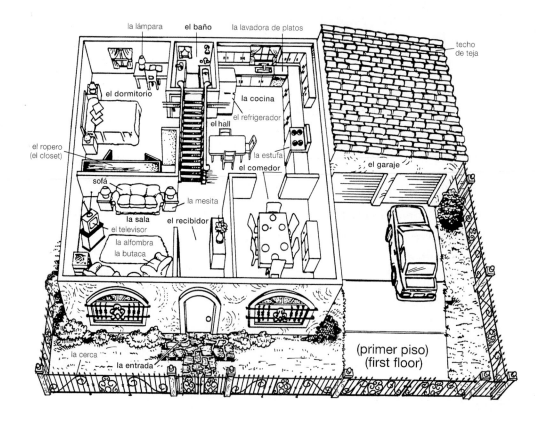

Nuestra casa ●●●●●●●●●●●●●●●●●●●●●●●●●●
(Our House)

Nuestra casa es de estilo español. Es de bloque y estuco° blanco. El techo es de teja° roja. Los cuartos son claros y alegres.° En la entrada hay un recibidor.° La sala° está a la izquierda. Tiene un sofá, dos butacas, un televisor y unas mesitas con lámparas. La alfombra es marrón claro y los muebles azules. Aquí leemos,° vemos° la televisión, conversamos y descansamos° con la familia.

stucco
roof tile
light and cheerful / foyer / living room armchairs

we read / we watch
we rest

En la cocina, los aparatos° eléctricos (la estufa, la lavadora de platos° y el refrigerador) son de colores coordinados. Entre° la cocina y nuestro dormitorio hay un pasillo° con un baño a la derecha. Tenemos un comedor grande también.

appliances
dishwasher / Between
hallway

Nuestro dormitorio es amplio;° tiene un ropero° inmenso. Los otros dos cuartos están en el segundo piso y son pequeños. Uno es el cuarto de nuestra hijita° y el otro sirve de estudio. Entre esos dos cuartos tenemos otro baño completo.

spacious / closet

little daughter

Finalmente, al lado del° garaje, tenemos la lavadora de ropa,° una secadora° de gas y espacio para guardar cosas.° En el garaje hay espacio para los dos autos, tres bicicletas y una motocicleta.

next to, beside
washer / dryer / put away things

Estamos muy contentos° con nuestro hogar. Está situado° cerca de° buenas escuelas y es bonito y cómodo.° Es el centro de las actividades de nuestra familia.

happy / situated
near / comfortable

¿Recuerda Ud.?

1. ¿Quiénes son Elba y Rogelio?
2. ¿De dónde son ellos?
3. ¿De qué color es su casa y de qué material es?
4. ¿Cuáles *(What)* son los cuartos de la casa?
5. ¿Cómo son los cuartos?
6. ¿Qué muebles hay en la sala?
7. ¿Dónde conversan y descansan ellos?
8. ¿Qué aparatos eléctricos tiene la cocina?
9. ¿En qué piso está el dormitorio de Elba y Rogelio?
10. ¿Cuántos baños hay en la casa?
11. ¿Qué cosas *(things)* tienen ellos junto al garaje?
12. Y en el garaje, ¿qué hay?
13. ¿Por qué están contentos los Cardona con su casa?
14. ¿Cómo es similar y cómo es diferente la casa de los Cardona a la casa de Ud.?
15. ¿Por qué está Ud. contento(a) o descontento(a) con su hogar?

Adaptación

Prepare un plano de su hogar. Escriba los nombres de los cuartos y los muebles en el plano. Luego describa su hogar a un(a) compañero(a). Si es posible incluya también unas fotos de su hogar.

El clima,° los materiales, las costumbres° locales y el gusto personal influyen en° la construcción de las casas. En los países hispanos abundan° las casas de bloque y madera.° El ladrillo° se usa menos. Tradicionalmente los techos son de teja y los pisos de mosaico° o granito, pero también se usa la madera. En las ciudades los terrenos° son caros° y por eso las casas dan directamente° a la calle. Las ventanas tienen rejas° que sirven de protección y decoración. Los sótanos y desvanes° no son muy comunes.° En los hogares tradicionales la cocina es para preparar la comida° y no para comer o entretener° a los amigos. En los distritos nuevos las casas están separadas unas de otras por un muro,° y tienen un jardín o un patio° pequeño. El aire acondicionado y la calefacción° no son comunes.

climate / customs
influence / abound
wood / brick
floor tile
lots (land) / expensive / face directly
iron grills
basements and attics / common
meal / entertain
by a stone wall
garden or yard / heating

En los distritos más pobres la gente construye sus° casitas poco a poco° y esperan con paciencia la instalación de los servicios municipales básicos, como el agua° y la electricidad.

people build their / little by little

water

> *Práctica 1*
....

Indique si las siguientes descripciones son más representativas de los hogares en los Estados Unidos o en Hispanoamérica.

1. Las casas son de ladrillo.
2. Los techos son de teja.
3. En las ciudades las casas dan directamente a la calle.
4. Los pisos son de mosaico.
5. Las casas tienen desván.
6. Las casas usualmente tienen sótano.
7. Las ventanas tienen rejas.
8. La familia tradicional come en la cocina.
9. No es raro recibir a los amigos en la cocina.
10. Las casas están separadas por muros.
11. El aire acondicionado es común.
12. Hay distritos que esperan los servicios básicos.

ESTRUCTURA

I. El presente de los verbos regulares -*er*, -*ir*

In addition to -**ar** verbs, Spanish has two other smaller groups of infinitives ending in -**er** and -**ir**. To form the present tense of regular -**er** and -**ir** verbs, we drop the infinitive markers and add a set of endings to the stem. Note that the endings are the same for the two types of verbs except for the **nosotros** and **vosotros** forms.

	comer *to eat*	**vivir** *to live*
yo	como	vivo
tú	comes	vives
Ud., él, ella	come	vive
nosotros(as)	comemos	vivimos
vosotros(as)	coméis	vivís
Uds., ellos, ellas	comen	viven

The **-e (-en)** endings change to **-a (-an)** to express formal commands: ¡Coma Ud.! ¡Coman Uds.! ¡Viva!
¡Vivan! *(Hurrah! / Long live!)*

Other common **-er** and **-ir** verbs:

abrir	*to open*	**¿A qué hora abren** Uds.?
aprender	*to learn*	**Aprendemos** la lección.
asistir a	*to attend*	**Asistimos a** clases.
comprender	*to understand*	No **comprendo** las instrucciones.
creer	*to believe, think*	**Creo** que Carlos regresa mañana.
deber + *infinitive*	*should, ought to*	Uds. **deben** estudiar más.
escribir	*to write*	**Escribe** la lección.
leer	*to read*	**¿Lees** el libro de español?
recibir	*to receive*	**Recibes** muchas invitaciones.
vender	*to sell*	Mi padre **vende** automóviles.

Ver *(to see)* retains the **e** in the **yo** form: **(yo) veo, ves, ve, vemos, veis, ven.**

➤ *Práctica 2*

a. Entrevista. Imagine that you are interviewing a student from Caracas, Venezuela. Ask him or her questions based on the information below. Afterwards, switch roles and have your classmate ask the questions with the cues in parentheses.

MODELO	vivir / en la América Latina
YOU	**¿Vive Ud. en la América Latina?**
CLASSMATE	**Sí, vivo... / No, no vivo...**

1. vivir / en Caracas (con su familia)
2. comer / un sándwich (tacos)
3. ver / la televisión (los vídeos)
4. comprender / el fútbol norteamericano (las programas en inglés)
5. vender / cosméticos (autos)
6. recibir / mucho dinero (muchas invitaciones)
7. escribir / mucho (poco)
8. asistir / al club de español (a la clase de inglés)
9. aprender / inglés (francés)
10. creer / en el futuro (el libro)

b. You believe the following people *should* or *should not* do certain things. Use items from columns A and B to state your opinion. Include other expressions familiar to you.

MODELO **Papá debe regresar pronto.**
Uds. no deben vender la casa.

A	B
1. Papá	aprender español
2. Tú	trabajar el domingo
3. Ellos	regresar pronto
4. Nosotros	hablar rápido
5. Julio	asistir a la reunión
6. Irene y Pepe	vender la casa
7. Mi hermano	llegar tarde
8. Uds.	cocinar todos los días
9. Ud.	abrir los ojos
10. ¿...?	¿...?

c. Learn the vocabulary and then tell what the people below are reading.

MODELO Nilda... **Nilda lee la carta.**

el libro   la revista   el periódico

la carta   la tarjeta postal

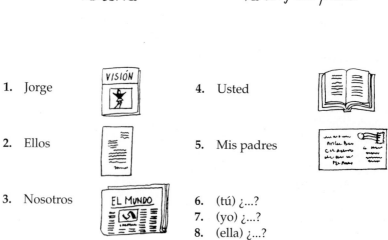

1. Jorge

2. Ellos

3. Nosotros

4. Usted

5. Mis padres

6. (tú) ¿...?
7. (yo) ¿...?
8. (ella) ¿...?

d. Entrevista. Prepare five questions to ask your instructor and then be ready to pose the same ones to a classmate. Use **-er** and **-ir** verbs.

MODELO Para el (la) profesor(a): **¿Come Ud. en la cafetería de la universidad?**
Para el estudiante: **¿Comes en... ?**

II. Las preguntas (*Questions*)

A. Yes/No questions. The most common way of asking a question is to put the subject after the verb. If the subject is a noun, it often appears at the end of the question. In yes/no questions the voice rises slightly toward the end of the question.

¿Habla Ud. español?   *Do you speak Spanish?*
¿Comprende él la carta?   *Does he understand the letter?*
¿Es abogado su padre? *or* ¿Es su padre   *Is your father a lawyer?*
  abogado?

Sometimes the normal word order for a statement is used in a question. The voice rises toward the end to indicate a question.

¿Ud. habla español?   *Do you speak Spanish?*

B. Tag questions. A statement can be turned into a question by adding the tags **¿no?**, **¿verdad?**, or **¿de acuerdo?**. **¿No?** appears after positive statements. The voice rises slightly for the tag words.

Ellos trabajan hoy, ¿no?   *They work today, don't they (right)?*
No comes carne, ¿verdad?   *You don't eat meat, do you?*
Esperamos aquí, ¿de acuerdo?   *We'll wait here, agreed (okay)?*

C. Information questions. Questions asking for specific information begin with interrogative words such as **¿cómo?**, **¿qué?** and **¿cuándo?** followed by the verb. With interrogative words the voice falls at the end of the question.

Interrogative Words

¿Cómo?*	*How?*	**¿Cómo** está Ud.?
¿Qué?	*What?*	**¿Qué** venden ellos?
¿Cuándo?	*When?*	**¿Cuándo** es su cumpleaños?
¿Dónde?	*Where?*	**¿Dónde** vives?
¿Adónde?	*Where (to)?*	**¿Adónde** va Ud.?
¿De dónde?	*Where (from)?*	**¿De dónde** son Uds.?
¿Quién?	*Who (sing.)?*	**¿Quién** habla? (*Who* [*sing.*] *is talking?*)
¿Quiénes?	*Who (pl.)?*	**¿Quiénes** hablan? (*Who* [*pl.*] *is talking?*)
¿A quiénes?	*(For) whom?*	**¿A quiénes** espera Ud.? (*For whom* [*pl.*] *are you waiting?*)
¿Cuál(es)?	*Which one(s)?*	**¿Cuáles** son tus colores favoritos?
¿Cuánto(a)?	*How much?*	**¿Cuánto** dinero necesitas?
¿Cuántos(as)?	*How many?*	**¿Cuántas** personas hay?

---

*Spanish speakers also say **¿Cómo?** (comparable to *What did you say?*) when they don't hear or understand what has been said.

Note that **cuánto(a, os, as)** agrees in gender and number with the noun it precedes.

With **¿Por qué?** *(Why?)* use **porque** *(because)* in your answer.

¿Por qué no descansas?	*Why don't you rest?*
Porque tengo mucho trabajo.	*Because I have a lot of work.*

➤ Práctica 3

a. Make yes/no questions of the statements below. First use normal word order for the statements, then use the more common inverted order.

MODELOS Ellos viven aquí **¿Ellos viven aquí?**
¿Viven ellos aquí?
(La voz sube. / *The voice goes up.*)

1. Uds. abren hoy.
2. Él busca los papeles.
3. Miguel es estudiante.
4. Ellas aprenden comercio.
5. Ud. lee la carta.
6. Julia espera en casa.
7. Ellos deben asistir a la reunión.
8. Uds. comprenden las instrucciones.
9. Diego come hamburguesas.
10. La señora toma café.

b. ¿Cómo se dice en español?

1. Carlos returns the fifteenth of July, doesn't he?
2. We'll eat at nine, agreed?
3. They don't undertstand, do they?
4. You **(Ud.)** read Spanish, don't you?

¿Preguntas?

c. ¿Preguntas? Complete en español. (La voz baja. / *The voice goes down.*)

1. *(what)* ¿_____ crees tú?
2. *(how)* ¿_____ se llama?
3. *(who)* ¿_____ es ella?
4. *(whom)* ¿A _____ busca Ud.?
5. *(where from)* ¿_____ son ellos?
6. *(when)* ¿_____ llegan sus padres?
7. *(where)* ¿_____ trabajas?
8. *(what)* ¿_____ ? No comprendo bien.
9. *(who pl.)* ¿_____ deben regresar?
10. *(where to)* ¿_____ vas tú?
11. *(how many)* ¿_____ días hay en enero?
12. *(why)* ¿_____ vas a la biblioteca ahora *(now)*?
13. *(because)* _____ necesito estudiar.
14. *(which)* ¿_____ de las fotos te gustan más?

d. What questions would you ask a classmate to elicit the following answers? Use the **Ud.** form of the verb.

MODELO Me llamo Susana   **¿Cómo se llama?**

1. Soy de la República Dominicana.
2. Mi cumpleaños es el primero de marzo.
3. Vivo en la Avenida Independencia, 542.
4. Estudio inglés y matemáticas.
5. Mi primera clase es a las ocho.
6. Los fines de semana voy al cine.
7. El muchacho es mi amigo.
8. Ayudo (**ayudar** *to help*) a mis padres.
9. Necesito cien pesos.
10. Mis revistas favoritas son *Visión* y *Siempre*. (**mis** = *my* / **sus** = *your*)

III. La *a* personal

The personal **a** is used to introduce a direct object that represents a specific person or persons. Remember: **a** + **el** = **al.**

Invito a la familia.
Debes ver al médico.
Buscamos a Ana.

BUT ¿Esperan Uds. el autobús?

I invite the family.
You should see the doctor.
We're looking for Ana.

Are you waiting for the bus?

➤ *Práctica 4*

a. ¿Dónde escribimos una **a**?

1. Esperamos _____ Teresa.
2. Leo _____ el periódico.
3. No ven _____ la Sra. Delgado.
4. ¿Invitas _____ el profesor?
5. ¿_____ quién busca Ud.?
6. ¿Esperas _____ la carta de Julia?
7. Comprendemos _____ la lección.
8. Visitamos _____ el teatro mañana.

b. ¿Cómo se dice en español?

1. I don't see the professor (*f.*).
2. We need twenty-five seats.
3. They're waiting for Diego.
4. Whom are you looking for?
5. You should invite Mr. Arenas.

IV. *Saber y conocer*

Saber and **conocer** both mean *to know*. However, each verb has specific uses.

A. Saber indicates knowledge of learned facts or information (names, numbers, school subjects, etc.). Used with an infinitive, **saber** means *to know how to do something.*

B. Conocer means *to be acquainted with* a person, place, or thing. It also means *to meet.* Remember to use the personal **a** when referring to people.

saber *(facts or information)*			conocer *(people, places, things)*		
(yo)	**sé***	sabemos	(yo)	**conozco***	conocemos
	sabes	sabéis		conoces	conocéis
	sabe	saben		conoce	conocen

No **sé** la dirección.
I don't know the address.
¿**Sabes** usar la computadora?
*Do you know **how** to use the computer?*

Ellos **conocen** al Sr. Ruiz.
They know (are acquainted with) Mr. Ruiz.
¿**Conoces** el Canadá?
Are you familiar (acquainted) with Canada?
Deseamos **conocer** a los estudiantes.
We wish to meet the students.

> *Práctica 5* ....

a. Pregúntele a otro(a) estudiante.

1. ¿Conoces al presidente de la universidad? ¿a la esposa? ¿a los hijos?
2. ¿A quién conoces en la clase de español?
3. ¿A quién deseas conocer en los deportes? ¿en la televisión? ¿en la música?
4. ¿Qué ciudades grandes conoces? ¿Qué playas famosas conoces?
5. ¿Sabes qué día es hoy? ¿Qué hora es?
6. ¿Sabes la lección de hoy? ¿Y sabes el vocabulario de la lección?
7. ¿Sabes bailar? ¿nadar? ¿esquiar?
8. ¿Sabes jugar (*play*) al tenis? ¿al pingpong? ¿a los bolos (*bowling*)?

---

*Both verbs are irregular in the first person singular.

b. Ricardo Vallejo, estudiante de intercambio, visita la ciudad donde Ud. vive. ¿Qué parques, edificios *(buildings)*, etc. debe conocer él? ¿A quién debe conocer? Prepare Ud. una lista de cinco o seis cosas *(things)* o personas.

    MODELOS **Ricardo debe conocer el Parque Central.**
                      Debe conocer a la profesora.

c. Complete con la forma correcta de **saber** o **conocer.** Después traduzca *(translate)* al inglés las oraciones *(sentences)* 2, 4, 6 y 8.

1. Yo _____ al administrador.
2. Papá _____ cocinar muy bien.
3. Nosotros _____ la capital del país.
4. Tú _____ el número de mi teléfono, ¿no?
5. Yo _____ que estudias mucho.
6. Uds. no _____ el Museo de Historia, ¿verdad?
7. ¿Quién _____ la respuesta *(answer)*?
8. Ellos _____ álgebra.

d. Escriba Ud. seis oraciones originales donde compara **saber** y **conocer.**

    MODELOS **Sé inglés y español.**
                      No conocemos al profesor de inglés.

OBSERVACIONES

Although English uses diminutives (for example, Bill / Billy and cigar / cigarette) Spanish often includes diminutives in casual speech. Diminutives imply affection or smallness in size. Because Costa Ricans frequently enliven their conversations with diminutives as in **un momentito** *or* **un momentico** *(a brief moment) they have been nicknamed* **"ticos."**

*As you read below about a family home in Costa Rica list all the diminutives ending in -**ito(s)** or -**ita(s)**. Would you expect the tone of the passage to be friendly or reserved? More important, note what features make this a Spanish-style home. Compare your list of diminutives and features with a classmate.*

Los hogares hispanos ●

La señora Margarita de Soto describe la casa (casita) de su familia en San José, Costa Rica.

Nuestra casita es de estilo colonial. Es de ladrillo° y pintada con cal.° La casita es blanca y rectangular y de un solo piso. En el centro hay un patio decorado con azulejos.° Aquí tenemos varios arbolitos y planticas.° Preferimos comer en el patio cuando hace calor. Al lado de° la casa hay un portalito° que usamos para el carro.

La casa no tiene jardín enfrente° y da directamente a la calle.° Las ventanas y el portalito tienen rejas° negras. No tenemos aire acondicionado porque las brisas,° especialmente por° las noches, son muy agradables. No ponemos cortinas° en las ventanas, pero sí usamos persianas.° Por las mañanitas cerramos° las persianas para protegernos° del sol y por las tardecitas las abrimos para° circular bien el aire.

Nos gusta° mucho nuestra casita y nos fascina vivir en San José. Además° conocemos a varios viejitos° norteamericanos jubilados° que viven cerquita° de casa porque también les gusta° vivir en Costa Rica.

brick
painted with lime glazed tiles
small trees and plants

Next to / small portico

garden in front
faces the street / iron grills
breezes
during / we don't put curtains
blinds
we close / to protect us
we open them in order to
We like
Besides / dear old folks
retirees / very near
they like

¿Comprende Ud.?

Indique **cierto** o **falso** según *(according to)* el contexto de la información. Después cambie la información falsa a cierta.

> MODELO La casa es de estilo contemporáneo. **falso**
> **La casa es de estilo colonial.**

1. La casa es de ladrillo.
2. La casa es azul.
3. Hay dos pisos en la casa.
4. Al lado de la casa está el portalito.
5. El portalito es para comer.
6. La casa da directamente al jardín.
7. El patio está decorado con fotos.
8. En el patio hay arbolitos y planticas.
9. Las ventanas y el portalito tienen rejas.
10. La casita tiene aire acondicionado porque hace mucho calor.
11. Las ventanas tienen cortinas.
12. Varios matrimonios mexicanos viven cerca* de Margarita.

—————
cerca = *near*; **cerquita = *very near* (diminutive)

···················· ACTIVIDADES

LOS ANUNCIOS DE VIVIENDA *(Dwelling)*

a. Imagine that you are selling a beautiful new house in Florida. You decide to advertise in Spanish through the newspaper *Diario Las Américas*. Complete the ad below choosing the appropriate word in parentheses. Rely on context to guess the meaning of new words.

   MODELO   Una (horrible, <u>bella</u>) comunidad…

b. Prepare your own ad in Spanish of at least 8 lines. Describe either a more modest or more elegant home than the one advertised previously.

UNA BELLA COMUNIDAD DE ELEGANTES MANSIONES EN EL AREA DE MIAMI LAKES

Preciosas (playas, casas) de 3, 4 y 5 (dormitorios, portales) rodeadas° de bellos (árboles) frutales con piscina° y (magnífica, fácil) construcción.
   (Arriba, Cerca) de campos de golf, 6 shopping centers, colegios, iglesias, (bibliotecas, alfombras). Además una ubicación° (ordinaria, privilegiada), cerca del Palmetto Expressway y la carretera I-75.

surrounded
swimming pool

location

- (baño, cocina) con aparatos eléctricos
- (gabinetes/correos) estilos europeos
- elegante (techo, piso) de mosaico
- bañadera° romana de (mármol, madera)   **bath tub**

- lavadora y (recibidor, secadora)
- (garaje, sala) para dos carros
- (asiento, sistema) de alarma

Precios de Pre-Construcción Desde… $214,990.

15755 N.W. 82nd. Avenue
Miami, Fla. 33016

Tel.: 826-3050

Listen as Toni talks to his father long distance on the phone about the apartment (**el apartamento**) he's rented in college. Note the frequent use of the intensifier **ya,** meaning *I understand, enough, already.* Afterwards, answer the following questions.

1. Toni habla _____.
   a. del apartamento
   b. de los muebles
   c. a y b

2. El apartamento es sólo _____.
   a. 315 dólares al mes
   b. 250 dólares al mes
   c. 175 dólares al mes

3. El apartamento tiene _____.
   a. una cocina _____.
   b. un comedor
   c. un baño

4. Toni va a la universidad en _____.
   a. carro
   b. motocicleta
   c. autobús

5. El apartamento tiene _____.
   a. luz
   b. gas
   c. aire acondicionado

6. Toni necesita de su familia _____.
   a. una mesita y sillas
   b. un teléfono
   c. un cuarto con baño

7. La cama que Toni va a usar es de
   a. sus padres
   b. su primo
   c. su hermana

8. El padre de Toni _____.
   a. cree que el apartamento es estupendo
   b. decide buscar otro apartamento
   c. no expresa su opinión

Vocabulario

La casa

el baño	bathroom
la cocina	kitchen
el comedor	dining room
el cuarto	room
el dormitorio	bedroom
la entrada	entrance
el garaje	garage
el hogar	home
el jardín	garden, yard
el pasillo	hallway
el piso	floor
el portal	portico, porch
la sala	living room
el techo	roof

Los muebles y los accesorios

la alfombra	carpet
la butaca	armchair
la cama	bed
la estufa	stove
la lámpara	lamp
la lavadora	washing machine/
(de ropa/platos)	dishwasher

Para leer (For reading)

la carta	letter
el periódico	newspaper
la revista	magazine
la tarjeta postal	postcard

Adjetivos

amplio(a)	spacious
claro(a)	clear, light
cómodo(a)	comfortable

Interrogativos

¿Dónde?	Where?
¿De dónde?	Where from?
¿Adónde?	Where (to)?
¿Quién(es)?	Who?
¿A quién(es)?	Whom?
¿Cuál(es)?	Which one(s)?
¿Cuánto(a)?	How much?
¿Cuántos(as)?	How many?
¿Por qué?	Why?
(porque)	(because)

Verbos

abrir	to open
aprender	to learn
asistir a	to attend
comer	to eat
comprender	to understand
conocer (conozco)	to know a person, to be acquainted with
creer	to believe
deber + infinitive	should, ought to
descansar	to rest
escribir	to write
leer	to read
recibir	to receive
saber (sé)	to know facts, to know how to
ver (veo)	to see

Expresiones

cerca (de)	near (to)
¿de acuerdo?	agreed?
entre	between
¿verdad?	really?

LA SALUD Y EL CUERPO

COMMUNICATION

to ask about and respond to health-related matters
to tell the origin and location of people and things
to indicate possession and tell what things are made of
to distinguish between traits (characteristics) and conditions (states)

CULTURE

to compare health care in Hispanic countries with that of North America

GRAMMAR

gender and number agreement of nouns and adjectives
ser vs. **estar**

3

LECCIÓN

La señora Leonor Aguirre de Reyes es doctora. Su clínica
está situada° en el centro de la ciudad° de Panamá. Cristina
Santos y Ana Sánchez están enfermas° y necesitan ver° a la
doctora.

is located / city
are ill / to see

Dra. Leonor Aguirre de Reyes
oídos, nariz y garganta°

ears, nose, throat

Clínica Las Américas   **Horario: 2 pm a 7 pm**
Av. Presidente No. 15   **Telf. 46.31.50**

Dra. Aguirre   Buenas tardes, señorita. ¿Qué le pasa?°   *What's wrong with you?*
Cristina   No estoy muy bien,° doctora. Tengo fiebre° y   *I don't feel very well /*
                   dolor de cabeza.° Mi amiga Ana también está   *fever / headache*
                   enferma.
Dra. Aguirre   ¿Está ella aquí con usted?
Cristina   Sí, tiene cita° a las tres.   *appointment*
Dra. Aguirre   Ud. está muy pálida,° y la fiebre indica que   *pale*
                   tiene gripe.° Con permiso, vamos a examinarle *indicates you have the flu*
                   la garganta y los oídos.
Cristina   ¡Ay, sí! Me duelen un poco los oídos°... Per- *My ears hurt a little.*
                   done°... ¡Ah...chú!   *Pardon me*
Dra. Aguirre   ¡Salud!*

¿Recuerda Ud.?

a. Complete con la palabra apropiada.

MODELO La señora Aguirre de Reyes ___**es**___ doctora.

1. Su clínica _____ situada en el centro.
2. Cristina y Ana necesitan _____ a la doctora.
3. ¿Qué le _____ ?
4. (Yo) no _____ muy bien, doctora.
5. Tengo _____ y dolor de _____.
6. Mi amiga Ana también está _____.
7. Con permiso, vamos a examinarle la garganta y _____.
8. Me _____ un poco los oídos.

---

*En español decimos *(we say)* ¡**Salud!** o ¡**Jesús!** cuando una persona estornuda *(sneezes)*. También
decimos ¡**Salud!** cuando ofrecemos un brindis *(toast)*. **La salud** significa *health*.

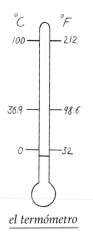

°C   °F

100 —— 212

36.9 —— 98.6

0 —— 32

el termómetro

b. Conteste, por favor.

1. ¿Es casada o soltera la doctora?
2. ¿Dónde está situada su clínica?
3. ¿Está Cristina bien o mal?
4. ¿Qué tiene Cristina?
5. ¿Cómo está su amiga?
6. ¿A qué hora es la cita de Ana?
7. ¿Quién está pálida?
8. ¿Qué indica la fiebre de Cristina?
9. ¿Le duelen los ojos o los oídos a Cristina? (Le...)
10. ¿Qué decimos en español cuando una persona estornuda? ¿Y qué decimos cuando ofrecemos un brindis?
11. ¿Cuáles son las temperaturas normales de una persona en centígrados y en grados Fahrenheit?
12. ¿Tiene fiebre una persona con la temperatura de 38° C?

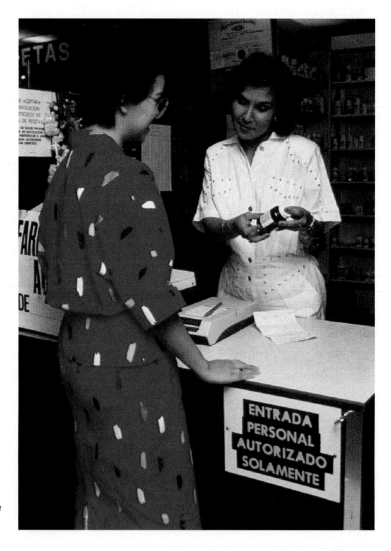

La farmacéutica habla con la clienta y le recomienda una medicina.

La mayoría de los países hispanos tienen un plan médico que paga los gastos° de los pacientes en los hospitales afiliados con el gobierno. También hay algunas° clínicas particulares donde los miembros pagan cuotas,° pero reciben un servicio más personal.

expenses
some
fees

Los enfermos° hispanos típicamente ingresan° en los hospitales o clínicas sólo como último recurso,° pues prefieren recuperarse en casa con su familia.

patients / are admitted
last resort

Los enfermos menos graves van a la farmacia. Los farmacéuticos escuchan los problemas de los enfermos y recetan° medicinas y remedios.°

prescribe / remedies

Las farmacias se turnan durante° la noche para servir al público. Los periódicos y los avisos° en las farmacias indican qué farmacias están de guardia° y de qué hora a qué hora están abiertas.°

take turns during
notices / are on guard
open

FARMACIAS DE GUARDIA

De las 10 de la noche a
las 9,30 de la mañana están
de guardia las farmacias en
Plaza de España # 35,
Puerta del Sol # 98,
y Goya # 150 (al lado de
Galerías Preciados).

➤ *Práctica 1*

Which statements refer more to the United States and which to Latin America?

1. Hay clínicas particulares donde los miembros pagan cuotas.
2. El enfermo considera el hospital como último recurso.
3. La mayoría de las personas son miembros de un plan médico particular y no del gobierno.
4. Los farmacéuticos no recetan medicinas.
5. Los farmacéuticos escuchan más los problemas de los enfermos.
6. Hay farmacias de guardia durante toda la noche.

EL CUERPO HUMANO
(The Human Body)

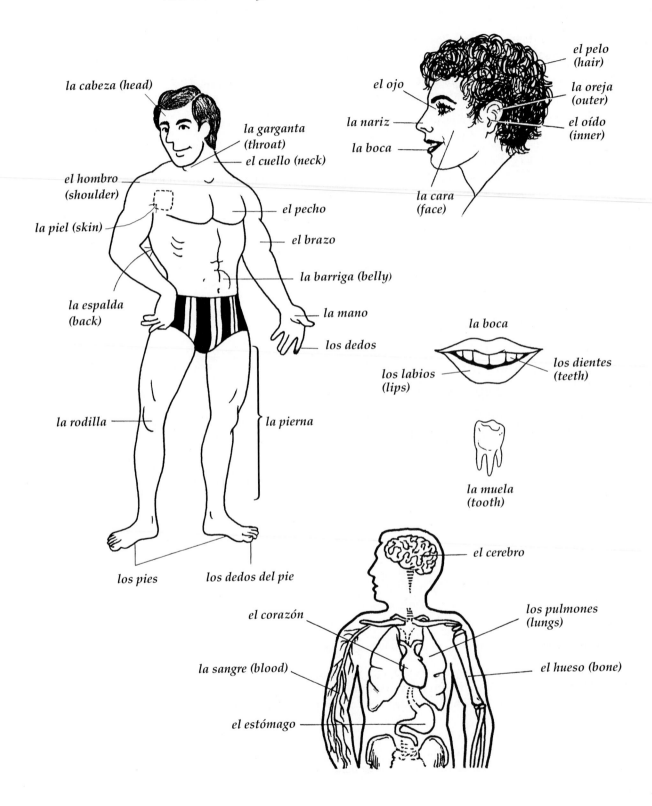

la cabeza (head)

la garganta (throat)

el cuello (neck)

el hombro (shoulder)

la piel (skin)

el pecho

el brazo

la barriga (belly)

la espalda (back)

la mano

los dedos

la rodilla

la pierna

los pies

los dedos del pie

el pelo (hair)

el ojo

la oreja (outer)

la nariz

el oído (inner)

la boca

la cara (face)

la boca

los labios (lips)

los dientes (teeth)

la muela (tooth)

el cerebro

el corazón

los pulmones (lungs)

la sangre (blood)

el hueso (bone)

el estómago

a. ¿Qué partes del cuerpo asocia Ud. con estos verbos?

MODELOS leer   **los ojos**
         nadar **los brazos y las piernas**

1. ver
2. escuchar
3. correr
4. respirar *(to breathe)*
5. hablar

6. bailar
7. reír *(to laugh)*
8. pensar *(to think)*
9. escribir
10. besar *(to kiss)*

b. Imagine you are sick. Mention your aches as described in the pictures.

MODELO **Tengo dolor de cabeza.** *(I have a headache.)*

1.

2.

3.

4.

5.

6.

7.

c. Your classmate doesn't feel well. Ask what hurts him or her, using the items below. Note that the verb will be **duele** or **duelen** depending if what hurts is singular or plural.*

*Notice that: **Tengo dolor de...** means *I have . . .-ache* while **Me duele(n)...** means *. . . hurt(s) me.*

MODELOS (la espalda) ¿Te duele la espalda?
Sí, me duele un poco.

(los oídos) ¿Te duelen los oídos?
Sí, me duelen mucho.

1.	la cabeza	**5.**	los brazos	**9.**	la muela
2.	los ojos	**6.**	los pies	**10.**	los hombros
3.	el cuello	**7.**	las rodillas	**11.**	las piernas
4.	el estómago	**8.**	la garganta	**12.**	la mano

d. Change partners and redo **Práctica c,** using the formal pronouns: **Le... (a Ud.).**

MODELO ¿Le duele la espalda (a Ud.)?
Sí, me duele un poco.

Adaptación

Ud. y otro(a) estudiante preparan una conversación que tiene lugar *(takes place)* en una clínica. Usen parte del diálogo anterior *(previous)* y la imaginación. Por ejemplo, Ud. es hipocondríaco(a) y el (la) otro(a) estudiante es médico(a). Mencione todos sus dolores y síntomas, por ejemplo: **Tengo náuseas, calambres** *(cramps)*, **tos** *(cough)*, **catarro** *(a cold)*, **Me duele(n)...** Después del examen físico, el (la) médico(a) cree que Ud. debe tomar aspirinas, vitaminas, un laxante, un antibiótico, un tranquilizante...
/

Expresiones figuradas

En inglés se dice...,

Don't pull my leg!

pero en español se dice...

¡No me tome(s) el pelo!

It costs an arm and a leg.

Cuesta un ojo de la cara.

He's all thumbs.

No da pie con bola.

From head to toe.

De pies a cabeza.

I. Los adjetivos

Adjectives in Spanish are masculine or feminine, singular or plural, depending on the noun or pronoun they modify.

bonitas, lindas (pretty) fea (ugly) guapo (handsome) alto baja

rubio (blonde) morena (brunette) triste alegres

joven (young) viejos (old)

México grande

El Salvador pequeño

Otros adjetivos:

amable	kind	desagradable	disagreeable
simpático(a)	nice (person)	antipático(a)	unpleasant
rico(a)	rich	pobre	poor
trabajador(a)	hard-working	perezoso(a)	lazy
fácil	easy	difícil	difficult
gordo(a)	fat	delgado(a)	slender
inteligente	intelligent	tonto(a)	foolish, silly
mejor	better	peor	worse

¡ojo!
sensible = sensitive
gracioso(a) = funny, witty
comprensivo(a) = understanding

A. Singular adjectives. Adjectives ending in **-o** change **-o** to **-a** to modify feminine nouns.

Roberto es alt**o**.   Cristina es alt**a**.

Adjectives of *nationality* ending in a consonant and those ending in **-dor** add **-a** to form the feminine.

Walter es inglés.
El carro es japonés.
Abuelo es conservador.

Betty es inglesa.*
La motocicleta es japonesa.
Abuela es conservadora
   (*conservative*).

Most other adjectives in the singular do not change masculine and feminine.**

El patio es grande.
El vocabulario no es fácil.

La casa es grande.
La lección es fácil.

➢ *Práctica 3*

a. Replace the adjectives in each sentence with the adjectives in parentheses, making the necessary changes in the adjectives.

   MODELO (alto)   Gabriel es **alto** y su hermana es **alta** también.

1. El Sr. Durán es **espléndido** y su esposa es **espléndida** también. (generoso, rico, inteligente, guapo, sensible, moreno, viejo)
2. Mi tía es **baja** y su esposo es **bajo** también. (rubia, joven, graciosa, simpática, alegre, pobre, trabajadora, comprensiva)
3. El reloj es **japonés** y la cámara es **japonesa** también. (inglés, francés, alemán, mexicano, grande, pequeño, nuevo, bonito)

b. Situaciones. Describa su personalidad cuando habla con estas personas. Use un mínimo de tres adjetivos en cada situación.

   MODELO Generalmente soy **alegre, afectuoso** y **cordial** cuando hablo con mi amiga.

---

*The accent mark drops when adding **-a.**

Los adverbios: To form adverbs we change the **-o** ending of the adjective to **-a** and add **-mente:**
(*-ly in English*). Adjectives with other endings simply add **-mente:**

exacto→ **exactamente;** frecuente→**frecuentemente;** general → **generalmente.**

1. el administrador, la administradora
2. mi novio(a) *(fiancé -e)*
3. el profesor, la profesora
4. un policía
5. mis rivales en fútbol
6. ¿...?

B. Plural adjectives. As with nouns, the plural of adjectives is made by adding **-s** to adjectives ending in a vowel and **-es** to those ending in a consonant. A masculine plural adjective is used to modify two or more nouns different in gender.

Alicia es mexicana.   Ella es joven.
Alicia y Ramón son mexicanos.   Ellos son jóvenes.*

➤ *Práctica 4*
....

a. Use los adjetivos para describir los sujetos.

> MODELOS   Uds. (joven, activo)
>   **Uds. son jóvenes y activos.**

1. Uds. *(masculino)* (alto, joven)
2. Uds. *(femenino)* (inteligente, bonito)
3. Nosotros (curioso, estudioso)
4. Ellas (bajo, moreno)
5. Ellos (casado, alegre)
6. Las sillas (grande, cómodo [*comfortable*])
7. Los carros (italiano, español)
8. Las flores (rojo, blanco)
9. Los árboles (alto, verde)
10. Las montañas (impresionante, maravilloso)
11. Mis clases (dinámico, ¿...?)

b. Exprese su opinión. ¿Cómo deben ser o no ser estas personas? *(What should these persons be or not be like?)*

> MODELO   Las amigas deben ser <u>amables</u> y <u>comprensivas</u>.
>   Ellas no deben ser <u>posesivas</u> ni *(nor)* <u>obstinadas</u>.

1. Las profesoras deben ser _____ y _____.
   Ellas no deben ser _____ ni _____.
2. Los estudiantes deben ser _____ y _____.
   Ellos no deben ser _____ ni _____.
3. Los médicos...
   Ellos...
4. Las novias *(fiancées)*...
   Ellas...
5. ¿...?

---

*When adding syllables, a written accent mark preserves the original stress of a word: jo̲ven / jóvenes; ¡Pregu̲nte! / ¡Pregúntele!

C. Placement of adjectives. Most adjectives are *descriptive* (that is, they indicate type, size, color, nationality, and so on) and usually *follow* the noun they describe.

Jorge es un muchacho alto y rubio.   *Jorge is a tall and blonde boy.*

By contrast, adjectives that specify *quantity* normally precede the noun.

Hay muchos papeles aquí.   *There are a lot of papers here.*
Necesitamos otra mesa.   *We need another table.*

Bueno and **malo** (*bad*) may go before or after the noun. These two adjectives drop the **-o** before a masculine singular noun.

un buen (mal) ejemplo
un ejemplo bueno (malo)   } *a good (bad) example*

una buena (mala) idea
una idea buena (mala)   } *a good (bad) idea*

Descriptive adjectives may precede the noun for emphasis or dramatic effect.

¡Qué bonitos ojos tienes!   *What beautiful eyes you have!*

➤ *Práctica 5*
....

a. Describa a otra persona en la clase de español. Use un mínimo de cinco adjetivos. Después pregúntele a él (ella) si la descripción es exacta o no.

    MODELOS **Alberto es simpático, amable...**
                  Julia es simpática, amable...

b. Entrevista. Pregúntele a otro(a) estudiante.

1. ¿Tienes un buen trabajo? ¿un buen horario (*schedule*)?
2. ¿Comes en los restaurantes mexicanos? ¿en los restaurantes italianos?
3. ¿Te gusta la comida china? ¿la comida española?
4. ¿Te gustan los carros grandes o pequeños?
5. ¿Asistes a clases frecuentemente? ¿raramente?
6. ¿Eres trabajador(a)? ¿innovador(a)? ¿conversador(a) (*conversant*)?
7. ¿Eres una famosa figura internacional?
8. ¿Eres de buen carácter (*temper*) o mal carácter?

II. *Ser y estar*

Both **ser** and **estar** mean *to be*, but they cannot be used interchangeably in Spanish without affecting the meaning.

ser	estar	
soy	**estoy**	*I am*
eres	**estás**	*you (tú) are*
es	**está**	*you (Ud.) are; he, she, it is*
somos	**estamos**	*we are*
sois	**estáis**	*you (vosotros) are*
son	**están**	*you (Uds.) are, they are*

A. Ser is used:

1. To connect the subject with a noun or pronoun. Recall that it identifies or tells *who* or *what* the subject is.

Ellos son turistas.	*They are tourists.*
¿Es Cristina? —Sí, es ella.	*Is it Cristina? —Yes, it's she.*
Acapulco es una ciudad bonita.	*Acapulco is a pretty city.*

2. To indicate where the subject is <u>from</u> (*origin*); the *material* something is made <u>of</u>; *possession*.

¿De dónde es Ud.?—Soy <u>de</u> Honduras.	*Where are you from? —I'm from Honduras.*
La casa es <u>de</u> madera.	*The house is (made of) wood.*
¿De quién es el dinero? —Es <u>de</u> Mario.	*Whose money is it? —It's Mario's.*

➤ *Práctica 6*
....

a. Identify and describe the persons or items. Insert the proper form of **ser** and make whatever changes are needed.

MODELOS Ramona: dentista / San Diego / amable y simpático
Ramona es dentista. Es de San Diego. Es amable y simpática.

La mesa: madera / Honduras / pequeño y bonito
La mesa es de madera. Es de Honduras. Es pequeña y bonita.

1. Gisela: computista / Buenos Aires / bajo y delgado
2. Los Aguilar: maestros / Guatemala / alegre y trabajador
3. La piñata: papel y cartón (*cardboard*) / México / grande y bonito
4. Los zapatos: cuero (*leather*) / Italia / elegante y cómodo
5. Flora y Lola: farmacéuticas / las Filipinas / joven, alto y moreno
6. Sancho Panza: escudero (*squire*) / España / bajo, gordo y simpático
7. Yo: estudiante / ¿...?

b. ¿Cómo se dice? Use a form of **ser** plus **de** to indicate origin, material, or possession.

1. Where are you from? —I'm from the United States.
2. Are José Luis and Ciro from Paraguay? —No, they're from Uruguay.
3. Whose watch is it? —It's Leonor's.
4. My house is made of brick. **(ladrillo)**
5. The door is made of wood from Central America.

B. Estar is used to give the location of the subject.

¿Dónde están los Gómez?	*Where are the Gomezes?*
Están en el piso doce.	*They are on the twelfth floor.*
Estamos cerca del parque.	*We're near the park.*

Common adverbs and adverbial phrases indicating location:

aquí	*here*	**a la derecha**	*to the right*
allí	*there*	**a la izquierda**	*to the left*
arriba	*up*	**al lado de**	*next to, beside*
abajo	*down*	**enfrente de**	*in front of, opposite*
derecho	⎫	**al fondo**	*to the rear*
recto (Spain)	⎬ *straight ahead*	**cerca**	*nearby;*
		cerca de	*near (to)*
		lejos	*far*
		lejos de	*far from*

➤ *Práctica 7*

a. Use the appropriate form of **estar** to indicate the location of the subject.

MODELO Raquel ___**está**___ en Panamá.

1. (yo) _____ en la universidad.
2. Uds. _____ en su casa.
3. Los niños _____ cerca del patio.
4. (nosotros) _____ lejos del centro.
5. Los Pérez _____ aquí.
6. El baño _____ al fondo y a la derecha.
7. Las oficinas _____ al lado del correo.
8. La estación del metro _____ enfrente del hotel.
9. Tú _____ arriba en el piso quince y yo _____ abajo en el once.
10. ¿Dónde _____ tus amigos?

b. Situación. Ud. está en la recepción (X) de un hospital. Dígale a su compañero(a) dónde están los diferentes departamentos.

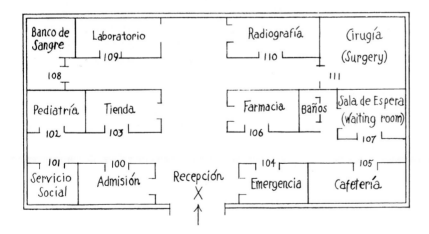

MODELO La sala de niños _____
    a. a la derecha, sala 105
    b. a la izquierda, sala 102
    La sala de niños está a la izquierda, sala 102.

1. La oficina de admisión _____ .
   a. a la izquierda
   b. cerca de la cafetería
2. La sala de emergencia _____ .
   a. en la sala 109
   b. a la derecha
3. El departamento de radiografía _____ .
   a. derecho, en la sala 110
   b. cerca del servicio social
4. La sala de espera _____ .
   a. a la derecha
   b. arriba
5. El banco de sangre _____ .
   a. aquí, a la derecha
   b. a la izquierda, sala 108
6. Los baños _____ .
   a. enfrente de la sala de espera
   b. al lado de pediatría
7. La farmacia ¿...?
8. ¿...?

III. *Ser* y *estar* con adjetivos

A. When **ser** connects the subject with an adjective, the intention is to describe what is *typical* or *characteristic* of the subject.

Irene **es** alta y morena.	*Irene is tall and dark (brunette).*
Uds. **son** muy amables.	*You're very kind.*

B. With **estar** plus an adjective (sometimes an adverb) the intention is to describe appearances or conditions (what the subject *looks like, feels like,* or *seems to be* at a certain time). A few adjectives can change their meaning, depending if they are used with **ser** or **estar**. With **ser** they describe a trait or characteristic, but with **estar** they describe a state or condition. Note **aburrido** and **listo** below.

Eduardo está nervioso.	*Eduardo is (looks) nervous.*
Eduardo es nervioso.	*Eduardo is nervous. (He is a nervous person by nature.)*
Los zapatos están nuevos.	*The shoes are (look) new. (They seem new despite wear.)*
Los zapatos son nuevos.	*The shoes are (brand) new.*
Cristina está aburrida.	*Cristina is <u>bored</u>.*
Cristina es aburrida.	*Cristina is <u>boring</u>.*
Ellos están listos.	*They are <u>ready</u> (to do something).*
Ellos son listos.	*They are <u>clever.</u>*

These adjectives frequently appear with **estar** because they describe conditions and *not* typical characteristics:

abierto	*open*	**cansado**	*tired*	**cerrado**	*closed*
contento	*happy*	**enfermo**	*sick*	**enojado**	*angry*
limpio	*clean*	**ocupado**	*busy*	**perdido**	*lost*
preocupado	*worried*	**roto**	*broken*	**sucio**	*dirty*

➤ *Práctica 8*

a. You haven't seen one of your girlfriends for a while, and she seems different to you. Describe how you see her now, using the contrasting words provided.

> MODELOS linda / fea **Alicia está linda hoy.** *(or)*
> **Alicia está fea hoy.**

1. guapa / fea
2. ocupada / perezosa
3. pálida / quemada del sol (*sunburned*)
4. habladora / callada (talkative)/(*quiet*)

5. contenta / triste
6. mejor / peor
7. bien / mal
8. aburrida / animada

b. Repeat exercise **a** using a masculine subject.

c. Tell how you feel in the following situations. Make up at least a couple of situations, too. Refer to the columns on the right to express how you feel.

> MODELO **Cuando estoy en el cine, estoy contento(a).**

1. la playa
2. la universidad
3. el trabajo
4. en casa
5. un baile
6. una fiesta
7. un banquete
8. un partido (*match*) de baloncesto
9. un embotellamiento (*traffic jam*)
10. un lugar sucio

contento	quemado del sol
triste	bien
excitado	mal
nervioso	perezoso
cansado	ocupado
elegante	callado
aburrido	cómodo (*comfortable*)
enojado	incómodo

Resumen (*Summary*)	
ser	**estar**
+ *noun*	
+ *adjective (typical)*	+ *adjective (looks or feels like)*
+ **de** + *origin, possession, material*	+ *location*

➤ *Práctica 9*

a. Complete las oraciones con la forma correcta de **ser** o **estar.**

1. La Dra. Aguirre _____ de Panamá.
2. Ellos _____ en el Hotel Presidente.
3. Tú no _____ cansada, ¿verdad?
4. Papá siempre _____ alérgico a la penicilina.
5. Los Ochoa _____ muy preocupados.
6. Los papeles _____ de la profesora.
7. Nosotros _____ norteamericanos.
8. La torta _____ de chocolate.
9. Las maletas _____ abajo en el carro.
10. Yo _____ perdido.
11. La cámara _____ rota.
12. Las tiendas _____ cerradas ahora.

b. ¿Cómo se dice en español?

1. My friend Ana is sick.
2. Sergio is married.
3. The car is broken.
4. Julia Miller is young and single.
5. Gladys is my cousin.
6. Are you busy? **(Uds.)**
7. They're not bored.
8. The book is very boring.
9. I'm very happy here.
10. I'm not ready.
11. He's a very sensitive friend.
12. Golly, Laura, you're very funny today!

c. **¿Quién soy yo?** The class divides itself into groups of five or six students. In each group one student assumes the identity of a famous celebrity. The other students then ask "the celebrity" in their group questions to be answered with **sí** or **no** only. Possible questions to pose:

1. ¿Es Ud. de los Estados Unidos? ¿de la América Latina?
2. ¿Es Ud. hombre? ¿mujer *(woman)*?
3. ¿Es Ud. político? ¿actor? ¿actriz? ¿músico? ¿deportista?
4. ¿Es joven? ¿viejo(a)? ¿guapo(a)? ¿moreno(a)? ¿rubio(a)? ¿alto(a)?
5. ¿Es soltero(a)?
6. ¿Está Ud. en California? ¿en México?
7. ¿Está Ud. contento(a)? ¿triste?

OBSERVACIONES

As you read the passage below keep in mind that in Spanish descriptive adjectives generally follow the nouns they modify. Jot down the nouns and their modifiers along the way; for example,

instituciones *publicas* o *particulares*

Afterwards, do the vocabulary section of **¿Comprende Ud.?** *When you have finished, reread the passage and seek out the one or two principal thoughts in each paragraph. Since the reading contrasts hospitals and clinics, look for words that highlight the comparisons.*

Los hospitales y las clínicas ....

Los hospitales en los Estados Unidos son instituciones públicas o particulares.° En casos de enfermedades° o accidentes serios casi° todo el mundo° va a un hospital. Los individuos que están en una clínica casi siempre necesitan tratamiento° médico especial para° una enfermedad muy seria como el cáncer o la esclerosis múltiple. La Clínica Mayo, por ejemplo, tiene fama universal. Pero en casi todos los hospitales es posible obtener el tratamiento especializado y personal que el individuo necesita.

En Hispanoamérica (y también en Europa) la situación es muy diferente. El hospital, en general, es la institución de la gente pobre o de recursos° limitados. Los hospitales ofrecen tratamiento médico adecuado, pero si° es posible la gente° con suficientes recursos económicos prefiere ir a una clínica particular.

La clínica particular es mucho más pequeña que° el hospital y puede° ofrecer un tratamiento más íntimo y personal. Algunos° médicos trabajan en un hospital y también en una clínica. Otros tienen sus propias° clínicas y trabajan allí exclusivamente.

Las clínicas pueden ser pequeñas, de veinte o treinta camas, o pueden ser más grandes y estar equipadas para tratar° las enfermedades más serias y raras.

El apoyo° de la familia es indispensable para el paciente. Frecuentemente varios familiares acompañan al enfermo a la clínica o al hospital. También, no es raro que los familiares preparen comidas especiales para los enfermos en los hospitales o clínicas. En total, el propósito° es ayudar° a los enfermos a mejorarse° pronto y con cariño.°

private / illness
almost / everybody

treatment / for

resources
if / people

than
can
Some
their own

for treating

support

purpose / help
to get better / affection

¿Comprende Ud.?

a. Vocabulario. Find and write down the equivalent of the following phrases in the passage.

1. poor people
2. a private clinic
3. special medical treatment
4. limited resources
5. all the hospitals
6. a very serious illness
7. more intimate and personal treatment
8. sufficient economic resources
9. special meals
10. with affection

b. Comprensión. ¿Cierto o falso?

1. En los Estados Unidos todos los hospitales son instituciones particulares.
2. En la América Latina los hospitales son para la gente de mucho dinero.
3. Los hispanos de la clase media prefieren ir a una clínica.
4. Los médicos en Hispanoamérica trabajan exclusivamente en clínicas.
5. En las clínicas particulares los médicos pueden tratar enfermedades serias.

6. Las clínicas particulares son más grandes y su tratamiento es más impersonal.
7. El enfermo hispano generalmente va solo al hospital o a la clínica.
8. A veces la familia prepara comidas especiales para sus familiares enfermos en el hospital.

c. Rewrite the statements you have marked false in exercise **b** in order to make them true.

• • • • • • • • • • • • • • • • • • • ACTIVIDADES

UN ANUNCIO MÉDICO

Lea bien el anuncio y después complete los ejercicios.

GRATIS
EXAMEN FISICO PARA
NIÑOS(AS)
Que entran al kindergarten y a primer grado. Llamen al **483-1447** hablen con Rebecca.

• CIRUGIA MENOR
• CUIDADO DEL NIÑO
• VACUNAS E INMUNIZACIONES

CENTRO MEDICO

SE HABLA ESPAÑOL

a. Combine el inglés (las letras) con el español (los números).

1. gratis _____
2. examen físico _____
3. entran _____
4. llamen _____
5. primer grado _____
6. cirugía menor _____
7. vacunas _____

a. *call*
b. *minor surgery*
c. *first grade*
d. *vaccines*
e. *free of charge*
f. *(they) enter*
g. *physical examination*

b. Conteste según el anuncio.

1. ¿Es gratis el examen físico para los niños?
2. ¿Es doctora o enfermera *(nurse)* la mujer en el anuncio?
3. ¿Habla español Rebecca?
4. ¿Qué servicios ofrece el Centro Médico?

c. Situación. Imagínese que Ud. trabaja en la oficina de admisión en un hospital. ¿Qué le pregunta Ud. al (a la) paciente nuevo(a) (otro/a estudiante)? Prepare un mínimo de diez preguntas. El (La) paciente debe contestar todas las preguntas. Posibilidades: ¿Cómo se llama Ud.? ¿Dónde vive? ¿Cuál es el número de su seguro social? ¿Tiene Ud. seguro de hospitalización? ¿Tiene *Medicare?* ¿Quién es su médico? En caso de emergencia, ¿a quién notificamos? ¿Es alérgico(a) a... ?

● ESCUCHEMOS

Listen as Lorenzo, a patient, talks with the oculist about his eyes and contact lenses **(los lentes de contacto).** Remember, you do not need to know every single word to get the gist of the conversation. Rely on context and surrounding words. Afterwards, answer the questions that follow.

1. Lorenzo tiene los ojos _____.
   a. morados
   b. atractivos
   c. irritados
2. El oculista cree que Lorenzo tiene _____.
   a. una infección
   b. problemas con la retina
   c. unos lentes muy grandes
3. Los lentes de Lorenzo están _____.
   a. limpios
   b. rotos
   c. sucios
4. Lorenzo no recuerda limpiar o desinfectar los lentes porque él
   a. no tiene la solución correcta
   b. está muy ocupado_____.
   c. a y b

5. Lorenzo necesita limpiar los lentes _____.
   a. una semana sí y otra no
   b. los fines de semana
   c. regularmente
6. El oculista le da a Lorenzo _____.
   a. unos lentes nuevos
   b. una medicina
   c. más vitamina A
7. Con los lentes, Lorenzo es
   a. muy práctico
   b. un poco irresponsable
   c. más serio
8. Lorenzo llama al oculista _____.
   a. doctor
   b. maestro
   c. profesor

Vocabulario

Sustantivos

la barriga	*belly*
la boca	*mouth*
el brazo	*arm*
la cabeza	*head*
la cara	*face*
el cerebro	*brain*
el corazón	*heart*
el cuello	*neck*
el cuero	*leather*
los dientes	*teeth*
la espalda	*back*
el estómago	*stomach*
la garganta	*throat*
el hombro	*shoulder*
el hueso	*bone*
los labios	*lips*
la mano	*hand*
la muela	*tooth*
la nariz	*nose*
el oído	*ear (inner)*
el ojo	*eye*
el pecho	*chest*
el pelo	*hair*
el pie	*foot*
la piel	*skin*
los pulmones	*lungs*
la rodilla	*knee*
la sangre	*blood*

Adjetivos

abierto(a)	*open*
aburrido(a)	*bored, boring*
alemán, alemana	*German*
alto(a)	*tall*
amable	*kind*
antipático(a)	*disagreeable*
bajo(a)	*short*
bonito(a)	*pretty, beautiful*
buen(o), buena	*good*
cansado(a)	*tired*
cerrado(a)	*closed*
cómodo(a)	*comfortable*
comprensivo(a)	*understanding*
delgado(a)	*slender*
desagradable	*disagreeable*
difícil	*difficult*
enfermo(a)	*ill, sick*
enojado(a)	*angry*

español, española	*Spanish*
fácil	*easy*
feo(a)	*ugly*
francés, francesa	*French*
gordo(a)	*fat*
gracioso(a)	*funny*
guapo(a)	*handsome*
inglés, inglesa	*English*
joven	*young*
limpio(a)	*clean*
listo(a)	*clever, ready*
mal(o), mala	*bad*
mejor	*better*
nuevo(a)	*new*
ocupado(a)	*busy*
peor	*worse*
perdido(a)	*lost*
perezoso(a)	*lazy*
pobre	*poor*
preocupado(a)	*worried*
rico(a)	*rich*
roto(a)	*broken*
sensible	*sensitive*
simpático(a)	*nice (person)*
sucio(a)	*dirty*
tonto(a)	*foolish, silly*
trabajador(a)	*hard-working*
triste	*sad*
viejo(a)	*old*

Verbos

estar (estoy)	*to be*

Expresiones

abajo	*down*
a la derecha (de)	*to the right (of)*
a la izquierda (de)	*to the left (of)*
al lado de	*next to, beside*
allí	*there*
aquí	*here*
arriba	*up*
cerca (de)	*near (to)*
¿De quién es?	*Whose is it?*
debajo (de)	*underneath*
derecho	*straight ahead*
lejos (de)	*far (from)*
Me duele(n)...	*. . . hurt(s) me.*
¿Qué le pasa?	*What's wrong?*
Tengo dolor de . . .	*I have a . . . ache*

EXAMEN III

Review carefully the **Vocabulario** following **Lecciones 1–3** and the grammar in those lessons. Next, take the Listening and Speaking sections of the **Examen** with a classmate. Do not look at what your classmate has chosen; rely on your listening and speaking skills.

LISTENING

I. **Vocabulario—el cuerpo.** Tell your classmate to touch 10 different parts of the body you mention.

> MODELO **¡Tócate (*or* Tóquese) las rodillas!**

II. **Descripciones.** Your classmate will choose at random eight descriptions from the ten below to describe Susita. You don't agree, so you counter with the opposite adjective.

> MODELO *Classmate:* **Es alta.**
> *You:* **No es alta. Es baja.**

1. Es bonita.
2. Es alegre.
3. Es joven.
4. Es perezosa.
5. Es muy antipática.
6. Es muy inteligente.
7. Es muy rica.
8. Es casada.
9. Es aburrida.
10. Es gorda.

SPEAKING

I. Listen to each question and answer it orally. Your classmate can change the order of the sample questions below and also create others.

1. ¿Dónde vives?
2. ¿Qué lees?
3. ¿Comen Uds. aquí o en casa?
4. ¿Cómo estás?
5. ¿Qué estudias?
6. ¿Eres soltero(a)
7. ¿Cuándo das una fiesta?
8. ¿Qué vas a hacer luego?
9. ¿A quién conoces en la clase?
10. ¿Adónde van tú y tus amigos el sábado?

II. **Situaciones.**

1. Juanita wants to go to a party. She needs to convince her parents to let her go. Play the part of Juanita and pacify your parents by telling them: what time the party is, who is giving the party, what the person is like, where his/her house is located, with whom you are going, and at what time you'll return.
2. You are at the doctor's office. Tell the nurse (your classmate) that you are not feeling well, you are very tired, you have a fever, your throat and ears ache, your feet hurt, you don't eat much, and that you believe that you have the flu.

For the remaining sections of the **Examen,** write your answers on a separate sheet of paper.

I. Complete each sentence below with the present tense of the verb that best fits the context.

1. Nosotros _____ contestar la carta. (recibir, deber, asistir)
2. ¿Qué _____ Ud. del examen? (comer, vivir, creer)
3. Yo _____ bien a los Méndez. (correr, saber, conocer)
4. Uds. _____ ir en taxi. (necesitar, abrir, caminar)
5. Ella _____ un paseo. (estar, dar, pasar)

II. Use the information provided to create questions and answers.

    MODELO a qué hora / comer (tú)
        ¿A qué hora comes?
        Como a la una.

1. a qué hora / llegar (Ud.)   4. a qué clases / asistir (tú)
2. qué refresco / tomar (tú)   5. a quién / esperar (Uds.)
3. dónde / estar (la profesora)   6. adónde / desear ir (tú)

III. Replace the boldface portions of each sentence with the information in parentheses. Make whatever changes needed.

    MODELO **Daniel** es venezolano. (ellos) **Ellos son venezolanos.**

1. Vamos a **la cafetería.** (el parque)
2. **Federico** es español. (Josefina)
3. La carta es de **la Sra. Pérez.** (el esposo)
4. Ellos son **de** Panamá. (en)
5. **Berta y Mariana** dan cincuenta pesos. (yo)
6. Buscamos **los papeles.** (el Sr. Ruiz)
7. Me gustan **las** fiestas. (la)

IV. Complete the following passage with the appropriate forms of **ser** or **estar.**

Teresa ___1___ de Medellín, Colombia. Ella ___2___ asistente de laboratorio. Ahora *(Now)* ella ___3___ de vacaciones en Bogotá. Ella compra un poncho bonito. El poncho ___4___ de lana *(wool).* Teresa y su amiga van a muchas tiendas y museos. Ellas ___5___ muy cansadas. Ellas regresan a casa. La casa ___6___ de los padres de la amiga. La casa ___7___ en un distrito nuevo de la capital. A Teresa le gusta la casa porque ___8___ grande y cómoda. Ella ___9___ muy contenta allí. La familia ___10___ muy amable.

V. Imagine that you want to sell your house and furniture to the Castillo family. Write them a detailed description of your home and its features.

VI. Translate the following.

1. We're from the United States.
2. Do you **(Ud.)** speak English?
3. At what time do I arrive there?
4. You **(tú)** know how to swim, don't you?
5. They should see Mrs. Flores today.

VII. Cultura. Based on the information from **Las notas culturales** and **Las observaciones** write **cierto** or **falso**. Rewrite those items you marked **falso** to make them true.

1. En las ciudades las casas típicamente dan a un patio o un jardín.
2. Los sótanos y desvanes son típicos en Hispanoamérica.
3. Los profesionales, por ejemplo los médicos y abogados, enseñan en las universidades pero también tienen su práctica particular.
4. La familia prepara comidas especiales para los enfermos en los hospitales.
5. Las farmacias se turnan durante la mañana para servir al público.
6. Los hispanos enfermos prefieren recuperarse en las clínicas.

READING

I. Match the English translation with the information on the signs. Fill in the blank next to each sign with the letter of the correct English translation.

___ 1.	CORREO	___ 6.	MUEBLES	**a.**	*beach*
				b.	*broken*
___ 2.	IGLESIA	___ 7.	ARRIBA	**c.**	*bathrooms*
				d.	*furniture*
___ 3.	ROTO	___ 8.	OCUPADO	**e.**	*to the right*
				f.	*post office*
___ 4.	CENTRO	___ 9.	PLAYA	**g.**	*downtown*
				h.	*church*
___ 5.	BAÑOS / SERVICIOS	___ 10.	A LA DERECHA	**i.**	*busy, occupied*
				j.	*up*

II. As you read the passage, pick the most appropriate word in parentheses.

En los Estados Unidos (la entrada, la mayor, la bienvenida) parte de los hispanos son de origen (colombiano, inglés, mexicano). Residen en el suroeste° (cual, donde, como) su influencia es evidente en la vida° y las costumbres de la región. Otro° grupo grande de hispanos (están, hay, son) los puertorriqueños que son ciudadanos° norteamericanos. Los cubanos también (abren, creen, forman) otro grupo de importancia. Muchos (caminan, salen, aprenden) de Cuba cuando (Pancho Villa, Fidel Castro, Bolívar) establece un régimen comunista en el país. En los (útimos, extranjeros, alegres) años por razones° políticas o económicas muchos hispanos de la América Central y Sudamérica (compran, desean, toman) emigrar a los Estados Unidos. Con el tiempo los diversos grupos hispanos influyen en° y son influidos por° el (pequeño, bajo, vasto) mosaico cultural de los Estados Unidos.

southwest

life

Another

citizens

for reasons

influence / influenced by

DE COMPRAS

(Shopping)

4

LECCIÓN

Le queda muy bien el vestido.° — The dress fits you very nicely.

la camisa

el traje — la chaqueta

los pantalones

el vestido

Daniel y Olga Marrero, de Venezuela, están de vaca-ciones° en la Florida. Antes de regresar° a su país van de com-pras a una tienda.

Olga	Perdone, ¿habla Ud. español?	
Dependienta°	Sí, cómo no.° ¿En qué puedo servirles?°	
Olga	Quiero probarme° unos vestidos de verano.	
Dependienta	¿Qué talla° usa Ud.?	
Olga	Mediana.° La cuarenta, pero creo que aquí en los Estados Unidos es la doce.	
Daniel	*(Interrumpiendo)* ¡Caramba! La ropa° aquí está muy barata.° Mientras te pruebas° los vesti-dos, yo me voy a comprar unas camisas y pantalones y tal vez° una chaqueta.	
Dependienta	La ropa de caballeros° se encuentra en el segundo piso.° Esta° semana tenemos una fantástica liquidación° de trajes y chaquetas.	
Daniel	*(A Olga)* Bueno, cariño,° se ve que° vamos a necesitar dos o tres maletas° más.	

are on vacation / Before returning

Clerk / of course / What can I do for you?
to try on
size
Medium

clothing
cheap / While you try on

perhaps
gentlemen
is found on the 2nd floor\ This*

clearance sale
sweetheart / you can see that
suitcases

Las tallas varían de país a país. Hispanoamérica y España usan aproximadamente 28 números más altos que los Estados Unidos (EE.UU.) para indicar las tallas de los vestidos. Por ejemplo, un vestido talla 10 (EE.UU.) es más o menos 38 en Europa y Sudamérica. Para los hombres las tallas son 10 números más altos en los trajes y abrigos. Un traje talla 40 (EE.UU.) es aproximadamente 50 en España.

¿Recuerda Ud.?

1. ¿Dónde están de vacaciones Daniel y Olga?
2. ¿De dónde son los Marrero?
3. ¿Adónde van de compras?
4. ¿Qué quiere probarse Olga?
5. ¿Qué talla usa Olga en Sudamérica? ¿en los Estados Unidos?

---

*Notice *esta* means *this* but *está* means *is*.

6. ¿Qué quiere comprarse Daniel?
7. ¿Está barata o cara *(expensive)* la ropa?
8. ¿Dónde se encuentra la ropa de caballeros?
9. ¿Qué tiene la tienda esta semana?
10. ¿Por qué van a necesitar más maletas? (Porque...)

NOTAS CULTURALES

Hoy día en Hispanoamérica hay centros comerciales° similares a los de los Estados Unidos, pero predominan las tradicionales calles comerciales. Aquí están los almacenes° y tiendas que se especializan sólo en vender ciertos productos; por ejemplo, las zapaterías, las perfumerías, las librerías y las farmacias que se dedican principalmente a las medicinas y los productos relacionados con la salud. — *shopping centers* / *department stores*

También hay mercados y rastros° donde generalmente los sábados y domingos la gente puede comprar de todo: ropa, muebles, aparatos eléctricos, utensilios, libros y mucho más. Aquí la gente regatea° con paciencia, determinación y buen humor. — *flea markets* / *haggle*

En las calles es típico ver vendedores. Venden comida, ropa, juguetes,° flores,° billetes de lotería° y otros productos. — *toys / flowers* / *lottery tickets*

Las horas de compras varían de país a país, pero todavía° en muchas ciudades y pueblos las tiendas cierran durante° las horas del almuerzo: por ejemplo entre la una y media y las cuatro de la tarde. — *still* / *during*

A muchos hispanos también les gusta ir de vacaciones y hacer compras en los Estados Unidos, especialmente en los lugares donde se habla español. En Miami, por ejemplo, los empleados en casi todas las tiendas hablan inglés y español para servir mejor a la enorme colonia° hispana de allí —mayormente cubana— y para atender a los muchos turistas latinoamericanos que visitan la Florida anualmente. — *population*

¡Miami es Para Mí!

> *Práctica 1* ....

Indique si las descripciones se refieren más a los hispanos o a los norteamericanos.

1. Tienen muchos centros comerciales.
2. Sus farmacias se dedican exclusivamente a vender medicinas y productos relacionados con la salud.
3. Las tiendas cierran durante las horas del almuerzo.
4. Regatean más frecuentemente con paciencia y humor.
5. Tienen ventas grandes en sus garajes o patios.
6. Hay vendedores en las calles.

Adaptación

Dos de Uds. preparan una conversación que tiene lugar en una tienda. Uno(a) es cliente(a) y el (la) otro(a) es dependiente(a). El (La) cliente(a) tiene un problema con la ropa: es muy grande/pequeña; está rota; el color es muy oscuro *(dark)*; no le queda bien; etc. El (La) dependiente(a) le pregunta al (a la) cliente(a) si *(if)* tiene el recibo *(receipt)*, si desea cambiar la ropa o si desea su dinero. Usen la información en la conversación **De compras** y su imaginación.

LA ROPA

los pantalones · la blusa · la falda · el vestido · el cinturón · las sandalias · las botas · el paraguas · las medias de nilón · la chaqueta · el abrigo · el impermeable · el sombrero · la bolsa · los anteojos (los lentes) (las gafas)

> *Práctica 2*
....

¿Qué llevan *(are wearing)* las mujeres?

MODELO   **Pilar lleva *una blusa...***

Beatriz
el sombrerro
la chaqueta
la falda

Pilar
la blusa
la falda
las botas

Rosario
el vestido
el paraguas

Olga
blusa
falda
anteojos

Luisa
pantalones
sandalias
blusa

la camisa

la corbata

los jeans

la camiseta

los calcetines

los pantalones cortos

la gorra

los zapatos de tenis

el suéter

el traje

los zapatos

el traje de baño

la cartera

el pañuelo

la sudadera

➤ Práctica 3

¿Qué llevan los hombres?

| Fermín | Jaime | Cristóbal | Andrés | Daniel |

➤ Práctica 4

a. **Situación.** Ud. es dependiente(a) en una tienda. Dígales a los clientes hispanos cuánto cuesta cada cosa.

MODELOS $20 **El suéter cuesta veinte dólares.**

 $38 **Los pantalones cuestan treinta y ocho dólares.**

4. $44

1. $25 *venticinco* 5. $15 *quince* 8. $3 *tres*

2. $50 *cincuenta* 6. $12 *doce* 9. $32 *treinta y dos*

3. $160 *ciento sesenta* 7.  $209 *doscrentos y nueve* 10. $17 *diez y siete*

b. **¿Quién puede adivinar** *(guess)?* Describa Ud. la ropa que lleva una persona en la clase de español. No mencione el nombre. ¿Pueden adivinar los otros estudiantes quién es la persona?

MODELO **Lleva una camiseta gris, jeans y zapatos de tenis blancos.**

c. Pregúntele a otro(a) estudiante.

1. ¿Qué ropa llevas cuando hace calor? ¿frío?
2. ¿Qué ropa llevas a un banquete de etiqueta *(formal)?* ¿a una fiesta de amigos? ¿al campo? ¿a la playa?
3. ¿Qué llevas cuando llueve?
4. ¿Prefieres las camisas de manga corta *(short sleeve)* o larga?
5. ¿Prefieres las rayas ?   ¿los lunares ?

¿los cuadros ?

6. ¿Te gusta la ropa ancha *(loose)* o apretada *(tight)?*
7. ¿Te gustan las camisas de lana *(wool)?* ¿de poliéster?
8. ¿Te gustan las blusas de seda *(silk)?* ¿de algodón *(cotton)?*
9. ¿Te gusta más un color oscuro o un color claro *(light)?*
10. ¿Tienes un cinturón de cuero *(leather)?* ¿De qué color es?

Te queda un poco apretada la camisa, ¿no?

The shirt is a little tight on you, isn't it?

d. **Situación.** El semestre nuevo empieza *(begins)* y Ud. no tiene ropa nueva. Prepare una lista de la ropa que va a comprar. Debe incluir los colores y también el precio *(price).* El dinero no es un obstáculo pues Ud. tiene un cheque de mil quinientos dólares.

ESTRUCTURA

I. Verbos con el cambio radical: *e → ie, o → ue*

Stem-changing verbs change the **e** or **o** in their stem (**e** to **ie** and **o** to **ue**) when the stem is stressed. Throughout this book the type of stem change is indicated in parentheses, next to the infinitive. Since there isn't a systematic way to know which verbs do change stems, it's useful to learn the infinitive and the **yo** form of these verbs at the same time; for example, **cerrar, cierro**. To help you remember their pattern, use the "boot" visual which includes the four forms with changes.

cerrar (ie) *to close*

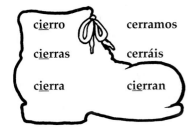

c**ie**rro	cerramos
c**ie**rras	cerráis
c**ie**rra	c**ie**rran

dormir (ue) *to sleep*

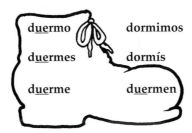

d**ue**rmo	dormimos
d**ue**rmes	dormís
d**ue**rme	d**ue**rmen

¿A qué hora cierran Uds.?   Cerramos a las doce.
¿Cuántas horas duermes?   Duermo ocho horas.

A. Verbs with **e** to **ie** stem changes include:

	YO	TÚ	UD. / ÉL / ELLA
empezar (*to begin*)	emp**ie**zo	emp**ie**zas	emp**ie**za
entender (*to understand*)	ent**ie**ndo	ent**ie**ndes	ent**ie**nde
pensar (*to think*)	p**ie**nso	p**ie**nsas	p**ie**nsa
perder (*to lose*)	p**ie**rdo	p**ie**rdes	p**ie**rde
preferir (*to prefer*)	pref**ie**ro	pref**ie**res	pref**ie**re
querer (*to want*)	qu**ie**ro	qu**ie**res	qu**ie**re

NOSOTROS(AS)	VOSOTROS(AS)	UDS. / ELLOS(AS)
emp**e**zamos	emp**e**záis	emp**ie**zan
ent**e**ndemos	ent**e**ndéis	ent**ie**nden
p**e**nsamos	p**e**nsáis	p**ie**nsan
p**e**rdemos	p**e**rdéis	p**ie**rden
pref**e**rimos	pref**e**rís	pref**ie**ren
qu**e**remos	qu**e**réis	qu**ie**ren

nevar (*to snow*)	Nieva	*It snows.*
	Está nevando.	*It's snowing.*

pensar en *(to think of, to think about)*

Pienso en Uds.   *I think about you.*

pensar + *infinitive (to plan to, to intend to)*

Ellos piensan ir de compras.   *They plan to go shopping.*
¿Qué piensas hacer luego?   *What do you plan to do later?*

➤ *Práctica 5*
....

a. A classmate of yours has nothing to do. Ask if he or she wants to do the following activities.

MODELO ir al cine   **¿Quieres ir al cine?**
Sí, (No, no) quiero ir al cine.

1. ir de compras   6. dar un paseo *(go for a walk)*
2. jugar al tenis   7. pescar *(to fish)*
3. nadar   8. visitar a unos amigos
4. ver la televisión   9. correr un poco
5. escuchar música   10. ¿...?

b. Ask two other students the same questions formed in **Práctica a.** The two students should decide on an answer and reply accordingly.

MODELO **¿Quieren Uds. ir al cine?**
Sí, (No, no) queremos ir al cine.

c. Several students are talking about their plans for today. Tell what they intend to do.

MODELO Irene __*piensa*__ estudiar en la biblioteca.

1. Eduardo _____ salir con los amigos.
2. Tú _____ comer en un restaurante.
3. Rosa y María _____ regresar a casa.
4. Uds. _____ trabajar en el patio.
5. Marta y yo __*pensamos*__ tomar un refresco.
6. Ellos _____ ir al campo.
7. Yo _____ leer una novela.
8. ¿ . . .?

d. Cambie Ud. el sujeto y el verbo del plural al singular y vice versa.

MODELO Pensamos en Marco. **Pienso en Marco.**

1. Queremos regresar al hotel.
2. Cierro a las nueve de la noche.
3. Tú pierdes mucho dinero.
4. Ellos piensan en la familia.
5. Preferimos esperar unos minutos más.

e. Situación. Imagine you are a Spanish-speaker who is visiting the Vizcaya Museum in Miami.

1. Tell the tour guide (your classmate) that you don't speak English very well.
2. Say that you prefer to see the museum with the guide (el / la guía) that (que) speaks Spanish.
3. Ask at what time the tour (la gira) in Spanish begins.
4. Ask at what time they close the gift shop (la tienda de regalos).
5. Say you plan to buy a few postcards.

B. Verbs with **o** to **ue** stem changes include:

	YO	TÚ	UD. / ÉL / ELLA
almorzar *(to have lunch)*	almuerzo	almuerzas	almuerza
encontrar *(to find)*	encuentro	encuentras	encuentra
poder *(to be able, can)*	puedo	puedes	puede
recordar *(to remember)*	recuerdo	recuerdas	recuerda
volver *(to come back)*	vuelvo	vuelves	vuelve

NOSOTROS(AS)	VOSOTROS(AS)	UDS. / ELLOS(AS)
almorzamos	almorzáis	almuerzan
encontramos	encontráis	encuentran
podemos	podéis	pueden
recordamos	recordáis	recuerdan
volvemos	volvéis	vuelven

costar *(to cost)*	¿Cuánto cuesta?	*How much does it cost?*
	¿Cuánto cuestan?	*How much do they cost?*
llover *(to rain)*	Llueve.	*It rains.*
	Está lloviendo.	*It's raining.*

Jugar *(to play)* changes its stem vowel **u** to **ue** when stressed.

juego, **ju**egas, **ju**ega, jugamos, jugáis, **ju**egan

Jugar a means *to play a game or sport* and takes the preposition **a,** while the sport mentioned takes the definite article.

Juego al dominó.	*I play dominos.*
Jugamos al sóftbol.	*We play softball.*

If you want to say *to play a musical instrument*, use the verb **tocar.**

¿Tocas la guitarra?	*Do you play the guitar?*
No, pero toco la marimba.	*No, but I play the marimba.*

➢ *Práctica 6*

a. El club de español va a tener una fiesta. Diga Ud. qué **puede** hacer *(to do)* cada miembro para ayudar *(to help)*.

MODELO La presidente ___puede___ organizar la fiesta.

1. El vicepresidente _____ reservar la sala.
2. La secretaria _____ invitar a la gente.

3. Alicia y Gilberto _____ decorar la sala.
4. Uds. _____ ayudar a Alicia y Gilberto.
5. Tú _____ tocar la guitarra.
6. Margarita y Vicente _____ hacer el ponche.
7. Todos nosotros _____ preparar diferentes comidas.
8. Yo _____ sacar (take) las fotos.

b. Aprenda Ud. el vocabulario y después diga a qué juega cada persona.

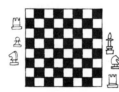

el dominó　　　*las cartas*　　　*las damas*

el ajedrez　　　*las damas chinas*

MODELO Ricardo y Julio

Ricardo y Julio juegan a las cartas.

1. Ellos			**4.** Uds.	
2. Tú			**5.** Martín	
3. Luisa y yo			**6.** (yo) ¿...?	

c. Complete con la forma apropiada del verbo.

1. La camisa (costar) _cuesta_ cien pesos.
2. Hace mal tiempo. (Llover) _llueve_ mucho.
3. ¿A qué hora (almorzar) _almuerzas_ (tú)?
4. Pepe y yo (volver) _volvemos_ mañana.
5. ¿(Recordar) _Recuerdan_ Uds. a Olga y Daniel Marrero?
6. Yo no (encontrar) _Encuentro_ la cartera.

d. Entrevista. Formen Uds. grupos de tres estudiantes. El primer estudiante hace la pregunta, el segundo contesta y el tercero *(third)* repite la respuesta *(answer)*.

MODELO (1) Pancho: ¿Qué quieres comprar?
(2) Sara: **Quiero comprar un suéter beige.**
(3) Berta: **Sara quiere comprar un suéter beige.**

1. ¿Dónde prefieres almorzar hoy?
2. ¿Adónde quieres ir el fin de semana?
3. ¿Qué piensas hacer luego?
4. ¿Cuándo vuelves?
5. ¿En quién piensas?

6. ¿Puedes jugar a... ?
7. ¿Duermes en clase?
8. ¿Qué errores encuentras en la clase de español? ¿en la clase de inglés?

II. Los pronombres reflexivos

A. In a reflexive construction, the subject does the action to itself. The subject, the verb, and the reflexive pronoun all refer to the same person. However, Spanish uses reflexive pronouns in many cases where the English equivalents *(myself, yourself . . . themselves)* are not used; as in **levantarse**, *to get up*. In vocabulary lists, the **se** attached to the infinitive indicates that reflexive pronouns accompany the verb forms.

nonreflexive:	(Yo) Baño el perro.	*I bathe the dog.*
reflexive:	(Yo) **Me** baño.	*I bathe (myself).*
nonreflexive:	Ramiro mira las fotos.	*Ramiro looks at the photos.*
reflexive:	Ramiro **se** mira en el espejo.	*Ramiro looks at himself in the mirror.*

Here is the verb **levantarse** in the present tense.

Me levanto a las siete.	*I get up at seven.*
Te levantas temprano.	*You (sing., fam) get up early.*
Papá no **se** levanta ahora.	*Dad doesn't get up now.*
Nos levantamos tarde.	*We get up late.*
Os levantáis a menudo.	*You (pl., fam) get up often.*
¿A qué hora **se** levantan Uds.?	*At what time do you (pl., formal) get up?*

B. Reflexive pronouns are placed before the conjugated verb form.

Yo no **me** levanto temprano.	*I don't get up early.*
Olga **se** va a bañar primero.	*Olga is going to bathe first.*

They may instead be attached to the end of the infinitive.

Los Marrero quieren sentar**se** allá.	*The Marreros want to sit over there.*
¿A qué hora piensas acostar**te**?	*At what time do you plan to go to bed?*

C. The following verbs are commonly used reflexively. Memorize their meaning and make up an original question or statement as you learn each verb.

acostarse (ue) *to go to bed*	Me acuesto a las doce.
afeitarse *to shave*	Me afeito por la mañana.
bañarse *to bathe*	Me baño pronto.

casarse con *to get married to*	Clara se casa con Hernán.
despertarse (ie) *to awaken*	¿Te despiertas temprano?
divertirse (ie) *to have a good time*	Me divierto mucho en la playa.
lavarse *to wash*	Nos lavamos las manos.*
maquillarse *to put on make-up*	Dorotea se maquilla mucho la cara.*
preocuparse por *to worry about*	Ellos siempre se preocupan por los hijos.
quedarse *to stay, remain*	¿Por qué no te quedas unos días aquí?
sentarse (ie) *to sit down*	Lupe y Emilio se sientan a la mesa.

D. Some verbs change meaning when used reflexively.

dormir (ue) *to sleep*	Duermo ocho horas.
dormirse (ue) *to fall asleep*	¿Te duermes en la clase?

ir *to go*	Humberto va al trabajo.
irse *to leave*	Nos vamos a la Florida.

poner (pongo) *to put*	¿Dónde pones las llaves?
ponerse *to put on*	Me pongo el suéter.*
probar (ue) *to try, taste*	¿Por qué no prueban Uds. el yogurt?
probarse (ue) *to try on*	Quiero probarme la chaqueta gris.

HUMOR

Un adolescente (A) hablando con su mamá (M).
A—*Soy mayor de edad° y puedo hacer lo que° quiero.*   old enough / what
M—*Entonces°, puedes hacerte la comida, lavarte la ropa y pagarte las cuentas.°*   Then / bills

➤ *Práctica 7*
....

a. Use los sujetos entre paréntesis para hacer oraciones nuevas.

MODELO   Virginia se despierta temprano. (yo / él)
(yo)   **Me despierto temprano.**
(él)   **Se despierta temprano.**

1. Fernando se acuesta a las once. (yo / ellos) Me acu esto   Ellos se acuestan
2. Ellos se sientan a la mesa. (Cecilia / tú) Cecilia se sienta   Tu Te sientas
3. ¿A qué hora se despierta Ud.? (Uds. / ella) Uds se despiertan   Ella se despierta
4. Rolando debe irse pronto. (nosotros / yo)
5. Mis abuelos se divierten en las fiestas. (yo / Rufo)
6. Uds. se preocupan mucho por la salud, ¿no? (tú / él)
7. Ella no se llama Paquita. (yo / mi amiga)
8. ¿Quieres (tú) quedarte en casa? (los Ocampo / ella)
9. (Yo) me caso con Rosa. (¿quién? / Bernardo)
10. Me pongo los zapatos negros. (ellas / nosotros)

_____

*Note that with parts of the body and clothing, Spanish generally uses the definite article. Compare the English: *We wash **our** hands. I put on **my** sweater.*

b. Use el vocabulario para contestar las preguntas.

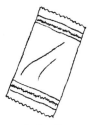

| él jabón | el agua | la pasta de dientes | el champú | la toalla |

MODELO ¿Con qué te lavas la cara?
Me lavo la cara con agua y jabón.

1. ¿Con qué te lavas las manos?   *Me lavo las manos con jabon y agua agua y agua*
2. ¿Con qué te lavas los dientes?   *Me lavo los dientes con pasta de dientes y*
3. ¿Con qué te bañas?   *Me baño con jabon y agua*
4. ¿Te bañas con agua fría, caliente *(hot)* o tibia *(lukewarm)*?
5. ¿Con qué te lavas la cabeza?
6. ¿Con qué te secas *(dry yourself)*?
7. ¿Te pones perfume? ¿colonia *(cologne)*?

c. Describa las actividades de Raquel.

MODELO despertarse / temprano
Raquel se despierta temprano.

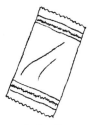

1. *levantarse / a las 7:00*

2. *bañarse*

3. *secarse*

4. *ponerse la ropa*

5. *sentarse a la mesa*

6. *desayunarse* 7. *levantarse de la mesa* 8. *lavarse los dientes*

9. *peinarse* 10. *irse al trabajo*

d. Repita la **Práctica c** con los sujetos **yo, tú, nosotros** y **ellos.**

e. Descríbale a su compañero(a) las actividades que Ud. hace *(do)* antes de: a) ir a las clases; b) ir al cine; c) acostarse. Use los adverbios: **primero, luego, más tarde, después, entonces** *(then)* y **finalmente** en su descripción.

III. El *se* impersonal

When it is not important to identify the doer of the action, Spanish frequently uses **se** followed by a verb in the third-person singular. This impersonal **se** may be translated as *one, people, they, you,* or a passive construction.

¿Cómo se dice?	*How does one say? How is it said?*
Se habla español.	*Spanish is spoken.*
Se cree que...	*It is believed (People believe) that . . .*
No se fuma aquí.	*No smoking here.*
Se prohibe entrar.	*No trespassing.*

In addition, the impersonal **se** can be used with a noun subject. The verb will be singular or plural depending on the noun. English resorts to the passive voice *(to be* + participle) to translate these sentences.

Se necesita cocinero.	*A cook (is) needed.*
Se usa el poncho en Sudamérica.	*The poncho is used in South America.*
La**s** camisa**s** se hace**n** en México.	*The shirts are made in Mexico.*

a. Exprese Ud. las siguientes oraciones con el **se** impersonal.

MODELO Comen bien aquí. **Se come bien aquí.**

1. Aprenden mucho.
2. Regresan en taxi.
3. Ven perfectamente.
4. Juegan al fútbol.
5. Dicen «coche» en España.

6. Hablan portugués en el Brasil.
7. No abren hasta las nueve.
8. ¿Permiten fumar?
9. Deben pagar ahora.
10. Creen que es un accidente.

b. Situación. Imagínese que Ud. es un(a) estudiante nuevo(a). Use la siguiente información para hacerle preguntas a su compañero(a), quien contesta las preguntas.

MODELO estacionar el carro
  ¿Dónde se estaciona el carro?
  Se estaciona cerca de la biblioteca (cerca del gimnasio...).

1. estudiar después de clase
2. jugar al ráquetbol
3. comer buena pizza
4. lavar la ropa
5. poder bailar

6. comprar estampillas
7. vender discos y cassettes
8. encontrar el correo
9. cambiar cheques
10. hacer fotocopias

OBSERVACIONES

*When reading a passage that contains new words or familiar ones with apparently different meanings, you can rely on the general theme of the selection to help you understand the text. For example, you have studied the reflexives and the impersonal **se**. Notice how context determines the meaning of **se** in these examples.*

• When talking about daily routine the reflexive is often used:

Eva **se levanta** a las siete, **se baña** y **se pone** la ropa.

• When referring to actions of others in general, the impersonal **se** is used:

Se vive bien aquí.   *One lives well here. People live well here.*
Se alquilan cuartos.   *Rooms for rent. They rent rooms.*

*First skim the following reading and jot down the various **se** expressions you find; then proceed to do part **a** of ¿**Comprende Ud.?** Next, read the passage for main ideas; for example, note how people dress in different regions and how climate and customs affect what they wear.*

La ropa ....

La ropa en los países hispanos varía según° el lugar y la ocasión. En las calles y los centros más prestigiosos, como° la Zona Rosa en la ciudad de México o la Gran Vía en Madrid, la gente lleva ropa elegante de la última moda.° Los hombres tradicionalmente prefieren los colores azul, negro o gris. Los adultos no llevan pantalones cortos en las ciudades, porque se considera ropa de playa o deportiva.°

Entre° los jóvenes los jeans están de moda en todas partes. A ellos también les fascinan los jerseys, las sudaderas y las camisetas —especialmente con nombres de universidades o lugares famosos.

Hoy se encuentran las tallas° S, M, L (*small, medium, large*) en varios almacenes° hispanos. Pero todavía se usan las tallas o números° de Europa, especialmente en los zapatos. Típicamente los números de los zapatos no incluyen el ancho.°

Además de la edad,° la tradición y el clima influyen° en la manera de vestirse.° Entre los grupos indígenas la ropa no cambia mucho de generación a generación. Los campesinos° de México llevan ropa blanca de algodón° para protegerse° del sol. Los campesinos de los Andes llevan ropa de colores vivos° de lana° que ofrece protección contra el frío y la lluvia.

El gusto° artístico de la región también contribuye° a la creación de trajes típicos.° Hoy esos trajes se llevan solamente durante las fiestas especiales.

according to
like

latest fashion

sport
Among

clothing sizes
department stores
sizes
don't include width
Besides age / influence
to get dressed
peasants
cotton/protect themselves
colorful
wool
taste / contributes
costumes

NÚMEROS DE ZAPATOS

Damas (*Ladies*)							
Estados Unidos		4	5	6	6½	7	8	9
España, Hispanoamérica		34	35	36	37	38	39	40
Caballeros (*Gentlemen*)							
Estados Unidos	7	7½	8	8½	9	10	11	12
España, Hispanoamérica	39	40	41	42	43	44	45	46

A veces° ciertas culturas adoptan la ropa típica de las regiones rurales. Así es el caso de la guayabera, camisa elegante, que se usa mucho en partes del Caribe. También hoy el poncho, típico de los Andes, se encuentra en muchos países. La ropa de estilo° gaucho° también es popular en diferentes círculos sociales.

At times

style / cowboy from Argentina

Una mujer con un vestido tradicional mexicano

Una peruana de Cuzco, con un vestido típico de los Andes

Es verdad que muchos hispanos se visten° como los norteamericanos, especialmente en las ciudades grandes como México, Lima y Santiago de Chile. Sin embargo,° muchos también prefieren la moda europea, particularmente en España.

dress

Nevertheless

guayabera

¿Comprende Ud.?

a. Busque Ud. el equivalente de cada frase en la lectura *(reading)*.

MODELO Today one finds the sizes S, M, L.
Hoy se encuentran las tallas S, M, L.

1. The sizes from Europe are still used.
2. Those costumes are only worn in special celebrations.
3. The *guayabera* is used a lot in parts of the Caribbean.
4. Many Hispanics dress like North Americans.
5. It is considered beach wear *(clothing)*.

b. Busque en la columna B las traducciones *(translations)* de las palabras en la columna A.

A		B	
1.	talla _____	a.	*ladies*
2.	verstirse _____	b.	*gentlemen*
3.	influir en _____	c.	*clothing size*
4.	estar de moda _____	d.	*wool*
5.	damas _____	e.	*cotton*
6.	caballeros _____	f.	*to influence*
7.	lana _____	g.	*Argentinean cowboy*
8.	ropa deportiva _____	h.	*to be in fashion*
9.	a veces _____	i.	*shoe size*
10.	gaucho _____	j.	*at times*
11.	algodón _____	k.	*to dress oneself*
12.	número _____	l.	*sports clothes*

c. Comprensión. Indique **cierto** o **falso** según *(according to)* el contexto de la información. Después cambie la información **falsa** a **cierta.**

1. Las mujeres llevan pantalones cortos en las ciudades hispanas.
2. Los hombres llevan trajes de color gris o azul.
3. Un número de zapato 8 de mujeres en los Estados Unidos corresponde a un número 36 en Hispanoamérica.
4. Los campesinos mexicanos llevan ropa de lana.
5. La guayabera es una camisa elegante.
6. El poncho es típico del Caribe.
7. Los gauchos son de los Andes peruanos.
8. La edad, la tradición y el clima influyen en la manera de vestirse.

d. Situaciones.

1. Unos amigos de Chile quieren pasar sus vacaciones de junio en la Florida. ¿Qué ropa deben llevar a la playa? ¿a los restaurantes más exclusivos?
2. Tim y Amy piensan ir a la ciudad de México. Tim quiere llevar unas chaquetas rojas y verdes. Amy piensa llevar unos pantalones cortos. ¿Está Ud. de acuerdo *(Do you agree)* con la selección de ropa? ¿Qué ropa deben llevar ellos?

LOS ANUNCIOS DE ROPA

Qué bien se ve Papá con ropa de

ALMACENES

MUÑOZ

telas y ropa para toda la familia

Pantalones Toda Talla $90.00
Pantalones Toda Talla $80.00

Camisa Manga corta $30.00
Camisa Manga larga $45.00

Pijama Tallas S-M-L $40.00
Camiseta Deportiva $10.00
Camiseta Atlética $8.00
Bermuda $9.00
Calcetines $6.00
Sudadera Tallas S-M-L $35.00
Camiseta S-M-L $9.00

a. Su amigo no sabe español y quiere saber qué dice el anuncio anterior. Prepárele una traducción. (**manga** *sleeve;* **telas** *fabrics*)

b. Situación. Imagínese que Ud. trabaja en una tienda y necesita preparar un anuncio de ropa de mujeres. Estudie el anuncio anterior y escriba uno similar para el Día de las Madres.

Listen as Beatriz, a customer, talks with the clerk in a department store. Remember, you do not need to know every single word to get the gist of the conversation. Rely on context and surrounding words. Afterwards answer the following questions.

1. Beatriz quiere probarse _____.
   a. unos pantalones
   b. unos suéteres
   c. unas chaquetas

2. Beatriz no encuentra su _____.
   a. talla
   b. dinero
   c. abrigo

3. La talla de Beatriz es _____.
   a. grande
   b. mediana
   c. pequeña

4. A Beatriz le gustan los colores _____.
   a. rojos y verdes
   b. azules y negros
   c. amarillos y rosados

5. La dependienta encuentra una chaqueta _____.
   a. marrón
   b. de verano
   c. linda

6. Beatriz decide _____.
   a. ponerse la chaqueta
   b. cambiar la chaqueta
   c. lavar la chaqueta

7. La chaqueta es de _____.
   a. algodón y poliéster
   b. lana y nilón
   c. cuero y seda

8. Beatriz está _____.
   a. contenta con la chaqueta
   b. desilucionada con el color y el estilo
   c. preocupada porque la chaqueta cuesta mucho

Vocabulario

Sustantivos

el	abrigo	coat
el	agua	water
los	anteojos	eyeglasses
la	blusa	blouse
la	bolsa	purse; bag
las	botas	boots
el	caballero / la dama	gentleman / lady
los	calcetines	socks
la	camisa	shirt
la	camiseta	T-shirt
la	cartera	wallet
el	cinturón	belt
la	corbata	tie
el	champú	shampoo
la	chaqueta	jacket
el	(la) dependiente(a)	store clerk

la	gorra	cap
el	impermeable	raincoat
el	jabón	soap
los	jeans	jeans
las	medias	stockings
los	pantalones	pants
el	pañuelo	handkerchief
el	paraguas	umbrella
la	ropa	clothing
las	sandalias	sandals
la	sudadera	sweatshirt
el	suéter	sweater
la	talla	clothing size
la	toalla	towel
el	traje	suit
el	traje de baño	bathing suit
el	vestido	dress
los	zapatos	shoes

Verbos

acostarse (ue)	*to go to bed*
afeitarse	*to shave*
bañarse	*to bathe*
casarse (con)	*to get married (to)*
cerrar (ie)	*to close*
despertarse (ie)	*to awaken*
divertirse (ie)	*to have a good time*
dormir (ue)	*to sleep*
dormirse (ue)	*to fall asleep*
empezar (ie)	*to begin*
encontrar (ue)	*to find*
entender (ie)	*to understand*
irse (me voy)	*to leave*
jugar (ue) a	*to play (game, sport)*
lavarse	*to wash oneself*
levantarse	*to get up*
llevar	*to wear, to take, to carry*
mirar	*to look at*
peinarse	*to comb one's hair*
pensar (ie) en	*to think (about)*
pensar + *infinitive*	*to plan to*
perder (ie)	*to lose*
poder (ue)	*to be able (can)*
ponerse (me pongo)	*to put on*
preferir (ie)	*to prefer*
preocuparse (por)	*to worry (about)*
probarse (ue)	*to try on (clothes)*
quedarse	*to stay*
querer (ie)	*to want*
secarse	*to dry oneself*
sentarse (ie)	*to sit down*
tocar	*to play (instrument); to touch*

Adjetivos

ancho(a)	*wide, loose*
apretado(a)	*tight*
barato(a)	*inexpensive*
claro(a)	*light (color)*
mediano(a)	*medium*
oscuro(a)	*dark*

Materiales y diseños (designs)

de algodón	*(made) of cotton*
de cuadros	*plaid*
de cuero	*of leather*
de lana	*of wool*
de lunares	*polka-dotted*
de nilón	*of nylon*
de poliéster	*of polyester*
de rayas	*striped*
de seda	*of silk*

Expresiones

a veces	*at times*
antes (de)	*before*
entre	*between, among*
¿En qué puedo servirle?	*What can I do for you?*
mientras	*while*
quedarle bien / mal	*to fit well / badly (clothing)*
Sí, cómo no.	*yes, of course*
sin embargo	*nevertheless*
tal vez	*perhaps*
todavía	*still*

EN EL AEROPUERTO

COMMUNICATION

to handle arrival and departure at the airport

to indicate possession

to express physical and mental states

CULTURE

to compare how people wait in line

to note a student's impressions of living overseas

GRAMMAR

possessive adjectives

present tense of stem-changing verbs: **e→i**

verbs with the first-person **-go** ending

expressions with **tener** + *noun*

5 LECCIÓN

LLEGADAS
(Arrivals)

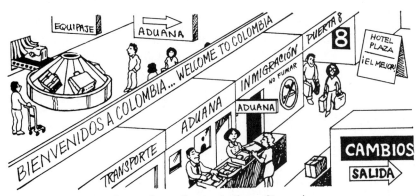

El inspector revisa las maletas **(inspects the suitcases).**

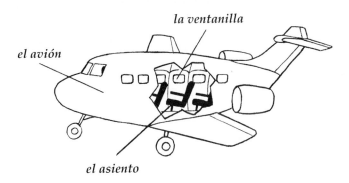

el avión

la ventanilla

el asiento

SALIDAS
(Departures)

Salidas *(departures)*

la agenta

la tarjeta de embarque
(boarding pass)

el pasajero

los comprobantes
(claim checks)

el pasaje / el boleto (ticket)

El pasajero factura **(checks in)** *sus maletas y recibe sus comprobantes. Su pasaje es de ida y vuelta* **(round-trip).**

Julie Miller, estudiante de intercambio,° llega al aeropuerto de Bogotá. Ella se especializa° en español y va a vivir y estudiar unos meses en Colombia.

Julie hace cola° en la inmigración.

exchange student
majors

stands in line

Inspector de Inmigración	Adelante,° señorita, adelante. Bienvenida° a Colombia. Sus documentos, por favor.
Julie	Con mucho gusto. Aquí tiene mi pasaporte y visa de estudiante.
Inspector de Inmigración	Muy bien... ¿Cuánto tiempo piensa estar aquí?
Julie	No sé exactamente. Tengo que° estudiar unos meses en la universidad y después quiero hacer un viaje por el país.°
Inspector de Inmigración	¡Qué bueno!... Y, ¿cuál es su dirección en Colombia?
Julie	Voy a quedarme con una familia de Bogotá... en la avenida Libertador, número 158.
Inspector de Inmigración	Muy bien... Todo está en orden. Pase Ud. a la aduana.°
Inspector de Aduana	Muy buenas tardes. ¿Tiene algo especial que declarar?°
Julie	Creo que no.° Traigo° unos libros y regalos.° La videograbadora° es de uso personal.
Inspector de Aduana	Está bien. Puede cerrar las maletas. ¡Que le vaya bien!°
Julie	Muchas gracias. Muy amable.° Adiós.

Move forward
Welcome

I have to

to take a trip around the country

customs

Do you have anything special to declare?

I don't think so. / I bring gifts / camcorder

May it go well for you!
Very kind (of you).

¿Recuerda Ud.?

a. Busque (Look) en la columna de la derecha los sinónimos para las palabras en la columna de la izquierda.

MODELO   el pasaje   **el boleto**

1.	el equipaje	**a.**	la inspección del equipaje
2.	la aduana	**b.**	esperar en línea
3.	el destino	**c.**	va y viene
4.	la ventanilla	**d.**	anulado, omitido
5.	el vuelo	**e.**	la ventana del avión
6.	facturar las maletas	**f.**	las maletas
7.	revisar	**g.**	la persona que viaja
8.	hacer cola	**h.**	el viaje en avión
9.	ida y vuelta	**i.**	en ruta a, destinación
10.	el pasajero	**j.**	recibir el comprobante
11.	cancelado	**k.**	examinar, inspeccionar
12.	la tarjeta de embarque	**l.**	permiso (autorización) para abordar

b. Pregúntele a otro(a) estudiante.

1. ¿Cómo se llama la estudiante de intercambio?
2. ¿A qué aeropuerto llega la estudiante?
3. ¿En qué se especializa ella?
4. ¿Dónde hace cola ella?
5. ¿Qué documentos tiene ella?
6. ¿Cuánto tiempo tiene que estudiar en la universidad?
7. ¿Qué quiere hacer después de estudiar?
8. ¿Con quién se queda ella?
9. ¿Cuál es su dirección en Colombia?
10. ¿Qué trae ella?
11. ¿Qué objeto es de uso personal?
12. ¿Qué expresión usa el inspector de Aduana para despedirse *(to say good-bye to)* de la estudiante? ¿Qué otras expresiones se usan en español para despedirse?

Adaptación

Make up a conversation (eight to ten lines) with another student that takes place at the airport. One of you could be **el (la) inspector(a)** and the other **el (la) pasajero(a).** The inspector may have questions about the items the passenger has not declared. Perhaps the passenger needs to pay duty **(pagar derechos de aduana).** Use any part of the previous dialogue you want along with any expressions you already know. Try to be imaginative, and don't hestitate to add a bit of humor. **¡Magnífico!**

NOTAS CULTURALES

Las colas° son menos comunes o exactas en la América Latina y Europa. Las personas pueden estar en grupos —y no en colas— mientras esperan. En los aeropuertos, los bancos, las oficinas de gobierno y especialmente en las colas para los autobuses la iniciativa personal puede determinar el turno de uno.° Si un individuo insiste en colarse delante° de uno, es prudente indicarle con el brazo y con buen humor: «Perdón, pero me toca a mí.°»

lines, queues

one's turn
to cut in front
it's my turn

Otro aspecto interesante de la cultura popular es tocar música y hablar más alto en lugares° públicos.

places

➤ *Práctica 1*

Indicate if these statements refer more to **norteamericanos** or **hispanos.**

1. Las colas son menos exactas.
2. Usan números para determinar el turno.
3. La iniciativa personal puede determinar el turno.
4. Consideran muy descortés, muy antisocial, colarse delante de uno.
5. Tocan música y hablan más alto en lugares públicos.

ESTRUCTURA

I. Los adjetivos posesivos

Possessive adjectives in Spanish agree with the noun they modify and not with the possessor. The possessives **mi, tu,** and **su** have only two forms—singular and plural. **Nuestro** and **vuestro** have four forms: **-o, -a, -os,** and **-as.**

mi, mis	*my*	**nuestro, nuestra, nuestros, nuestras**	*our*
tu, tus	*your (familiar)*	**vuestro, vuestra, vuestros, vuestras**	*your (familiar)*
su, sus	*your (formal)* *his, her, its, their*		

mi padre, mi madre, mis padres	*my father, my mother, my parents*
tu hijo, tu hija, tus hijos	*your son, your daughter, your children*
nuestro primo, nuestra prima	*our cousin (m.), our cousin (f.)*
nuestros primos, nuestras primas	*our cousins (m. and f.)*
su abuelo, sus abuelos	*your (his, her, their) grandfather, grandparents*

For clarification or emphasis we can replace **su** or **sus** as follows:

su papel: el papel de él, de ella, de Ud., de ellos, de ellas, de Uds.
sus papeles: los papeles de él, de ella...

Possession is never expressed with *'s* in Spanish. Instead, Spanish speakers use: article + noun + **de** + owner.

los anteojos **de** la muchacha	*the girl's glasses*
el amigo **del** Sr. Márquez	*Mr. Márquez's friend*

➢ *Práctica 2*

a. Ud. le enseña *(show)* varias fotos de su familia a un(a) amigo(a). Dígale quiénes son los miembros de su familia.

MODELO La foto es de **mi hermana Irma.**

hermano, tíos, prima, abuelos, mamá, hijos, primos, familia

b. Su compañero(a) de clase *(classmate)* va de viaje a Sudamérica. Pregúntele si quiere las siguientes cosas *(things).*

MODELOS ¿Quieres mi diccionario? **Sí, quiero tu diccionario.**
¿Quieres mis mapas? **No, no quiero tus mapas.**

maletas, libros, revistas, periódico, medicina, cassettes, videograbadora, guías de turismo

c. Repitan Uds. la **Práctica b** pero con la forma formal del verbo y los adjetivos posesivos. Cambien los verbos para tener un poco de variedad; por ejemplo, **necesita** o **prefiere.**

> MODELO   **¿Necesita (Ud.)** mi diccionario?
>   **Sí, (No, no) necesito su diccionario.**

d. Las siguientes oraciones pueden ser ambiguas sin contexto. Escriba las oraciones con la frase **de** + la persona indicada entre paréntesis.

> MODELO   Leo su carta. (él)   **Leo la carta de él.**

1. Quiero su dirección. (ellos)
2. Necesitamos sus papeles. (Ud.)
3. No comprendo sus preguntas. (ellas)
4. Hablo con su esposa. (él)
5. Están en su casa. (Uds.)
6. Conozco a sus hijos. (el Sr. Gómez)

e. ¿Cómo se dice en español?

1. my books
2. her letter
3. Ricardo's flight
4. our house
5. your *(fam. sing.)* room
6. their children
7. his suitcases
8. my mother's birthday
9. your *(pl.)* tickets
10. your *(formal, sing.)* (girl)friends

f. Imagínese que Ud. tiene un(a) hermano(a) y va a describir unas cinco cosas que son de Uds. en común y otras cinco que son exclusivamente de él (ella).

> MODELO   **Nuestra casa es blanca y roja.**
>   **Sus cassettes son de música latina.** *o (or)*
>   **Los cassettes de él (de ella) son de música latina.**

II. Verbos con el cambio radical: $e \rightarrow i$

A few **-ir** verbs change the **e** of their stem to **i** when the stem is stressed.

pedir   *to ask for, request*

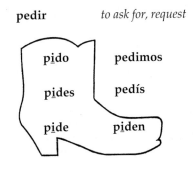

p**i**do	pedimos
p**i**des	pedís
p**i**de	p**i**den

—¿Qué pides?	*What are you asking for?*
—Pido un refresco.	*I'm asking for a soft drink.*

—¿Piden Uds. vino o jugo?	*Are you asking for wine or juice?*
—Pedimos vino.	*We're asking for wine.*

Pedir means *to ask for, to request,* and *to order something as in a restaurant or store.* Note that **pedir** does not use the prepositions **por** or **para** to complete its meaning. **Preguntar** means *to ask a question.* The expression **hacer una pregunta** also means *to ask a question.*

Tú siempre preguntas «¿por qué?»	*You're always asking "why?"*
¡Hágale las preguntas a su compañero(a)!	*Ask your classmate the questions!*

Other stem-changing **-ir** verbs (**e→i**) include:

despedirse de *to say good-bye to*   me despido, te despides, se despide, nos despedimos, os despedís, se despiden.

repetir *to repeat*   repito, repites, repite, repetimos, repetís, repiten

servir *to serve*   sirvo, sirves, sirve, servimos, servís, sirven

sonreír *to smile*   sonrío, sonríes, sonríe, sonreímos, sonreís, sonríen

seguir *to follow, continue*   sigo, sigues, sigue, seguimos, seguís, siguen

¡Sonríe!

Note that the **u** in **sigues, sigue, seguimos, seguís,** and **siguen** only serves to keep the hard **g** sound and is not used in **-ga** or **-go.**

	Sigo a Juanita.	*I follow Juanita.*
BUT	Seguimos hablando.	*We continue talking.*

➤ *Práctica 3*
....

a. Varias personas le piden a Julie diferentes cosas *(things).* Use Ud. los sujetos a la izquierda y el verbo **pedir** para hacer oraciones *(sentences)* originales. Puede referirse a la lista a la derecha para mencionar qué le pide cada persona. Use el pronombre **le** *(her)* con **pedir.**

   MODELO   Yo **le pido** la dirección.

ellos	el pasaporte / el pasaje / los documentos
la señora	las maletas / el número del vuelo
tú	la hora de llegada / la hora de salida
el inspector	la tarjeta de embarque / la reservación
yo	los libros / la videograbadora
nosotros	el equipaje / la visa / el comprobante

b. Imagínese que su compañero(a) de clase es auxiliar de vuelo *(flight attendant).* Pregúntele qué sirve con las diferentes comidas *(foods).* Después dígale Ud. a la clase qué sirve él (ella). Pueden usar la lista de bebidas *(beverages)* que sigue.

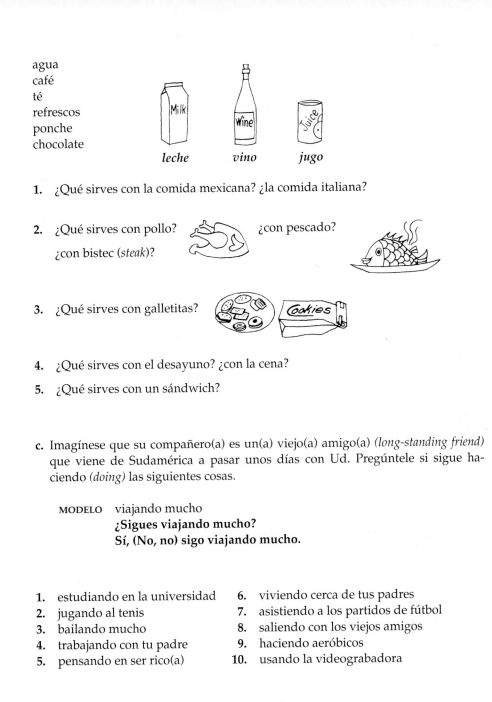

agua
café
té
refrescos
ponche
chocolate

leche   *vino*   *jugo*

1. ¿Qué sirves con la comida mexicana? ¿la comida italiana?

2. ¿Qué sirves con pollo? ¿con pescado? ¿con bistec (*steak*)?

3. ¿Qué sirves con galletitas?

4. ¿Qué sirves con el desayuno? ¿con la cena?

5. ¿Qué sirves con un sándwich?

c. Imagínese que su compañero(a) es un(a) viejo(a) amigo(a) (*long-standing friend*) que viene de Sudamérica a pasar unos días con Ud. Pregúntele si sigue haciendo (*doing*) las siguientes cosas.

> MODELO   viajando mucho
> **¿Sigues viajando mucho?**
> **Sí, (No, no) sigo viajando mucho.**

1. estudiando en la universidad
2. jugando al tenis
3. bailando mucho
4. trabajando con tu padre
5. pensando en ser rico(a)
6. viviendo cerca de tus padres
7. asistiendo a los partidos de fútbol
8. saliendo con los viejos amigos
9. haciendo aeróbicos
10. usando la videograbadora

d. Varios amigos están en un restaurante. Complete las oraciones con la forma correcta de **preguntar** o **pedir** según el contexto.

1. Ernesto _____ cuánto cuesta el vino.
2. Rufina y Tomás _____ café con leche.
3. Yo _____ un sándwich de rosbif.
4. Nosotros _____ cómo preparan Uds. el pollo.
5. ¿Sabes qué vas a _____ de comer?
6. Le voy a _____ al señor cuáles son los platos especiales de la casa.
7. Pancho _____ la cuenta (*bill*).
8. ¿Por qué no _____ (tú) si aceptan tarjetas de crédito?

III. Verbos con la terminación -go

A. The verbs below have the ending **-go** for the first-person singular **(yo)** in the present tense.

hacer *to do, make*		**salir** *to go out*	
hago	hacemos	**salgo**	salimos
haces	hacéis	sales	salís
hace	hacen	sale	salen

Hacer is used in several expressions:

Hacemos **cola**.	*We stand in line.*
El avión hace **escalas**.	*The plane makes stopovers.*
Hago **la maleta**.	*I pack the suitcase.*
Ellos hacen **una pregunta**.	*They ask a question.*
Laura hace **un viaje**.	*Laura is taking a trip.*

poner *to put*		**traer** *to bring*	
pongo	ponemos	**traigo***	traemos
pones	ponéis	traes	traéis
pone	ponen	trae	traen

*Note that **traer** adds **-igo**.

➤ *Práctica 4*

a. Complete con la forma correcta de **hacer, poner, salir** o **traer** según el contexto.

1. Nosotros _____ de clase más tarde.
2. Yo _____ el carro en el garaje.
3. Tú _____ ejercicios todos los días, ¿no?
4. Yo _____ a mis amigos a las reuniones.
5. Hoy no _____ mucho calor.
6. ¿Cuánto dinero _____ Uds. en el banco todos los meses?
7. ¿Uds. _____ muchos viajes a la capital?
8. Se _____ a la calle por la primera puerta a la derecha.
9. Voy a _____ unas tarjetas postales a clase.
10. El vuelo no _____ escalas. Es directo.

b. Hágale estas preguntas a su compañero(a).

1. ¿A qué hora sales de casa los lunes? ¿los sábados? ¿los domingos?
2. ¿Qué traes a la clase? ¿a una fiesta? ¿a una comida de campo o picnic?

3. ¿Dónde pones los libros? ¿la ropa? ¿la tarjeta de seguro social?

4. ¿Cuándo haces ejercicios? ¿la tarea de español? ¿la comida?

5. ¿Haces cola para el cine? ¿para el partido de fútbol? ¿para un concierto? ¿para cenar en un restaurante? ¿para ver a la profesora?

B. The **yo** form of **tener, venir,** and **decir** also ends in **-go**. These verbs also undergo stem changes.

tener *to have*	**venir** *to come*	**decir** *to say, tell*
tengo	**vengo**	**digo**
tienes	vienes	dices
tiene	viene	dice
tenemos	venimos	decimos
tenéis	venís	decís
tienen	vienen	dicen

➤ *Práctica 5* ....

a. Varias personas hacen las mismas *(same)* cosas. Cambie los sujetos en cursiva *(italics)* por los sujetos entre paréntesis.

MODELO *Ellos* vienen en el metro. (Nelly, yo)
Nelly viene en el metro.
(Yo) vengo en el metro también.

1. *Uds.* tienen mucho trabajo. (Tony, tú, nosotros, ellos)
2. *Mis padres* vienen al banquete. (los Cardona, Silvia, Rosa y yo, Uds.)
3. *Carlos* dice que el (la) profesor(a) de español es muy simpático(a). (yo, los estudiantes, tú, ¿quién?)

b. Hágale estas preguntas a su compañero(a).

1. ¿Tienes tiempo para descansar? ¿para viajar? ¿para salir con tus amigas? ¿para ver la televisión?
2. ¿Vienes a clases los martes? ¿los miércoles? ¿los fines de semana? ¿el primero de enero?
3. ¿Dices **carro** o **coche**? ¿**marrón** o **café**? ¿**ascensor** o **elevador**? ¿**lindo** o **bonito**?

c. Los chismes *(gossip).* Formen Uds. grupos de tres estudiantes. El (La) estudiante número uno le dice un chisme al número dos en voz baja *(quietly)* y el dos le repite el chisme al tres. Después el tres le dice el chisme al número uno y continúan.

MODELO AMALIA Margarita sale mucho con Rafael.
JUAN **Amalia dice que** Margarita sale mucho con Rafael.
PEDRO **Juan dice que tú dices que** Margarita sale mucho con Rafael.

IV. Expresiones con *tener*

Several common expressions are formed with **tener.** English translates these idoms with a form of the verb *to be*. Note that the adjective **mucho**—and *not* the adverb **muy**—is used to modify the noun.

Tengo (mucho) **calor.**	*I'm (very) warm.*
Elsa tiene (mucho) **cuidado.**	*Elsa is (very) careful.*
¿Tienes (mucho) **frío?**	*Are you (very) cold?*
Tenemos (mucha) **hambre.**	*We're (very) hungry.*
Ricardo tiene (mucha) **sed.**	*Ricardo is (very) thirsty.*
Tengo (mucho) **sueño.**	*I'm (very) sleepy.*
Ellos tienen (mucho) **miedo.**	*They're afraid. (They're very frightened.)*
Tenemos (mucha) **prisa.**	*We're in a hurry.*
Ud. tiene (mucha) **razón.**	*You're (so) right.*
Tengo... **años.**	*I'm . . . years old.*

tener que (+ *infinitive*)	*to have to, must* (+ verb)
¿Tienes que pagar la cuenta?	*Do you have to pay the bill?*
tener ganas de (+ *infinitive*)	*to feel like (doing something)*
Tengo ganas de bailar.	*I feel like dancing.*

➤ *Práctica 6*
....

a. Use una expresión con **tener** para (*in order to*) describir cada situación.

1. *Fernando*   2. *Julia y Arturo*   3. *Yo*

4. *Nosotros*   5. *Tú*   6. *Los muchachos*

7. *Tú*

8. *El profesor*

9. *Uds. no*

10. *Yo*

11. *La Sra. Conde*

b. Hágale Ud. preguntas a su compañero(a), usando las siguientes expresiones.

> MODELO tener mucha prisa
> **¿Tienes mucha prisa?**
> **Sí, (No, no) tengo mucha prisa.**

1. tener mucha sed	**6.** tener dolor de cabeza
2. tener razón frecuentemente	**7.** tener mucha hambre
3. tener... años	**8.** tener mucho cuidado con el tráfico
4. tener mucho frío	**9.** tener que cocinar (lavar, trabajar...)
5. tener mucho sueño	**10.** tener ganas de ir al cine (al partido de...)

c. Dígale a su compañero(a) cinco cosas que Ud. tiene que hacer hoy. Después dígale cinco cosas que Ud. (no) tiene ganas de hacer.

> MODELO **Tengo que ir a la biblioteca.**
> **Tengo ganas de comer pizza.**
> **No tengo ganas de preocuparme por las calorías.**

d. Repasemos (*Let's review*) las expresiones *to be* en inglés. Traduzca Ud. las oraciones con el verbo apropiado (*appropriate*): **hacer, ser, estar, tener** o **llamarse.**

1. My name is . . .	**6.** We're very warm.
2. I'm . . . years old.	**7.** We're thirsty.
3. I'm a student.	**8.** We're very sleepy.
4. I am not tired.	**9.** Diego is fine.
5. It's hot today.	**10.** He has to be here at ten o'clock.

Stem-changing verbs practiced up to now include:

e→ie	o→ue, u→ue	e→i
cerrar	acostarse	pedir
despertarse	almorzar	despedirse de *to say goodbye*
divertirse	costar	repetir
empezar	dormir	seguir
entender	jugar (u→ue)	servir
nevar	llover	sonreír
pensar	poder *to be able*	vestirse
perder *to loose*	probarse *try on*	
preferir	recordar *remember*	
querer	volver *to go back*	
sentarse		

> *Práctica 7*

a. Dé el significado en inglés de cada infinitivo en la lista anterior.
b. Hágale a su compañero(a) una pregunta con cada uno de esos verbos.

MODELOS **¿A qué hora cierran las tiendes?**
¿Qué pides de comer?

Bogotá, capital de Colombia, es una ciudad de muchos contrastes.

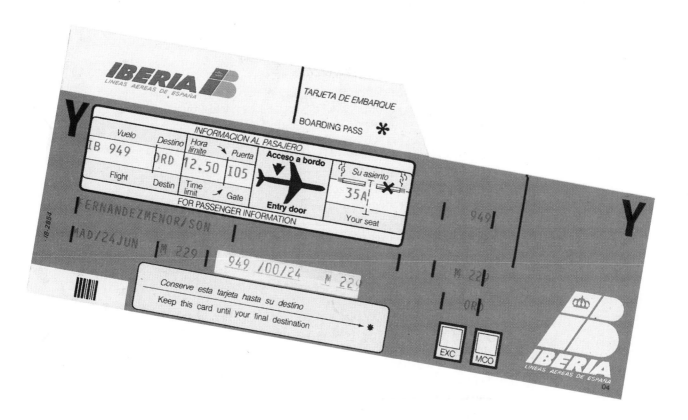

OBSERVACIONES

*Besides guessing the meaning of Spanish words through context and cognates, you will also understand many words that share common roots. From the verb **trabajar**, for example, you could understand the noun **el trabajo** (work). Likewise from the noun **día**, you could guess the meaning of the phrase **todos los días** (every day). Now read the letter below.*

Julie Miller escribe una carta a su profesora de español en los Estados Unidos.

La carta de Julie •••••••••••••••••••••••

25 de junio

Estimada° Sra. Wilson: *Dear*

    ¡Qué alegría! Por fin° estoy en Colombia. Me gusta mucho   *Finally*
Bogotá. Es una ciudad de muchos contrastes —enormes edificios modernos y pequeñas casas coloniales. Poco a poco me
adapto° a la altitud y a la comida° colombiana.   *adapt myself / food*

Mi familia es muy amable. Salimos frecuentemente a las tiendas, al cine, a los museos y a las casas de los amigos. Los fines de semana damos un paseo por° la plaza o el campo. Las flores, especialmente las orquídeas, son preciosas. *take a walk (drive) along*

Vivimos cerca del centro. El papá, el Sr. Quesada, trabaja en un banco. La señora es ama de casa. Son estrictos, pues° no me permiten° salir sola de noche con un amigo. La abuelita, la mamá de la señora, vive con la familia. Es muy alegre y simpática. Los hijos estudian en la universidad. Alicia (19 años) se especializa en medicina y Eduardo (20 años) en arquitectura. Los tres somos buenos amigos. *since / they don't allow me*

El sistema académico aquí es diferente. Los estudiantes no escogen° las materias. Toman sólo las materias en su especialización. La asistencia no es obligatoria. Hay estudiantes que sólo asisten a clases los días de examen o cuando tienen ganas, pero no sacan buenas notas.° También creo que los estudiantes participan más activamente en la política del país. Escriben sus protestas en las paredes.° *choose / don't get good grades / walls*

Los exámenes son pocos pero largos.° Generalmente los profesores prefieren los exámenes de ensayo° y no los de multiple-respuestas.° *long / essay / multiple-choice*

Todos los días aprendo algo nuevo y fascinante de Colombia y hasta° de los Estados Unidos. Tomo español para extranjeros, cultura y civilización, y literatura hispanoamericana. Me gustan todas mis clases, pero tengo que estudiar mucho para la clase de literatura porque mi profesor es muy exigente.° Estudio horas y horas para esa° clase con mis compañeros. *even / demanding / that*

Bueno, hasta° otro día. Necesito preparar el trabajo de mañana. *until*

Afectuosamente,

Julie Miller

¿Comprende Ud.?

a. **Vocabulario.** Ud. sabe los verbos **asistir a** y **especializar.** Busque (*Look for*) en la carta de Julie las palabras que significan *attendance* y *major field.* Ud. también sabe las palabras **alegre, la semana** y **poco.** Busque las frases que significan *What joy, happiness!; weekends; little by little.*

b. Imagínese que Ud. tiene carta de Julie. Dígale (*Tell*) a otro(a) estudiante la información más importante. Por ejemplo:

1. Tengo carta de...
2. Le gusta (*he/she likes*) mucho...
3. Su familia colombiana...
4. Vive cerca de...
5. El papá, el Sr. Quesada, trabaja...
6. La señora es...
7. Son estrictos pues no le permiten...
8. La abuelita vive...
9. Los hijos...
10. Los estudiantes toman sólo...
11. Los exámenes son...
12. Le gustan... pero...

• • • • • • • • • • • • • • • • • • ACTIVIDADES

CARTAS A LA UNIVERSIDAD

a. You wish to inquire about studies at the university in Colombia. What words should you choose in writing your letter?

MODELO Me llamo Julie Miller y (voy, tengo, <u>soy</u>) estudiante.

Sr. Secretario de la
Universidad Nacional
Bogotá, Colombia

Muy estimado señor:
En junio pienso (deber, viajar, saber) a Colombia para
estudiar español y (conocer, saber, creer) los lugares
históricos (mes, más, mis) importantes (de la, de las, del)
país. Soy Bachiller en Arte y (recibo, deseo, aprendo)
tomar clases de historia y cultura (del, de la, de las)
América Latina.

(Con permiso, De nada, Por favor), envíeme° todo informe   *send me*
referente al plan de estudios, costo de matrícula,°   *registration fees*
(cumpleaños, puertas, horarios) y días de clase.

Muy atentamente,°   *Sincerely*

Julie Miller

b. Escriba una carta similar a la Universidad Nacional, donde pide informes sobre *(about)* el siguiente anuncio.

CURSO DE VERANO

—Durante° los meses de julio, agosto y septiembre.
—Niveles:° elemental, bajo, alto y avanzado.°
—5 horas diarias:
   2 horas de gramática y ejercicios
   1 hora de comprensión
   2 horas de conversación

*ALOJAMIENTO°
*EXCURSIONES
*DEPORTES
*ACTIVIDADES SOCIALES

During
Levels / advanced

Lodging

Listen as a passenger talks to the ticket agent about his flight. Remember, you do not need to know every single word to get the gist of the conversation. Rely on context and surrounding words. Afterwards answer the following questions.

1. El pasajero viaja a _____.
   a. Cali
   b. Caracas
   c. Cartagena
2. El pasajero no puede tomar el vuelo de las ocho porque _____.
   a. hace mal tiempo
   b. no tiene reservaciones
   c. está cancelado
3. El agente cambia el pasaje para el vuelo _____.
   a. del lunes
   b. de las nueve y media
   c. de la una de la tarde
4. El nuevo vuelo _____.
   a. no hace escala
   b. hace una escala
   c. hace dos escalas

5. El pasajero tiene que llegar a su destino antes _____.
   a. del mediodía
   b. de las dos
   c. de las nueve
6. El pasajero prefiere un asiento cerca _____.
   a. de la ventanilla
   b. del baño
   c. de la puerta
7. El número del asiento es _____.
   a. 23F
   b. 18A
   c. 5B
8. Durante la conversación el pasajero está _____.
   a. de buen humor
   b. de mal humor
   c. muy alegre

Vocabulario

Sustantivos

la aduana	customs
el (la) agente	agent
el avión	plane
el cambio	exchange
la comida	food, meal
el comprobante	claim check
la cuenta	bill
el destino	destination
el equipaje	baggage
la flor	flower
la galletita	small cracker
la galletita dulce	cookie
el jugo	juice
la llegada	arrival
la maleta	suitcase
el país	country, nation
el pasaje, el boleto	(plane, train) ticket
el (la) pasajero(a)	passenger
el pescado	fish
el pollo	chicken
la puerta	door (gate)
el regalo	gift
la salida	exit, departure
el viaje	trip
la videograbadora	camcorder
el vino	wine
el vuelo	flight

Adjetivos

amable	kind
bienvenido(a)	welcome
cancelado(a)	cancelled
estimado(a)	dear, esteemed
exigente	demanding

Posesivos

mi, mis	my
tu, tus	your (familiar)
nuestro(a), (os), (as)	our
su, sus	his, her, its, your (formal), their

Verbos

abordar	to board
cambiar	to change, exchange
decir (digo)	to tell, say
despedirse (i) de	to say good-bye to
especializarse	to major
hacer	to do, make
pedir (i)	to ask for, request
poner (pongo)	to put, place
repetir (i)	to repeat
revisar	to inspect
salir (salgo)	to go out
seguir (i) (sigo)	to follow, continue
sonreír (i) (sonrío)	to smile
servir (i)	to serve
tener (tengo)	to have
tener... años	to be . . . years old
tener calor	to be hot
tener cuidado	to be careful
tener frío	to be cold
tener ganas de + *infinitive*	to feel like (doing something)
tener hambre	to be hungry
tener miedo	to be afraid
tener prisa	to be in a hurry
tener que + *infinitive*	to have to (do something)
tener razón	to be right
tener sed	to be thirsty
tener sueño	to be sleepy
traer (traigo)	to bring
viajar	to travel
venir (vengo)	to come
vestirse (i)	to get dressed

Expresiones

¡Adelante!	Come in!, Move forward!
Creo que no.	I don't think so.
¿Cuánto tiempo?	How long?
después	afterwards
durante	during
hacer cola	to stand in line
hacer escala	to make a stopover
hacer la maleta	to pack (a suitcase)
hacer una pregunta	to ask a question
hacer un viaje	to take a trip
hasta	until, even
¡No se preocupe!	Don't worry!
¡Que le vaya bien!	May it go well for you!

EN EL HOTEL

COMMUNICATION

to inquire about hotel accommodations
to describe actions in progress
to point out people and things
to talk about completed actions in the past

CULTURE

types of hotel accommodations in Hispanic countries
things to see and do in Spain

GRAMMAR

present progressive
demonstrative adjectives and pronouns
preterite of regular and stem-changing verbs

LECCIÓN

6

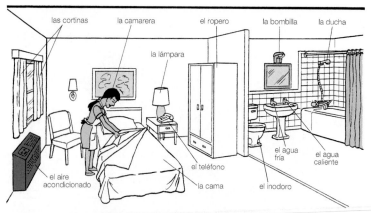

las cortinas   la camarera   el ropero   la bombilla   la ducha

la lámpara

el agua fría   el agua caliente

el aire acondicionado

el teléfono

la cama   el inodoro

la habitación sencilla (single room)

el registro   la recepcionista   la llave

escalera   ascensor

No Funciona

la recepción

la maleta

el portero

Ernesto Fernández, estudiante graduado, está de vacaciones° en Madrid, España. Él está hablando con la recepcionista de un hotel de precios° moderados.

is on vacation

prices

Recepcionista	Muy buenos días. Bienvenido al Hotel El Encanto. ¿En qué puedo servirle?
Ernesto	Buenos días. Hice° una reserva reservación para hoy.
Recepcionista	¿A nombre de quién?°
Ernesto	A nombre de Ernesto Fernández.
Recepcionista	Un momento, por favor. Hummm... estoy buscando...° buscando, pero no encuentro su nombre.
Ernesto	¡Qué lío!° Escribí° con anticipación, pidiendo° una habitación sencilla° con baño particular.°
Recepcionista	Lo siento.° Su carta no llegó a mis manos, pero si espera unos minutos le puedo dar una habitación en el quinto piso.°[1]
Ernesto	Vale, vale.° ¿Y el precio, por favor?
Recepcionista	Son 3.800 pesetas[2] por noche. El desayuno está incluido.[3] ¿Está bien?
Ernesto	Sí, sí, muchísimas gracias.
Recepcionista	De nada, señor... para servirle.°

I made

Under whose name?

I'm looking

What a mess! / I wrote
requesting / single
private

I'm sorry.

fifth floor
OK (in Spain)

(We're here) to serve you

[1]In Europe and Latin America the first floor is referred to as the ground floor (**planta baja**), the second as **el primer piso,** the third as **el segundo,** and so on.

[2]**La peseta** es la moneda *(currency)* oficial de España.

[3]Some hotels include a continental breakfast (rolls and cocoa or coffee) in the price of the room.

```
┌─────────────────────────────────────────────────────┐
│        Hotel El Encanto                               │
│ Nombre* _____             │
│                                                       │
│ Domicilio _____             │
│                                                       │
│ Ciudad _____  País _____     │
│                                                       │
│ Nacionalidad _____  Profesión _____    │
│                                                       │
│ Firma _____              │
│                                                       │
│ *Favor de completar en letras de molde.               │
└─────────────────────────────────────────────────────┘
```

Home address

Signature

Please print

¿Recuerda Ud.?

a. Busque en la columna a la derecha las frases para explicar las palabras a la izquierda. Haga oraciones *(sentences)* completas.

> MODELO el ropero   poner ropa
> **El ropero es para poner la ropa.**

1. la cama **f**
2. la llave **b**
3. el registro **a**
4. el ascensor **d**
5. la ducha **e**
6. la habitación sencilla **h**
7. la escalera **c**
8. el aviso *(notice)* «No funciona» **g**

a. escribir el nombre y la dirección
b. abrir la puerta
c. subir y bajar *(to go up and down)* a pie
d. subir y bajar automáticamente
e. bañarse
f. dormir y descansar
g. indicar qué está roto
h. quedarse *(to stay)* una sola persona

b. Imagínese que Ud. llega a su habitación y encuentra unos líos (problemas). Mencione cinco cosas que no hay o que no funcionan *(don't work)*.

> MODELO **No hay agua caliente.**
> **El inodoro no funciona.**

c. Ud. resume *(summarize)* el lío de Ernesto. Complete la explicación, usando la palabra correcta entre paréntesis.

Ernesto Fernández, estudiante graduado, (es, está) de vacaciones en (Madrid, Barcelona), España. Él está (esperando, hablando) con la recepcionista de un hotel de precios (altos, moderados). Ernesto le (dice, pone) que tiene una reservación (de, para) hoy. La recepcionista está (recordando, buscando), pero no (revisa, encuentra) la reservación. Ernesto le explica que escribió con anticipación, pidiendo una (habitación, sala) con baño. La recepcionista le responde que la carta no (llevo, llegó) a sus manos, pero que tiene una habitación en el (tercer, quinto) piso. Ernesto exclama (¡Vale!, ¡Qué lío!) y acepta la habitación.

d. Ahora aprenda de memoria no menos de cinco oraciones de la explicación anterior **(Práctica c).** Luego, cuénteselas *(tell them)* a otro(a) compañero(a). Use los adverbios: **después, más tarde,...** y los verbos: **le dice..., le explica..., le contesta...** Su compañero(a) debe hacer lo mismo *(the same).* Finalmente, repítale a su compañero(a) las oraciones que más o menos Uds. dos tienen en común *(common)* y vice versa.

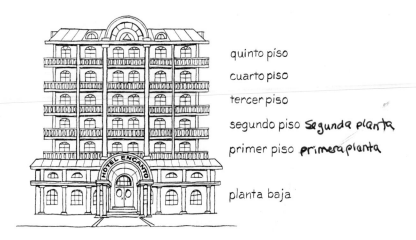

quinto piso

cuarto piso

tercer piso

segundo piso *Segunda planta*

primer piso *primera planta*

planta baja

Adaptación

Imagínese que Ud. está de vacaciones y piensa pasar unos días en el Hotel El Encanto. Ud. entra al hotel y habla con el (la) recepcionista. ¿Qué pasa si el (la) recepcionista no encuentra su reservación?

Un hotel de estilo español colonial.

NOTAS CULTURALES

En España, como en otros países de Europa, los hoteles se clasifican según el número de estrellas.° Los mejores tienen cinco estrellas. Los precios varían según la zona y las comodidades° del hotel. Un hotel de dos estrellas es generalmente adecuado pero no incluye baño particular ni° toallitas.° Además se recomienda dejar la llave de la habitación en la recepción, costumbre que también se sigue° en los países de Hispanoamérica. En los países hispanoamericanos no existe un sistema uniforme para clasificar los hoteles. Típicamente un hotel de lujo° o de primera clase ofrece todas las comodidades, mientras que los de segunda, no. Es bueno recordar que los hoteles viejos en muchos casos tienen un exterior poco atractivo, en comparación con los hoteles modernos, pero en el interior muchos son elegantes y cómodos.

Además de los hoteles hay numerosas pensiones.° Son económicas y normalmente incluyen un menú fijo° en el precio. Típicamente los dueños° viven en la casa o la pensión y preparan las comidas.

Los paradores nacionales de España son magníficos edificios históricos —castillos, monasterios, palacios o haciendas— que hoy día el gobierno ha convertido° en lujosos hoteles. Ofrecen todas las comodidades modernas, además de un servicio excepcional y un panorama o vista realmente fabulosa. El gobierno de Puerto Rico, adaptando ese concepto, hoy día también mantiene una serie de paradores donde se sirven distintas comidas criollas.°

stars

conveniences

nor / hand towels

is followed

deluxe

boarding houses

fixed / owners

has converted

Creole foods

> ### Práctica 1

Indique si las siguientes descripciones se refieren a un hotel, una pensión o un parador.

1. Está en la zona nueva de la ciudad. Tiene todas las comodidades. Está afiliado con los Hilton.
2. Es una casa de familia y ofrece cuartos con comidas.
3. Es una elegante hacienda renovada por el gobierno.
4. Tiene tiendas y discoteca; hay refrigeradores con refrescos en las habitaciones. Está cerca del metro (*subway*).
5. Es un castillo medieval donde la comida y el servicio son estupendos.
6. Su categoría es de tres estrellas.

I. El presente progresivo

The present progressive <u>emphasizes</u> an action currently in progress.

¿Qué estás haciendo ahora?	*What are you doing now?*
Estoy estudiando un poco.	*I'm studying a little.*

The progressive consists of a conjugated form of **estar** plus the present participle, which is formed by adding **-ando** to the stem of **-ar** infinitives and **-iendo** to the stem of **-er** and **-ir** infinitives.

hablar	**hablando**	*speaking, talking*
jugar	**jugando**	*playing*
comer	**comiendo**	*eating*
ver	**viendo**	*seeing, watching*
escribir	**escribiendo**	*writing*

Stem-changing **-ar** and **-er** verbs do not have stem changes in the present participle: **pensando, almorzando, perdiendo.** If the stem of an **-er** or and **-ir** verb ends in vowel, add **-yendo** instead.

leer	**leyendo**	*reading*
oír	**oyendo**	*hearing*
creer	**creyendo**	*believing*

Stem-changing **-ir** verbs change the **e** to **i,** and the **o** to **u.**

decir	**diciendo**	*telling, saying*
dormir	**durmiendo**	*sleeping*
divertirse	**divirtiéndose**	*having fun*
vestirse	**vistiéndose**	*getting dressed*

Reflexive pronouns can either be attached to the end of the participle or placed before the form of **estar.**

Diana está bañándose ahora.	*Diana is bathing now.*
Yo **me** estoy afeitando.	*I am shaving.*

Remember that Spanish uses the simple present to indicate immediate future actions and to describe actions someone is doing over a period of time, as well as actions occurring at this moment.

Me mudo este verano.	*I'm moving this summer.*
¿Trabajan Uds. en un hotel?	*Do you work in a hotel?*
¿Qué lees?	*What do you read?*

a. Describa lo que *(what)* están haciendo estas personas en el hotel.

 MODELO **Mónica está tomando un refresco.**

1. **Ramiro**

2. **los amigos**

3. **yo**

4. **tú**

5. **nosotros**

6. **Amalia**

7. **Emilio**

8. **yo**

9. **Marisa y Nicolás**

b. La familia Ruiz está de vacaciones. Indique Ud. que ellos no están haciendo sus actividades usuales ahora, usando el presente progresivo.

MODELO Papá trabaja todos los días, **pero no está trabajando ahora.**

1. Mamá cocina todos los días...
2. Yo estudio generalmente...
3. Mis hermanos hacen ejercicios frecuentemente...
4. Nosotros comemos en casa usualmente... *estamos cociendo*
5. Yo corro mucho...
6. Papá oye las noticias *(news)* generalmente...
7. Yo digo unos cuentos *(stories)* frecuentemente...
8. Nosotros nos preocupamos por todo...

c. Ud. y su compañero(a) se turnan *(take turns)* en describir lo que están haciendo las siguientes personas en los lugares indicados. Usen su imaginación y mencionen no menos de tres actividades.

MODELO Olga / en la tienda de ropa
Olga está comprando ropa.
Ella está buscando ropa de verano.
Está viendo unos vestidos. / Esta revisando unos vestidos.
Se está probando la ropa. / Se está poniendo la ropa.

1. los estudiantes / en la clase de español
2. nosotros / en un restaurante celebrando una fiesta
3. el (la) profesor(a) / de vacaciones en...
4. yo / en la tienda de... ~~store~~
5. los niños / en el parque divirtiéndose

II. Los adjetivos y pronombres demostrativos

A. Demonstrative adjectives point out specific people or things.

Prefiero **esta** clase.	*I prefer <u>this</u> class.*
No conozco a **esos** señores.	*I don't know <u>those</u> gentlemen.*

B. A demonstrative adjective agrees in gender and number with the noun it modifies. Note carefully the endings for the masculine singular forms: **est<u>e</u>** and **es<u>e</u>**.

singular	*this*	**est<u>e</u>** abrigo **esta** camisa	*that*	**es<u>e</u>** vestido **esa** chaqueta
plural	*these*	**estos** abrigos **estas** camisas	*those*	**esos** vestidos **esas** chaquetas

Use **este, esta, estos,** and **estas** for items near you.

Este suéter es bonito.	*This sweater is pretty.*
Estas camisas son de algodón.	*These are cotton shirts.*

Use **ese, esa, esos,** and **esas** for items not near you. The items could be close to the person you are addressing.

Oye, me gustan esos pantalones.	*Listen, I like those pants.*
No me gusta esa blusa.	*I don't like that blouse.*

C. Demonstrative adjectives can be used as pronouns; that is, in place of nouns. The accent mark distinguishes the pronouns (**éste, ésta, ése, ésa**) from the adjectives.

Quiero este reloj y no **ése.**

Esos pantalones son negros
 pero **éstos** son grises.

I want this watch and not that one.*
Those pants are black but these are gray.

D. In addition, Spanish has the following set of demonstratives to point out items that are more distant: **aquel, aquellos, aquella, aquellas.**

aquél

ése

éste

No es ese carro; es **aquél.**

Necesito estas llaves y no **aquéllas.**

It's not that car; it's that one (over there).
I need these keys and not those (over there).

E. The neuter demonstratives **esto, eso,** and **aquello** refer to a statement, an idea, or something not yet identified.

¿Qué es **esto?** —No tengo la menor idea. *What's this? —I haven't the slightest idea.*
Eso es todo.   *That's all.*

➤ *Práctica 3*
....

a. Imagínese que su compañero(a) está haciendo las maletas para un viaje de vacaciones. Pregúntele si va a llevar estas cosas cerca de Ud. Usen **este / ese** y **esta / esa.**

> MODELO la camisa
>
> Ud.   **¿Vas a llevar esta camisa?**
> compañero(a) **No, no voy a llevar esa camisa.**

esa camiseta
la camiseta, la gorra, el abrigo, el suéter, la sudadera, el cinturón, el paraguas, umbrella
la corbata esa

b. Imagínese que Ud. y su compañero(a) están de compras *(shopping)* en la tienda El Corte Inglés, Madrid. Pregúntele si le gustan estas cosas. Usen **estos / esos** y **estas / esas.**

> MODELO los pantalones
>
> Ud.   **¿Te gustan estos pantalones?**
> compañero(a) **Sí, me gustan esos pantalones.**

estos estos estas estos estos
esos   esos   estas esas esos esos
los jeans, los zapatos, las sandalias, los pañuelos, los suéteres, las chaquetas, los trajes, las sudaderas

*Notice that the pronouns **éste** and **ése** (and their various forms) mean *this (one)* and *that (one),* and do *not* take **uno** in Spanish.

c. Ud. y su compañero(a) quieren ayudarse *(help one another)*. Ud. pone ocho objetos personales en su escritorio *(desk)* y su compañero(a) hace lo mismo *(the same)*. Después Uds. se turnan, haciéndose estas dos preguntas.

> MODELO Ud. **¿Quieres estas llaves?**
> compañero(a) **Sí, quiero esas llaves.**
> Ud. **¿Estás seguro(a)** *(Are you sure)* **que quieres éstas?**
> compañero(a) **Sí, estoy seguro(a) que quiero ésas.**

d. Ud. es curioso(a) y le hace estas preguntas a su compañero(a).

1. ¿Qué vas a hacer esta tarde? ¿esta noche *(tonight)*? ¿este fin de semana?
2. ¿Te gusta esta clase? ¿este libro? ¿esta universidad?
3. ¿Cómo se llama este estudiante? ¿y ése? ¿y aquélla?
4. ¿De quién son esos cuadernos? ¿aquellos papeles? ¿aquellas cosas?
5. *(Point to several items)* ¿Qué es esto? ¿Qué es eso? ¿Qué es aquello?

III. El pretérito de los verbos regulares y de cambios radicales

The preterite reports actions that have already happened. It focuses on the event as a completed unit. Adverbs such as **ya, ayer,** and **anoche** often appear with the preterite.

¿Trabajaste anoche?	*Did you work last night?*
No, no trabajé.	*No, I didn't work.*
¿Se acostaron los Delgado?	*Did the Delgados go to bed?*
Sí, ya se acostaron.	*Yes, they already went to bed.*

Note that the English auxiliary verb **did** in questions and negative statements is not translated.

A. Los verbos **-ar**

trabajar	
(Yo) trabaj**é** anoche.	*I worked last night.*
(Tú) trabaj**aste** mucho ayer, ¿no?	*You worked a lot yesterday, didn't you?*
Esteban trabaj**ó** ocho horas.	*Esteban worked eight hours.*
Trabaj**amos*** el sábado pasado.	*We worked last Saturday.*
¿Trabaj**asteis** hoy?	*Did you work today?*
Ellos no trabaj**aron** en junio.	*They didn't work in June.*

---

*The nosotros(as) form for -ar verbs is the same in the present and the preterite. Context generally clarifies the meaning.

B. Verbs that end in **-car, -gar,** and **-zar** have these changes only in the first-person singular:

buscar	c → qu	bus**qué**,... buscaron
llegar	g → gu	lle**gué**,... llegaron
empezar	z → c	empe**cé**,... empezaron*

➤ *Práctica 4*
....

a. Mencione sus actividades de ayer.

> MODELO   despertarse a las seis y media
> **Ayer me desperté a las seis y media.**

> estudiar varias horas
> **Estudié varias horas.**

1. levantarse temprano   *Ayer me levanté temprano*
2. tomar café con leche   *Ayer tomé cafe*
3. manejar (*drive*) a la universidad   *Ayer manejé*
4. llegar a clase a tiempo   *Ayer llegue*
5. escuchar al (a la) profesor(a)   *Ayer escuché*
6. caminar a la biblioteca   *Ayer caminé*
7. buscar unos libros   *Ayer busqué*
8. empezar a tomar unos apuntes (*notes*)   *Ayer empecé*
9. regresar a casa   *Ayer regresé*
10. acostarse un poco   *Ayer me acosté*

b. Repita la **Práctica a.** Use el pronombre **ella** primero y luego **nosotros.**

> MODELO   **Ayer (ella) se despertó a las seis y media.**
> **Estudiamos varias horas.**

c. Esta vez (*This time*) hágale las preguntas a su profesor(a), usando las expresiones de la **Práctica a.**

> MODELO   **¿Se despertó Ud. a las seis y media?**

d. Lean Ud. y su compañero(a) las actividades de los Mendoza. Después túrnense (*take turns*) en hacer y contestar las preguntas.

> Los Mendoza se levantaron a las siete y desayunaron** con sus hijos en un restaurante de comida rápida.

¿A qué hora se levantaron los Mendoza?
¿Con quiénes desayunaron ellos?
¿Dónde desayunaron?
Y tú, ¿a qué hora te levantaste hoy?
¿Desayunaste bien?
¿Dónde desayunaste?
¿Desayunaron tú y tu familia juntos?

---

*Stem-changing **-ar** verbs in the present do <u>not</u> have a stem change in the preterite: **cerrar** → **cerré,... cerraron; jugar → jugué,... jugaron.**

There is no major difference in meaning between **desayunar and **desayunar<u>se</u>** (*to have breakfast*).

C. Los verbos **-er** y **-ir**

comer		salir	
comí	comimos	salí	salimos
comiste	comisteis	saliste	salisteis
comió	comieron	salió	salieron

Regular **-er** and **-ir** verbs have the same endings in the preterite. The **nosotros(as)** form for **-ir** verbs is the same in the present and the preterite and, like **-ar** verbs, meaning is often clarified by context.

When the stem of **-er** and **-ir** verbs ends in a vowel, the third-person singular and plural endings become **-yó** and **-yeron.**

leer: leí, leíste, le**yó**, leímos, leísteis, le**yeron**
oír: oí, oíste, o**yó**, oímos, oísteis, o**yeron**
construir *(to build):* construí, construiste, constru**yó**, construimos, construisteis, constru**yeron**

All **-ir** verbs that have a stem change in the present also have a stem change in the preterite, but only in the third-person singular and plural. Those with stems changing **e → ie** and **e → i** change to **i**, and those with **o → ue** change to **u**.

preferir	pedir	dormir
preferí	pedí	dormí
preferiste	pediste	dormiste
prefirió	pidió	durmió
preferimos	pedimos	dormimos
preferisteis	pedisteis	dormisteis
prefirieron	pidieron	durmieron

Verbs that follow the pattern of **preferir** and **pedir** include:

divertirse:	me divertí,... se divirtió,... se divirtieron
despedirse:	me despedí,... se despidió,... se despidieron
repetir:	repetí,... repitió,... repitieron
seguir:	seguí,... siguió,... siguieron
vestirse:	me vestí,... se vistió,... se vistieron

The verb **morir** *(to die)* follows the pattern of **dormir** in the present and in the preterite: **murió, murieron.**

---

*Notice that all the preterite forms for **leer** and **oír** have a written accent mark *except* for the **Uds. (ellos, ellas)** forms. Remember stem-changing **-ar** and **-er** in the present do <u>not</u> have a stem change in the preterite: perder → ella perdió   entender → ellos entendieron

➤ *Práctica 5* ....

a. Pregúntele a su compañero(a) si participó en estas actividades el fin de semana pasado.

> MODELO asistir a un concierto
> **¿Asististe a un concierto?**
> **Sí, (No, no) asistí a un concierto.**

1. salir con los amigos
2. comer en un buen restaurante
3. escribir unas cartas
4. abrir la correspondencia
5. correr un poco
6. leer bien el libro de español
7. aprender el vocabulario
8. pedir ayuda con la lección de español
9. entender bien la tarea
10. seguir viendo los vídeos
11. oír las noticias
12. preferir quedarse en casa

b. Esta vez hágale las preguntas a su profesor(a), usando las expresiones de la **Práctica a.**

> MODELO **¿Asistió Ud. a un concierto el fin de semana pasado?**

c. Lean Ud. y su compañero(a) las actividades de los Ferrer. Después túrnense en hacer y contestar las preguntas.

> Los Ferrer leyeron el periódico *ABC* de Madrid en casa esta mañana. Se divirtieron leyendo las tiras cómicas *(comic strips).*

¿Qué periódico leyeron los Ferrer?
¿Dónde leyeron el periódico?
¿Cuándo leyeron el periódico?
¿Se divirtieron leyendo ellos?
Y tú, ¿leíste el periódico de anoche?
¿Qué leyeron tú y tus compañeros para la clase de hoy?
¿Se divirtieron leyendo Uds.?

d. Dígale a su compañero(a) no menos de cinco actividades que Ud. hizo *(did)* ayer. Después su compañero(a) le dice cinco de sus actividades. Incluyan: dónde, con quién(es), cuándo (por la mañana, por la tarde...). ¿Cuáles de las actividades de Uds. dos son iguales o similares?

e. Imagínense que Ud. y dos o tres compañeros(as) pasaron unas semanas en España. Mencionen sus actividades. Primero, ¿cuándo salieron para España? ¿Qué ciudades visitaron? ¿Qué lugares vieron en las ciudades? ¿Dónde comieron? ¿A qué programas o conciertos asistieron? ¿Qué les gustó más? **(Nos gustó...)** ¿Qué les gustó menos? ¿Qué compraron para sus amigos y familia de aquí? ¿Cuándo regresaron? (Consulten **Observaciones** y **Actividades** para esta lección.)

> MODELO **Primero, mis amigos y yo salimos para...**

Los enlaces   Smooth, logical links between sentences and paragraphs make for clearer and more interesting communication. Knowing several stock phrases will help you avoid choppy, fragmented discourse. Try to include these links or transitions in your speaking and writing.

Linking

TO ORDER EVENTS

primero	*first*
al principio	*at the beginning*
luego, más tarde	*later*
después	*afterwards*
por fin	*finally*
en resumen	*summing up, in summary*

TO ADD INFORMATION

también	*also*
otro	*another*

TO EXPLAIN

por	*for, because of* (with noun or inf.)
por ejemplo	*for example*
porque	*because* (with conjugated verb)

TO CONTRAST

pero	*but*
sin embargo	*nevertheless*

TASCA "LA VICTORIA"

TAPAS

almejas	*clams*
canapé de anchoa	*anchovy spread*
calamares fritos	*fried squid*
croquetas de...	*croquettes . . .*
jamón	*ham*
pollo	*chicken*
champiñones rellenos	*pork-stuffed mushrooms*
chorizo	*pork sausage*
gambas al ajillo	*garlic shrimp*
pincho moruno	*miniature kabobs*
tortilla	*Spanish omelet*

In the letter that follows, Ernesto writes to his family back home, describing his first few days in Madrid. As you read the letter, keep in mind the places he visited and what he did there. In particular, notice the **tapas** (*snacks*) he ate. **Tapas** are a tradition in Spain, whereby people gather before lunch or dinner at **tascas** (*bars*) to sample appetizers and engage in lively conversation. Typical **tapas** include **aceitunas** (*olives*) and **quesos** (*cheeses*) and many more elaborate delicacies. (See menu for **tapas** below.) In addition, Spaniards generally have a small glass of wine or **jerez** (*sherry*) with their **tapas**.

Primero de julio

Querida familia,

Primero quiero decirles que me encanta° Madrid. Al
principio no dormí mucho por el cambio de horas y la excitación
de esta ciudad. Sin embargo, ahora estoy durmiendo como
un tronco°.

El otro día visité el incomparable Museo del Prado. No
sé cuántas horas pasé admirando sus magníficas pinturas°.
Otro día caminé por° la Puerta del Sol, una de las
plazas más viejas y pintorescas de la ciudad. Compré varios
regalos° y saqué unas fotos° interesantes.

Una tarde salí con unos amigos a diferentes tascas o
bares. Comí una enorme variedad de tapas deliciosas:
croquetas de pollo y jamón, tortilla, chorizos y gambas al
ajillo. Me fascinaron el ambiente° y las conversaciones
animadas° de las tascas. También practiqué mucho el
español de Madrid, hablando del cine, el fútbol, las
corridas de toro y la vida nocturna°.

Una noche asistí a unos "tablaos"° flamencos cerca de
la Plaza Mayor. Me encantaron esos bailes de
Andalucía por sus ritmos apasionados° y espontáneos.
Ayer visité el Palacio Real. ¡Qué esplendor! Sus
salones, patios y jardines son verdaderamente
impresionantes°.

En resumen, estoy pasando unas vacaciones divinas.
No se preocupen por mí porque estoy comiendo bien y
divirtiéndome mucho. Hasta pronto.

Abrazos,°

Ernesto

(margin glosses:)
I really like
like a log
paintings
around
gifts / I took (photos)
surroundings
lively
night life
stage shows (Spain)
passionate rhythms
impressive
Hugs

¿Comprende Ud.?

a. Vocabulario. Busque en la columna de la derecha las traducciones de las palabras en español.

LOS ENLACES

1. en resumen *d*   a. *finally*
2. porque *b*   b. *because*
3. sin embargo *h*   c. *at the beginning*
4. después *g*   d. *summing up*
5. al principio *c*   e. *for, on account of*
6. por *e*   f. *but*
7. por fin *a*   g. *afterwards*
8. pero *f*   h. *nevertheless*

UNA TRADICIÓN

1. las tapas *d*   a. *sherry*
2. las aceitunas *f*   b. *Spanish omelet*
3. el jerez *a*   c. *ham*
4. el jamón *c*   d. *snacks* (Spain)
5. la tortilla *b*   e. *pork sausage*
6. el chorizo *e*   f. *olives*

b. Imagínese que Ud. recibió la carta de Ernesto. Dígale a su compañero(a) la información más importante. Por ejemplo:

1. Recibí carta de...
2. Le encanta...
3. El otro día...
4. Otro día caminó por...
5. Una tarde...
6. Comió...
7. Una noche...
8. Otro día visitó...
9. Escribió que los salones...
10. En resumen...

c. Ahora, de memoria *(by memory)*, descríbale a otro(a) compañero(a) no menos de cinco de las actividades de Ernesto. Mencione los lugares que él visitó y las tapas que comió. Incluya los enlaces; por ejemplo, **luego, ademas, otro día...**

• • • • • • • • • • • • • • • • • • • ACTIVIDADES

LA GUÍA *(guide)*

Ud. tiene que preparar una guía de viajeros para los turistas que van a España. Combine las fotos que siguen con las descripciones.

Descripciones:

1. Es la catedral más grande de España. Es un magnífico ejemplo de la arquitectura mora *(Moorish)*.
2. Es una fabulosa residencia mora con bonitos jardines fragantes.
3. Es una calle principal con tiendas y bancos.
4. Es excelente ejemplo de la arquitectura romana del siglo *(century)* primero. Se usaba *(It was used)* para traer agua a la ciudad.
5. Es un castillo *(castle)* en Segovia que empezaron a construir los árabes en el siglo VIII.

a. Fuente de La Cibeles y calle de Alcalá, Madrid

b. El acueducto de Segovia

c. *La Giralda, torre de la catedral de Sevilla*

d. *El Alcázar (Castillo) de Segovia*

e. *La Alhambra, Granada*

Listen as Ernesto talks with a male receptionist about **la cuenta** *(the bill)*. Remember, you do not need to know every single word to get the gist of the conversation. Rely on context and surrounding words. Afterwards answer the following questions.

1. Ernesto cree que la cuenta ___.
    a. está bien, pero un poco cara
    b. tiene errores o no es de él
    c. es difícil de leer y comprender

2. Ernesto durmió en el hotel ___.
    a. dos noches
    b. cuatro noches
    c. cinco noches

3. Ernesto llamó por teléfono a ___.
    a. personas en la ciudad
    b. amigos en los Estados Unidos
    c. la familia en el campo

4. El lío (problema) con la cuenta es que ___.
    a. el hotel no acepta la tarjeta de crédito de Ernesto
    b. Ernesto no recuerda bien los precios y el cambio de dinero
    c. se quedaron dos Ernesto Fernández en el hotel

5. Por fin, el recepcionista encontró ___.
    a. la llave
    b. el pasaporte
    c. el error

6. El señor Fernández-Mena se quedó en la habitación ___.
    a. quinietas veinte y tres
    b. seiscientas setenta y tres
    c. setecientas tres

7. Ernesto pidió la cuenta por *(during)* ___.
    a. la mañana
    b. la tarde
    c. la noche

8. En resumen, la persona que tiene razón es ___.
    a. el recepcionista
    b. el director
    c. Ernesto

Vocabulario

Sustantivos

el agua (f.)*	water
el agua caliente	hot water
el agua fría	cold water
el ascensor	elevator
la bombilla	light bulb
la camarera	chambermaid, waitress
las cortinas	curtains
la cuenta	bill
la ducha	shower
la escalera	stairs, ladder
la firma	signature, firm
la habitación	room
sencilla	single, simple
doble	double
el inodoro	toilet
el lugar	place
la llave	key
el precio	price
el, la recepcionista	receptionist
el registro	registration
el ropero	closet

Tapas

las aceitunas	olives
el chorizo	pork sausage
el jamón	ham
el jerez	sherry
el queso	cheese
la tortilla	Spanish omelet

Adjetivos

animado(a)	animated, lively
caliente	hot
impresionante	impressive
muchísimo(a)	very much
particular	private
pintoresco(a)	picturesque
querido(a)	dear

Demostrativos

este, esta	this
estos, estas	these
ese, esa	that
esos, esas	those
aquel, aquella	that (over there)
aquellos, aquellas	those (over there)

Verbos

bajar	to go down, to lower
encantar	to delight, to like very much
me encanta(n)...	I like . . . very much
fascinar	to fascinate
me fascina(n)	it (they) fascinate me
funcionar	to work, to run (machines)
manejar	to drive
subir	to go up

Enlaces

al principio	at the beginning
después	afterwards
en resumen	summing up
luego	later
otro(a)	another
pero	but
por	for, because of, during
por fin	finally
porque	because
primero	first
sin embargo	nevertheless

Expresiones

a veces	at times
estar de vacaciones	to be on vacation
para servirle	at your service
¿Qué es esto (eso)?	What's this (that)?
¡Qué lío!	What a mess (problem)!
sacar fotos	to take pictures
¡Vale!	OK! (Spain)

*A singular feminine noun with a stressed **a** sound in the first syllable takes the article **el: el agua** but **las aguas; el ama de casa / las amas de casa** (housewives).

EXAMEN IV

Review carefully the **Vocabulario** following **Lecciones 4–6** and the grammar in those lessons. Next take the Listening and Speaking sections of the **Examen** with a classmate. Do not look at what your classmate has chosen; rely on your listening and speaking skills.

SPEAKING

I. Mention what the following people do every morning.

MODELO papá / afeitarse   **Papá se afeita.**

1. mi primo / bañarse
2. yo / despertarse a las siete
3. mi mamá / levantarse también
4. tú / lavarse la cara

5. yo / ponerse la ropa
6. mis padres / desayunarse
7. mi hermanito / quedarse con abuela
8. nosotros / irse al trabajo

II. Tell your classmate what you did yesterday, using the activities below. Then repeat, telling what a friend did.

1. levantarse temprano _me levanté_
2. estudiar unas horas _estudié_
3. leer el periódico _leí_
4. escribir unas cartas _escribí_

5. pagar unas cuentas _pagé_
6. manejar al centro _manejé_
7. tocar un poco de música _toqué_
8. divertirse con los amigos _me divertí_

III. Situaciones

1. It's the holiday season and you want to buy clothing for several family members and friends. Mention to your classmate the items, their color, pattern, material, size, and approximate cost.

2. You're checking in at the Hotel Miramar. Tell your classmate, who's playing the role of the receptionist, what accommodations you want. Include: how many days you plan to be there, what type of room you want (bed, bathroom, and so on), and at what time you need to wake up.

WRITING

I. Substituya la parte en cursiva en cada oración con la información entre paréntesis. Haga los cambios necesarios.

MODELO Él es mi *amigo*. (primas) **Ellas son mis primas.**

1. Ella es nuestra *hija*. (hijos)
2. *Uds.* están en su casa. (Tú)
3. Su *carro* es azul. (maletas)
4. El apartamento de *Julián* está en el segundo piso. (el señor)

5. Necesito ese *diccionario*. (revista)
6. Hablamos con ese *muchacho,* no aquél. (muchachos)
7. ¿Prefieres esta *silla* o ésa? (asientos)
8. Quiero probarme estos *pantalones*. (suéter)

II. Escriba la forma correcta del verbo que mejor complete cada oración, usando el tiempo *(tense)* presente.

MODELO   Ángela __**mira**__ las fotos. (ayudar, caminar, mirar)

1. ¿Quién _____ el café? (venir, servir, cruzar)
2. Yo _____ la ropa. (ponerse, sentarse, preocuparse)
3. ¿Cuánto dinero me _____ tú? (repetir, preguntar, pedir)
4. Ellos no _____ ir y venir en una hora. (perder, poder, costar)
5. ¿_____ Uds. al voleibol? (tocar, probar, jugar)
6. Yo _____ ejercicios en el gimnasio. (hacer, traer, decir)

III. Complete las oraciones con la expresión más apropiada. Escriba el verbo en el presente.

tener hambre	tener prisa	tener miedo
tener sed	tener sueño	tener frío
tener que	tener ganas	

1. Los muchachos _____ porque no duermen ocho horas.
2. Claro que tú _____. Comes muy poco.
3. La niña no quiere estar sola. Ella _____.
4. Deseo un refresco porque _____.
5. La temperatura está a cero. Nosotros _____.
6. Hay mucha gente en el banco y nosotros _____ hacer cola.
7. Estoy cansado y _____ de descansar un poco.

IV. Indique qué pasa frecuentemente, qué está pasando ahora, y qué pasó ayer.

MODELO   Mario / estudiar
   Mario estudia frecuentemente, está estudiando ahora y estudió ayer.

1. yo / cocinar
2. nosotros / escribir
3. ellos / leer
4. Rosita / divertirse
5. yo / jugar
6. él / no dormir

V. **Cultura.** Basándose en la información en las **Notas culturales** y las **Observaciones** escriba **cierto** o **falso.** Cambie las oraciones falsas a ciertas.

1. La Zona Rosa está en Madrid y la Gran Vía, en México.
2. Los campesinos de los Andes llevan ropa blanca de algodón para protegerse del sol.
3. En las colas la iniciativa personal puede determinar el turno de uno.
4. Los paradores nacionales son estaciones de autobuses.
5. Las tapas incluyen aceitunas y quesos.

I. Combine las traducciones en inglés con estos anuncios (*signs*), usando la letra apropiada.

f **1.** agua
h **2.** se prohibe estacionar
a **3.** damas
e **4.** caballeros
b **5.** salida
g **6.** bienvenidos
c **7.** hacer cola
i **8.** escalera
k **9.** en letras de molde
d **10.** cuidado

a. *ladies*
b. *exit*
c. *to stand in line*
d. *careful*
e. *gentlemen*
f. *water*
g. *welcome*
h. *no parking*
i. *stairs, ladder*
j. *customs*
k. *print*
l. *baggage*

Las Américas antes de Cristóbal Colón

II. Complete las oraciones usando el verbo más apropiado entre paréntesis y escríbalo en el pretérito.

MODELO Colón (saber, descubrir, regresar a) América. **descubrió**

Cuando los españoles 1. (salir, oír, llegar) a América, ellos 2. (pagar, encontrar, ganar) varias civilizaciones distintas. Las tres más conocidas son la maya, la azteca y la incaica.

La civilización maya 3. (ocupar, pedir, llevar) el sur de México y partes de Centroamérica. Esta civilización se 4. (probar, interesar, quedar) mucho por la astronomía, e 5. (invitar, importar, inventar) un calendario muy exacto. Ellos 6. (establecer, entretener, entender) varios centros religiosos impresionantes como (*like*) los de Chichén-Itzá y Uxmal en Yucatán, México. Como los aztecas, los mayas 7. (jugar, practicar, trabajar) los sacrificios humanos.

Los aztecas 8. (dormir, depender, dominar) la región central de México. Ellos se 9. (caracterizar, despertar, recibir) por su capacidad para gobernar. Sus arquitectos 10. (llevar, construir, perder) bellos palacios, templos y pirámides. En 1519 Hernán Cortés 11. (tocar, cocinar, capturar) a Moctezuma, el emperador azteca, y así (*thus*) 12. (empezar, pensar, llover) la conquista de México.

Los incas 13. (descansar, caminar, administrar) un inmenso imperio en el continente sudamericano. Los incas 14. (construir, describir, existir) magníficos templos, caminos y puentes (*bridges*). Ellos 15. (separar, pagar, adorar) el sol en sus templos. Los incas 16. (felicitar, bajar, avanzar) mucho los estudios de la agricultura, los textiles y la medicina.

Estas tres civilizaciones al fundirse (*upon fusing*) con los europeos y los africanos 17. (esperar, formar, enseñar) el «latino» de hoy.

EN EL MERCADO

COMMUNICATION

to shop for food
to talk about completed actions in the past
to compare people and things

CULTURE

popular Hispanic foods

GRAMMAR

preterite of irregular verbs
comparisons of inequality
comparisons of equality

7

LECCIÓN

el carrito

Margarita Núñez, una joven de Illinois, se mudó° a San Juan, Puerto Rico. Su prima Adela la lleva° a un supermercado para hacer unas compras de emergencia.

		moved
		takes her

Margarita La radio dijo° que este huracán va a ser muy severo. *said*

Adela ¡Que Dios no quiera!° El último huracán hizo mucho daño.° No tuvimos° electricidad por muchas horas. *God forbid! / did much damage / We didn't have*

Margarita Recuerdo que la última vez° que nevó° mucho en Chicago la ciudad casi se paralizó. *last time / it snowed*

Adela ¿Y cómo se prepararon?

Margarita Pues, la gente se volvió loca° comprando de todo. *went crazy*

Adela Igual que° aquí. Bueno, date prisa,° que van a cerrar la tienda. Mientras° tú buscas tomates, lechuga y chinas, yo voy a recoger pan,° queso, jamón y huevos.° *The same as / hurry up / While / to pick up bread / eggs*

Margarita Espera° un momentito. ¿Qué son «chinas»? *Wait (fam. command)*

Adela Naranjas, mujer. En Puerto Rico decimos «chinas». Trae° dos docenas. Mamá me dio° suficiente dinero para comprar medio mundo.° *Bring (fam. command) / gave / half the world*

Margarita Está bien, pero ya puse° unas toronjas° en el carrito. Me gustan las toronjas más que las naranjas. *I already put / grapefruits*

Adela No importa. A mí me gustan las dos. Anda, anda° que te espero en la caja. *Go ahead*

¿Recuerda Ud.?

1. ¿De dónde es Margarita Núñez?
2. ¿Adónde se mudó ella?
3. ¿Adónde llevó Adela a su prima?
4. ¿Qué dijo la radio del huracán?
5. ¿Qué hizo el último huracán?
6. ¿Por cuántas horas no tuvieron electricidad?
7. Según Margarita, ¿qué pasó la última vez que nevó mucho en Chicago?
8. ¿Cómo se volvió la gente?
9. ¿Por qué tiene prisa Adela?
10. ¿Qué va a buscar Margarita?
11. ¿Qué va a recoger Adela?
12. ¿Cuánto dinero tiene Adela?
13. ¿Qué puso (put) ya Margarita en el carrito?
14. ¿Qué le gustan más que las naranjas a ella?
15. ¿Dónde espera Adela a Margarita?
16. Y ahora refiriéndose a Ud.: ¿Qué pasó en su ciudad la última vez que nevó o llovió mucho?
17. ¿Cuáles de estos fenómenos ocurren en su área: huracanes, tornados, inundaciones (floods), sequías (droughts), temblores (tremors)? ¿Qué hace para protegerse (protect yourself)?
18. ¿Quiere mudarse? ¿Adónde? ¿Por qué?

Un supermercado en San Juan, Puerto Rico

SUPERMERCADO EL CARIBE

Las frutas

las cerezas	*cherries*	la pera	*pear*
el coco	*coconut*	la piña	*pineapple*
las fresas	*strawberries*	el plátano	*banana*
la guayaba	*guava*	la sandía[2]	*watermelon*
el limón	*lemon*	la toronja	*grapefruit*
el mango		las uvas	*grapes*
la manzana	*apple*		
el melocotón[1]	*peach*	las almendras	*almonds*
la naranja	*orange*	el maní[3]	*peanut*
la papaya		las nueces	*walnuts*

Las verduras (*vegetables*)

el aguacate	*avocado*	la lechuga	*lettuce*
el apio	*celery*	el maíz[5]	*corn*
el arroz	*rice*	las papas[6]	*potatoes*
la cebolla	*onion*	el pimiento verde[7]	*green pepper*
los chícharos[4]	*peas*	el tomate[8]	*tomato*
los frijoles	*beans*	la yuca	*cassava root*
los garbanzos	*chickpeas*	la zanahoria	*carrot*
las habichuelas	*green beans*		

Las carnes y los pescados (*meats and fish*)

la carne de res	*beef*	el atún	*tuna*
el cordero	*lamb*	los camarones	*shrimp*
el pavo[9]	*turkey*	el pargo	*red snapper*
el pollo	*chicken*		
las chuletas de puerco	*pork chops*		

Los condimentos (*seasoning*)

el aceite	*oil*	la mayonesa	*mayonnaise*
el ajo	*garlic*	la mostaza	*mustard*
el azafrán[10]	*saffron*	el orégano	
el azúcar	*sugar*	la pimienta	*pepper*
la canela	*cinnamon*	la sal	*salt*
el cilantro[11]		la salsa	*sauce*
la mantequilla	*butter*	la vainilla	*vanilla*
		el vinagre	*vinegar*

---

[1]El **durazno** en México. [2]El **melón** en Cuba. [3]El **cacahuete** en México. [4]También decimos los **guisantes.** [5]El **elote** en México. [6]Las **patatas** en España. [7]El **ají** en Cuba. [8]El **jitomate** en México. [9]El **guajolote** en México; el **guanajo** en Cuba. [10]spice for food coloring, especially for making yellow rice [11]parsleylike leaves

➤ *Práctica 1*

1. Imagínese que su compañero(a) es de Hispanoamérica y no está acostumbrado(a) a las barras de ensalada *(salad bars)*. Explíquele qué verduras y frutas típicamente se incluyen en esas barras en los restaurantes de comida rápida como Wendy's o Pizza Hut.

2. Ud. está en un restaurante del Caribe. ¿Qué frutas van a servirle a Ud. allí? ¿Qué diferentes batidos *(milk shakes)* pueden hacerle? ¿Qué jugos *(juices)* le pueden preparar?

3. Su compañero(a) tiene la presión alta *(high blood pressure)*. ¿Cuáles de las carnes, los pescados y los condimentos le recomienda comer? ¿Cuáles no?

NOTAS CULTURALES

La comida de los hispanos varía de región a región. No todos comen tortillas de maíz y comida picante.° Por ejemplo, los tacos y enchiladas son típicos de México y no de España. Los españoles prefieren el pescado, los potajes° y la paella, que se hace de arroz,° pollo y mariscos,° por ejemplo, los calamares.° — *spicy / stews / rice / seafood, shellfish / squid*

En los países donde la ganadería° es importante, la gente come carne con papas, arroz o spaghetti. Los argentinos comen parrilladas.° En cambio, a los españoles les gusta la carne de ternera.° También muchos hispanos preparan distintas empanadas° de carne. — *cattle raising / grilled meat / veal / turnovers*

El arroz con pollo, el puerco asado,° los frijoles,° los plátanos,[1] el aguacate° y la yuca son típicas comidas deliciosas del Caribe. La yuca *(cassava root* en inglés) se cocina en agua y sal, y se condimenta con ajo° y cebolla. Además de las naranjas y limones, las zonas tropicales cultivan mangos, papayas, coco, guayabas° y muchas otras frutas. Estas frutas se sirven frecuentemente de postre en forma de dulces.° — *roast pork / beans / avocados / garlic / guavas / preserves*

➤ *Práctica 2*

Indique si las siguientes comidas son más típicas de España o de Hispanoamérica.

1. tacos y enchiladas
2. paella
3. puerco asado
4. frijoles
5. potajes
6. arroz con pollo
7. plátanos
8. calamares en su tinta *(ink sauce)*
9. coctel de aguacate
10. carne de ternera
11. yuca
12. parrilladas
13. tamales
14. dulce de coco
15. papayas
16. mangos y guayabas

---

[1]En México **plátano** significa **banana.** En otros países se dice **banana** y el **plátano** es el tipo que se cocina *(is cooked).*

(Tongue twister)

Como[1] poco coco compro, poco coco como.[2]

ESTRUCTURA

I. El pretérito de los verbos irregulares *ser, ir, dar* y *ver*

(Primera parte)

ser/ir		dar		ver	
fui	fuimos	di	dimos	vi	vimos
fuiste	fuisteis	diste	disteis	viste	visteis
fue	fueron	dio	dieron	vio	vieron

The above irregular verbs do not have accent marks but do use the preterite endings of **-er/-ir** verbs (except for the third-person forms of **ser/ir**). Although **ser** and **ir** have identical forms in the preterite, meaning is easily inferred from context.

Fui secretaria del club.	*I was secretary of the club.*
Fui al mercado.	*I went to the market.*
Ud. no me dio el recibo.	*You didn't give me the receipt.*
¿A quién viste?	*Whom did you see?*

➤ *Práctica 3*

a. Diga adónde fueron las siguientes personas.

> MODELO Pancho / el banco
> **Pancho fue al banco.**

1. Dora / el cine
2. Alejandro y Elvira / la discoteca
3. tú / gimnasio
4. Uds. / el teatro
5. nosotros / la biblioteca
6. Ud. / las tiendas
7. Ignacio y yo / el mercado
8. yo / el correo
9. el profesor / la oficina
10. Adela y tú / el centro

---

[1]Since

[2]From **comer** → **(yo) como**

b. Pregúntele a otro(a) estudiante si alguna vez (*ever*) fue vendedor(a), maestro(a), etc. Use las ocupaciones de la lista.

> MODELO ¿Alguna vez fuiste vendedor(a)?
> **Sí, fui vendedor(a).**
> **No, nunca** (*never*) **fui vendedor(a).**

secretario(a)	carpintero(a)	dependiente(a)
supervisor(a)	cocinero(a)	agricultor(a)
operador(a)	jugador(a) de	agente de turismo
camarero(a)	baloncesto	vendedor(a) de periódicos
(*waiter / waitress*)	taxista	policía
actor / actriz	corresponsal de periódico	

c. Imagínese que un amigo norteamericano quiere saber lo que dice este artículo de periódico. Traduzca el artículo.

La autora e intérprete Rosamaría Padilla Ibáñez fue elegida (*elected*) presidente de la Sociedad Literaria Las Américas. Nació (*Was born*) en Río Piedras, donde realizó sus estudios superiores en la Universidad de Puerto Rico. Se diplomó (*got a degree*) en Literatura y Arte. Posteriormente asistió a numerosos seminarios relacionados con su profesión. En sus años de carrera fue maestra, actriz y corresponsal de varios periódicos y revistas. Es gran aficionada (*great fan*) a la pintura (*painting*) y al teatro.

d. Haga Ud. el papel de Rosamaría Padilla y escriba el artículo anterior en primera persona.

> MODELO **Me llamo Rosamaría Padilla Ibáñez. Fui elegida...**

e. Imagínese que Ud. es un(a) corresponsal de periódico y tiene que entrevistar a una persona famosa (otro/a estudiante). Hágale las siguientes preguntas y luego relate la información a otro(a) estudiante.

1. ¿Dónde nació Ud.?
2. ¿Dónde realizó sus estudios superiores?
3. ¿En qué se diplomó?
4. ¿Qué deportes practicó?
5. ¿De qué clubes fue miembro?
6. ¿Qué le gustó más (menos) de sus estudios superiores?
7. ¿En qué lugares vivió?
8. ¿Dónde trabajó?
9. ¿Es casado(a)? ¿Con quién se casó?
10. ¿Tiene hijos?
11. ¿Cuáles son sus pasatiempos (*hobbies*) favoritos?
12. ¿...?

f. En español se usa el verbo **dar** con varias expresiones diferentes. Use Ud. el verbo **dar** para traducir los verbos en inglés.

1. *We went for a ride (walk) yesterday.* _____ un paseo ayer.
2. *Last night they showed an excellent film on television.* Anoche _____ un film excelente por la televisión.
3. *Did you (tú) feed the cat?* ¿Le _____ de comer al gato?
4. *Adela did not hurry up.* Adela no se _____ prisa.
5. *You didn't realize the mistake.* Uds. no se _____ cuenta del error.
6. *I thanked them for the gift.* Les _____ las gracias por el regalo.

g. Prepare una lista de diez o más actividades que Ud. hizo *(did)* el sábado pasado. Incluya:

1. adónde fue por la mañana, por la tarde y por la noche
2. qué hizo en esos lugares
3. a quiénes vio
4. con quiénes habló
5. de qué habló con ellos
6. dónde se divirtió más y por qué

Después Ud. y su compañero(a) se cuentan *(tell each other)* sus actividades. ¿Cuáles de sus actividades fueron semejantes o similares?

II. El pretérito de verbos irregulares *(Segunda parte)*

A. Most of the remaining irregular verbs in the preterite can be grouped according to their stem vowel.

INFINITIVES	STEMS WITH *u*	ENDINGS	
tener	tuv-		tuve, tuviste, tuvo, tuvimos, tuvisteis, tuvieron
estar	estuv-	-e	estuve, estuviste, estuvo, estuvimos, estuvisteis, estuvieron
		-iste	
poner	pus-	-o	puse, pusiste, puso, pusimos, pusisteis, pusieron
		-imos	
poder	pud-	-isteis	pude, pudiste, pudo, pudimos, pudisteis, pudieron
		-ieron	
saber	sup-		supe, supiste, supo, supimos, supisteis, supieron

Estuvieron en la oficina.   *They were in the office.*
¿Por qué no te pusiste el suéter?   *Why didn't you put on your sweater?*

Except for the **yo** and **Ud.** verb forms, the endings are the same as those of regular preterite **-er/-ir** verbs. Notice that the endings for the **yo** and **Ud.** verb forms are unstressed and do not have accent marks.

a. Ricardo tuvo que preparar un informe *(report)* ayer. Note Ud. lo que él hizo.

1. Primero tu<u>vo</u> que ir a la biblioteca.   *tuvimos   tuvieron*
2. Allí tu<u>vo</u> que leer unos libros de historia.
3. Después tu<u>vo</u> que tomar unos apuntes *(notes)*.
4. Luego tu<u>vo</u> que organizar los apuntes.
5. Finalmente tu<u>vo</u> que escribir el informe.

Ahora repita Ud. las cinco oraciones anteriores, pero cambie el sujeto de Ricardo a **yo.** Luego haga lo mismo usando los sujetos **nosotros** y **ellos.**

b. Imagínese que el año pasado su familia visitó Puerto Rico. Mencione los lugares donde estuvieron Uds., según la siguiente información.

MODELO **El año pasado estuvimos en San Juan.**

1. Mi papá _____ en Fajardo.
2. Mis hermanos _____ en Playa Luquillo.
3. Mi mamá _____ en El Yunque.
4. Yo _____ en Mayagüez.
5. Todos nosotros _____ en Ponce.
6. ¿Y tú _____ también en Puerto Rico?

c. Mencione a un(a) compañero(a) tres lugares donde Ud. estuvo el domingo pasado.

MODELO **Primero (yo) _____ en...**
         Luego _____ en...
         Y más tarde _____ en...

d. Imagínese que Ud. se mudó a un apartamento nuevo y ahora le pregunta a su amigo dónde él puso varias cosas durante la mudanza *(during the move)*. Estudien el siguiente dibujo *(drawing)* y después hagan y contesten las preguntas según el modelo.

MODELO el televisor   ¿Dónde pusiste el televisor?
         Puse el televisor en la sala.

¿Dónde pusiste... ?

1. el sofá
2. el horno de microondas *(microwave oven)*
3. el estéreo
4. la cama
5. la mesa y las sillas
6. el jabón y las toallas
7. el refrigerador
8. la ropa
9. la mesita de noche
10. el teléfono

B. The following irregular preterite verbs can be grouped according to the **i** in their stems.

INFINITIVES	STEMS WITH *I*	
hacer *todo*	**hic-**	hice, hiciste, hizo,*
		hicimos, hicisteis, hicieron
querer	**quis-**	quise, quisiste, quiso,
		quisimos, quisisteis quisieron
venir	**vin-**	vine, viniste, vino,
		vinimos, vinisteis, vinieron
decir	**dij-**	dije, dijiste, dijo,
		dijimos, dijisteis, dijeron**
Traer has the stem	**traj-**	traje, trajiste, trajo,
		trajimos, trajisteis, trajeron**

*The third-person singular of **hacer (hizo)** is spelled with a **z** to keep the [s] sound of the infinitive.

The **-i from the **-ieron** ending is omitted in **dijeron** and **trajeron.**

TRABALENGUAS

No traje traje[1], no nado[2] nada.

➢ *Práctica 5*
....

a. Uds. van a tener una fiesta y van a preparar un ponche. Diferentes miembros de la clase trajeron los ingredientes. Diga Ud. lo que trajo cada uno.

   MODELO **Mercedes y Eduardo trajeron las naranjas.**

1. Nilda _____ jugo de naranja.
2. Tú _____ el hielo.
3. Nosotros _____ las manzanas.
4. Lisa y Cristina _____ *Seven-Up.*
5. Yo _____ una lata *(can)* de coctel de fruta.

b. Ud. quiere saber cuándo vinieron estas personas a los siguientes lugares. Hágale a su compañero(a) las preguntas según el modelo. Refiérase a la información en los cuadros *(squares).*

---

[1]**traje de baño**

[2]**nadar** *(to swim)*

MODELO ¿Cuándo vino Javier al gimnasio?
Vino por la mañana.

¿Cuándo viniste a la cafetería?
Vine por la tarde.

	JAVIER *vino*	TONY Y MIGDALIA *vinieron*	TÚ *viniste* ~~viniste~~ *vine*
POR LA MAÑANA	al gimnasio a la clase de matemáticas	a la biblioteca a la oficina	a la librería (bookstore) a la piscina
POR LA TARDE	al laboratorio de química al centro estudiantil	a la exhibición de arte al dormitorio	a la cafetería a la case de...

c. Use los verbos entre paréntesis para hacer oraciones nuevas en el pretérito.

1. No *hicimos* nada. (decir, traer, dar)
2. *Decidió* entrar. (querer, tener que, poder)
3. *Esperé* en el carro. (venir, estar, ir) *vine*
4. *Compraron* la ropa. (traer, ponerse, hacer)
   trajeron pusieron hicieron

d. Su universidad o instituto tuvo una temporada *(season)* fantástica en uno de los deportes. Ud. acompañó a los jugadores para asistir al campeonato *(championship)*. Dígale a su compañero(a) lo que hizo allí. Incluya:

1. adónde fue y para qué *(for what)*
2. cuándo tuvo lugar *(took place)* el campeonato
3. cuánto tiempo estuvo allí
4. cómo viajó —en carro, en bus o en avión
5. cuánto tuvo que pagar por el viaje
6. qué hizo antes del campeonato y después del campeonato
7. cuál fue el momento más excitante
8. qué trajo de recuerdo
9. qué exámenes tuvo que tomar después del viaje
10. qué les dijo a sus profesores

III. Comparaciones de desigualdad: ¿Más o menos?

1,83 metros
(6 ft.)

¿Quién es más alta —Ana o Berta?
¿Berta o Carolina?
¿Quién es la más alta?

Ana   *Berta*   *Carolina*

55 lbs 110 lbs 165 lbs
25 kg 50 kg 75 kg

Diego   Tomás   Ernesto

¿Quién es más fuerte —Diego o Tomás?
¿Quién es el más fuerte?
¿Quién es el menos fuerte?

In Spanish, comparisons of inequality (*taller, stronger, less strong, more beautiful,* and so on) are made by putting **más** or **menos** before the word being compared. **Que** precedes the second item or person mentioned in the comparison.

Carolina es **más** alta **que** tú.   *Caroline is taller **than** you.*

De replaces **que** when the comparison indicates the *most* or *least* in a group. Note that the definite article precedes **más / menos** in this construction.

Carolina es **la más** alta **de** la familia.   *Caroline is the tallest **in** the family.*

The following comparatives are irregular and are *not* used with **más** or **menos.**

mejor	*better*	el / la mejor	*the best*	¿Cuál es **el mejor?**
peor	*worse*	el / la peor	*the worst*	Estas son **peores** que ésas.
mayor	*older*	el / la mayor	*the oldest*	Papá es **mayor** que Mamá.
menor	*younger*	el / la menor	*the youngest*	Soy **el menor** de la familia.

Más de and **menos de** are also used when the comparison is followed by a number.

Tengo **menos de** cien dólares.

➢ *Práctica 6*

a. Su compañero(a) cree que «Patricio Perfecto» es mejor que Ud. Claro, Ud. no está de acuerdo. Refiéranse al modelo para expresar sus opiniones.

> MODELO generoso
> Compañero(a) **Patricio es más generoso que tú.**
> Usted **¡Al contrario! ¡Es menos generoso!**

1.	simpático	**4.**	dinámico	**7.**	práctico	**10.**	discreto
2.	guapo	**5.**	amable	**8.**	trabajador	**11.**	curioso
3.	alegre	**6.**	inteligente	**9.**	sociable	**12.**	¿...?

b. Repitan la práctica anterior, pero cambien el nombre a «Patricia Perfecta».

> MODELO generosa
> Compañero(a) **Patricia es más generosa que tú.**
> Usted **¡Al contrario! ¡Es menos generosa!**

c. Refiérase a estos dibujos (*drawings*) para contestar las preguntas.

Javier
Estudia frecuentemente.

Lupe
Estudia unas horas.

Emilio
No estudia.

1. ¿Quién estudia más, Emilio o Lupe? ¿Lupe o Javier?
2. ¿Quién es el (la) más estudioso(a)? ¿El (La) menos estudioso(a)?
3. ¿Quién tiene más de 20 libros? ¿Quién tiene menos de 10?
4. ¿Quién es el (la) mejor estudiante? ¿el (la) peor?
5. ¿Quién lee más? ¿Quién lee menos?
6. ¿Quiénes están más contentos que Emilio? ¿Por qué?

d. Use estos dibujos para hacerle no menos de cinco preguntas a su compañero(a). Incluya preguntas como: **¿Quién es más rico(a)? ¿Quién es mayor? ¿Quién tiene menos de... ?**

e. Haga no menos de ocho comparaciones entre Ud. y su familia, sus amigos o sus profesores.

MODELOS **Mi mamá es más amable que yo.**
Yo soy menos estudioso(a) que Rodrigo.

Guillermo
Tiene 20 años.

Victoria
Tiene 30 años.

Silvia
Tiene 35 a

IV. Comparaciones de igualdad

In a comparison of equality the persons or things compared are said to possess the same qualities or quantities as others. To express equal comparisons Spanish uses the following constructions:

tan + *adjective or adverb* + **como**
(as . . . as)

Es **tan** bonita **como** su hermana.
*She's **as** pretty **as** her sister.*

Hablas **tan** rápido **como** él.
*You speak **as** rapidly **as** he.*

tanto(a)(os)(as) + *noun* + **como**
(as many as)

Tengo **tantas** responsabilidades **como** tú.
*I have **as many** responsibilities **as** you.*

verb + **tanto como**
(as much as)

Trabajamos **tanto como** ellos.
*We work **as much as** they.*

➤ *Práctica 7*

a. Cambie las expresiones de desigualdad a expresiones de igualdad.

MODELO Hace más frío que ayer.
Hace *tanto* frío *como* ayer.

1. Hace menos calor que ayer. *(tanto ... como)*
2. Hay más papayas que manzanas.
3. Tú tienes menos energía que yo.
4. Pasé más días en San Juan que en Ponce. *(tantas)*
5. Exportamos menos petróleo que ellos. *(tanto ... como)*
6. Este cereal tiene más calorías que ése. *(tantas ... como)*
7. Tengo más hambre que tú. *(tanto ... como)*
8. Comieron más naranjas que nosotros. *(tantas ... como)*
9. ¿Compraste más arroz que frijoles? *(tanto ... como)*
10. Ofrecemos más descuentos que antes. *(tantos ... como)*
11. El jamón es más caro que los mariscos.
12. ¿Usan Uds. más sal que pimienta? *(tanta ... como)*
13. Estudiamos más que él. *(tanto)*
14. Ellos se divirtieron menos que tú.

b. Compare estas personas o cosas según el modelo.

MODELO Cecilia / expresivo / su mamá
Cecilia es *tan* expresiva *como* su mamá.

1. Rolando / discreto / su hermano
2. Esta lección / fácil / ésa *(están ... como)*
3. Estos problemas / difícil / los otros
4. Julia y Tito / simpático / sus padres
5. Tú / sarcástico / él *(eres)*
6. Uds. / puntual / ellos *(son)*
7. Yo / ¿...? *(soy)*

c. Ud. quiere comparar lo que *(what)* varias personas compraron. Refiérase a la información en los cuadros y haga no menos de diez comparaciones.

MODELO **Dora compró tanto arroz como Riqui.**
Ella compró menos arroz que los Conde.

	DORA	RIQUI	LOS CONDE
ARROZ	2 paquetes	2 paquetes	4 paquetes
FRIJOLES	una lata	3 latas	5 latas
NARANJAS	3	9	una docena
LECHUGA	una	una	2

un paquete = *a package*
una lata = *a can*

d. Ud. está en uno de los restaurantes CHAZZ en la ciudad de México. Haga no menos de diez comparaciones, refiriéndose al siguiente menú. Cinco deben comparar *su gusto* y cinco *los precios*. Después compare su información con dos compañeros.

MODELO **Me gustan las fajitas de pollo tanto como (más / menos que) las fajitas de res.**
Las fajitas de res cuestan más / menos de... pesos.

MENÚ

	Hamburguesa 125 grs.°	$14.70
	Hamburguesa 175 grs.	$16.90
	Hamburguesa de Pollo	$14.70
Brocheta° de Filete $26.80		
Jugoso Filete de Res marinado con pimiento, cebolla, tocino° y acompañado de papas al horno	Filete de Atún	$27.20
Costillas° B-B-Q $29.70		
El Plato Fuerte: suculentas costillas de cerdo preparadas con el grandioso sabor de nuestra salsa	Fajitas de Res	$26.80
	Fajitas de Pollo	$24.20
	Fajitas Combinadas	$26.00
	Sopa° de la Casa	$ 7.10
	Sopa del Día	$ 7.10
Ensalada Mardi-Gras $20.90		
Una deliciosa ensalada preparada con carnes frías, queso, lechuga y tomate	Sándwich de Pollo	$15.90
	Hot Dog de Res	$ 8.90

gramos (1 gram = 0.035 ounces)

Brochette, skewer

bacon

Ribs

Soup

e. Refiérase a los dibujos para contestar las preguntas.

Paco

Justina

Alejo

Rosalía

Timoteo

1. ¿Quién tiene el pelo tan blanco como la nieve?
2. ¿Quién es más alto que un pino?
3. ¿Quién habla más que un loro *(parrot)*?
4. ¿A quién podemos aplicar *(apply)* el refrán: «Más vale tarde que nunca» *(Better late than never)*?

OBSERVACIONES

As you read, it is important to distinguish between literal and figurative meaning. For example, hot dogs and Sloppy Joes refer to two American foods and obviously not to animals nor men. Below, Adela and Margarita describe what they ate at the home of the Molinas, a Cuban couple living in Puerto Rico. Note the figurative names of the foods and what they are made of.

Comidas del Caribe ....

Ayer Adela y yo fuimos a casa de los Molina para cenar al estilo cubano. Ellos nos hicieron varios platos sabrosos.° Primero nos trajeron una deliciosa sopa de fideos° que comimos con pan cubano. Luego nos sirvieron «ropa vieja», que es carne separada en hebras° finas. En inglés se llama *shredded brisket* y no *old clothes*. Comimos la ropa vieja con arroz blanco. ¡Qué delicioso! Le pedí la receta° a la señora. Ella nos dijo que cocinó la carne en la sopa y luego la sacó° y la separó en hebras. Entonces hizo un sofrito° de cebolla, ajo, pimiento verde, aceite y tomate. Añadió° la carne y la cocinó unos diez minutos.

Para complementar la cena nos trajeron una ensalada de lechuga y aguacate con aceite de oliva y sal. También nos hicieron plátanos fritos o tostones que volaron° en seguida de la mesa.

De postre nos sirvieron «panetela borracha», que se llama en inglés *rum cake* y no *drunken cake*. ¡Qué sabrosa! Después tomamos una tacita° de café, y tuvimos una larga y animada sobremesa.° Nos divertimos muchísimo y comimos más que nunca.°

Ahora tenemos que invitar a los Molina a cenar una típica comida puertorriqueña con nosotros. A ver° si les hacemos pasteles° de plátanos, arroz con gandules°... y de postre, flan° de coco. Umm, ¡qué rico!°

	tasty
	noodles
	threads
	recipe
	took it out
	sauté
	Added
	disappeared
	demitasse
	after-dinner conversation
	than ever
	Let's see
	pies
	Puerto Rican peas /
	custard
	delicious

ROPA VIEJA (8 RACIONES)

2 lbs. de carne cocinada en sopa
1 taza de salsa° de tomate
1/3 taza de aceite
1 cebolla picadita°

1 pimiento verde picadito
1/2 cucharadita* de polvo de ajo°
1 cucharadita de sal
1/4 cucharadita de orégano

sauce / garlic powder

minced

1. Separe la carne de la sopa en hebras finas.
2. Sofría° los ingredientes.
3. Añada la carne y cocine unos diez minutos.
4. Sírvala con arroz blanco y una buena ensalada fresca.

Sauté

Otro sabroso plato cubano es «el boliche» *(eye round of beef)* con chorizo. Se sirve con frijoles negros y arroz con cebollas y plátanos. Este plato es muy popular en todas las colonias cubanas. En Tampa, Florida, hay una calle con muchos restaurantes cubanos que los tampeños llaman «Boliche Boulevard».

---

*Cucharadita is a teaspoonful while **cucharita** is a teaspoon.

¿Comprende Ud.?

a. Conteste las preguntas.

1. ¿Adónde fueron Adela y Margarita ayer?
2. ¿Qué clase de sopa tomaron?
3. ¿Qué plato principal hicieron los Molina?
4. ¿Con qué sirvieron ese plato?
5. ¿Con qué hizo el sofrito la señora?
6. ¿Qué clase de ensalada comieron?
7. ¿Cómo sabemos que los plátanos les gustaron mucho?
8. ¿Qué trajeron de postre?
9. ¿Cómo estuvo la sobremesa? ¿Se divirtieron?
10. ¿Qué platos puertorriqueños van a preparar Adela y Margarita?
11. ¿De qué manera diferente van a hacer el arroz? ¿y los plátanos?
12. ¿Qué expresiones podemos usar para indicar que nos gusta la comida?
13. ¿Qué es boliche —carne o pescado?
14. ¿Con qué se sirve el boliche?

b. Imagínense que Ud. y su compañero(a) cenaron en un elegante restaurante de Hispanoamérica. Describan qué comieron y tomaron. Incluyan qué les gustó más y qué menos. Mencionen de qué hablaron durante la sobremesa.

c. Explíquenos cómo Ud. hizo su comida o postre favorito. Use términos *(terms)* como freír (í), cocinar, hervir (ie) *(to boil)*, asar *(to roast)*, etc.

PONEMOS LA MESA *(We set the table)*

Apréndase el siguiente vocabulario, refiriéndose al dibujo.

1. la pimienta	**4.** la copa	**7.** el plato	**10.** la cucharita
2. la sal	**5.** el pan*	**8.** la servilleta	**11.** la cuchara
3. el vaso	**6.** el tenedor	**9.** el cuchillo	**12.** la taza y el platillo**

el mantel - table cloth

la taza - teacup

el platito - saucer

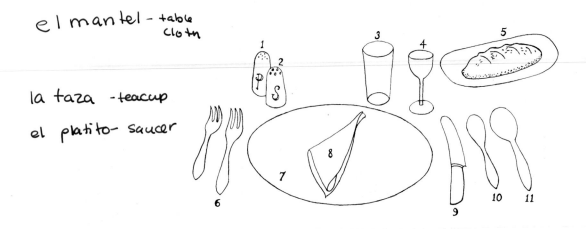

a. Diga qué utensilios se necesitan para las siguientes comidas o bebidas *(drinks)*.

¿Para tomar / comer... se necesita(n)... ?

1. tomar jugo de naranja
2. comer una ensalada de lechuga y tomate
3. tomar sopa de pollo
4. tomar café con leche

5. comer un bistec *(steak)*
6. tomar vino
7. comer spaghetti
8. comer puré *(purée, mashed)* de papas

b. Ud. le explica a otra persona cómo poner la mesa.

Ponga...

1. _____ inmediatamente a la derecha del plato.
2. _____ a la derecha de la cucharita.
3. _____ delante del *(in front of)* plato y a la derecha.
4. _____ a la izquierda de la copa.
5. _____ a la derecha del vaso y la copa.
6. _____ y la pimienta delante del plato, a la izquierda.
7. Los dos _____ a la izquierda del plato.
8. _____ en el plato.

---

*Except for breakfast, Spanish-speakers generally eat bread without butter **(mantequilla)**.

**The cup and saucer are not on the table because coffee is an after-dinner drink.

GUIA HACIA LA BUENA ALIMENTACION

Todos los días coma una gran variedad de alimentos de los Cuatro Grupos Alimenticios con moderación.

 Grupo de
Leche

Provee muchos nutrientes que incluyen:
- calcio
- proteína
- riboflavina

2 porciones por adultos
3 porciones por niños
4 porciones por adolescentes y mujeres embarazadas o que están lactando

 Grupo de
Carne

Provee muchos nutrientes que incluyen:
- proteína
- hierro
- niacina
- tiamina

2 porciones para todas las edades
3 porciones por mujeres embarazadas

 Grupo de
Fruta y Vegetal

Provee muchos nutrientes que incluyen:
- vitamina A
- vitamina C

4 porciones para todas las edades

Grupo de
Pan y Cereal

Provee muchos nutrientes que incluyen:
- carbohidratos
- hierro
- tiamina
- niacina

4 porciones para todas las edades

Alimentos
Combinados

Los Alimentos Combinados están hechos de comidas de más de un grupo alimenticio. Por lo tanto, proveen los mismos nutrientes que las comidas que contienen.

Categoría de
"Otros"

Los alimentos en la categoría de "Otros" frecuentemente son altos en calorías y/o bajos en nutrientes. Estos no toman el lugar de alimentos de los Cuatro Grupos Alimenticios en la provisión de nutrientes.

Condimentos
Salsa para barbacoa
Salsa dulce de tomate (catsup)
mostaza
Aceitunas, pepinillos encurtidos (pickles)
Sal
Salsa soya

Frituras (chips) y productos relacionados
Frituras (chips) de maíz (doritos)
Rosetas o palomitas de maíz
Papitas fritas
Pretzels
Tortillas fritas (tostaditas)

Grasas y Aceites
Crema en polvo para café
Crema, crema agria (jocoque)
Salsa o jugo para carne, salsa de crema
Margarina, mantequilla
Mayonesa
Aceite, manteca de puerco/cerdo, manteca vegetal
Aderezos

Dulces o golosinas
Dulces de chocolate (brownies), galletas
Pasteles o bizcochos, tortas
Dulces, confites, bombones
Jalea, mermelada
Azúcar, miel, sirop
Panecillos dulces, donas

Alcohol
Cerveza
Ginebra, vodka
Whiskey, ron
Vino

Otras bebidas
Café, té
Refrescos con sabor a frutas
Refrescos carbonatados (gaseosas)

ISBN 1-55647-001-0

Listen as a Miami radio host salutes the person of the week, a famous Cuban-American singer **(cantante).** Rely on context and surrounding words. Afterwards answer the following questions.

1. Jon Secada canta en _____.
   a. español
   b. inglés
   c. a y b

2. Jon nació en _____.
   a. Miami
   b. La Habana
   c. Tampa

3. De niño empezó a gustarle _____.
   a. el teatro
   b. el cine
   c. la música

4. Jon escuchó mucho los discos de _____.
   a. Stevie Wonder
   b. Rubén Blades
   c. Plácido Domingo

5. De joven, Jon fue _____.
   a. jugador de fútbol
   b. chofer de taxi
   c. camarero de restaurante

6. A Jon le gusta mucho _____.
   a. las fajitas de pollo
   b. el arroz con pollo
   c. el pollo B-B-Q

7. Jon admite que no _____.
   a. sabe cocinar bien
   b. toca mucho la guitarra
   c. habla bien el inglés

8. Jon se diplomó en música _____.
   a. clásica
   b. vocal
   c. instrumental

9. Jon tuvo la oportunidad de escribir junto con _____.
   a. Andy García
   b. Julio Iglesias
   c. Gloria Estéfan

10. Podemos decir que Jon Secada tiene _____.
    a. más de cincuenta años
    b. menos de cuarenta años
    c. tantos años como Elton John

Vocabulario

Verduras

el aguacate	avocado
el apio	celery
el arroz	rice
la cebolla	onion
los chícharos	peas
los frijoles	beans
los garbanzos	chickpeas
las habichuelas	green beans
la lechuga	lettuce
el maíz	corn
las papas	potatoes
el pimiento verde	green pepper
el tomate	tomato
la zanahoria	carrot

Condimentos

el aceite	oil
el ajo	garlic
el azafrán	saffron
el azúcar	sugar
la canela	cinnamon
el cilantro	cilantro
la mantequilla	butter
la mayonesa	mayonnaise
la mostaza	mustard
el orégano	oregano
la pimienta	pepper
la sal	salt
la salsa	sauce
la vainilla	vanilla
el vinagre	vinegar

Frutas

las cerezas	*cherries*
el coco	*coconut*
las fresas	*strawberries*
la guayaba	*guava*
el limón	*lemon*
el mango	*mango*
la manzana	*apple*
el melocotón	*peach*
la naranja	*orange*
la papaya	*papaya*
la pera	*pear*
la piña	*pineapple*
el plátano	*banana*
la sandía	*watermelon*
la toronja	*grapefruit*
las uvas	*grapes*
las almendras	*almonds*
el maní / el cacahuete	*peanut*
las nueces	*walnuts*

Carnes y pescados

el bistec	*steak*
la carne de res	*beef*
el cordero	*lamb*
las chuletas de puerco	*pork chops*
el jamón	*ham*
el pollo	*chicken*
el atún	*tuna*
los camarones	*shrimp*
el pargo	*red snapper*

Comparativos y superlativos

tan... como	*as . . . as*
tanto(a)(os)(as)... como	*as much (many) as*
el, los, la(s) más...	*the most . . .*
más (menos)... que	*more (less) . . . than*
mayor	*older / oldest; greater / greatest*
menor	*younger / youngest; lesser / least*
mejor	*better / best*
peor	*worse / worst*

Otras cosas

la docena	*dozen*
la ensalada	*salad*
el hielo	*ice*
los huevos	*eggs*
la lata	*can*
el pan	*bread*
el paquete	*package*
el puré de papas	*mashed potatoes*
el queso	*cheese*
la sopa	*soup*

Los utensilios

la copa	*wine glass*
la cuchara	*tablespoon*
la cucharita	*teaspoon*
el cuchillo	*knife*
el plato	*dish*
la servilleta	*napkin*
la taza	*cup*
el tenedor	*fork*
el vaso	*(drinking) glass*

Verbos

diplomarse	*to get a diploma*
mudarse	*to move (residence)*
nacer	*to be born*
prepararse	*to prepare oneself*
realizar	*to fulfill*
recoger (recojo)	*to pick up*

Expresiones

alguna vez	*ever*
darle las gracias (a alguien) por	*to thank (someone) for*
darse cuenta de	*to realize (understand)*
darse prisa	*to hurry*
hacer compras	*to shop*
hacer daño	*to damage, harm*
volverse (ue) loco(a)	*to go crazy*

Adjetivos

(para las comidas)	
frito(a)	*fried*
picante	*spicy*
rico(a)	*delicious*
sabroso(a)	*tasty*

EN EL RESTAURANTE

8

LECCIÓN

Después de ver una representación de la ópera *El barbero de Sevilla* en el teatro Colón,[1] los señores° Ponte, de Buenos Aires, van a cenar a un restaurante. Están sentados y leen el menú mientras toman un aperitivo.° El señor está tomando un jerez y la señora, un vermouth con agua tónica y limón. Los dos están picando° aceitunas y nueces. El camarero° viene a tomar ~~la orden.~~° *el pedido*

Mr. and Mrs.

appetizer

nibbling / waiter

order

Camarero	¿Qué tal el aperitivo?
Sr. Ponte	Sabroso, pero tenemos hambre y quisiéramos° ordenar ya.° *want*
Camarero	De acuerdo. ¿Qué desean los señores?
Sr. Ponte	Para mi mujer una sopa de minestrone[2] y un bistec medio asado.° Para mi una parrillada[3] de bife,° puerco y chorizo bien asados. También quisiera una ensalada mixta. El postre°... lo vamos a pedir más tarde. *askfor*
Camarero	¿Me permite recomendarle una botella de vino tinto?°
Sra. Ponte	(*A su esposo*) A mí me gustaría° más tomar un espumante.

we would like (want)

to order already

medium done

grilled beef

dessert

bottle of red wine

I'd like

---

[1]El compositor italiano Gioacchino Rossini (1792–1868) compuso la ópera *El barbero de Sevilla*. El teatro Colón, en Buenos Aires, es uno de los centros culturales más famosos del mundo.

[2]En español se usa *sustantivo* + **de** + *sustantivo* para decir de qué se hace una cosa: **sopa de pollo** (*chicken soup*), **sándwich de jamón, suéter de lana** (*wool sweater*), **casa de madera**...

[3]En la Argentina y las regiones cercanas los restaurantes sirven parrilladas frecuentemente. El camarero trae una parrilla pequeña que pone cerca de la mesa. La parrilla tiene bistec, costillas (*ribs*), chuletas, chorizos y otras carnes. En esas regiones de Sudamérica se come mucho «bife».

Sr. Ponte	Entonces, espumante para la señora y vino tinto para mí.
Camarero	Muy bien. Con permiso...
Sra. Ponte	(*A su esposo*) ¡Qué divertida estuvo° la ópera! Para mí *El barbero de Sevilla* tiene que ser la mejor obra° de Rossini.
Sr. Ponte	Tenés[1] razón. De joven° a mí me fascinaba° escuchar esa obra. Nuestra familia iba° al teatro cada vez° que había° una presentación de Rossini. ¡Qué divinos recuerdos!
Sra. Ponte	Bueno, bueno, vamos a ver° si la comida esta noche también está divina.

How amusing was. . .

work (artistic)

As a young man / fascinated
used to go
each time / there was

let's see

¿Recuerda Ud.?

1. ¿Qué ópera vieron los Ponte?
2. ¿Dónde vieron esa ópera?
3. ¿Adónde fueron después de la ópera?
4. ¿Qué leyeron ellos?
5. ¿Qué tomaron y comieron de aperitivo?
6. ¿Qué pidió el Sr. Ponte para su mujer? ¿y para él?
7. ¿Qué les recomendó el camarero?
8. Según la Sra. Ponte, ¿cuál es la mejor ópera de Rossini?
9. ¿Le fascinaba esa obra al Sr. Ponte de joven?
10. ¿Cuándo iba al teatro la familia del Sr. Ponte?
11. Según Ud., ¿cuáles son las mejores óperas del mundo? ¿Quiénes son los mejores cantantes (*singers*) de ópera?

---

[1]En la Argentina, el Uruguay y partes de Centroamérica se usa **vos** en lugar de **tú** en el presente. Las dos formas verbales son casi (*almost*) similares pero no el acento. Comparense: **tú hablas** / **vos hablás; tú comes** / **vos comés; tú tienes** / **vos tenés**. No hay verbos con cambios radicales en **vos**.

Restaurante La Pampa

APERITIVOS	Toronja fría; Coctel de ostras;° Camarones°	oysters Shrimp
SOPAS	Crema de espárragos; Sopa de cebollas; Sopa de minestone; Sopa de pollo; Sopa de guisantes; Gazpacho°	Cold tomato soup
PESCADO	Pámpano fresco; Croquetas de salmón; Langosta;° Camarones; Atún	Lobster
ENTRADAS	Pavo relleno;° Jamón asado; Paella valenciana; Arroz con pollo; Empanadas°	Stuffed turkey Meat pies
ASADOS	Puerco asado;° Parrillada° argentina; Chorizos; Pollo asado	Roasted pig / Grilled meats
VERDURAS	Habichuelas; Espárragos; Maíz tierno;° Cebollas fritas; Coliflor; Plátanos fritos	Tender corn
PAPAS	Papas asadas; Papas fritas; Papas rellenas	
ENSALADAS	Mixta; Frutas; Lechuga y aceitunas°	olives
POSTRES	Flan; Torta;° Helados;° Frutas frescas; Quesos; Pudín	Cake / Ice cream
BEBIDAS	Café (normal o descafeinado); Té / Manzanilla;° Refrescos; Cerveza;° Vinos; Sangría	Camomile tea / Beer

¡BUEN PROVECHO!°

Good appetite! (Have a good meal!)

Adaptación

a. Tres de Uds. están en el restaurante La Pampa. Uno de Uds. es camarero(a) y los otros, clientes. Preparen un diálogo original. Pidan algo de diferentes partes del menú. El (La) camarero(a) ofrece sugerencias y los clientes hacen preguntas.

MODELO **¿Qué sopa nos recomienda? ¿Para cuántas personas es la paella? ¿Es fresco el pescado? ¿Es picante la comida? ¿Está incluida la propina *(tip)*?**

PARA EL DESAYUNO...

FAVOR COLGAR EN LA PUERTA ANTES DE ACOSTARSE

PARA DESAYUNO EN SU CUARTO

Buenas Noches
Que tengan un Confortable Descanso

FAVOR MARCAR LO DESEADO E INDICAR EL NUMERO DE ORDENES

20% de Servicio con Cargo a su Cuarto

CONTINENTAL
- ☐ Jugo Fresco de Naranja
  o
- ☐ Jugo de Tomate
- ☐ Plato de Frutas
- ☐ Pan Dulce o ☐ Pan Tostado o
- ☐ Cuernitos

Mantequilla - Mermelada

☐ Café o ☐ Té o ☐ Leche

$ 140.00

AMERICANO
- ☐ Jugo Fresco de Naranja o
- ☐ Jugo de Tomate o ☐ Plato de Frutas
- Dos Huevos ☐ Tibios o ☐ Revueltos o
  - ☐ Fritos o ☐ Escalfados o
  - ☐ Hot Cakes o ☐ Waffles
- con ☐ Salchichas o ☐ Tocino o ☐ Jamón
- ☐ Pan Tostado o ☐ Bolillos

Mantequilla - Mermelada

☐ Café o ☐ Té o ☐ Leche

$ 275.00

RANCHERO
- ☐ Jugo Fresco de Naranja o
- ☐ Jugo de Tomate o ☐ Plato de Frutas
- ☐ Huevos Rancheros
- ☐ Jamón o ☐ Salchichas
- ☐ Tocino
- ☐ Pan Tostado o ☐ Bolillos o
- ☐ Tortillas

Mantequilla - Mermelada

☐ Café o ☐ Té o ☐ Leche

$ 300.00

REFORMA
- ☐ Jugo Fresco de Naranja o
- ☐ Jugo de Tomate o
- ☐ Plato de Frutas
- ☐ Steak Desayuno con Huevo Frito y Cebolla Rebanada Saute
- ☐ Pan Tostado o ☐ Bolillos o
- ☐ Tortillas

Mantequilla - Mermelada

☐ Café o ☐ Té o ☐ Leche

$ 360.00

Deseos Especiales _____

Fecha _____

Cuarto No. _____

FIRMA DEL HUESPED _____

Favor Indicar Hora de Servicio

| 7:00 - 7:30 | 7:30 - 8:00 | 8:00 - 8:30 |
| 8:30 - 9:00 | 9:00 - 9:30 | 9:30 - 10:00 |

HOTELES DUBIN

pan dulce *sweet roll*

cuernitos *crescent rolls*

mantequilla *butter*

huevos *eggs*

  tibios *soft boiled*

  revueltos *scrambled*

  escalfados *poached*

salchichas *sausage*

tocino *bacon*

bolillos *rolls*

cebolla rebanada *sliced onion*

firma del huésped *signature of guest*

b. Ud. se queda *(stay)* en un hotel y quiere desayunar en su cuarto. Haga una lista de lo que desea comer. Indique a qué hora desea comer. Refiérase al menú «Para el desayuno...»

propinas- tips

NOTAS CULTURALES

Para los hispanos los restaurantes y particularmente los cafés son centros sociales. Es más conveniente para los hispanos que viven en casas o apartamentos pequeños invitar o reunirse con sus amigos en esos establecimientos. Prefieren los restaurantes para celebrar eventos especiales como aniversarios, cumpleaños y otras reuniones de carácter festivo. En cambio,° frecuentan los cafés —una combinación de bar y *snack bar*— después del trabajo, las clases y los paseos. En los cafés sirven aperitivos, bocadillos,° postres y bebidas de todas clases.

On the other hand
small sandwiches

En los restaurantes y cafés los hispanos se divierten conversando de innumerables temas. Aquí comparten° sus intereses y opiniones. Esa costumbre de conversar después de comer —la «sobremesa»— puede durar° una hora o más mientras toman un café, un jerez o un coñac.°

share
last
brandy

Debemos recordar que en los países hispanos:
1. El preparar y el servir la comida en los restaurantes puede tomar más tiempo.
2. El café se sirve después de almorzar o cenar.
3. Si insiste en tomarse cuatro o cinco tazas de café con la comida, el cliente generalmente tiene que pagar por cada taza.
4. El camarero no trae la cuenta hasta que el cliente la pida° porque no quiere dar la impresión de ser impaciente o descortés.
5. Cuando Ud. dice: «Los invito...», eso implica en español que *Ud.* va a pagar la cuenta esta vez. **Invitar** significa más que *to invite* o querer la compañía de los amigos.

asks for it

➢ *Práctica 1*

a. Indique **cierto** o **falso** según el contexto. Después cambie las oraciones falsas para hacerlas ciertas.

1. El hispano prefiere el restaurante para celebrar eventos especiales.
2. Los cafés sirven solamente café y té.
3. Los cafés son similares a los restaurantes de comida rápida como *McDonald's* y *Wendy's*.
4. La sobremesa dura pocos minutos.
5. El jerez y el coñac se toman normalmente con el desayuno.
6. El preparar y el servir la comida puede tomar menos tiempo en los restaurantes hispanos.
7. El café se sirve con la comida.
8. «Te invito...» implica que yo pago la cuenta de mi invitado(a) *(guest)*.
9. El camarero automáticamente le trae la cuenta al cliente cuando sirve el último plato.

b. El español tiene varios refranes que se basan en el comer o la comida. ¿Cómo se relacionan estos refranes en español y en inglés?

A	B
1. ¡Come para vivir y no vivas para comer!	a. *There's many a slip between the cup and the lip.*
2. Más come el ojo que la boca.	b. *There's no tough bread when you're hungry.*
3. Llamar al pan, pan y al vino, vino.	c. *Eat to live, don't live to eat.*
4. De la mano a la boca se pierde la sopa.	d. *There are more proverbs than breads (foods).*
5. Barriga llena, corazón contento.	e. *Call it for what it is.*
6. A buena hambre, no hay pan duro.	f. *Your eyes are bigger than your stomach.*
7. Hay más refranes que panes.	g. *When your belly's full, your heart's content.*

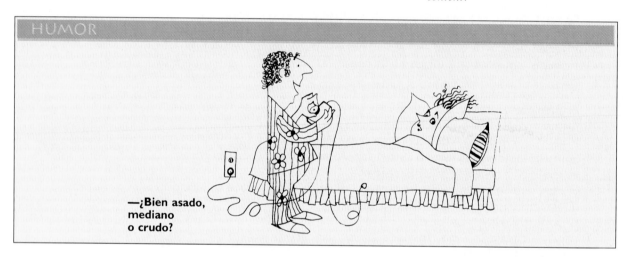

—¿Bien asado, mediano o crudo?

ESTRUCTURA

I. El imperfecto

A. The imperfect, the other simple past tense in Spanish, describes habitual, continuous past actions as well as physical or mental states. Like the present tense, the imperfect focuses upon ongoing, evolving actions. It's as if the speaker were going back to the past to relive it.

—De niño° vivía en una casa grande.   *As a child*
Era° blanca y tenía techo rojo...   *It was*

El café se servía después de comer. El vino era parte de todas las buenas comidas y no era solamente para las ocasiones especiales. Creo que nunca° nos sirvieron leche con una comida. Los postres eran riquísimos° y aunque algunas veces° mi hermana comía frutas y queso, yo siempre pedía flan, pudín o un helado de coco u otra fruta tropical.

never

very delicious / although sometimes

Antes de hacer estos viajes yo creía que la manera lógica de comer era la nuestra en los Estados Unidos. Es decir un desayuno usualmente fuerte, un almuerzo ligero y una comida completa a las seis o siete de la tarde. Sin embargo, ahora comprendo por qué los hispanos siempre me decían que sus comidas satisfacían el apetito gradualmente, mientras que con el horario de los Estados Unidos había que esperar° mucho tiempo entre comidas.

one had to wait

¿Comprende Ud.?

a. Vocabulario. Complete las oraciones con la palabra más adecuada a la derecha.

1. Las tres comidas son el desayuno, el almuerzo y _____.
2. El comino y _____ son condimentos.
3. Ponemos mermelada o _____ en el pan.
4. El flan es _____ riquísimo.
5. En México y Guatemala la comida es más _____.

un postre
picante
mantequilla
la cena
el azafrán

b. Comprensión. Complete cada oración con la mejor respuesta.

1. El desayuno de los hispanos es generalmente _____.
   a. fuerte
   b. ligero
   c. abundante
2. Usualmente la comida principal en España e Hispanoamérica se sirve a _____.
   a. las seis de la tarde
   b. las once y media de la mañana
   c. las dos de la tarde
3. Para cocinar, los hispanos prefieren _____.
   a. el aceite de oliva
   b. los productos como Crisco
   c. el queso blanco
4. Típicamente *no* es parta de la cena hispana _____.
   a. la leche
   b. el vino
   c. la sopa
5. El horario de las comidas hispanas _____.
   a. es idéntico al de los Estados Unidos
   b. satisface el apetito poco a poco
   c. nos hace esperar mucho tiempo entre comidas

LAS BIOGRAFÍAS

Lea el informe biográfico.

José de San Martín (1778–1850)

José de San Martín nació en el año 1778. Era de Yapeyú, en el noreste de Argentina. Luchó contra° las fuerzas de Napoleón en Europa y contra España en la América del Sur. Ayudó a liberar la Argentina, Chile y Perú. Murió° cuando tenía 72 años.

San Martín se convirtió en el símbolo de la abnegación.° Era inteligente, valiente ° y justo.

He fought against

morir: *to die*

self-denial
courageous

1. ¿En que año nació San Martín?
2. ¿Contra qué países luchó?
3. ¿Cuándo murió?
4. ¿Cómo era él?
5. ¿A cuántos países ayudó a liberar? ¿Cuáles son?

José de San Martín

Use la actividad anterior como modelo para escribir un informe biográfico de Benito Juárez. Incluya esta información.

Benito Juárez (1806–1872)

> fecha de nacimiento: 1806
> lugar: Oaxaca, México
> lucha: contra la intervención francesa en México en 1863 y
>   contra las injusticias sociales en su país
> vida: 66 años
> símbolo: las ideas democráticas y la reforma social
> características: reformista, patriótico, determinado

1. ¿Dónde y cuándo nació Benito Juárez?
2. ¿Contra quiénes luchó en 1863?
3. ¿Cómo eran sus ideas?
4. ¿Cómo era Juárez?
5. ¿Sabe Ud. qué celebran los mexicanos el 5 de mayo?

Benito Juárez

Escoja otra famosa persona hispana y escriba un informe biográfico de no menos de seis oraciones. Por ejemplo: Simón Bolívar, El Cid, Isabel la Católica, Gabriela Mistral, Pablo Picasso...

Mire bien las fotos antes de escuchar la sección *Escuchemos*. ¿Qué foto asocia Ud. con...?

1. la ópera, el drama
2. la naturaleza, el agua
3. los comercios, las oficinas
4. los monumentos, el tráfico

LA ARGENTINA

El teatro Colón en Buenos Aires, Argentina

La Plaza de Mayo, Buenos Aires

La calle Florida con sus numerosas tiendas

Las impresionantes Cataratas de Iguazú, donde convergen la Argentina, el Brasil y el Paraguay

Listen as Sonia Mendoza phones her mother in Spain from Buenos Aires, Argentina. Afterwards answer the following questions.

1. En Buenos Aires, Sonia _____.
   a. estudia y trabaja
   b. visita a sus tíos
   c. enseña y sirve de directora

2. Sonia le dijo a su mamá que _____.
   a. le gustaba cómo hablan los argentinos
   b. le fascinaba el tango
   c. le encantaba el trabajo

3. Sonia y sus compañeros _____.
   a. asistieron a un concierto y después tomaron un jerez
   b. dieron un paseo y después almorzaron fuerte
   c. fueron al teatro y después a cenar

4. Cuando Sonia y sus amigos llegaron al restaurante _____.
   a. las puertas todavía estaban cerradas
   b. eran más de las diez de la noche
   c. no había nadie allí

5. Sonia tenía _____.
   a. mucha prisa
   b. mucho sueño
   c. mucha hambre

6. Ella *no* pidió _____.
   a. pollo
   b. puerco
   c. chorizos

7. Después de cenar, Sonia _____.
   a. tomó un taxi
   b. durmió un poco
   c. dio un paseo

8. Los tíos de Sonia querían _____.
   a. visitarla
   b. saber de ella
   c. mandarle dinero

9. En la foto que la mamá describió, Sonia probablemente llevaba _____.
   a. un traje de baño
   b. un vestido de verano
   c. un abrigo y un sombrero

10. Para terminar la conversación con la mamá, Sonia le dijo _____.
    a. «Chao, mamá, vos tenés razón»
    b. que la quería mucho
    c. «Mucho gusto de hablar contigo»

Vocabulario

Los postres

el helado	*ice cream*
el pudín	*pudding*
el queso	*cheese*
la torta	*cake*

Las bebidas — Drinks

el aperitivo	*appetizer*
la cerveza	*beer*
el coñac	*brandy*
el jerez	*sherry*
el jugo de naranja	*orange juice*
el refresco	*soft drink*
el té (helado)	*(iced) tea*
el vino blanco	*white wine*
el vino tinto	*red wine*

Otros sustantivos

el bistec	*steak*
el camarero, la camarera	*waiter, waitress*
la empanada	*meat pie*
la galleta	*cracker*
los huevos fritos	*fried eggs*
los huevos revueltos	*scrambled eggs*
la orden	*order (command)*
el pan	*bread*
el pan dulce	*sweet roll*
el pan tostado	*toasted bread*
la parrillada	*grilled meats*
la propina	*tip (money)*
la sobremesa	*after-dinner conversation*
el tocino	*bacon*

Adjetivos

asado(a)	*roasted*
bien asado(a)	*well-done*
medio asado(a)	*medium done*
crudo(a)	*rare, raw*
medio crudo(a)	*medium rare*
ligero(a)	*light (weight)*
relleno(a)	*stuffed*
riquísimo(a)	*very delicious*

Adverbios

anoche	*last night*
ayer	*yesterday*
casi	*almost*
como de costumbre	*as usual*
de pronto	*suddenly*
de repente	*suddenly*
de vez en cuando	*now and then*
el domingo (lunes...) pasado	*last Sunday (Monday . . .)*
en seguida	*at once*
mientras	*while*
poco a poco	*little by little*
por fin	*finally*
siempre	*always*
todavía	*still*

Verbos

durar	*to last*
luchar	*to fight, struggle*
ordenar	*to order*
picar	*to nibble*
querer (ie)	*to love, want*

Expresiones

aunque	*although*
¡Buen provecho!	*Have a good meal! Bon appetit!*
de niño(a)	*as a child*
echar de menos	*to miss*
en cambio	*on the other hand*
¡Qué + (adjetivo)!	*How . . . !*
¡Qué sabroso!	*How tasty!*
¡Qué + (sustantivo)!	*What a . . . !*
¡Qué lío!	*What a mess!*
u	*or (before an "o" sound)*
vamos a + (infinitivo)	*let's . . .*
vamos a ver	*let's see*

Machu Picchu, Perú —ciudad-fortaleza (fortress) *de los incas*

POR TELÉFONO

COMMUNICATION

to handle routine telephone calls
to avoid repetition of names
to indicate to whom or for whom actions are done
to express likes and dislikes, interests, and concerns

CULTURE

telephone practices and services in Hispanic countries
methods of transportation in Spanish-speaking countries

GRAMMAR

direct object pronouns
indirect object pronouns
two object pronouns used together
gustar and similar verbs

LECCIÓN

9

handwritten margin notes: Dígame · con quien hablo – with whom do I speak · Marcar – dial el teléfono · mandar – send · enviar – send

Ted Morales, agente de compras° de una compañía en Dallas, llama a la compañía de tejidos° *El Inca* en Lima para saber por qué no llegó un pedido° de artículos de lana que necesita con urgencia. El gerente de ventas° de *El Inca*, Celso Vega, trata de° explicarle la razón° de la demora. —*delay*

marginal glosses: purchasing agent · textile · order · sales manager / tries to · reason

Ted Morales	Buenos días, con el Sr. Vega, por favor.
Celso Vega	A sus órdenes. Diga...
Ted Morales	Le habla Ted Morales. ¿Cómo está?
Celso Vega	Muy bien, gracias, Sr. Morales. ¿Y usted?
Ted Morales	Bastante bien. Mire,° lo llamo para saber si ya me envió los tejidos que le pedí a principios° de mes.
Celso Vega	Perdone Ud., Sr. Morales. Es que° instalamos una máquina nueva, y el trabajo se nos atrasó° unos días.
Ted Morales	Bueno, bueno, comprendo, pero necesito el pedido con urgencia para evitar° cancelaciones.
Celso Vega	Lo entiendo perfectamente. Pero no se preocupe° porque esta misma mañana° se lo envié° por expreso aéreo.
Ted Morales	Magnífico. Muy agradecido.°
Celso Vega	Igualmente, Sr. Morales. Es un placer° servirle.

marginal glosses: well enough (handwritten) · Look · at the beginning · It's that . . . · backed up on us · to avoid · don't worry / this very morning / I sent it to you · grateful · pleasure

¿Recuerda Ud.?

1. ¿Cuál es el oficio (*profession*) de Ted Morales? *agente de compras*
2. ¿En qué ciudad está él? *Dallas*
3. ¿Dónde está la compañía *El Inca*? *Perú*
4. ¿Qué necesitaba Ted?
5. ¿A quién llamó Ted por teléfono?
6. ¿Cuándo pidió Ted los tejidos?
7. ¿Qué instaló Celso Vega? ¿Se atrasó el trabajo por eso?
8. ¿Por qué necesitaba Ted el pedido con urgencia?

9. ¿Cuándo le envió Celso el pedido?
10. ¿Cómo se lo envió?
11. ¿Estaba satisfecho (*satisfied*) Ted con la explicación de Celso?
12. ¿El tono de la conversación era cordial u hostil? ¿Qué palabras específicas en el diálogo apoyan (*support*) su respuesta?

Situaciones

1. Imagínese que Ud. desea hablar por teléfono con Irma Solís. Ud. llama y el papá (la mamá) de Irma (su compañero/a) contesta. Pongan las siguientes expresiones en orden para crear (*create*) una conversación apropiada entre Uds. dos. Use la forma de un diálogo.

UD.

- Con Irma Solís, por favor.
- Entonces, ¿puedo dejarle un recado (*leave a message*)?
- Le dije 67... 6... 7. Correcto. Gracias y hasta luego.
- Por favor, dígale que me llame al 35–09–67 después de las tres.
- De parte de (*su nombre*).

EL PAPÁ (LA MAMÁ) DE IRMA

- ¿Aló?*
- Sí, claro que sí. Dígame...
- ¿De parte de quien (*who's calling*)?
- Un momento, por favor... ¡Irma, Irma!... Lo siento, pero no está ahora.
- De nada. Adiós.
- Perdón, ¿me dijo Ud. 77 o 67?
- De acuerdo... 35–09–67.

2. Ud. está en México y quiere llamar a los Estados Unidos. Ud. habla con el (la) operador(a). Ponga estas expresiones en orden. Use la forma de un diálogo.

UD.

- De acuerdo. Lo voy a llamar luego. Gracias.
- Sí, con Steve McDaniel, a pagar allá.**
- Deseo llamar a St. Louis, Missouri.
- Sí, cómo no. Steve Mac-da-niel.
- La clave es 314 y el número es 8–46–32–15.

EL (LA) OPERADOR(A)

- ¿Cuál es la clave del área y el número?
- Bueno.
- Perdón, ¿me repite el nombre, por favor?
- ¿De persona a persona?
- Un momento... Lo siento, pero la línea está ocupada. Cuelgue (*hang up*) y llame más tarde, si quiere.
- De nada... para servirle.

3. Ud. y otro(a) estudiante preparan una conversación original, basada en este problema: Ud. es gerente de ventas para *Computadoras ABC* en los Estados Unidos. Un(a) cliente(a) de Hispanoamérica llama por teléfono y se queja de (*complains*) que no recibió su pedido de *software* (artículos intangibles). Hable con él (ella) y explíquele la demora. Dígale cómo y cuándo Ud. va a enviar el pedido.

---

*Los saludos típicos por teléfono son: **Aló, Hola, Diga, Oigo, Bueno.**

Es más barato llamar **a pagar allá (*collect*) de México a los Estados Unidos. También se dice **una llamada por cobrar.**

En los Estados Unidos el teléfono es algo típico, común y hasta necesario. El servicio, por lo general, es eficiente y rápido. En cambio, en muchos países hispánicos la mayoría de las familias no tienen teléfono particular.° No es raro esperar meses para poder instalar un teléfono en casa. Las compañías telefónicas en muchos casos pertenecen° al gobierno nacional.

private

belong

Frecuentemente es necesario hacer cola° para usar los teléfonos públicos. En algunas ciudades las llamadas en esos teléfonos se limitan a tres minutos, necesitándose depositar otra moneda° para seguir hablando. Tampoco° se permiten las llamadas de larga distancia por esos teléfonos.

to stand in line

coin / Neither

Hoy día el servicio de teléfonos va mejorándose. Además, es relativamente fácil y barato llamar de los Estados Unidos a Latinoamérica, usando la clave° del país apropiado. En cambio, es más caro llamar de esos países a los Estados Unidos pues es necesario pagar varios impuestos.°

code

taxes

En México hoy día los teléfonos están en manos del sector particular. El servicio es mejor y es más fácil hacer llamadas directas de larga distancia. Después del temblor° en la capital, a principios de los años 80, varios teléfonos en las calles no requieren dinero para usarlos, pero el servicio es a veces° inadecuado. Es más rápido y eficiente llamar del hotel o las tiendas.

tremor

at times

➢ *Práctica 1*

Indique si las siguientes descripciones son más típicas de los Estados Unidos o de Latinoamérica.

1. Las casas tienen dos o tres teléfonos.
2. La compañía de teléfono pertenece al gobierno.
3. Los teléfonos se instalan después de varios meses de esperar.
4. Las llamadas de larga distancia son más o menos baratas.
5. Frecuentemente es necesario hacer cola para llamar por teléfono público.
6. Se hacen llamadas de larga distancia por teléfono público. Latino

¿VA A LLAMAR A VENEZUELA?

Usted puede efectuar la llamada . . . desde su habitación.

AT&T

La manera más fácil y rápida de llamar a Venezuela desde su habitación de hotel es efectuando el discado usted mismo.
Sólo tiene que discar, en este orden, la clave de acceso al hotel ∗ , la clave de acceso internacional (011), la clave del país (58), la clave de la ciudad y el número local.
Por ejemplo, para llamar a Caracas, usted discaría:

—	+	011	+	58	+	2	+	Número
Clave de acceso del hotel		Clave de acceso internacional		Clave del país		Clave de la ciudad		local

Para obtener mayor información sobre llamadas internacionales, puede discar gratis el número de nuestro **Servicio de Información Internacional:**
1 800 874-4000.
(Nuestras operadoras sólo hablan inglés)
∗Solicite al operador hotelero el código de acceso al hotel.

1 WB 408   9/85   Printed in U.S.A.

EL RECADO

(The message)

3|2

Hotel María Cristina

Tels: 566-96-88   703-17-87

FAX. 566.91.94

RECADO TELEFONICO
PHONE MESSAGE

Sr(s). _Ozete_
Mr. (Mrs).

le hablaron de:
they called you from: _Jeanie._

a las _2005_ horas.
at hours.

y dijeron: _El grupo esta_
they said: _en el restaurante_
La Mansion
Av. Insurgentes
los ven.

Fecha _27 Sept 93_
Date:

Tomó el Recado:
Message received by:

Gilda

> *Práctica 2*
....

1. ¿Cuáles son los números de teléfono del Hotel María Cristina?
2. ¿Cuál es el FAX?
3. ¿Para quién es el recado telefónico?
4. ¿De parte de quién era el recado? (¿Quién llamó o habló?)
5. ¿Qué hora era cuando esa persona llamó?
6. ¿En qué restaurante dijo que estaba el grupo —en La Hacienda o La Mansión?
7. ¿En qué avenida está el restaurante?
8. ¿Cuál fue la fecha de la llamada?
9. Aunque la firma (el nombre) es difícil de leer, ¿quién tomó el recado —Gilda o Nancy?

I. Los pronombres de complemento directo

A. A direct object receives the action of a verb and serves to answer the question *What?* or *Whom?* in relation to that verb.

Mariano drinks *coffee.* (direct object noun)
What does he drink?

Juanita helped *him.* (direct object pronoun)
Whom did Juanita help?

B. A direct object pronoun *replaces* a direct object noun. Spanish direct object pronouns are the same as the reflexive pronouns except for the third-person singular and plural.

¿**Me** entiendes?	*Do you understand **me?***
Sí, **te** entiendo perfectamente.	*Yes, I understand **you** perfectly.*
¿Conoce Ud. a Natalia Duque?	
No, no **la** conozco.	*No, I don't know **her.***
¿Trajeron Uds. los discos?	
Sí, **los** trajimos.	*Yes, we brought **them.***

DIRECT OBJECT PRONOUNS

me	*me*	**nos**	*us*
te	*you* (tú)	**os**	*you* (vosotros)
lo	*him, it, you* (Ud.)	**los**	*them, you* (Uds.)
la	*her, it, you* (Ud.)	**las**	*them, you* (Uds.)

C. Object pronouns immediately precede conjugated verbs.

¿La cartera? **La** compré en Cuzco.	*The wallet? I bought **it** in Cuzco.*
¿Estos zapatos? **Los** compramos aquí.	*These shoes? We bought **them** here.*

They may instead be attached to the end of infinitives and present participles.

Los voy a invitar. (Voy a invitar**los**.)	*I am going to invite **them.***
Ella **lo** está preparando. (Ella está preparándo**lo**.)	*She is preparing **it.***

➤ *Práctica 3*
....

a. Ud. quiere saber si su amigo(a) escribió varias cosas. Refiérase a las palabras indicadas para hacer las preguntas.

MODELO (la carta)

Ud.   ¿Escribiste la carta?

Su amigo(a)   Sí, la escribí. / No, no la escribí.

la fecha _la_ _las_   el número _lo_   la dirección _la_

las palabras   los nombres _los_   el apellido _lo_

el teléfono _lo_   las instrucciones _las_   ¿...?

b. Pregúntele a su amigo(a) si quiere ver a las siguientes personas o cosas.

MODELO (a Jorge Luis)

Ud.   ¿Quieres ver a Jorge Luis?

Su amigo(a)   Sí, quiero verlo. / No, no quiero verlo.

a María Teresa _la_   al Sr. Lima _le_   el programa de televisión

las fotos   la revista   a Caridad y Violeta

a los Pérez   al agente   ¿...?

c. Ud. quiere saber si su amigo(a) piensa hacer las siguientes cosas con Ud. Hágale las siguientes preguntas.

MODELO invitar a un café

Ud.   ¿Me invitas a un café?

Su amigo(a)   Sí, (No, no) te invito.

1. llevar al centro _me_   **5.** entender ahora

2. esperar un minuto   **6.** necesitar luego

3. llamar por teléfono   **7.** buscar en la biblioteca

4. ayudar con la tarea   **8.** seguir a casa

d. Ud. y dos de sus compañeros —Julio(a) y Luis(a)— están preparando un banquete. Hágales estas preguntas que ellos (ellas) deben contestar con los pronombres de complemento directo.

MODELO Julio(a), ¿vas a servir las bebidas?

Sí, (No, no) voy a servirlas.

1. Julio(a), ¿vas a preparar los aperitivos? _voy_ _los_

2. Luis(a), ¿vas a servir la sopa? _voy_ _la_

3. Julio(a), ¿estás haciendo las ensaladas? _estoy_ _las_

4. Julio(a) y Luis(a), ¿probaron Uds. el postre? _probamos_ _lo_

5. Julio(a) y Luis(a), ¿trajeron Uds. los platos y utensilios? _trajimos_ _los_

6. Luis(a), ¿estás cocinando bien la carne? _estoy_ _la_

7. Julio(a), ¿limpiaste el comedor? _limpio_ _lo_

8. Luis(a), ¿pusiste la mesa? _la puso_

9. Julio(a), ¿quieres llenar los vasos con agua? _quiero_ _los_

10. Luis(a), ¿debo hacer yo las empanadas? _debe_ _las_

A. The indirect object answers the questions *To whom?* or *For whom?*

Celso sends the order *to them.*   Celso sends *them* the order.
We're buying lunch *for the children.*   We're buying *the children* lunch.

B. Spanish indirect object pronouns are the same as the reflexive and direct object pronouns with the exception of the third-person singular and plural. These become **le** and **les,** respectively, and do not indicate gender.

INDIRECT OBJECT PRONOUNS

me *(to, for)*	*me*	**nos** *(to, for)*	*us*
te	*you* (tú)	**os**	*you* (vosotros)
le	*him, her, you* (Ud.), *it* *	**les**	*them, you* (Uds.)

C. Indirect object pronouns follow the same word order in a sentence as the other object pronouns. The prepositional phrases **a mí, a ti, a él, a Diego,** and so on, may be added for emphasis or clarification. Although redundant, this construction is very common in Spanish.

Yo no **les** di nada **a ellos.**   *I didn't give **them** anything.*
Le enviamos el cheque **a Gloria.**   *We sent the check **to Gloria.***
Queremos comprar**te** algo. /   *We want to buy **you** something.*
  Te queremos comprar algo.
Nos están explicando el problema. /   *They're explaining the problem **to us.***
  Están explicándo**nos** el problema.

➤ *Práctica 4*
....

a. Cambie los pronombres según la información entre paréntesis.

> MODELO Le di el dinero a él. (a ti)
> **Te di el dinero a ti.**

1. Les di el dinero a ellos. (a ella, a Ud., a sus padres, a Sofía, a ti, a los niños, ¿...?)
2. Ellos te van a servir la comida a ti. (a mí, a él, a nosotros, a los jóvenes, a Uds., ¿...?)

b. Abuela siempre prepara comida para la familia. Haga un mínimo de doce oraciones, usando una palabra o frase de cada columna. Las columnas 1 y 4 tienen que concordar *(agree).*

>   (1)   (2)   (3)   (4)
> MODELO **Abuela *le* preparaba unos sándwiches *a Hugo.***

	1	2	3	4
Abuela	me	sirve	la sopa	a mí
	te	trae	la ensalada	a ti
	nos	preparaba	el bistec	a nosotros(as)
	le	hizo	el arroz con pollo	a él, a ella, a Ud., a Hugo
	les	cocinó	las enchiladas	a ellos, a ellas, a Uds.
		va a dar	el pescado	a los tíos Vega, a los primos Lara
		lleva	los frijoles	
			unos sándwiches	

c. Ud. y un amigo están en un restaurante. Ud. está perezoso(a) *(lazy)* hoy y le pide varias cosas a él.

> MODELO ¿Me das el vaso? **Sí, te doy el vaso.**
> **No, no te doy el vaso.**

1. ¿Me das el cuchillo?   *te doy*
2. ¿Me traes las cucharas?   *te traigo traigo*
3. ¿Me pasas la sal?   *te paso*
4. ¿Me sirves el vino?   *te sirvo*
5. ¿Me das la servilleta?
6. ¿Me pasas los platos?   *te los paso*
7. ¿Me explicas el menú?   *te explico*
8. ¿Me pagas la cuenta?
9. ¿Me sirves el café?
10. ¿...?

d. Repitan la **Práctica c,** usando el sujeto **Ud.**

> MODELO **¿Me da Ud. el vaso?**
> **Sí, le doy el vaso.**

e. Refiérase a los dibujos para contestar las preguntas. (**Regalar** significa *to give as a gift*.)

MAMÁ
Julia — Hugo

1. unos dulces *(candies)*   2. una planta

Es el día de las madres.

Flora   **LOS RAMÍREZ**   Marco y Lila

1. una maleta   2. un radio
Es el aniversario de los Ramírez.

MAMÁ

1. ¿Qué le regala Julia a su mamá?
2. ¿Le regala Julia una planta a ella?
3. ¿Qué le regala Hugo a su mamá?

LOS RAMÍREZ

4. ¿Qué les regala Flora a los Ramírez?
5. ¿Les regala Flora un televisor a ellos?
6. ¿Qué les regalan Marco y Lila?

f. Su compañero(a) va a hacer un viaje de negocios *(business)* a Perú. Hágale estas preguntas.

1. ¿Les escribiste a los agentes de tu viaje?
2. ¿Les explicaste por qué ibas?
3. ¿Les dijiste las fechas de tu viaje?
4. ¿Qué productos quieres enseñarles a tus clientes?
5. ¿Qué piensas regalarles a ellos?
6. ¿Cuánto dinero te dio el jefe para el viaje?
7. ¿Qué te pidió él de Perú?
8. ¿Me escribiste la dirección del hotel?
9. ¿Me diste el teléfono?
10. ¿Nos vas a enviar una tarjeta de Perú?

g. Estudie las siguientes listas de verbos que típicamente requieren pronombres indirectos. Después escriba diez oraciones originales mencionando primero la situación (el lugar) donde las usaría *(you'd use them)*. Debe incluir estas variaciones:

1. un verbo solo:

   En la clase —¿Me preguntabas a mí?
   En el restaurante —Le dejé una propina a la camarera.

2. dos verbos:

   En la oficina —No nos van a enviar el pedido hasta la proxima *(next)* **semana.**
   Por teléfono —Quiero decirte que...

VERBS OF COMMUNICATION		VERBS OF EXCHANGE	
preguntar	explicar	enviar*	pedir
contestar	mencionar	mandar *(to send)*	regalar
decir	escribir	dar	prestar *(to lend)*
		traer	devolver (ue) *(to return something, to give back)*
		dejar *(to leave behind)*	

III. La combinación de dos complementos

A. In Spanish, when indirect and direct object pronouns occur together, the indirect object pronoun precedes the direct.

¿Las revistas? **Te las** traigo mañana.
(**te:** *indirect;* **las:** *direct*)

*The magazines? I'll bring **them to you** tomorrow.*
(*them:* direct; *to you:* indirect)

¿El radio? No pueden reparár**melo**.

*The radio? They can't repair **it for me**.*

---

*The forms of **enviar** *(to send)* have a written accent mark on **i** in the present indicative and in the formal commands; the **nosotros** and **vosotros** forms do not: **envío, envías, envía, enviamos, enviáis, envían; ¡Envíe Ud.!**

A written accent mark is added if the attachment of the pronouns changes the original stress of the verb.

¿Cuándo vas a reparármela?   *When are you going to fix it for me?*
Estoy reparándotela ahora mismo.   *I'm fixing it for you right now.*

B. When both the indirect and direct object pronouns are in the third-person, the indirect object pronouns **le** and **les** change to **se**. The prepositional phrases **a ella, al señor, a ellos,** and so on, may be added for clarity or emphasis.

Indirect		Direct
se	+	lo, la, los, las

¿**Le** diste **las llaves** a ella?   —No, no **se las** di (a ella).
¿Puedes explicar**les el problema?**   —Sí, puedo explicár**selo.**

¡Ojo! ¿Cuál es el **se** reflexivo, el **se** impersonal y el **se** del pronombre indirecto?

1. ¿El periódico? Yo **se** lo di a ella.
2. Ellos **se** levantan temprano.
3. **Se** trabaja mucho aquí.

➤ *Práctica 5*
....

a. Sustituya según los modelos.

MODELO Me pidieron el pasaporte.
        Me lo pidieron.

1. **a.** Me contestaron la carta.   **e.** No te trajeron las maletas.
    b. Te enviaron la invitación.   **f.** Nos prestaron el carro.
    c. Nos regalaron los discos.   **g.** Me puse la chaqueta.
    d. No me diste la dirección.   **h.** ¿Te lavaste las manos?

MODELO Quiero enseñarte los regalos.
        Quiero enseñártelos.

2. **a.** Quiero enseñarte la casa.   **e.** Están preparándonos el almuerzo.
    b. Deben darnos el descuento, ¿no?   **f.** Necesitan devolvernos el vídeo.
    c. ¿Vas a traerme los cassettes?   **g.** Tenemos que pagarte las cuentas.
    d. Prefiero regalarte la camisa.   **h.** ¿Quieres ponerte el suéter?

b. En pares. Uds. son camareros en un restaurante. Ud. le pregunta a su compañero(a), usando el pretérito, *a quién* le hizo las siguientes cosas. Él (Ella) le contesta, usando los pronombres: **se + lo(s), la(s).**

MODELO dar / las gracias
Ud. **¿A quién le* diste las gracias?**
Su compañero(a) **Se las di al cliente.**

POSIBILIDADES

Las
Cambiarsela

ID
indirect direct
pedirselo
explicarselo
traersela

1. dar / la cuenta
2. servir / el postre
3. pedir / el coctel
4. explicar / el menú
5. traer / la ensalada
6. cambiar / la orden
7. devolver / las botellas
8. enseñar / los platos
9. pagar / el almuerzo
10. regalar / los dulces

el cliente, la clienta
el asistente, la asistenta
el joven, la joven
el cocinero
el matrimonio
los señores
los estudiantes
¿...?

c. Repitan la **Práctica b** usando **ir a + infinitivo.**

MODELO **¿A quién vas a darle las gracias?**
Voy a dárselas al cliente.

d. Lidia es una buena amiga y presta sus cosas. Use el dibujo para contestar las preguntas.

Lidia
Hernán
Tomás
1.
2.

1. **la cinta de celofán**
2. **las tijeras**

Lidia le presta...

1. ¿Qué le presta Lidia a Hernán —la cinta o las tijeras?
2. ¿Le presta Lidia la cinta a Tomás?
3. ¿Se la presta a Hernán?
4. ¿Te la presta a ti?
5. ¿Se la presta a Uds.?
6. ¿A quién le presta Lidia las tijeras?
7. ¿Se las presta a Hernán?
8. ¿Le presta Hernán las tijeras a Tomás? Y finalmente...
9. ¿Qué le presta Ud. a su amigo(a)?
10. ¿Qué me presta Ud. a mí? *(me = su profesor/a)*

e. Refiérase al dibujo de la **Práctica d** y haga ocho preguntas similares. Use los verbos **traer, devolver, dar** y los sustantivos **la revista, el diccionario, el dinero.**

---

*When **A quén(es)** refers to an indirect object, **le (les)** follows it.

IV. Los pronombres indirectos con *gustar* y verbos similares

You have already used **me gusta(n)** and **le gusta(n)** to express *I like* and *you like*. Literally, **gustar** means *to please (to be pleasing)* and functions like that verb in English. Recall that **gustan** is used when the subject (what pleases) is plural.

Me gusta el* béisbol.	*I like baseball. (Baseball is pleasing to me.)*
¿Le gustan los deportes?	*Do you like sports? (Do sports please you?)*

me	nos	+	**gusta** +	*singular noun, infinitives*
te	os			
le	les	+	**gustan** +	*plural noun*

A. With infinitives (even if there are two) the singular form **gusta** is used.

Nos gusta estar aquí.	*We like to be here.*
Me gusta nadar y correr.	*I like to swim and run.*

B. The prepositional phrases **a mí, a Mariana, a Uds.,** and so on may be added for clarity or emphasis.

A Néstor no le gustó el programa.	*Néstor didn't like the program.*
A mí me gustan las carreras de caballo.	*I like horse races.*

C. Other verbs that function similarly to **gustar** are **parecer** *(to seem)*, **interesar** *(to interest)*, and **importar** *(to be important)*.

Nos parecen caras estas cosas.	*These things seem expensive to us.*
¿Te interesa ese vídeo?	*Are you interested in that video? (Does that video interest you?)*
Les importa revisar el trabajo.	*They care about checking their work. (It's important to them to check their work.)*

HUMOR

Cariño, a ti no te interesa la música clásica, pero a mis plantas les gusta muchísimo.

---

*Notice that English usually omits the definite article in this construction, but Spanish does not.

a. Varias personas expresan su opinión sobre *(about)* las diversiones. Use los tres elementos indicados para formar oraciones positivas y negativas.

> MODELO A Juan / (no) gustar / el cine
> **A Juan le gusta el cine.**
> **A Juan no le gusta el cine.**

1. A ti / parecer divertido / el baile
2. A mí / interesar mucho / el teatro
3. A nosotros / parecer aburrida / la televisión
4. A Ud. / gustar / los conciertos

5. A ellos / parecer fantásticos / los juegos electrónicos
6. A Uds. / gustar / dar un paseo
7. A mi amigo(a) / importar / hacer camping *(to go camping)*
8. A mí / gustar / viajar y conocer otros países

b. Ud. está en una tienda con un(a) amigo(a). Debe preguntarle si le gusta esta ropa.

> MODELO Ud. **¿Te gustan estas camisetas de algodón?**
> Su amigo(a) **Sí, me gustan ésas.**
> **No, no me gustan ésas.**

1. estos suéteres de lana
2. estos pantalones de poliéster
3. esta chaqueta de cuero
4. esta camisa de rayas
5. este vestido de lunares

6. esta blusa de seda
7. este traje de cuadros
8. estas sudaderas de algodón
9. ¿...?

c. Repitan la **Práctica b.** Ahora Ud. les pregunta a dos o tres amigos si les gusta esta ropa.

> MODELO Ud. **¿Les gustan estas camisetas de algodón?**
> Sus amigos **Sí, nos gustan ésas.**
> **No, no nos gustan ésas.**

d. Improvisación. Ud. está en un mercado grande donde venden de todo: comida, ropa, muebles, juguetes, aparatos eléctricos, etc. Diga lo que *(what)* cada persona desea. Use las frases preposicionales **a mí, a ti, a Eva,**... al principio de las oraciones para darle énfasis al complemento indirecto.

> MODELO A él le gusta(n)... **A él le gustan los discos compactos.**
> **A él le gusta hacer las compras.**
> **A él le parecen caros* los zapatos.**

1. A mí me gusta(n)...
2. A ellas les interesa(n)...
3. A nosotros nos parece(n) + *adjetivo**...
4. A ti no te importa(n)...
5. A los jóvenes les fascina(n)...

6. A los adultos les gusta(n)...
7. A mí me parece(n) + *adjetivo**...
8. A mis amigos no les gusta(n)...
9. A la señora le interesa(n)...
10. ¿...?

---

*Use an adjective after **parece(n)**.

LOS TRANSPORTES

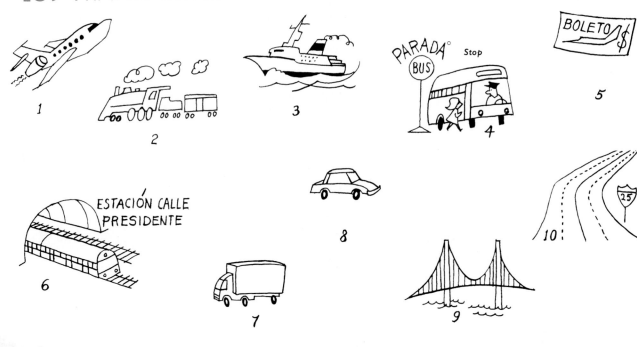

1. el avión
2. el tren, el ferrocarril *(railroad)*
3. el barco
4. el autobús
5. el boleto†
6. el metro *(subway)*
7. el camión
8. el carro, el coche
9. el puente
10. la carretera *(highway)*; el camino *(road)*

> *Práctica 7* ....

a. Diga lo que Ud. asocia con cada dibujo.

   MODELO El número tres es el barco.
   ... el *Barco de Amor* (The Love Boat),
   un viaje por el Caribe (por el río...)

b. Hágale estas preguntas relacionadas con los transportes a su compañero(a).

1. ¿Te gusta viajar?
2. ¿Te importa más viajar en tren o en avión?
3. ¿Te parecen los boletos más caros en avión o en barco?
4. ¿Qué te interesa ver en los viajes?
5. ¿De qué te fascina sacar fotos?

---

†La palabra para *ticket* es muy precisa en español. Fíjese en las traducciones: **el boleto** o **el billete:** *plane, train, boat ticket;* **la entrada:** *theater, movie ticket;* **la multa:** *traffic ticket, fine.*

6. ¿Qué carreteras o caminos pintorescos me recomiendas ver?
7. ¿Hay muchos camiones en esas carreteras?
8. ¿Te gusta más el metro o el autobús?
9. ¿Qué te parecen los carros de Europa? ¿de Japón? ¿de México?
10. ¿Te impresiona el puente *Golden Gate*? ¿Qué otros puentes te impresionan?

ADIVINANZA

¿En qué se parece (*resemble*) el tren a la manzana?

En que no es pera.

OBSERVACIONES

Antes de leer las **Observaciones** *estudie el mapa de Sudamérica en su libro. Piense en el efecto que la geografía tiene en el desarrollo de los medios de transporte. Ahora conteste estas preguntas.*

1. *¿Qué capitales están en las costas?*
2. *¿Es larga o corta la distancia entre (between) esas ciudades?*
3. *¿Cuál es el flujo (flow) de los ríos —del oeste al este, del norte al sur o vice versa?*
4. *¿Es larga o corta la extensión de las montañas?*
5. *¿Qué tiempo hace en las montañas?*
6. *¿Qué efectos tiene la altitud en el cuerpo? ¿en la ropa? ¿en la comida? ¿en los transportes que se usan?*
7. *¿Qué países tienen más obstáculos geográficos?*
8. *¿Cuáles son los países con costas en el Caribe? ¿en el Pacífico? ¿en el Atlántico? ¿Cuáles no tienen costas?*

Los transportes

Hoy día Hispanoamérica cuenta con° un buen sistema de transporte. Sin embargo, la falta° de capital, los obstáculos geográficos y los fenómenos naturales como los terremotos° y las lluvias° limitan su completo desarrollo.°

España y México tienen un extenso sistema de ferrocarriles y su servicio varía de mediocre a excelente. Sudamérica, al contrario, tiene pocos ferrocarriles, particularmente en las regiones de los Andes, donde se hallan° las montañas más altas de las Américas.[1] Como ejemplo de las dificultades en el transporte se debe notar el tren Guayaquil-Quito, que asciende a casi 5.000 metros (16.000 pies) de altitud y pasa por° 67 túneles.

counts on
lack
earthquakes
rains / development

are found

through

---
[1]La Argentina, sin embargo, cuenta con un extenso sistema de ferrocarriles.

Por otra parte, el transporte mejoró mucho con el desarrollo de las líneas aéreas. El avión hizo posible la exploración de regiones remotas y aceleró el contacto comercial y cultural entre° los países del hemisferio. Los viajes que antes llevaban° días a causa de las montañas o la selva,° ahora sólo llevan pocas horas.

Algunos° ríos sudamericanos facilitan el transporte, pero otros no, por falta° de centros urbanos cercanos. Este es el caso del inmenso Río Amazonas. En cambio, en el sur del continente los ríos Uruguay, Paraguay y Paraná son navegables y además producen energía eléctrica para las ciudades y la industria.

La Carretera Panamericana, que algún día° va a conectar a todos los países del hemisferio, es una realidad en algunas regiones y apenas° un sueño° en otras. La construcción y reconstrucción de esta importante carretera continúa a pesar de° las dificultades económicas y los obstáculos geográficos.

Aunque el número de vehículos particulares° aumenta más y más, al autobús es el modo de transporte más accesible para muchos. Hay buses de lujo° con todas las comodidades modernas y buses corrientes° que son menos cómodos pero más baratos. Además, hay muchos taxis que circulan constantemente, pero son más caros. Es preferible negociar° el precio con el taxista de antemano.° En cambio, se pueden tomar colectivos —*vans* o minibuses— que cuestan menos, tienen rutas° específicas y paradas convenientes.

En los grandes centros urbanos el público viaja en el metro, que es eficiente y muy económico. Algunos metros son viejos y ruidosos° mientras otros como los de Buenos Aires, Santiago de Chile y la ciudad de México son más nuevos o atractivos y tienen estaciones decoradas con cuadros° y exhibiciones. En total, el transporte —terrestre, marítimo y especialmente el aéreo— es esencial para el desarrollo de Hispanoamérica.

among / used to take

jungle

Some
for lack

some day

hardly / dream

in spite of
private

deluxe
ordinary

negotiate
beforehand

routes

¿Comprende Ud.?

a. Vocabulario. Combine las palabras de la columna A con los correspondientes sinónimos de la columna B.

A

B

——— 1. seguir	——— 6. tren	**a.** nación	**f.** lejano
——— 2. particular	——— 7. pasar por	**b.** ferrocarril	**g.** construir
——— 3. cómodo	——— 8. remoto	**c.** continuar	**h.** confortable
——— 4. carro	——— 9. país	**d.** unir	**i.** coche
——— 5. conectar	———10. hacer	**e.** privado	**j.** cruzar

b. Comprensión. ¿Cierto o falso? Indique cuáles de las oraciones son ciertas y cuáles falsas. Cambie las falsas a ciertas.

1. Las montañas y las selvas limitan el completo desarrollo de las carreteras.
2. La Carretera Panamericana ya une a todo el hemisferio.
3. El Río Amazonas está lejos de las ciudades grandes.
4. El avión aceleró la exploracion de Sudamérica.
5. Los países andinos *(Andean)* cuentan con un extenso sistema de ferrocarriles.
6. El tren Guayaquil-Quito asciende a casi 3.000 metros (9.600 pies) de altitud y pasa por treinta túneles.
7. Los autobuses en Hispanoamérica pueden ser de lujo (primera clase) o corrientes (segunda clase).
8. Es mejor negociar el precio de un taxi después del viaje.
9. Los colectivos son trenes expresos.
10. Caracas es la única ciudad con metro en Sudamérica.

HUMOR

Cuando hay muchos pasajeros *(passengers)* en el autobús o el metro, se dice que **viajan como sardinas en lata** *(they're traveling like sardines in a can).*

EL CAMINO Y EL CARRO

a. Imagínese que Ud. piensa manejar *(to drive)* a México. ¿Puede identificar el significado de estas señales *(signs)*?

SIGNIFICADOS

a. no se estacione
b. ferrocarril, tren
c. una vía
d. velocidad máxima
e. curva
f. alto *(stop)*
g. conserve su derecha
h. no entre
i. puente angosto *(narrow bridge)*
j. no rebase *(no passing)*
k. ceda el paso *(yield)*

1.

 (2.)

2.

3.

4.

5.

6.

7.

8.

9.

10.

11.

LAS PARTES DE UN CARRO

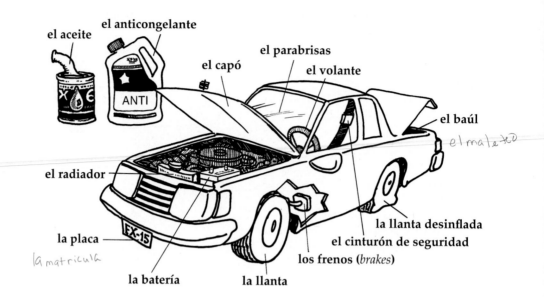

el aceite
el anticongelante
el parabrisas
el capó
el volante
el baúl
el maletero
el radiador
la placa
la matrícula
la llanta desinflada
el cinturón de seguridad
los frenos (*brakes*)
la batería
la llanta

b. Ud. le dio su carro a su compañero(a) para revisarlo (*to check it*). Hágale estas preguntas en el pretérito. Su compañero(a) debe contestarle, usando el pronombre de complemento directo apropiado.

> MODELO revisar / las llantas
> **¿Revisaste las llantas?**
> **Sí, (No, no) las revisé.**

1. revisar / la transmisión
2. cambiar / el aceite
3. poner / el anticongelante (*antifreeze*) en el radiador
4. reparar / la llanta desinflada
5. ajustar / las luces (*lights*)
6. limpiar / los asientos y el baúl
7. arrancar (*to start*) / el motor
8. poner a punto (*to tune up*) / el motor
9. probar / los frenos
10. llenar / el tanque de gasolina

• • • • • • • • • • • • • • • • • • ESCUCHEMOS

Listen as Gladys Ayala phones a director of a joint-venture pharmaceuticals company in South America. See how they go about solving a potentially awkward situation. Remember you do not need to know every single word to get the gist of the conversation. Rely on context and surrounding words. In this conversation would the word **los empleados** refer to employees or employer? And would **coincidir** mean to coin something or to coincide? Be ready to answer the questions below.

1. La primera pregunta que hizo la secretaria fue: _____ .
   a. ¿Cómo está usted?
   b. ¿A qué horá es la reunión?
   c. ¿De parte de quién?
2. Gladys Ayala llamaba de _____ .
   a. Perú
   b. los Estados Unidos
   c. México
3. El Sr. Miranda le dijo a Gladys que ellos _____ .
   a. tenían poco trabajo
   b. estaban ocupados
   c. iban a instalar una máquina nueva
4. Gladys Ayala le informó al Sr. Miranda que el gerente _____ .
   a. quería una reunión ejecutiva para principios de abril
   b. pensaba visitar Farmacéuticos Miranda la próxima semana
   c. tenía muchas ganas de conocerlo personalmente
5. El conflicto era que el gerente no se daba cuenta que _____ .
   a. las instrucciones en las medicinas tenían que escribirse en inglés y español
   b. el nombre del producto nuevo era difícil de pronunciar en español y causaba líos
   c. la fecha que él seleccionó era inconveniente para los empleados
6. Para explicarle su punto de vista, el Sr. Miranda le recordó a Gladys que
   _____ .
   a. el gerente no quería una reunión a fines de noviembre
   b. el trabajo en New Jersey también se atrasó unos días
   c. ya le envió el pedido por expreso aéreo
7. Los empleados de Farmacéuticos Miranda pasan la Semana Santa _____ .
   a. trabajando hasta el mediodía
   b. visitando diferentes fábricas
   c. acompañando a su familia
8. El Sr. Miranda prefería _____ .
   a. reunirse otro día
   b. evitar más cancelaciones
   c. revisar bien las cuentas
9. Gladys Ayala creía que el Sr. Miranda _____ .
   a. siempre estaba formando líos
   b. le explicó bien la situación
   c. iba a devolverle el pedido
10. Parece que el Sr. Miranda es _____ .
    a. cortés y diplomático
    b. un poco arrogante y egoísta
    c. amable pero muy impráctico

Vocabulario

Sustantivos

el aceite	oil
el, la agente de compras	purchasing agent
el avión	airplane
el barco	ship
la batería	battery
el baúl	trunk
el boleto	plane, train, or boat ticket
el camino	road, way
el capó	hood (of car)
la carretera	highway
el cinturón de seguridad	safety belt
la comodidad	comfort
la demora	delay
la entrada	theater or movie ticket
el, la gerente de ventas	sales manager
los impuestos	taxes
el parabrisas	windshield
el pedido	order
la placa	license plate
el placer	pleasure
el puente	bridge
la razón	reason
el recado	message
las tijeras	scissors
el viaje	trip
el volante	steering wheel

Expresiones

a pagar allá	collect call
a principios de	at the beginning of
a veces	at times
así	this way, thus
de acuerdo	agreed, OK
de antemano	beforehand
de lujo	deluxe
¿De parte de quién?	Who's calling?
entre	between, among
Es que...	It's that. . .
por expreso aéreo	via express mail
por teléfono	by telephone
ya	already

Adjetivos

corriente	ordinary
desinflado(a)	flat (tire)
estrecho(a)	narrow, tight
mismo(a)	self, very
ellos mismos	they themselves
esta misma mañana	this very morning
ahora mismo	right now
particular	private
ruidoso(a)	noisy

Verbos

atrasarse	to delay, to get behind
colgar (ue)	to hang up
contar (ue) con	to count on
dejar	to leave behind
desarrollar	to develop
devolver (ue)	to return (something), to give back
enviar (envío)	to ship, to send
gustarle (a alguien)	to be pleasing (to someone), to like
importarle (a alguien)	to be important (to someone)
interesarle (a alguien)	to be interesting (to someone)
llenar	to fill
llevar	to take, to wear
mandar	to send
manejar	to drive
negociar	to negotiate
parecerle (a alguien)	to seem (to someone)
prestar	to lend
regalar	to give a gift
tratar de + infinitivo	to try to

Puntos cardinales

el este	east
el norte	north
el oeste	west
el sur	south

EXAMEN V

Review carefully the **Vocabulario** at the end of **Lecciones 7–9** and the grammar in those lessons. Next take the speaking section of the **Examen** with a classmate. Do not look at what your classmate has chosen; instead, rely on your listening and speaking skills.

SPEAKING

I. Your classmate will read each question twice, pausing a few seconds between each reading. He/She can change the order of the sample questions below and add a few questions.

1. **a.** ¿En qué año naciste?
   b. ¿Dónde vivías de niño(a)?
   c. ¿Cuándo te graduaste de la escuela secundaria?
   d. ¿Qué te interesaba más en la secundaria?
   e. ¿Dónde pasaban Uds. (tú y tu familia) los veranos?
2. **a.** ¿Quién era tu buen(a) amigo(a) en la escuela primaria?
   b. ¿Cómo era él (ella)?
   c. ¿Cómo eran Uds. dos, iguales o similares? ¿Cómo eran diferentes?
   d. ¿A qué jugaban Uds.? ¿Qué más hacían Uds.?
3. **a.** ¿A qué restaurante bueno fuiste este semestre?
   b. ¿Qué ropas llevabas?
   c. ¿Qué pediste de comer? ¿de tomar?
   d. ¿Cómo estaba la comida?
   e. ¿Qué te gustó más del restaurante? ¿qué te gustó menos?

II. You call a friend to go shopping with you. However, she is not home so you speak with one of her parents (your classmate). Greet the parent, ask for your friend, say why you are calling, and leave a message for your friend to call you.

III. Describe to your classmate your high school years in no less than ten sentences. Tell what a typical day was like and what you used to do. Mention the best and the worst parts of those years.

WRITING

I. Pronombres directos e indirectos. Cambie las palabras en cursiva a pronombres y después escriba la oración otra vez.

   MODELO Le prestamos *el carro.* **Se lo prestamos.**

1. Les quiero enseñar *la casa.*
2. Te traje *el periódico.*
3. No entiendo a *la Sra. de Morales.*
4. Deben darle *el boleto* a Ud.
5. ¿Conoces *a mis amigas?*
6. Patricia nos va a preparar *unos sándwiches.*
7. Le envié *los documentos* por correo.

II. Haga y conteste preguntas en el pretérito, usando la información a continuación.

MODELO a qué hora / venir (tú) a clase
¿A qué hora viniste a clase?
Vine a las nueve.

1. qué / traer (tú) del mercado
2. a quién / le decir (Uds.) los planes para el fin de semana
3. cuándo / hacer (tú) ejercicios
4. adónde / tener que ir (tú) esta mañana
5. cuándo / saber (Uds.) los resultados del examen

III. ¿Pretérito o imperfecto? Traduzca al español las palabras entre paréntesis.

1. (I went)   _____ a las tiendas ayer.
2. (brought)   Mercedes me _____ este regalo.
3. (We used to see)   _____ a Jorge Luis todos los días.
4. (They met)   _____ a varios jóvenes cuando estudiaban en México.
5. (was)   Mirta _____ alta y tenía el pelo castaño.
6. (He refused)   ¡Caramba! No _____ decir nada.

IV. ¿Pretérito o imperfecto? Escriba la forma correcta de los verbos entre paréntesis.

Miguel de Cervantes, autor de la incomparable novela *Don Quijote de la Mancha*, (nacer) ___1___ en España en el año 1547. De niño su familia (ser) ___2___ pobre y frecuentemente (mudarse) ___3___ de cuidad a cuidad para *(in order to)* mejorar su condición. Cuando Cervantes (tener) ___4___ veintidós años, (ir) ___5___ a Roma al servicio de un cardenal. Pronto (aprender) ___6___ italiano y (comenzar) ___7___ a leer las grandes obras italianas.

En el año 1571 Cervantes (tomar) ___8___ parte en la importante batalla naval de Lepanto, donde (destacarse) *(to stand out)* ___9___ por su valor. Cuando (regresar) ___10___ a España unos piratas lo (capturar) ___11___ en el Mar Mediterráneo, y lo (llevar) ___12___ a África. Finalmente, después de un largo cautiverio *(captivity)*, Cervantes (llegar) ___13___ a España. Allí pasó varios años de apuro *(bad times)* hasta que por fin en el año 1605 (publicar) ___14___ su brillante novela *Don Quijote de la Mancha*. Esa obra (ser) ___15___ un éxito *(success)* inmediato.

V. Escriba un informe biográfico de un(a) abuelo(a) o bisabuelo(a). Mencione fechas, lugares y características. El informe debe ser de no menos 50 palabras *(words)* con énfasis en el pretérito e imperfecto. Use los enlaces o adverbios apropiados.

VI. Cultura. Basándose en la información en las **Notas culturales** y las **Observaciones** escriba **cierto** o **falso.** Cambie las oraciones falsas a ciertas.

1. Los tacos y las enchiladas son típicos de España.
2. Los mangos y las papayas son frutas tropicales.
3. La ropa vieja y el boliche son platos puertorriqueños que se hacen con pescado.

4. La parrillada es una sopa fría española.
5. La frase «te invito» significa que tú pagas la cuenta.
6. El desayuno hispano es generalmente ligero.
7. Le leche fría es parte de todas las buenas comidas hispanas.
8. Los colectivos cuestan más que los taxis.

VOCABULARIO

I. La mesa. Ud. tiene invitados a cenar esta noche y quiere que su hermanito ponga la mesa. Escríbale las instrucciones, explicando dónde va a poner los utensilios.

II. El almuerzo. Imagínese que Ud. está en un país hispano y va a preparar un buen almuerzo para varios invitados especiales. Haga una lista de no menos de ocho cosas que les va a servir. Empiece con el aperitivo, después el plato principal y finalmente el postre y las bebidas.

III. Las señas de tráfico. Dibuje *(Draw)* estas señales.

1. alto
2. una vía
3. velocidad máxima 80 Km/h
4. ferrocarril
5. puente angosto

IV. El carro. Ud. va a hacer un viaje largo en carro. Mencione no menos de cinco cosas que debe revisar, cambiar o ajustar en el carro.

READING

Lea este pequeño informe de los incas y después conteste las preguntas.

Muchos años antes de llegar los europeos, varias civilizaciones indígenas habitaban las Américas. Los incas vivían en Sudamérica y su imperio se extendía por gran parte de la costa del Pacífico. Incluía mayormente lo que hoy son Perú, Bolivia y Ecuador. Su capital era Cuzco que significa «ombligo del mundo».° La lengua oficial era el quechua que todavía se *navel of the world* habla bastante en esas regiones. Los incas adoraban el Inti (Sol). Cultivaban diferentes variedades de papas en las terrazas de los Andes. Construyeron formidables carreteras, puentes y templos. Machu Picchu, ciudad-fortaleza° en los *fortress* altos de los Andes, es un explendido ejemplo de la arquitectura de los incas. Ese nombre significa «viejo pico».

1. ¿Por dónde se extendía el imperio de los incas?
2. ¿Cuál era su capital y qué significa?
3. ¿Cuál era su dios *(god)* principal?
4. ¿Qué comían?
5. ¿Cómo sabemos que eran buenos arquitectos?

EN LA AGENCIA
DE TURISMO

COMMUNICATION

to give and follow directions
to express requests
to express feelings

CULTURE

major landmarks of Mexico City
Hispanic cities and towns

GRAMMAR

formal commands
present subjunctive in noun clauses

10 LECCIÓN

Cerca de la capital está la Zona Arqueológica de Teotihuacán. Aquí se encuentran (are found) las famosas Pirámides del Sol y de la Luna.

Chapultepec es un magnífico parque que tiene excelentes museos, jardines y monumentos.

Esperanza y su esposo Benito visitan la ciudad de México. Quieren conocer los lugares más interesantes y deciden ir a una agencia.

Benito	Querida,° quiero que decidas° entre Chapultepec y las Pirámides.	*Dear / decide*
Agente	*(Casi° interrumpiendo)* ¡Oh no, señor! Uds. pueden ir a Chapultepec hoy y a las Pirámides mañana.	*Almost*
Esperanza	¡Ay, sí! Quisiera° ir a los dos lugares, pero también tenemos que comprar unos regalos.	*I'd like*
Agente	Miren° Uds., en el paseo° a las Pirámides incluimos paradas en las tiendas de artesanía.° ¿Desean que les haga las reservaciones?°	*Look / outing* *craft shops / Do you want me to make reservations for you?*
Benito	Bueno, Esperanza, di° tú, ¿vamos o no?	*say*
Esperanza	¡Claro que sí!... Pero, espero que tengamos tiempo para el Ballet Folklórico esta noche.	
Benito	Y tiempo para descansar° un poco. Necesito acostumbrarme° a la altitud y al tráfico.	*to rest* *to get used to*
Agente	¡No se preocupen!° En nuestros paseos hay tiempo para todo.	*Don't worry.*

¿Recuerda Ud.?

1. ¿En qué ciudad estaban Esperanza y Benito?
2. ¿Qué querían ver?
3. ¿Con quién hablaban ellos?
4. ¿Cuándo podían ir a Chapultepec? ¿y a las Pirámides?
5. ¿Qué tenía que comprar Esperanza?
6. ¿Dónde hacían paradas en los paseos?
7. ¿Adónde deseaba ir Esperanza esa noche?
8. ¿Por qué necesitaba descansar Benito?

Adaptación

Imagínese que Ud. y un(a) amigo(a) hablan con un(a) agente de turismo. Su amigo(a) quiere pasar las vacaciones en la playa porque le gusta nadar y pescar. Ud. prefiere la ciudad porque le gustan los museos y los teatros. El (La) agente trata de resolver el problema. Preparen una conversación original entre los tres. Incluyan expresiones mexicanas; por ejemplo: **¡Qué padre!** *(Great!),* **¡Ándale!** *(Go ahead; you have my permission!)* **¡Híjole!** *(Gee-whiz!)*

NOTAS CULTURALES

México, D.F. (Distrito Federal) tiene más de 25 millones de habitantes. Esta ciudad es una de las capitales más antiguas° del Nuevo Mundo y a la vez° una de las más modernas y cosmopolitas. Situada a una altitud de 2.240 metros (7.343 pies) sobre el nivel del mar,° es importante recordarles a los turistas que el cuerpo necesita adaptarse a ese cambio. Al principio se recomienda que los visitantes° caminen, coman y tomen más despacio. El clima es agradable con una temperatura media anual de 14°C (57°F), aunque casi todo el año «el smog» cubre la capital. Para mejorar el ambiente el gobierno mexicano quiere que las nuevas plantas industriales se construyan lejos de la ciudad o en otras partes del país. También es mandatorio que los autos particulares no se usen un día de la semana.

ancient / at the same time

above sea level

visitors

smog-contaminación

Con todas las atracciones que ofrece la capital, es preferible que los turistas hagan planes con anticipación. Muchos de los museos, las zonas arqueológicas, los teatros profesionales y los cabarets cierran los lunes. Algunos espectáculos sólo se presentan una o dos veces a la semana; por ejemplo, las corridas de toros, los domingos; El Ballet Folkórico, los domingos por la mañana y por la tarde, y los miércoles por la noche. Se recomienda una excursión por la ciudad los sábados y los domingos cuando corre menos tráfico y no los viernes cuando está en su máximo.

La Basílica de Guadalupe

➤ *Práctica 1*

Imagínese que unos compañeros de clase piensan ir a la capital mexicana. Conteste
sus preguntas.

1. ¿Cómo es el clima? ¿Qué ropa recomiendas que llevemos?
2. ¿Qué nos recomiendas en cuanto a *(regarding)* la comida y el ejercicio?
3. ¿Qué lugares debemos visitar y cuándo debemos hacerlo?
4. ¿Cuándo es preferible hacer una excursión en bus por la capital? ¿Por qué?
5. ¿Qué actividades recomiendas para los domingos? ¿los lunes?

*La Catedral Metropolitana y la Plaza
de la Constitución (el Zócalo)*

*El Monumento a la Independencia
en el Paseo de la Reforma*

La elegante Zona Rosa

ESTRUCTURA

(Formal Commands)

A. A command is an order that one person gives directly to another: *Look! Listen!* Recall that the **Ud.** and **Uds.** affirmative and negative commands are formed by dropping the **-o** ending from the first-person singular (present tense) and adding **-e / -en** to **-ar** verbs and **-a / -an** to **-er** and **-ir** verbs.

STATEMENTS	COMMANDS	
Hablo despacio.	¡**Hable (Ud.)** despacio!	*Speak slowly!*
	¡No **hablen (Uds.)**!	*Don't speak!*
Escribo más.	¡No **escriba** más!	*Don't write any more!*
	¡**Escriban**!	*Write!*

Ud. and **Uds.** may be included for emphasis or politeness.

These five verbs, whose **yo** form does not end in **-o,** have slightly different patterns.

	Usted	Ustedes
INFINITIVE	COMMAND	COMMAND
dar	dé	den
estar	esté	estén
ir	vaya	vayan
saber	sepa	sepan
ser	sea	sean

➤ *Práctica 2*

a. Dígale *(Tell)* al (a la) profesor(a) que haga *(to do)* las siguientes cosas.

MODELO esperar / un minuto   **Espere Ud. un minuto.**
          no leer / rápido   **No lea Ud. rápido.**

1. trabajar / menos
2. escribir / en la pizarra
3. abrir / la puerta
4. no regresar / mañana
5. no correr / mucho
6. comer / unas galletitas
7. vender / los libros viejos
8. pasar / unos días en el campo
9. escuchar /música clásica
10. permitir / uno o dos errores, ¿no?

b. Imagínese que Ud. trabaja en Latinoamérica. Dígales a sus compañeros de trabajo que hagan las siguientes cosas.

MODELO estar / aquí temprano   **Estén aquí temprano.**

1. revisar / el trabajo
2. ir / a la oficina
3. ser / puntuales
4. dar / un descuento de diez por ciento
5. no discutir / la política ahora
6. no trabajar / los domingos
7. leer / las instrucciones bien
8. terminar / el trabajo pronto

B. Remember that some verbs have stem changes or irregular **yo** forms. The formal commands of these verbs reflect those changes.

pensar:	pienso	**Piense (Ud.).**	**Piensen (Uds.).**
dormir:	duermo	**Duerma (Ud.).**	**Duerman (Uds.).**
pedir:	pido	**Pida (Ud.).**	**Pidan (Uds.).**
hacer:	hago	**Haga (Ud.).**	**Hagan (Uds.).**
traer:	traigo	**Traiga (Ud.).**	**Traigan (Uds.).**
decir:	digo	**Diga (Ud.).**	**Digan (Uds.).**
ver:	veo	**Vea (Ud.).**	**Vean (Uds.).**

➤ *Práctica 3*

El Sr. Suárez quiere saber si puede hacer las siguientes cosas o no. Contéstele Ud. afirmativa o negativamente.

MODELO ¿Pedir unos refrescos o no?
Sí, pida unos refrescos.
No, no pida unos refrescos.

1. ¿Pedir vino o no?
2. ¿Traer a los niños o no?
3. ¿Dormir la siesta o no?
4. ¿Ver la televisión o no?
5. ¿Cerrar las ventanas o no?
6. ¿Decir un chiste *(joke)* o no?
7. ¿Salir luego o no?
8. ¿Hacer ejercicios o no?
9. ¿Ir al parque o no?
10. ¿...?

C. Verbs ending in **-car, -gar,** and **-zar** have spelling changes in the command forms in order to preserve the sound of the stem or for reasons of spelling conventions.

seguir
y
siga

explicar	c→qu	¡Expli**que** Ud. el problema.!
buscar		¡No bus**quen** más!
pagar	g→gu	¡Pa**gue** mil pesos!
jugar		¡No jue**guen** en la calle!
empezar	z→c	¡Empie**cen** a comer.!
cruzar *(to cross)*		¡Cru**ce** la Avenida Juárez.!

➤ *Práctica 4*

a. Dé los dos mandatos **Ud.** y **Uds.** de los siguientes verbos.

MODELO llegar temprano **¡Llegue temprano!**
¡Lleguen temprano!

Pague/paguen

1. pagar la cuenta
Empiece/empiecen 2. empezar el trabajo
Explique 3. explicar el error
Almuerce 4. no almorzar (ue) en el restaurante

5. jugar al dominó *juegue*
6. tocar un poco de música *toque*
7. apagar *(turn off)* la luz *apague*
8. marcar el número del teléfono *marque*

b. Ud. está en el Hotel María Isabel. Varios turistas (compañeros) le preguntan cómo se va *(how one goes)* a diferentes lugares. Use el plano de la ciudad de México y las siguientes expresiones para ayudar a las personas.

vaya por   *go along*
vaya derecho   *go straight ahead*
doble a la derecha   *turn right*

doble a la izquierda   *turn left*
cruce la calle (avenida)   *cross the street (avenue)*
hasta   *up to*

MODELO ¿Cómo se va al Palacio de Bellas Artes?
Vaya derecho por la Reforma
hasta la Avenida Hidalgo.
Doble a la derecha.

1. ¿Cómo se va a la Catedral Metropolitana?
2. ¿Cómo se va al Zócalo (Plaza de la Constitución)?
3. ¿Cómo se va al Museo de Antropología?
4. ¿Cómo se va a la Zona Rosa (comercios)?
5. ¿Cómo se va al Monumento a la Revolución?
6. ¿Cómo se va a la Alameda (parque)?
7. ¿Cómo se va a la Plaza de las Tres Culturas?

Plano del centro, ciudad de México

c. Dos turistas están en el edificio donde Ud. tiene clase. Ellos quieren ir a diferentes lugares de la ciudad. Use la lista de lugares y el vocabulario adicional para ayudar a los dos turistas.

MODELO el correo principal **Vayan por la calle (avenida) hasta... Doblen...**

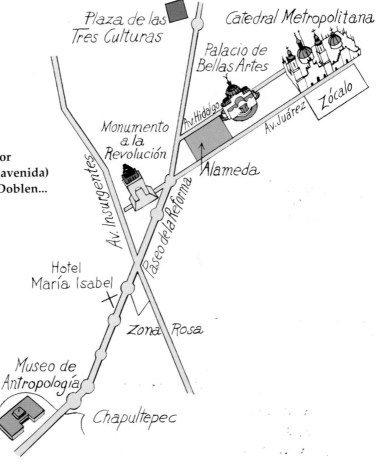

Plano de ciudad de México

cuadra *city block*
semáforo *traffic light*
esquina *street corner*

1. el hotel
2. el banco
3. el museo
4. el teatro
5. el centro comercial
6. (otros lugares de interés)

D. Object pronouns are attached to affirmative commands. An accent mark is added to preserve the original stress of the verb.

¡Siéntense Uds.! *Sit down!*
¡Pregúntele a ella! *Ask her!*
¡Tráigamelo! *Bring it to me!*

In negative commands these pronouns come *before* the verb.

¡No **se** sienten Uds.! *Don't sit down!*
¡No **le** pregunte a ella! *Don't ask her!*
¡No **me lo** traiga! *Don't bring it to me!*

➤ *Práctica 5*

a. Ud. está en una excursión. Dígales a los otros excursionistas lo que deben hacer.

MODELO Ud. se sienta aquí.   **¡Siéntese aquí, por favor!**

1. Ud. se levanta ahora.
2. Uds. los compran.
3. Uds. me esperan.
4. Ud. me lo envía.
5. Uds. se divierten.
6. Uds. se lo dicen a los Portilla.
7. Ud. se la da a ellos.
8. Uds. nos los devuelven mañana.
9. Ud. me las trae a mí.
10. Uds. la buscan.

b. Repita la Práctica anterior, pero esta vez dígales lo que *no* deben hacer.

MODELO Ud. se sienta aquí.   **¡No se siente aquí, por favor!**

c. Imagínese que Ud. es instructor(a) de aeróbicos. Dígales a sus compañeros qué ejercicios deben hacer. Primero estudie el modelo y el vocabulario.

MODELO los brazos... levantar
Los brazos. ¡Levántenlos!

levantar *to lift*		**estirar** *to stretch*	
bajar *to lower*		**los hombros** *shoulders*	
subir *to raise, go up*			

1. los brazos... bajar
2. las piernas... estirar
3. la espalda... doblar
4. las manos... mover (ue)
5. la cabeza... levantar y bajar
6. los hombro... subir y bajar
7. las rodillas... doblar
8. los dedos de los pies... tocarse

II. El subjuntivo

A. The commands covered in the previous section are a direct way of asking someone to do something. By contrast, an indirect command tones down the order and is also applicable to other persons. Both types of commands are expressed by the subjunctive forms of the verb. Notice also that object pronouns come before the verb in both affirmative and negative indirect commands.

DIRECT

¡Regrese mañana!

¡Siéntense aquí!

INDIRECT

Quiero que Ud. regrese mañana.
I want you to return tomorrow.
Queremos que Benito regrese.
We want Benito to return.
Prefiero que se sienten aquí.
I prefer that you sit here.
Abuela desea que nos sentemos juntos.
Grandmother wants us to sit together.

Las formas del subjuntivo

	regresar	leer	salir
(yo)	regrese	lea	salga
(tú)	regreses	leas	salgas
(él, ella, Ud.)	regrese	lea	salga
(nosotros)	regresemos	leamos	salgamos
(vosotros)	regreséis	leáis	salgáis
(ellas, ellos, Uds.)	regresen	lean	salgan

1. Notice that the subjunctive stems, which include the **Ud.** and **Uds.** commands, are based on the **yo** form of the present indicative, except that **-ar** verbs switch to **-e** endings and **-er/-ir** to **-a** endings. Irregular verbs to review are:

dar: **dé, des, dé, demos, deis, den**
estar: **esté, estés, esté, estemos, estéis, estén**
ir: **vaya, vayas, vaya, vayamos, vayáis, vayan**
ser: **sea, seas, sea, seamos, seáis, sean**
saber: **sepa, sepas, sepa, sepamos, sepáis, sepan**

2. Stem-changing **-ar** and **-er** verbs maintain their same "boot" pattern of change:

cerrar

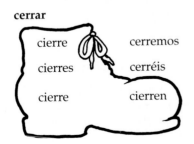

poder

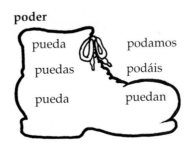

3. The **-ir** stem-changing verbs keep their pattern except for the **nosotros** and **vosotros** forms in the following cases:

e→i verbs retain the **i**:
pedir: **pida, pidas, pida, p̲i̲damos, p̲i̲dáis, pidan**

e→ie verbs reduce to **i**:
divertirse: **me divierta, te diviertas, se divierta, nos div̲i̲rtamos, os div̲i̲rtáis, se diviertan**

o→ue verbs reduce to **u**:
dormir: **duerma, duermas, duerma, d̲u̲rmamos, d̲u̲rmáis, duerman**

B. Verbs have tenses and moods. A *tense* refers to the time of an action; a *mood* expresses the speaker's attitude toward that action. We use the indicative mood to report facts and what we consider certain.

Vamos de compras.	*We're going shopping.*
Estoy seguro de que hay clase hoy.	*I'm sure there's class today.*

In contrast, we use the subjunctive mood to make requests or express our feelings concerning other persons or things. Typical expressions that convey desire or request include:

desear que	*to desire*
preferir que	*to prefer*
querer que	*to want*

and impersonal expressions like:

Es preciso que...	*It is necessary that . . .*
Es importante que...	*It is important that . . .*

Some common expressions that express feelings or emotions are:

alegrarse (de)	*to be happy (about)*
esperar	*to hope*
sentir (ie)	*to be sorry, regret*
temer	*to fear*

If there is no change of subject after an expression of request or emotion, the infinitive is used—not **que** + *subjunctive.*

Quiero leer la carta.	*I want to read the letter.* (same subject)
Quiero que leas la carta.	*I want you to read the letter.* (I want / you read: change of subject)
Esperan llegar a tiempo.	*They hope to arrive on time.*
Esperan que Rubén llegue a tiempo.	*They hope Rubén will arrive on time.*

English has different ways of translating the Spanish subjunctive.

Quiero que Lola **vaya** con Uds.	*I want Lola to go with you.*
Prefieren que ella **vaya** con Uds.	*They prefer (that) she go with you.*
Esperamos que ella **vaya** con Uds.	*We hope (that) she will go with you.*

Remember:

> Expression of request or emotion + **que** + *subjunctive*

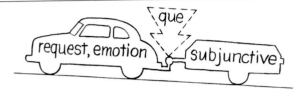

> *Práctica 6*
....

a. Ud. quiere que las siguientes personas regresen a diferentes horas o días. Complete las oraciones con el subjuntivo.

    MODELO Quiero que Benito **regrese** pronto.

Quiero que $\begin{cases} \text{Esperanza / luego} \\ \text{(tú) / el lunes} \quad \text{es} \\ \text{los niños / a las doce} \\ \text{Ud. / el sábado} \\ \text{él / ¿...?} \end{cases}$

Repita la **Práctica a,** pero esta vez *(this time)* empiece con la expresión **Prefiero que Benito vaya...**

b. Es preciso que varias personas hagan las reservaciones para diferentes eventos. Complete las oraciones.

    MODELO Es preciso que Uds. **hagan** las reservaciones para el teatro.

Es preciso que $\begin{cases} \text{(yo) / el restaurante} \quad haga \quad \text{ES} \\ \text{el agente / el paseo} \quad haga \\ \text{(nosotros) / el concierto} \quad hagamos \\ \text{(tú) / la corrida de toros} \quad hagas \\ \text{ellos / ¿...?} \quad hagan \end{cases}$

Repita la **Práctica b** pero esta vez empiece con **Es necesario que Uds. confirmen...**

c. El profesor de español espera que los estudiantes escriban varias cosas. Complete las oraciones.

    MODELO El profesor espera que Raquel **escriba** el vocabulario.

El profesor espera que $\begin{cases} \text{(yo) / los verbos} \\ \text{(nosotros) / las oraciones} \\ \text{(tú) / el diálogo} \\ \text{Uds. / la carta} \\ \text{Diego / ¿...?} \end{cases}$

Repita la **Práctica c**, pero use el modelo: **El profesor teme que Raquel no recuerde...**

d. Unas personas hablan con un agente de turismo y expresan sus preferencias o sentimientos en cuanto a (*as to*) varias opciones. Combine las expresions de la columna A con las expresiones de la columna B para hacer un mínimo de doce oraciones originales.

MODELO **Siento que ella no se divierta en la playa.**

[handwritten, left margin:] Quiero que los niños vengan con nosotros

[handwritten:] Prefiero que el agente prepare el itinerario

[handwritten:] Recomiendan que ud. explique las diferentes excursiones

[handwritten:] Prefiero que uds reserven los asiento

A	B
Deseamos que...	1. el agente / preparar el itinerario
Siento que...	2. Uds. / reservar los asientos
Ella no quiere que...	3. tú / no visitar los museos
Prefiero que...	4. los niños / venir con nosotros
Temen que...	5. Ud. / explicar las diferentes excursiones
Quiero que...	6. ella / no divertirse en la playa
Me alegro de que...	7. mis padres / ver los lugares más interesantes
Recomiendan que...	8. tú / viajar solo(a)
¿...?	9. la secretaria / me dar unos folletos (*brochures*)
	10. él / pedir una habitación de lujo (*luxury*)
	11. ¿...?

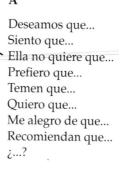

e. Ud. le pregunta a otro(a) estudiante si quiere que (prefiere que,...) Ud. haga varias cosas. Refiéranse a las siguientes preguntas y respuestas como modelo. Usen los infinitivos entre paréntesis como sugerencias (*suggestions*).

UD.	OTRO(A) ESTUDIANTE
1. ¿Qué quieres que (yo) lea? (escribir, estudiar, escuchar, aprender, copiar, reexaminar, releer)	Quiero que (tú) leas...
2. ¿A quién prefieres que conozca? (invitar, buscar, ver, llamar, persuadir, traer, ayudar)	Prefiero que conozcas a...
3. ¿Qué esperas que te dé el (la) profesor(a)? (prestar, enseñar, explicar, regalar, traer, devolver, pedir)	Espero que (él / ella) me dé...

f. Ahora su compañeros(as) hacen las preguntas y Ud. las contesta según la **Práctica e.** Para variar (*to vary*) un poco, cambien **yo → nosotros** y **tú → ustedes.**

MODELO **¿Qué quieres que (nosotros) leamos?**
Quiero que (ustedes) lean...

g. Un recado (*A message*). Ud. no puede terminar los quehaceres de la casa (*house chores*), y antes de salir le escribe un recado a un miembro de su familia. En el recado le dice lo que él (ella) debe hacer. Use un mínimo de cinco oraciones con expresiones que requieren el subjuntivo; por ejemplo: **Quiero que..., Deseo que..., Es preciso que...**

MODELO **Quiero que laves la ropa.**

Los quehaceres pueden incluir:

lavar los platos *to wash the dishes*   **guardar la ropa** *to put away the clothes*
sacar la basura *to take out the garbage*   **hacer las camas** *to make the beds*
cocinar *to cook*   **lavar la ropa** *to do the laundry*
limpiar *to clean*

h. **Mis reacciones.** Su compañero(a) hace no menos de ocho comentarios de sí mismo(a) (*him/herself*). Ud. reacciona con la expresión más apropiada a continuación.

MODELO Compañero(a) **Tengo un carro nuevo.**
                 Ud. **Me alegro de que tengas un carro nuevo.**

> **Expresiones:**
> Me alegro de que...   Espero que...   Es triste que...
> Siento que...   Temo que...   Es bueno que...

i. **¿Cómo se dice?**

1. Use el subjuntivo de **ser (sea...)** o **estar (esté...)** para traducir las oraciones.
   a. I'm sorry you are sick.   *Siento que esté enferma*
   b. I want you to be my friends.   *Yo quiero que sea mis amigos*
   c. We fear that Benito won't be home.
   d. We hope the food is Mexican.
2. Use el subjuntivo, si es necesario.
   a. I want to rest a little, but my wife wants me to go shopping.
   b. María Carmen prefers that we spend a few days in her home.
   c. We hope to go to Spain in the summer.
   d. I'm afraid they go to bed early.

OBSERVACIONES

A local Spanish newspaper in the United States asked Tony Vázquez, a bilingual college student, to write his impressions of Latin American cities. As you read the article on the next page note the attitude or tone of the writer and his choice of expressions that trigger the subjunctive.

Caracas, Venezuela

Las ciudades hispanoamericanas

Después de pasar unas semanas en las capitales hispanoamericanas quisiera compartir° mis impresiones con los lectores° de este periódico.

    Estas ciudades comparten ciertas semejanzas.° Tradicionalmente se desarrollaron alrededor de una plaza central donde están la catedral, la casa de gobierno° y los comercios. Es obvio que la plaza es un centro comercial y social. Me alegro de que allí todavía se preserven los antiguos° edificios con sus portales° y tiendas pequeñas. Es bueno que allí se reúnan° los amigos para charlar.° También es allí adonde los niños quieren que sus abuelos los lleven a dar un paseo o a jugar.

    Otra semejanza es el contraste entre el pasado y el presente. Junto a los viejos edificios podemos ver modernos rascacielos.° No lejos de las calles estrechas del centro podemos andar por anchos° bulevares que tienen glorietas° con monumentos o fuentes. México, Quito y La Paz quieren que su

share / readers

similarities

government

ancient
porticos / get together
chat

skyscrapers
go along wide / traffic circles

herencia cultural indoespañola sea visible y por lo tanto° la   *therefore*
expresan en su arquitectura y en el ambiente general de la ciudad. Buenos Aires y Montevideo, en cambio, preservan un
carácter más europeo mientras Caracas refleja° la influencia de   *reflects*
los Estados Unidos.

Es lástima° que las capitales tengan que compartir el   *It's a pity*
inmenso problema de la migración rural. Temo que muchos
campesinos abandonen el campo por la falsa ilusión de las ciudades. Cuando llegan allí ellos se dan cuenta° que hay pocas   *realize*
viviendas° y que los empleos son pocos y mal pagados.° Para   *housing / paid*
vivir es preciso que muchos construyan casuchas° en las   *huts*
afueras.° Por esas razones es urgente que los gobiernos y el   *outskirts*
sector privado aumenten y mejoren los trabajos y servicios
como los hospitales, las escuelas y los medios de transporte
para esta gente.

A pesar de° sus problemas, las ciudades tienen un gran   *In spite of*
encanto.° Allí es donde nos divertimos con gusto en los fabu-   *charm*
losos parques, museos, teatros y otros lugares de recreo.°   *recreation*
Espero que en un futuro cercano° Uds., mis lectores, también   *near*
visiten y se diviertan en las encantadoras ciudades hispanoamericanas. ¡Feliz viaje!

¿Comprende Ud.?

a. **Traducción.** Busque el equivalente de las siguientes oraciones en la lectura. Después subraye (*underline*) el verbo en el subjuntivo en cada oración.

1. The children want their grandparents to take them for a walk.
2. I fear that the peasants abandon the country . . .
3. It's necessary for many to build huts in the outskirts.
4. It's good that friends get together there to chat.
5. I hope you'll visit the charming Spanish-American cities in the near future.

b. **Comprensión.** Conteste las preguntas en oraciones completas.

1. ¿Cómo se desarrollaron las ciudades hispanoamericanas?
2. ¿Qué se preservan en las plazas?
3. ¿Qué quieren México y Quito que sea visible?
4. ¿Cómo es el carácter de Buenos Aires? ¿y el de Caracas?
5. ¿Qué grave problema comparten las ciudades?
6. ¿Qué es urgente que los gobiernos hagan?
7. ¿Cómo podemos divertirnos en las ciudades?

c. **Temas** (*Themes*). Escoja uno de estos temas para escribir una descripción de ocho a diez oraciones. Exprese su actitud personal con las frases: **Me alegro de que, Es bueno (importante) que, Siento que...**

1. **Mi ciudad.** Empiece con la descripción de la calle principal (*Main Street*) y sus edificios.
2. **¿Por qué (no) me gusta la ciudad?** Sus razones pueden ser negativas o positivas.

d. Estudie los mapas en este libro y busque en la columna B las capitales de los países en la columna A.

A	B
1. Venezuela	a. Buenos Aires
2. El Perú	b. Managua
3. El Ecuador	c. La Paz
4. Nicaragua	d. Santiago
5. Chile	e. Montevideo
6. La Argentina	f. Lima
7. Cuba	g. Santo Domingo
8. El Uruguay	h. Quito
9. Bolivia	i. Caracas
10. La República Dominicana	j. La Habana

● ACTIVIDADES

LAS TARJETAS DE AMISTAD *(friendship)*

Ojalá° que te mejores° pronto.

Deseamos que pasen muy felices la Navidad° y que el próximo año sea muy próspero para todos.

I hope / get better
Christmas

Ud. escribe varias notas de amistad a sus amigos. Empiece cada nota con la frase **Ojalá que,** que es otra manera de decir **Espero que** *(I hope that).* En realidad, **Ojalá** significa *may Allah grant* en árabe, pero hoy día no tiene significado religioso.

MODELO **Ojalá que tengas un buen viaje.**
Ojalá que tengan un próspero Año Nuevo.

Sugerencias:

tener un feliz cumpleaños o aniversario	tener mucha suerte en...	mejorarse
ser feliz	divertirse mucho...	¿...?
	regresar pronto	

Alex Mitzumi, an Asian-American, is going to Mexico for a few days on a business trip **(un viaje de negocios).** He asks his former Spanish teacher, **la profesora Castellanos,** to give him a few tips on what and what not to do. Listen as **la profesora** offers him advice **(consejos).** Rely on context and surrounding words. Be ready to answer the questions that follow.

1. La profesora Castellanos se alegra mucho de que Alex _____.
   a. pase el verano en Yucatán
   b. se mude a Guadalajara
   c. vaya a México
2. En la primera visita a México, Alex va a _____.
   a. vender sus productos en el mercado
   b. firmar varios contratos con el gobierno
   c. hacerse amigo de los gerentes
3. La profesora le recomienda a Alex que no haga planes _____.
   a. del 15 de diciembre al 6 de enero
   b. para principios de junio
   c. la última semana de noviembre
4. La fecha de la Independencia de México es _____.
   a. el primero de enero
   b. el 16 de septiembre
   c. el 5 de marzo
5. Durante las primeras reuniones de negocios es importante que Alex _____.
   a. empiece a hablar de negocios en seguida
   b. exprese sus opiniones políticas y religiosas
   c. tenga las tarjetas y los catálogos en español
6. Si Alex no conoce una persona con contactos o influencia, es preciso que el

   _____.
   a. se comunique con la Cámara de Comercio
   b. busque una «palanca»
   c. a y b
7. La profesora prefiere que Alex use el título de **licenciado** con _____.
   a. los ingenieros de las fábricas
   b. las personas que se diplomaron de la universidad
   c. los choferes que tienen licencias especiales
8. La profesora siente que Alex _____.
   a. sólo pueda quedarse pocos días
   b. no lleve a su familia en el viaje
   c. pierda la oportunidad de ir a las pirámides
9. Ella quiere que Alex también _____.
   a. camine por El Paseo de la Reforma
   b. vaya al teatro y al Museo de Antropología
   c. asista a un concierto en el Palacio de Bellas Artes
10. La profesora espera que Alex converse de negocios _____.
    a. por los fines de semana cuando las familias están presentes
    b. por las noches cuando cenan
    c. por las tardes cuando almuerzan

Vocabulario

Sustantivos

las afueras	*outskirts*
el ambiente	*environment*
el Año Nuevo	*New Year*
la basura	*garbage*
el consejo	*advice*
el gobierno	*government*
el mapa	*national, world map*
el plano	*city map*
el mar	*sea*
la Navidad	*Christmas*
el paseo	*outing, ride*
el recado	*message*
el recreo	*recreation, recess*
el regalo	*gift*

Adjetivos

antiguo(a)	*old, ancient*
cercano(a)	*near*
encantador(a)	*charming*
inmenso(a)	*immense*
próximo(a)	*next*
querido(a)	*dear*

Verbos

acostumbrarse (a)	*to get used to*
alegrarse (de)	*to be happy (about)*
apagar	*to turn off*
ayudar	*to help*
bajar	*to lower*
compartir	*to share*
construir*	*to build*
cruzar	*to cross*
cubrir	*to cover*
decidir	*to decide*
descansar	*to rest*
doblar	*to turn (a corner)*
esperar	*to hope, wait for*
guardar	*to put away, keep*
mejorarse	*to get better*
mirar	*to look at*
preocuparse (por)	*to worry about*
recomendar (ie)	*to recommend*
reunirse (con)[†]	*to get together (with)*
sentir (ie)	*to be or feel sorry, to feel*
subir	*to raise, go up*
temer	*to fear*

Expresiones

¡Claro que sí!	*Of course!*
Es (una) lástima.	*It's a pity.*
Es preciso.	*It's necessary.*
Es triste.	*It's sad.*
hasta	*up to, until*
Ojalá	*I hope, here's hoping*
por lo tanto	*therefore*
quisiera	*I'd like*

---

*Verbs ending in **-uir** (not **-guir** as **seguir**) insert **y** in all but the **nosotros** and **vosotros** forms of the present indicative and subjunctive: **construyo, construyes, construye, construimos, construís, construyen / construya...**

[†]**Reunirse** has a written accent mark on the **u** in all but the **nosotros** and **vosotros** forms of the present indicative and subjunctive: **me reúno, te reúnes, se reúne, nos reunimos, os reunís, se reúnen / me reúna...**

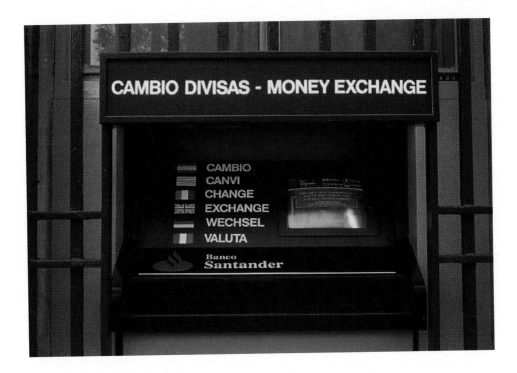

EN EL BANCO

COMMUNICATION

to transact business at the bank and post office

to talk about what *will* happen

to talk about what *would* happen

to indicate destination, intention, and cause

CULTURE

banking in Hispanic countries

Hispanic post offices

rural Hispanic life

GRAMMAR

future and conditional verb forms

limited expressions with **para** and **por**

objects of prepositions

LECCIÓN

11

el cajero

el dinero en efectivo

los cheques de viajero

María Luisa Montoya de Phoenix, Arizona, está de visita° en Sevilla, España. Desea cambiar unos cheques de viajero, y entra en el Banco Hispanoamericano.

is visiting

Cajero	Hola, buenos días. ¿Qué desea?
Ma*. Luisa	Quisiera cambiar cien dólares en pesetas.
Cajero	Muy bien. ¿Tiene cheques o dinero en efectivo?°
Ma. Luisa	Cheques de viajero. Perdone, ¿a cuánto está el cambio?°
Cajero	Está a ciento veinte y cinco pesetas por dólar. ¿Me muestra° su pasaporte, por favor?
Ma. Luisa	Sí, cómo no.° Aquí lo tiene.
Cajero	¿Cuál es su dirección en Sevilla?
Ma. Luisa	Estoy en el Hotel Murillo, calle Lope de Rueda, número 9.
Cajero	Bueno. ¿Quiere firmar el comprobante?°
Ma. Luisa	Bien, pero, ¿podría° darme la mitad° en billetes° pequeños?
Cajero	De acuerdo, para servirle.

cash

what's the rate of exchange?

show

of course

sign the voucher

could / half / bills

¿Recuerda Ud.?

1. ¿Dónde estaba de visita María Luisa?
2. ¿Qué deseaba cambiar ella?
3. ¿A cómo estaba el cambio?
4. ¿Qué tuvo que mostrarle ella al cajero?
5. ¿En qué calle estaba el Hotel Murillo?
6. ¿Qué tuvo que firmar ella?
7. ¿Cómo quería María Luisa el dinero?
8. ¿Cuántas pesetas le dio el banco a María Luisa por cien dólares?

***Ma.** is a common abbreviated form of **María.**

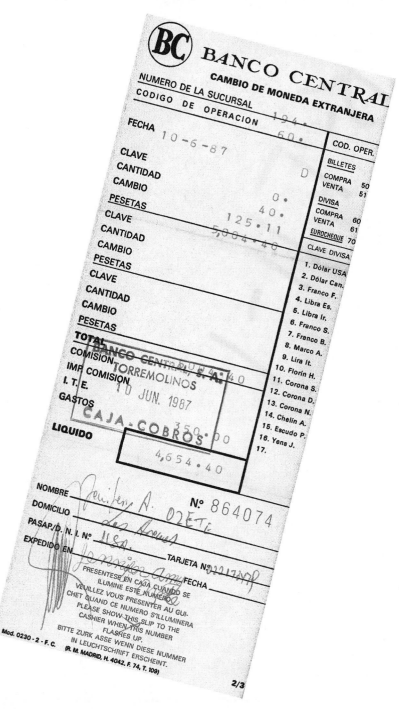

Adaptación

Imagínese que Ud. es cajero(a) en un banco en Arizona. Su amigo(a), un(a) cliente hispano(a), desea abrir una cuenta corriente (de cheques). Pregúntele en qué puede servirle. Recomiéndele que abra una cuenta de ahorros (savings) también. Luego menciónele los certificados de depósito. El (La) cliente debe preguntarle cuánto interés paga el banco y cuánto cobra (charges) por los cheques. A él (ella) también le interesan los cheques personalizados con diseños (designs). Por fin, decidan cuánto dinero el (la) cliente va a depositar en cada cuenta.

Los horarios° bancarios en España y Hispanoamérica por lo general son de las nueve de la mañana a las dos de la tarde. Los sábados cierran una hora más temprano. Los hoteles también cambian dinero y cheques de viajero, pero el recargo (la comisión) es un poco más alta. En realidad esa conveniencia de los hoteles vale la pena° cuando uno tiene prisa. También se recomienda cambiar dinero en los bancos del aeropuerto, especialmente cuando uno llega al país y necesita menudo o suelto.°   *schedules*   *is worthwhile*   *small change*

El valor de la moneda nacional varía de día en día según la demanda y la situación económica de los países. En España la unidad monetaria es la **peseta,** y su abreviación es **Pta.** Los billetes° son de diferentes denominaciones, tamaños° y colores y tienen el semblante o cara de famosos españoles; por ejemplo, el billete de 5.000 pesetas tiene el Rey.° Hay monedas° de 1, 5, 25, 50, 100, 200 y 500 pesetas. Una moneda de cinco pesetas se llama un **duro.**   *bills*   *sizes*   *King / coins*

Por otra parte, en México la unidad monetaria es el **peso.** La palabra **peso** significa *weight* y antes representaba cierta unidad de plata.° Con la reciente devaluación del peso, se suprimen° los últimos tres ceros de los billetes viejos para tener más o menos el equivalente de un dólar U$. Los billetes y monedas mexicanas llevan dibujos de figuras, lugares u[1] objetos históricos.   *silver*   *suppress*

➤ *Práctica 1*

Indique **cierto** o **falso** según el contexto. Después cambie las oraciones falsas para hacerlas ciertas.

1. Los bancos de España e[1] Hispanoamérica cierran a las cinco de la tarde.
2. Están abiertos los sábados por las mañanas.
3. Los turistas pueden cambiar su dinero en los hoteles.
4. Se cobra un pequeño recargo o comisión al cambiar el dinero.
5. El valor de la moneda nacional varía según la demanda.
6. La abreviación **Pta.** significa **plata.**
7. El semblante del Rey Juan Carlos está en el billete de 5.000 pesetas.
8. El menudo se refiere a una moneda de cinco pesetas.
9. México tuvo una devaluación del peso recientemente.
10. La palabra **peso** también significa *coin.*

----

[1]Remember the connector **o** changes to **u** before an "o" sound: **siete u ocho**. Likewise **y** changes to **e** before an "i" sound: **madre e hija**.

Oye, ¡¡ésta es la última vez que te pido que me duelvas mi dinero!!

¡Qué suerte! Ya estaba cansado de oír lo mismo° todos los días.

The same thing

ESTRUCTURA

I. El futuro

A. Up to now we have relied on the simple present and the expression **ir a** + *infinitive* to express future actions.

Pago luego.	*I'll pay later.*
Voy a pagar luego.	*I'm going to pay later.*

The future (*will, won't*) in Spanish is formed by taking the entire infinitive and adding one set of endings to all verbs: **-é, -ás, -á, -emos, -éis, -án.** All the endings have an accent mark except the **nosotros(as)** form.

pagar *to pay*	
pagaré *(I will, shall pay)*	pagaremos
pagarás	pagaréis
pagará	pagarán

¿Cuándo **pagará** Ud.?	*When **will you pay**?*
No iremos allí.	*We **won't go** there.*

➤ *Práctica 2*

a. Diga los planes que tienen estas personas para el viernes o el sábado.

> MODELO nosotros: estudiar español / comer con los amigos
> **El viernes estudiaremos español. Comeremos con los amigos.**

1. nosotros: limpiar la casa / guardar la ropa / lavar el carro / bañar al perro / cortar la hierba *(mow the grass)* / reparar las bicicletas / y finalmente descansar un poco
2. mis padres: trabajar unas horas / ir a las tiendas / comprar la comida / preparar la cena / leer el periódico / visitar a la familia / divertirse un poco
3. yo: levantarse temprano / bañarse / desayunar cereal y café con leche / ir a la universidad / asistir a las clases / regresar a casa / comer un sándwich / ¿...?

b. Una representante de su firma en Sevilla visita el banco donde Ud. trabaja. Ud. debe explicarle a ella cómo pasará el día.

> MODELO 8:30 llegar al banco   **A las 8:30 (Ud.) llegará al banco.**

1. 9:00 visitar las oficinas
2. 10:00 hablar con el director
3. 12:00 almorzar con el personal
4. 13:00 presentar un informe
5. 14:00 ver las nuevas computadoras
6. 15:00 dar un paseo

B. A few verbs have irregular stems in the future.

1. The following verbs replace the **e** or **i** of the infinitive with **d.**

tener: **tendré, tendrás, tendrá, tendremos, tendréis, tendrán**
poner: **pondré, pondrás, pondrá, pondremos, pondréis, pondrán**
salir: **saldré, saldrás, saldrá, saldremos, saldréis, saldrán**
venir: **vendré, vendrás, vendrá, vendremos, vendréis, vendrán**

2. These verbs drop the **e** of the infinitive.

poder: **podré, podrás, podrá, podremos, podréis, podrán**
saber: **sabré, sabrás, sabrá, sabremos, sabréis, sabrán**
querer: **querré, querrás, querrá, querremos, querréis, querrán**

3. **Decir** and **hacer** have the stems **dir-** and **har-.**

diré, dirás, dirá, diremos, diréis, dirán
haré, harás, hará, haremos, haréis, harán

4. The future tense of **hay** is **habrá** *(there will be).*

C. Spanish also uses the future tense to express probability (to make a guess) in the present. Its English equivalents are *probably, I wonder,* and *must.*

¿Dónde **estará** Elvira?

I wonder where Elvira is? (Where can Elvira be?)

Estará en clase ahora.

She's probably in class now. (She must be in class now.)

➤ *Práctica 3* ....

a. Haga oraciones nuevas según los modelos.

> MODELOS *Agustina hará café.*
> nosotros / té **Haremos té**
> ellos / chocolate **Harán chocolate.**

1. *Ellos saldrán luego.*
él / mañana
yo / a las ocho y media
ellas / el sábado
nosotros / ¿...?
tú / ¿...?
¿...?

4. *Tendré que pagar.*
ellos / cocinar
nosotros / comer
tú / salir
ella / trabajar
yo / ¿...?
¿...?

2. *Venderemos en carro.*
ella / taxi
Uds. / autobús
tú / avión
yo / tren
nosotros / ¿...?
¿...?

5. *Cristóbal dirá muy poco.*
yo / lo mismo de siempre
el gobierno / la verdad
nosotros / no... nada
Uds. / algo
¿...?

3. *Mimi no podrá ir al campo.*
yo / a las tiendas
nosotros / al restaurante
ellos / a la fiesta
la gente / al cine
¿...?

b. Conteste las siguientes preguntas con el futuro de probabilidad para especular sobre (*about*) lo que pasa en el dibujo.

La finca *(The farm)*

Jacinto Carrillo vivirá en el campo, ¿no?

1. ¿Qué tiempo hace? ¿Hará frío?
2. ¿Qué estación será, el invierno o el verano?
3. ¿Qué hora será?
4. ¿Dónde vivirá Jacinto?
5. ¿Cuántos años tendrá él? ¿y su hija?
6. ¿Será casado o soltero?
7. ¿Qué cultivará Jacinto?
8. ¿La tierra (*land*) será fértil o árida?
9. ¿Qué animales habrá en la finca?
10. ¿Quién montará a caballo?
11. ¿Qué comerán los Carrillo?
12. ¿Con qué harán una ensalada?
13. ¿Qué condimento pondrán en la comida?
14. ¿Será el maíz para la familia o para los animales?
15. ¿Con qué harán tortillas?
16. ¿Qué dirá Jacinto?
17. Y finalmente, ¿querrá Ud. ser agricultor(a) como Jacinto? ¿Por qué?

c. Traduzca las oraciones, usando el futuro de probabilidad.

MODELO I wonder who knows the answer?
¿Quién sabrá la respuesta?

1. I wonder what time it is? Que hora sera
2. You are (probably) hungry. Tu tendras hambre
3. They (must) know the director.
4. Mauricio (probably) doesn't remember Mrs. Chávez.
5. Where can the children be?

d. Escriba el párrafo, cambiando las formas **ir a** + *infinitivo* al futuro.

MODELO Voy a ver a tía Conchita.   **Veré a tía Conchita.**

El sábado vamos a visitar a nuestros tíos en el campo. Vamos a salir temprano por la mañana, y así vamos a pasar todo el día con ellos. Tío Pedro nos va a enseñar la finca y los animales. Mi hermana Julia va a querer montar a caballo. Probablemente tía Conchita va a hacer un delicioso arroz con pollo. Después de almorzar vamos a tomar una tacita de café, y vamos a hablar de la familia y los amigos. Seguro que nos vamos a divertir mucho en el campo.

e. Dígale a su compañero(a) ocho cosas o actividades que Ud. hará después de graduarse. Mencione qué clase de trabajo tendrá, dónde vivirá y cómo se divertirá.

II. El condicional

A. The conditional expresses what *would* happen. Like the future, it is formed by taking the entire infinitive and adding one set of endings to all verbs: **-ía, -ías, -ía, -íamos, -íais, -ían.**

pagar	tener	decir
pagaría (*I would pay*)	tendría (*I would have*)	diría (*I'd say*)
pagarías	tendrías	dirías
pagaría	tendría	diría
pagaríamos	tendríamos	diríamos
pagaríais	tendríais	diríais
pagarían	tendrían	dirían

Verbs with irregular stems in the future have those same stems in the conditional.

poner: **pondría**   poder: **podría**   hacer: **haría**

salir: **saldría**   saber: **sabría**   haber (hay): **habría**

venir: **vendría**   querer: **querría**

Iríamos más tarde, pero...	*We would go later, but . . .*
¡Yo **no sabría** qué hacer!	*I wouldn't know what to do!*

B. The conditional is used to express:

1. A request or wish more politely.

Me **gustaría** una mesa cerca de la ventana.	*I'd like a table near the window.*
¿**Podrían** Uds. regresar más tarde?	*Could you return later?*

2. A future action or situation in relation to the past.

Los Ponte dijeron que **estarían** en casa.	*The Pontes said (that) they **would be** home.*

3. Probability in the past. Remember that English uses expressions such as *probably, I wonder,* and *must* to indicate probability.

Tendrías razón.	*You were probably right. (You must have been right.)*
¿Quién **haría** eso?	*I wonder who did that? (Who could have done that?)*

Do not confuse the conditional with the imperfect: when *would* means *used to* (habitual past action), the imperfect, *not* the conditional, is used.

De niños **leíamos** los cuentos de vaqueros... pero hoy no los **leeríamos** con tanto gusto.	*As children we **would (used to) read** cowboy stories . . . but today **we wouldn't read** them with such pleasure.*

➤ *Práctica 4*

a. Ud. quiere expresar sus deseos de una manera más cortés *(polite)*. Cambie las siguientes oraciones del presente al condicional.

> MODELO ¿Puedes ayudarme?   **¿Podrías ayudarme?**

1. ¿Pueden Uds. cambiarme el cheque?
2. ¿Tiene Ud. la hora?
3. Me gusta el café más tarde.
4. Prefiero hablar con los padres.
5. ¿Nos permite Ud. entrar?

b. Su amiga no está segura de lo que hacían varias personas. Hagan y contesten preguntas que indiquen probabilidad en el pasado.

> MODELO qué / tomar / Sofía
> Su amiga   **¿Qué tomaría Sofía?**
>   Ud.   **Tomaría un espumante o un refresco.**

1. qué / comer / Federico
2. adónde / ir / los Salcedo
3. dónde / estar / el profesor
4. a qué hora / llegar / los estudiantes
5. dónde / poner / tú / el carro
6. cuánto / pagar Ud. / por ese reloj
7. qué / ¿...?
8. cuándo / ¿...?
9. ¿...?

c. Dígale a su compañero(a) cinco cosas o actividades que Ud. haría en cada una de estas circunstancias.

> MODELO **Con más dinero, compraría un carro de sport.**

Circunstancias:

1. Con más dinero,...
2. Con más tiempo,...
3. Con más suerte,...

d. ¿Cómo se dice?

1. I wouldn't go out now.
2. Could you see me today?
3. I wonder who brought the bottle of red wine.
4. They were probably very thirsty.
5. Pepe Luis said (that) he would pick up the children at the movies.

III. Las preposiciones *para* y *por*

Depending on the context, the translation of both **por** and **para** in English can be *for*. However, these prepositions cannot be interchanged in Spanish without affecting the meaning.

A. Para is equivalent to *for* with these meanings:

1. *destination, deadline, intended for*

Salieron **para** el centro.	*They left for downtown.*
Lo necesito **para** la una.	*I need it for (by) one o'clock.*
¿**Para** quién es esto?	*Whom is this for?*

2. *in order to*

Me senté delante **para** ver mejor.	*I sat up front in order to see better.*
Estudia **para** (ser) maestro.	*He's studying (in order) to be a teacher.*

3. *in the employment of*

Trabajan **para** una casa editorial.	*They work for a publishing house.*

B. Por is equivalent to *for* with these meanings:

1. *for (the sake of), because of*

Se sacrifican mucho **por** sus hijos.	*They sacrifice a lot for their children.*
Nos quedamos en casa **por** la tormenta.	*We stayed home because of the storm.*

2. *in exchange for*

Le di 50.000 pesos **por** el anillo.	*I gave her 50,000 pesos for the ring.*

Other meanings of **por:**

3. *through, along*

¡Entren **por** aquí!	*Enter through here!*
Caminamos **por** la calle Obispo.	*We walked along Bishop St.*

4. *per* (units of measure)

Vamos a ochenta kilómetros **por** hora.	*We're going eighty kilometers per hour.*
Las frutas se venden **por** kilo.	*The fruits are sold by the kilo.*

5. *during (in)* the morning, afternoon, and so on

Hago ejercicios **por** la tarde.	*I exercise in the afternoon.*

6. in several expressions

por Dios	*for heaven's sake*	**por fin**	*finally*
por ejemplo	*for example*	**¿por qué?**	*why?*
por eso	*that's why*	**por lo general**	*generally*
por favor	*please*	**por supuesto**	*of course*

➤ *Práctica 5*

a. Preguntele a otro(a) estudiante.

1. ¿Estudia Ud. para computista? ¿para contador(a) *(accountant)*?
2. ¿Prefiere estudiar por la mañana o por la tarde?
3. ¿A cuántas millas (o kilómetros) por hora maneja en el campo? ¿en la ciudad?
4. ¿Cuántos dólares pagó por su carro? ¿por su reloj?
5. ¿Por dónde le gusta caminar?
6. ¿Para quién va a comprar un regalo?
7. ¿Cuántas veces *(times)* por semana va al supermercado?
8. ¿Para cuándo se graduará?

b. Complete con **por, para** o nada, según sea necesario.

1. Trabajan _____ una compañía extranjera.
2. Estoy nervioso _____ el examen.
3. Saldremos _____ España en diciembre.
4. Buscaba _____ un lugar tranquilo.
5. Las reservaciones son _____ el primero de julio.
6. Viviré con una familia hispana _____ conversar más en español.
7. Esperamos _____ el autobús.
8. _____ favor, llámeme _____ teléfono.
9. El cambio está a ciento veinte y cinco pesetas _____ dólar.
10. Estas cartas son _____ ti.

IV. Los pronombres con preposiciones

The prepositional phrases **a mí** *(me)*, **a ti** *(you)*, **a él** *(him)*, and so forth, can be added to a sentence for emphasis or clarification. These prepositional pronouns are the same as the subject pronouns, except for **a mí** and **a ti.**

¿**Me** ayudarías **a mí**?	*Would you help **me**?*
Sí, **te** ayudaría **a ti** pero no **a ellos**.	*Yes, I'd help **you** but not **them**.*
¿Cuándo **nos** enviarás el pedido a nosotros?	*When will you send **us** the order?*
Se lo enviaré **a Uds.** hoy mismo.	*I'll send it to **you** this very day.*

Other common prepositions besides **a** include:

de	*of, from, about*
en	*on, at*
para	*(intended) for*
por	*for (the sake of), by*
delante de	*in front of*
detrás de	*behind*
al lado de	*next to*

Prepositional pronouns			
(para) **mí**	*(for) me*	(para) **nosotros(as)**	*(for) us*
ti	*you*	**vosotros(as)**	*you*
él, ella	*him, her*	**ellos, ellas**	*them*
Ud.	*you*	**Uds.**	*you*

The preposition **con** + **mí** or **ti** becomes **conmigo** and **contigo,** respectively.

¿Almuerzas **conmigo?**	*Are you having lunch **with me?***
¡Claro que almuerzo **contigo!**	*Of course I'm having lunch **with you!***

➤ *Práctica 6*

a. Ud. necesita verificar varias actividades con otra persona, su compañero(a). Para dar énfasis y clarificar incluyan las frases **a mí** / **a Ud.** en las preguntas.

> MODELO   entender
>
> Usted   **¿Me entiende a mí?**
> Su compañero(a)   **Sí, lo (la) entiendo a Ud.**

comprender, ayudar, necesitar, buscar, esperar, llevar, escuchar, creer, ver, invitar

b. Traduzca las palabras en inglés para completar la oración.

1. La invitación es para *(her, him, us, them [m.], them [f.], you [formal])*.
2. Ellos irán con *(me, us, you [fam.], her, him, them [m.])*.

c. Ahora hágale estas preguntas a otro(a) estudiante.

1. ¿Hablas conmigo? ¿Estudias conmigo? ¿Tomas un café conmigo? ¿Vas a la cafetería conmigo?
2. ¿Quieres ir a la tienda conmigo? ¿con ellos? ¿con él? ¿con nosotros?
3. ¿Delante de quién te sientas en clase? ¿detrás de quién? ¿al lado de quién?
4. ¿Hablabas de mí? ¿de él? ¿de ellas? ¿de la profesora?
5. El regalo, ¿es para mí? ¿para ella? ¿para él? ¿para Marta? ¿para ti?

¿Este dinero es para ti?

«Una carta a Dios»

Gregorio López y Fuentes

*Uno de los cuentos mexicanos más populares es «Una carta a Dios».
Su autor, Gregorio López y Fuentes (1897–1966) nació en Veracruz,
México. Su obra trata de° las condiciones económicas y sociales en su
país y, en particular, cómo ésas afectan a los campesinos.° Lencho, el
protagonista de este cuento, es un humilde° campesino con absoluta
fe° en Dios. Antes de leer esta versión del cuento estudie las palabras
esenciales.*

deals with
farmers
humble
faith

Palabras esenciales

al + *infinitivo*	upon + -ing	caer (caigo)	to fall
el árbol	tree	(cayó, cayendo)	it fell, falling
el cartero	mailman	echar al correo	to mail
el cerro	hill	mostrar (ue)	to show
el cielo	sky, heaven	quedarse	to be left, remain
la cosecha	harvest	reírse (i) (me río)	to laugh
la fe	faith	(se rió, riéndose)	he laughed, laughing
la gota	drop	sembrar (ie)	to sow
el granizo	hail		
el ladrón	thief	único(a)	the only one
la mitad	half		
la moneda	coin		
el valle	valley		
la vieja	wife, "the old lady" (derogatory for some people)		

La casa —única en todo el valle— estaba en un cerro pequeño. De allí se veía el campo de maíz maduro° que sólo necesitaba una buena lluvia.

ripe

Durante la mañana Lencho pasó el tiempo examinando el cielo por el noreste.°

northeast

—Ahora sí que viene la lluvia, vieja. Y la vieja, que preparaba la comida, le respondió:

—Dios lo quiera°...

God willing

Los muchachos más grandes trabajaban en el campo, mientras los más pequeños jugaban cerca de la casa, hasta que la mujer les gritó° a todos:

shouted

—Vengan a comer...

Fue durante la comida que comenzaron a caer grandes gotas de lluvia.

—Imagínense, muchachos —exclamaba el hombre—, que no son gotas de agua. Son monedas que están cayendo del cielo.

Pero, de pronto comenzó a soplar° un fuerte viento y con las gotas de agua comenzaron a caer granizos muy grandes. Durante una hora granizó fuertemente. El campo se quedó blanco con el granizo. Los árboles, sin hojas° y el maíz, destruido.

to blow

without leaves

Pasaron la noche lamentando el desastre.

—¡Todo nuestro trabajo, perdido!

—¡Quién nos ayudará!

—¡Este año pasaremos hambre!

Pero en el corazón de Lencho y su familia había esperanza°: la ayuda de Dios. Al día siguiente Lencho decidió escribir una carta. Aunque era campesino, él sabía escribir. Luego la llevaría al pueblo para echarla al correo.

hope

No era nada menos que una carta a Dios.

«Dios —escribió—, si no me ayudas pasaré hambre con toda mi familia durante este año. Necesito cien pesos para sembrar otra vez y vivir mientras viene la nueva cosecha, porque el granizo... »

Un cartero tomó la carta y riéndose se la llevó al jefe.° Le mostró la carta dirigida a Dios. El jefe, gordo y amable, también empezó a reírse, pero pronto se puso° serio mientras daba golpecitos° en la mesa con la carta.

boss

became

tapping

—¡La fe! —dijo. ¡Tener la fe del hombre que escribió esta carta! ¡Esperar con la confianza° con que él sabe esperar!

trust

Y para no desilusionar aquel tesoro° de fe, el jefe decidió contestar la carta. Pero comprendió que necesitaba algo más que buena voluntad.° Necesitaba dinero. Les pidió ayuda a sus empleados y todos dieron dinero. Pero no fue posible reunir los cien pesos que pedía Lencho, y sólo pudo enviarle un poco más de la mitad. Puso los billetes en un sobre° dirigido a Lencho y con ellos un papel que tenía sólo una palabra como firma°: *Dios*

treasure

good will

envelope

as signature

Al siguiente domingo Lencho fue al correo para ver si tenía carta. El mismo cartero le dio la carta, mientras que el jefe, alegre por su buena acción, miraba por la puerta casi abierta.

Lencho no mostró la menor° sorpresa al ver los billetes —tan seguro estaba de recibirlos... pero se enfadó° al contar el dinero... ¡Dios no podía equivocarse!°

Inmediatamente Lencho fue a la ventanilla para pedir papel y tinta.° Empezó a escribir, arrugando la frente° por el trabajo que le daba expresar sus ideas. Al terminar, pidió un sello° que mojó° con la lengua y luego puso en el sobre.

Tan pronto como° la carta cayó al buzón° el jefe fue a abrirla. Decía:

«Dios: Del dinero que te pedí, sólo llegaron a mis manos sesenta pesos. Mándame el resto, pero no me lo mandes por correo, porque los empleados son muy ladrones. —Lencho.»

the slightest

he got angry

be mistaken

ink / wrinkling his forehead

stamp / moistened

As soon as / mailbox

¿Comprende Ud.?

a. Indique **cierto** o **falso** según el cuento. Cambie las oraciones falsas a ciertas.

1. Lencho cultivaba maíz.
2. Él era soltero; no tenía familia.
3. Al principio Lencho creía que las gotas representarían monedas nuevas.
4. El granizo fue bueno para el valle.
5. Lencho era muy pesimista.
6. Él le escribió directamente al jefe postal.
7. Lencho necesitaba el dinero para pagar los estudios de los muchachos.
8. El jefe postal era cruel y egoísta.
9. Los empleados sólo pudieron reunir unos sesenta pesos.
10. Lencho creía que los empleados eran ladrones.

b. Composición. Escriba un resumen de tres párrafos (*paragraphs*) de «Una carta a Dios». Incluya las respuestas a las siguientes preguntas en su resumen:

El lugar y el problema

1. ¿Dónde estaba la casa y qué se veía de allí?
2. ¿Qué necesitaba el maíz?
3. En vez de (*Instead of*) lluvia, ¿qué cayó?
4. ¿Cómo se quedó el campo? ¿el maíz?

Lencho y sus acciones

5. ¿Qué había en el corazón de Lencho?
6. ¿A quién le escribió Lencho?
7. ¿Qué le pidió y para qué se lo pidió?
8. ¿Dónde echó la carta lencho?

El jefe y la solución

   9. ¿Qué dijo el jefe al leer la carta?
  10. ¿Qué idea tuvo el jefe?
  11. ¿Cuánto dinero quería Lencho y cuánto recibió?
  12. En la segunda carta, ¿qué dijo Lencho de los empleados del correo?

  c. Interprete a las personas y sus acciones en el cuento. Conteste estas preguntas.

   1. ¿Qué clase de padre y esposo sería Lencho?
   2. ¿Cómo sería su casa? ¿Qué muebles (*furniture*) tendría su familia?
   3. ¿Qué significaría el maíz para ellos? ¿la lluvia? ¿el granizo?
   4. ¿Qué clase de persona sería el jefe postal? ¿Cuáles serían sus motivos?
   5. ¿Por qué no se daría por vencido (*wouldn't give up*) Lencho?
   6. ¿Por qué es irónico y cómico el fin (*end*) del cuento?

● ACTIVIDADES

EN EL CORREO

a. Combine los nombres en inglés con los dibujos y nombres en español.

1. el sello, la estampilla

   a. *envelope*
   b. *post-office box*
   c. *letter*
   d. *postcard*
   e. *mailbox*
   f. *package*
   g. *money order*
   h. *stamp*

2. el buzón

3. 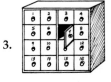 la casilla

4. el sobre

5. la tarjeta postal

6.  el paquete

7. el giro postal

b. Imagínese que Ud. está en el correo. Ponga las siguientes líneas en orden para crear una conversación apropiada. Después lea las líneas con su amigo(a).

UD.	EL (LA) EMPLEADO(A)
• Está bien. Aquí tiene los viente pesos.	• En el buzón, a la derecha.
• Necesito comprar sellos aéreos para mandar estas tarjetas a los Estados Unidos.	• Le va a costar once pesos más.
• Muchas gracias.	• Buenos días. ¿En qué puedo servirle?
• Casi, casi... ¿Dónde echo las tarjetas?	• Muy bien. Son nueve pesos. ¿Algo más?
• Sí, también quiero mandar este paquete con sellos de urgencia *(special delivery stamps)*.	• Ajá *(Uh-huh)*. ¿Eso es todo?

c. Imagínese que Ud. le enviará un paquete a su tía en España. Explíquele a su compañero(a) cómo procederá Ud. Use estos verbos y otros en el futuro en su explicación: **envolver** *(to wrap)*, **llevar, escribir, pesar** *(to weigh)*.

Listen to how the Quintana family *probably* spends a typical working day in Spain. Notice the sequence or order of their routine. Rely on context and surrounding words. Afterwards answer the following questions.

1. Por la mañana el Sr. Quintana querrá _____.
   a. dar un paseo en bicicleta
   b. correr por el parque
   c. nadar en la piscina
2. El señor desayunará _____.
   a. café con leche
   b. chocolate caliente
   c. té con limón
3. La Sra. de Quintana _____.
   a. se quedará en casa
   b. leerá el periódico
   c. saldrá para el trabajo
4. Por la tarde la señora _____.
   a. hará ejercicios
   b. almorzará con las amigas
   c. ayudará a los muchachos
5. Más tarde, ella irá a _____.
   a. un cine
   b. una reunión
   c. un club deportivo

6. El Sr. Quintana pasará por el correo para _____.
   a. echar unas cartas
   b. dejar unos paquetes
   c. enviar unas tarjetas
7. En el trabajo el señor _____.
   a. pagará sus cuentas
   b. terminará de desayunar
   c. resolverá unos líos
8. Por la noche el señor _____.
   a. se acostará temprano
   b. tendrá una cita
   c. hará las compras
9. Después del colegio los muchachos _____.
   a. comerán con los amigos
   b. visitarán a los abuelos
   c. jugarán al fútbol
10. Después de cenar los Quintana _____.
    a. verán la televisión
    b. continuarán con sus obligaciones
    c. asistirán a un programa del colegio

Vocabulario

Sustantivos

el árbol	tree
el anillo	ring
el billete	bill (money)
el buzón	mailbox
el caballo	horse
el (la) cajero(a)	teller, cashier
el cambio	exchange
el (la) campesino(a)	farmer
el cartero	mailman
el cielo	sky, heaven
el correo	mail, post office
la cuenta corriente	checking account
la cuenta de ahorros	savings account
el cheque (de viajero)	(traveler's) check
la finca	farm
la gota	drop
el (la) ladrón(-ona)	thief
la moneda	coin
el paquete	package
el sello, la estampilla	stamp
el sobre	envelope
el (la) único(a)	sole one, only one

Verbos

caer (caigo)	to fall
cobrar	to charge (a fee)
firmar	to sign
mostrar (ue)	to show
quedarse	to be left, remain
reírse (í) (me río)	to laugh

Expresiones

al + infinitivo	upon + -ing
conmigo	with me
contigo	with you (fam.)
echar al correo	to mail
en efectivo	cash
estar de visita	to be visiting
para	for, in order to
por	along, by, for
por Dios	for Heaven's sake
por eso	that's why
por fin	finally
por supuesto	of course
valer la pena	to be worthwhile

LA FAMILIA Y LAS FIESTAS

LECCIÓN 12

Son casi las doce de la noche en el hogar de los Rivera, familia dominicana que reside en Nueva York. Sus hijos Alvarito y María Elena han ido juntos° a una fiesta de despedida° y todavía no han regresado a casa. Los padres no han podido° dormirse.

have gone together / farewell
haven't been able

Graciela	¿No te has dormido todavía?
Álvaro	¡Qué va!° No me dormiré hasta que° lleguen los muchachos.
Graciela	Mira, mi amor, ya no son niños. Alvarito tiene diecinueve años y María Elena va a cumplir° dieciséis pasado mañana... Vamos a celebrarlo aquí, ¿no?
Álvaro	¡Ay, Dios mío!° Otra fiesta y esta vez° en mi casa. Creo que también tendrán fiesta el día de mi entierro.°
Graciela	Ay, Álvaro, no me gusta que hables así.
Álvaro	Es que para esta familia todo es fiesta. Celebran el bautismo,° la primera comunión, el santo, el cumpleaños, los quince años, el compromiso° y la boda.°
Graciela	No digas «celebran», di° «celebramos». No olvides° cuánto te divertiste bailando° en el aniversario de los Martínez.
Álvaro	Sí, pero eran sus bodas de plata° y nadie se quedó tarde.
Graciela	Cálmate,° Álvaro. Voy a prepararte un vaso de leche caliente y así te dormirás bien pronto.°

Of course not! / until

to turn . . . years

Oh, my! / this time

burial

baptism
engagement
wedding

say (tú command) / Don't forget
dancing

silver anniversary

Calm down
very quickly

¿Recuerda Ud.?

1. ¿Dónde viven los Rivera?
2. ¿De dónde son originalmente?
3. ¿Adónde han ido María Elena y Alvarito?
4. ¿Álvaro no se ha dormido por el insomnio o por los hijos?
5. ¿Cuántos años tienen los hijos?
6. ¿Qué fiestas celebran los Rivera?
7. ¿Quién es más paciente, el padre o la madre? ¿Quién es más cascarrabias (*grouchy*)?
8. ¿Se divirtió Álvaro en el aniversario de los Martínez? ¿Cómo pasaría Álvaro el tiempo?
9. ¿Cuántos años de casados cumplieron los Martínez?
10. ¿Qué le preparó Graciela a su esposo para calmarlo? Y Ud., ¿qué toma para calmarse o dormirse?
11. ¿Cree Ud. que Graciela mima (*pampers*) a su esposo? Dé un ejemplo. Y Ud., ¿está muy mimado(a) en casa? ¿en la clase?
12. ¿Le gusta exagerar (*exaggerate*) a Álvaro? Dé un ejemplo. Y según Ud., ¿quién es la persona más exagerada de la clase? ¿Será el (la) profesor(a)? Dé ejemplos.

Adaptación

Imagínese que su buen(a) amigo(a) va a casarse. ¿Qué planes tiene Ud. para darle una despedida de soltero(a) (*bachelor's party, wedding shower*)? Específicamente, ¿a quién invitará, qué servirá, cómo se divertirán Uds., qué le regalarán a su amigo(a)?

FELIZ SANTO

a
alguien que es amable,
brillante, impresionante...
(verdaderamente muy parecido° a mí)

like

La vida social para los latinos* tiene una fuerte orientación familiar. Por lo general casi todos los miembros de la familia participan en las fiestas: abuelos, padres, hijos, tíos, primos y compadres.

Entre las fiestas familiares, el cumpleaños es una de las más alegres celebraciones. Tradicionalmente los cumpleaños infantiles incluyen una piñata para que los niños se diviertan rompiéndola.° Más tarde cuando una joven cumple quince años, los padres le dan una magnífica fiesta de etiqueta° para celebrar que su hija ya es toda una señorita.

breaking it

formal

Las fiestas religiosas, especialmente la Navidad, ofrecen oportunidades para reunirse con familiares y amigos. Los hispanos celebran el 24 de diciembre, la Nochebuena,° con una estupenda cena llena de alegría y compadrería.° El 6 de enero los Reyes Magos° les traen regalos a los niños.

Christmas Eve

close companionship / Three Wise Men

Para divertirse en los países hispanos la gente frecuentemente da un paseo por las calles, plazas y parques. Por lo general los jóvenes salen en grupos, y no una joven sola con un joven. Después, la gente termina el paseo con un aperitivo en un café o restaurante, donde se continúan sus animadas conversaciones. Cuando hay carnaval las calles se convierten en un mundo° de magia y fantasía. Ahí° jóvenes y viejos cantan y bailan.

world

There

Aunque la televisión y los deportes son populares, a los hispanos todavía les gusta mucho ir al cine. Les gustan las películas° hispanas y también las de los Estados Unidos, Francia, Alemania° y otros países.

films

Germany

Parece que para los hispanos la vida social, particularmente los domingos con la familia, es una necesidad y no una parte incidental de la existencia.

*Latinos también se usa para hispanos.

Llega...la cita del amor con El ★ con Ella

JOSE ★ JOSE
James L. Knight Convention Center
Domingo 4 de junio

★ VIKKI CARR
Dade County Auditorium
Domingo 2 de julio

ENTRADAS A LA VENTA

RICKY'S RECORDS:
261-8122/823-5931/223-7771
POUPARIÑA FLORES: 643-0312

TAQUILLA DE TEATRO:

TICKETMASTER FLORIDA

Dade: (305) 654-3309 PB (407) 588-3309 Brow.: (305) 523-3309

> *Práctica 1*

Escoja la respuesta que mejor termine cada oración.

1. Cuando los latinos celebran una fiesta _____.
   a. necesitan una niñera *(babysitter)*
   b. ven la televisión
   c. incluyen a los abuelos
2. Los padres dan una magnífica fiesta cuando su hija cumple _____.
   a. catorce años
   b. quince años
   c. dieciséis años
3. Los hispanos celebran la Nochebuena _____.
   a. el 24 de diciembre
   b. el 25 de diciembre
   c. el primero de enero
4. Después de un paseo por el parque o la calle, los amigos _____.
   a. van a la iglesia
   b. caminan por la plaza
   c. toman algo
5. Es típico que una joven hispana salga _____.
   a. sola con un joven
   b. en grupos
   c. acompañada de su padre
6. Para los hispanos la vida social es _____.
   a. incidental
   b. esencial
   c. secundaria

Mario Moreno, «Cantinflas», el incomparable astro del cine mexicano, hizo reír al público hispano por muchas generaciones.

ESTRUCTURA

I. Los tiempos compuestos *(Compound or Perfect Tenses)*

The compound or perfect tenses (I *have called*, he *has eaten*, and so on) in Spanish consist of the verb forms of **haber** plus the past participle. This participle is formed by changing the infinitive endings **-ar** to **-ado**, **-er** and **-ir** to **-ido**.

llamar ⟶ **llamado**   perder ⟶ **perdido**   ir ⟶ **ido***

When used in the perfect tenses, the past participle always ends in **-o**.

A. The present perfect tense describes what *has* or *has not* happened. It implies that a recent past action still has bearing on the present.

¿**Has llamado** al Sr. Vega hoy?	*Have you called Mr. Vega today?*
Julieta ya **ha comido.**	*Julieta has already eaten.*
Todavía no lo **he limpiado.**	*I still haven't cleaned it.*

Note above that Spanish verbs in the perfect tenses comprise a unit that cannot be separated by other words such as pronouns, negative words, and adverbs. The endings of **haber** are similar to those of the simple future; with the exception of the **vosotros** form, the accent marks are omitted: **-e, -as, -a, -emos, -éis, -an.**

haber + *participio pasado*	
he llamado *(I have called)*	**hemos** llamado
has llamado	**habéis** llamado
ha llamado	**han** llamado

The present perfect subjunctive is formed by the present subjunctive of **haber** (**haya, hayas, haya, hayamos, hayáis, hayan**) plus the past participle. It is used in place of the present perfect indicative after expressions of emotion or others that require the subjunctive.

Siento que **hayas perdido** el boleto.	*I am sorry **you've lost** the ticket.*

➢ Práctica 2

a. Diga adónde han ido las siguientes personas esta semana.

MODELO Celso / el banco   **Celso ha ido al banco.**

1. La Sra. Lima / el teatro
2. tú / las tiendas
3. yo / el gimnasio
4. Uds. / la biblioteca
5. Aurora y yo / el concierto
6. los Salgado / la casa de sus hijos
7. Rosamaría / el correo
8. ¿...?

---

*The past participle of **ser** is **sido**: ¿**Has sido** instructor(a)? *(Have you **been** an instructor?)*

b. Mencione lo que ha enviado cada persona por correo.

> MODELO Linda / paquete   **Linda ha enviado un paquete.**

1. Ud. / una invitación
2. nosotros / un cheque
3. tú / unas tarjetas
4. la compañía / un anuncio
5. yo / unas revistas
6. ¿...?

c. Ud. quiere iniciar una conversación con otro(a) estudiante., Pregúntele si ha hecho *(done)* las siguientes cosas recientemente.

> MODELO jugar al tenis   **¿Has jugado al tenis recientemente?**
> **Sí, he jugado al tenis.**
> **No, no he jugado...**

1. visitar a la familia
2. comprar ropa nueva
3. comer en un buen restaurante
4. mudarse de casa
5. divertirse mucho
6. estar en Sudamérica
7. cambiar de trabajo
8. recibir cartas de los amigos
9. leer* un libro interesante
10. oír* un chiste
11. escuchar música
12. ¿...?

B. Participios irregulares. A few verbs have irregular past participles:

ver:	**visto** *(seen)*	hacer:	**hecho** *(done, made)*
escribir:	**escrito** *(written)*	decir:	**dicho** *(told, said)*
abrir:	**abierto** *(opened)*	volver:	**vuelto** *(returned)*
romper:	**roto** *(broken)*	devolver:	**devuelto** *(given back)*
poner:	**puesto** *(put, placed)*	morir:	**muerto** *(died, dead)*

➤ *Práctica 3*

a. Situación. Su amigo(a) es gerente de una oficina y Ud. es su empleado(a). Él (Ella) le pregunta si hizo varias cosas. Ud. le contesta que todavía no las ha hecho. Según el contexto, use los pronombres directos **lo (los), la (las)** e indirectos **le (les).**

> MODELO Amigo(a)   ¿Pusiste los papeles en orden?
> Ud.   **No, todavía no los he puesto en orden.**

1. ¿Abriste la correspondencia? No abierto
2. ¿Les escribiste a los clientes? No los he escrito
3. ¿Hiciste las fotocopias?
4. ¿Viste a la representante de Latinoamérica?
5. ¿Le mandaste los pedidos al Sr. Morales?
6. ¿Le dijiste el precio a él?
7. ¿Pusiste el dinero en el banco?
8. ¿...?

---

*The past participles of these verbs require an accent mark: **leído, oído.**

b. ¿Qué hemos hecho? Diga tres cosas que cada una de estas personas ha hecho o no ha hecho recientemente.

1. En la clase nosotros _hemos estudiado_ , _grabado_ , _escrito_ .
2. En casa mi hermano(a) _ha hecho_ , _dormido_ , _comido, estudiado_ .
3. En el trabajo yo _____ , _____ , _____ .

C. Los otros tiempos compuestos

1. The *past perfect* tense expresses what *had* happened prior to another past action. This tense is formed by the imperfect of **haber (había, habías,...)** plus the past participle.

había leído	*I had read*
habías dicho	*you had said*
no **había** salido	*he hadn't gone out*
nos **habíamos** levantado	*we had gotten up*
habíais roto	*you had broken*
se **habían** preocupado	*they had worried*

> *Práctica 4*
....

a. Su compañero(a) llegó tarde a una fiesta de despedida. Dígale lo que ya habían hecho estas personas.

MODELO Donato / tocar la guitarra
Donato ya había tocado la guitarra.

1. Matilde / cantar varias canciones románticas
2. Camilo y Ana María / bailar el flamenco
3. los primos / irse
4. Flora / abrir los regalos
5. alguien / sacar unas fotos
6. nosotros / decir unos chistes
7. yo / hacer la sangría
8. los abuelos de Flora / acostarse

b. Díganos en cinco o seis oraciones a quién había visto Ud. ayer antes de llegar a casa, qué había oído Ud. y qué había hecho.

2. The future and conditional perfect tenses are formed with the future and conditional forms of **haber,** respectively, plus the past participle.

FUTURE PERFECT

habré comido *(I will have eaten)*
habrás comido
habrá comido
habremos comido
habréis comido
habrán comido

CONDITIONAL PERFECT

habría estudiado *(I would have studied)*
habrías estudiado
habría estudiado
habríamos estudiado
habríais estudiado
habrían estudiado

II. Palabras afirmativas y negativas

AFIRMATIVAS

alguien *someone, somebody*
algo *something*
algún, alguno(a)(os)(as) *any,*
   some (one or more from
   a group)
también *also, too*
siempre *always*

NEGATIVAS

nadie *no one, nobody*
nada *nothing*
ningún, ninguno(a) *none, no,*
   not any (from a group; <u>*always*</u>
   <u>*singular*</u>*)*
tampoco *neither, not either*
{ **nunca** *never*
{ **jamás** *never, not ever*

Unlike English, Spanish may use more than one negative in a sentence.

No compré **nada.**

*I **didn't** buy **anything.***

No vimos a **nadie.**

*We **didn't** see **anyone.***

Alguno and **ninguno,** like **uno,** drop the **o** before a masculine singular noun.

No ha leído **ningún** informe.

*He **hasn't** read **any** report.*

BUT   **ninguna persona** *no person*
           algunas mujeres *some women*

Negative expressions may be placed *before* the verb with **no** omitted. (Frequently **nadie** and **ningún, ninguno(a)** serve as subject in this case.)

Nadie se quedó allí. }
No se quedó nadie allí. }

No one stayed there.

Tampoco fueron a la reunión. }
No fueron a la reunión **tampoco.** }

*They **didn't** go to the reunion **either.***

Ninguno (de ellos) entró. }
No entró **ninguno** (de ellos). }

None (of them) entered.

Notice that **ninguno(a)** takes the third-person singular even if the reference is to a group.

➤ *Práctica 5*

a. Cambie la palabra afirmativa a negativa, y haga los cambios necesarios.

   MODELO   Alguien te ha llamado por teléfono.
            Nadie te ha llamado por teléfono.

1. Alguien lo ha visto a él. *no* *nadie*
2. Ellos siempre salían juntos. *no* *tampoco*
3. Algo ha pasado aquí. *no nada*
4. Alguno de ellos sabrá la respuesta. *no* *ninguno*
5. Algunas de las muchachas vinieron en autobús. *ninguna* *ninguna de las muchachas*
6. Alguien preguntó por ti. *nadie*
7. También le envié una invitación a Marcela. *tampoco*

b. Repita la **Práctica** anterior, pero esta vez use la estructura **no + verbo + otro negativo.**

MODELO **No te ha llamado nadie por teléfono.**

c. María Elena y Alvarito trabajan en la compañía de su papá, SÍ-VA. Describa con palabras positivas la situación ahí. Después, describa negativamente lo que pasa en NO-VA.

(−)
NO-VA

+30
+20
+10
−0
−10
−20

(+)
SÍ-VA

+30
+20
+10
−0
−10
−20

nadie
1. ¿Hay alguien en la oficina?
nada
2. ¿Hay algo en el escritorio (desk)?
nada
3. ¿Hay algo también en la pared?
nunca
4. ¿La compañía siempre gana dinero?
ninguna
5. ¿Conoces a algunas de las personas en la oficina?

ningún
6. ¿Hay algún empleado aquí?
7. ¿Qué hay en el escritorio? *No hay nada en el*
8. ¿Y en el archivo (files)?
nunca
9. ¿La compañía gana siempre dinero?
10. ¿Trabajas en alguna oficina de la universidad?

d. ¿Cómo se dice en inglés?

1. No le dimos nada a él. *we gave him nothing*
2. No le gustó esa foto a nadie. *no one liked the photo*
3. Ellos tampoco dijeron nada. *They didn't say anything either*
4. No fuimos a ningún lugar. *we did not go anywhere*
5. Eugenio jamás toma café. *never drinks coffe*
6. Algún día seremos ricos y famosos, ¿no? *Someday we will be rich and famous*

e. ¿Cómo se dice en español?

1. No one has paid us anything. *nadie ha pagado nada*
2. None of them has written to me. *Ninguno de ellos me ha escrito*
3. Julieta always buys them something. *Julieta siempre compra para algo a ellos*
4. They don't ever go to the movies. *Nunca van al cine*

f. Opiniones. Hágale estas preguntas a su compañero(a).

1. ¿Hay alguien más sociable que tú? ¿más estudioso(a)? ¿menos paciente?
2. ¿Quiénes son algunos de tus mejores amigos? ¿mejores profesores?
3. ¿Hay algo más importante que el dinero? ¿la salud? ¿la familia?
4. ¿Piensas mudarte algún día? ¿Por qué? (Si Ud. contesta negativamente, cambie **algún día** a **nunca** o **jamás.**)
5. ¿Quieres que tus hijos estudien aquí también? ¿Por qué?

III. Los mandatos familiares

Formal commands, as well as familiar negative commands, use present subjunctive forms. Regular affirmative **tú** commands are identical to the third-person singular (**él**) of the present indicative.

<table>
<tr><th colspan="3">MANDATOS</th></tr>
<tr><th></th><th>AFIRMATIVOS (+)</th><th>NEGATIVOS (−)</th></tr>
<tr><td>FORMAL
(UD.)</td><td>¡Hable!
¡Coma!
¡Traiga!</td><td>¡No hable (Ud.)!
¡No coma!
¡No traiga!</td></tr>
<tr><td>FAMILIAR
(TÚ)</td><td>¡Habla!
¡Come!
¡Trae!</td><td>¡No hables!
¡No comas!
¡No traigas!</td></tr>
<tr><td colspan="3" align="center">IRREGULARES</td></tr>
<tr><td>decir</td><td>di</td><td>no digas</td></tr>
<tr><td>venir</td><td>ven</td><td>no vengas</td></tr>
<tr><td>tener</td><td>ten</td><td>no tengas</td></tr>
<tr><td>ver</td><td>ve</td><td>no veas</td></tr>
<tr><td>ir</td><td>ve</td><td>no vayas</td></tr>
<tr><td>poner</td><td>pon</td><td>no pongas</td></tr>
<tr><td>salir</td><td>sal</td><td>no salgas</td></tr>
<tr><td>hacer</td><td>haz</td><td>no hagas</td></tr>
<tr><td>ser</td><td>sé</td><td>no seas</td></tr>
</table>

Placement of object pronouns is the same as with the **Ud(s).** commands.

¡Ponte el suéter!
¡No te pongas la chaqueta! ¡No te la pongas!
¡Dámelo a mí! ¡No se lo des a él!

Context distinguishes **ir** from **ver** in familiar commands.

¡Ve estas fotos primero! *(ver)*
¡Ve al mercado! *(ir)*

[handwritten margin notes: Afirmative attached to the end of the verb / negative Before the verb]

➢ *Práctica 6*

a. Imagínese que hoy Ud. cuida *(take care)* a Pedrito, un niñito de ocho años. Use los siguientes verbos en forma de mandatos afirmativos.

> MODELO portarse bien *(to behave)*
> **¡Pórtate bien, Pedrito!**

1. calmarse un poco *cálmate*
2. sacar los juguetes *saca*
3. jugar con los carritos *juga*
4. tener cuidado *ten*
5. comer las galletitas *come*
6. venir conmigo *viene*
7. ir al baño *ve*
8. lavarse los dientes *lava te*
9. ponerse el pijama *ponte*
10. ser bueno *se*
11. acostarse *acuesta te*
12. dormirse *duerme te*

b. Ahora dígale a Pedrito que *no* haga las siguientes cosas. Use los pronombres apropiados según el contexto.

> MODELO no prender la estufa *(not to turn on the stove)*
> **¡No la prendas!** *(Don't turn it on!)*

1. no prender el horno
2. no abrir el refrigerador *no abres*
3. no comer más dulces *no*
4. no tocar la tostadora
5. no derramar *(spill)* la leche *no la*
6. no ver más televisión *no la*
7. no ser malo *no lo se*
8. no acostarse tarde *no ac*
9. no pedirme* más caramelos *no me los pidos*
10. no traerme* más juguetes *no me los tra*
11. no decir malas palabras ~~no d~~ *no las digas*
12. no jugar con el teléfono

c. Dígale a su amigo(a) tres cosas que debe hacer y tres que *no* debe hacer, usando mandatos familiares en estas situaciones: la clase, el cine, el carro, la tienda, ¿...?

d. Su amigo(a) quiere preparar una tortilla española *(omelet)*. Explíquele cómo hacerla. Cambie los infinitivos en letra cursiva a mandatos familiares. Ojo con **freír (í)** *to fry:* **frío, fríes, fríe, freímos, freís, fríen.**

———

*Cuidado con la posición de los pronombres: ¡No *me los* _____ más!

MODELO *lavar* las papas
Lava las papas.

La tortilla española es uno de los
platos más preferidos de España.
Aquí tenemos una versión de esa
deliciosa tortilla:

4 papas   ½ taza de aceite
8 huevos   ½ cucharadita de sal

1. *Pelar°* las papas y *cortarlas°* en rebanadas finas. *Freírlas*
    en aceite caliente hasta que *estén°* casi *doradas.° Escu-*
    rrir° el aceite de las papas y *añadir°* ¼ (un cuarto de)
    cucharadita de sal a las papas.

    Peel / slice them
    until they are / brown

    Drain / add

2. *Batir°* los huevos en una *escudilla,°* *añadir* el resto de
    la sal y *echarlos°* en las papas para hacer una tortilla
    redonda. *Cocinar* la tortilla hasta que esté dorada por
    los dos lados. Da cuatro raciones.

    Beat / bowl
    pour them

¡Pum, cataplum!° (Adaptado) • • • • • • • • • • • • • •

Bang! (exclamations for noise, fall, or explosion)

Raymundo López

Un joven latinoamericano bilingüe* ha escrito el siguiente cuento. El tema (theme) *es el juego de pelota o el béisbol. La pelota se juega intensamente en los países del Caribe y hay muchos jugadores latinos en las Ligas Mayores. Aunque el vocabulario del béisbol es inglés, algunas palabras han sido substituidas en español; por ejemplo:*

el árbitro	*umpire*	el lanzador	*pitcher*
el bateador	*batter*	el lanzamiento	*the pitch*
la carrera	*run*	lanzar	*to pitch*
la entrada	*inning*	la pelota	*baseball, ball*
el jardinero	*fielder* (gardener, literally)		

En «¡Pum, cataplum!» un joven nos ha confesado una experiencia íntima que el ha tenido recientemente con el béisbol. ¿Sería realidad o irrealidad?

   Antes de leer esta versión del cuento estudie las palabras esenciales.

---

*The 2 dots—**la diéresis**—appear in **-güe** and **-güi** to represent the sounds [-gwe] and [-gwi].
Compare **guitarra / lingüística.**

Palabras esenciales

el campeonato	*championship*
el (la) que...	*the one that . . .*
estar empatados	*to be tied*
fuera	*out*
ganar	*to win, to earn*
la loma	*hill, (pitching) mound*
lleno(a)	*full*
orgulloso(a)	*proud*
sentir (ie)	*to feel, to sense, to be sorry*
sentirse (ie)	*to feel (well, strong,* *lucky . . .)*
sino	*but rather*
subirse	*to climb, to get on*
tocarle a uno	*to be one's turn*

Me sentía muy afortunado y también orgulloso del lugar que
yo ocupaba. Yo siempre le he pedido a Dios que me ayude a
ser un buen beisbolista, pero nunca pensé que estaría en esta
posición tan° pronto.   *so*

Jugábamos en la Serie Mundial° de béisbol. Estábamos   *World Series*
empatados en juegos —tres a tres. Era el séptimo° juego —el   *seventh*
que iba a decidir el campeonato— y a mí me tocaba lanzar. Era
la novena° entrada. Nosotros íbamos adelante,° dos carreras a   *ninth / ahead*
una; pero espera un momento... ellos tenían las bases llenas
con dos hombres fuera y su mejor jugador venía al bate.

Me subí a la loma del lanzador. Tomé unos segundos estudiando bien al bateador, y entonces lancé la pelota de pronto. —¡Strike! —ha dicho el árbitro. Poco después lancé la segunda pelota. —¡Strike! —ha dicho otra vez el árbitro. —Ajá,° este *Yep!* bateador es mío°... es mío —me decía yo. Me preparé para el *mine* tercer lanzamiento. Yo estaba seguro de que ese bateador jamás nos iba a ganar. Esperaba la señal de mi catcher. Yo sonreía° convencido que éste sería el último strike del bateador. *smiled* Llegó el momento decisivo. Levanté el brazo y lancé la pelota con toda, toda, mi fuerza°... y... y ¡pum, cataplum!... *strength*

—Pero, ¿qué ha pasado? ¿Qué tragedia ha ocurrido? Me he caído,° me he caído —no de la loma del lanzador sino de la *fallen* cama donde yo dormía.

Mi momento más importante en el deporte del béisbol ha resultado en sólo un sueño... ¡Bah, estoy furioso! Y la furia que siento no es porque todo eso ha sido un sueño... sino porque yo no sé quién ha ganado el juego.

¿Comprende Ud.?

a. Nombre a los jugadores que están en el dibujo. Use esta combinación de palabras en español e inglés:

jardinero (izquierdo, central, derecho)
short stop
primera (segunda, tercera) base
lanzador
bateador
catcher (receptor)
árbitro

b. Composición. Escriba un resumen de tres párrafos de «¡Pum, cataplum!». Incluya las respuestas a las siguientes preguntas en su resumen.

El lugar

1. ¿Cómo se sentía el joven?
2. ¿Qué siempre le ha pedido a Dios?
3. ¿En qué campeonato jugaba el joven?

El conflicto

4. ¿A cuántos juegos estaban empatados los dos equipos (*teams*)?
5. ¿Qué iba a decidir ese juego?
6. ¿A quién le tocaba lanzar?
7. ¿En qué entrada estaban ellos?
8. ¿Quiénes tenían las bases llenas?
9. ¿Quién venía al bate?
10. ¿Adónde se subió el joven?
11. ¿Qué ha dicho el árbitro después del primer y segundo lanzamiento?
12. ¿De qué estaba seguro el joven?

La solución

13. ¡Pum, cataplum! ¿Qué le ha pasado al joven?
14. ¿En qué ha resultado su momento más importante?
15. En realidad, ¿por qué está furioso el joven?
16. ¿Confundiría (*could [he] confuse*) el joven el sueño con la realidad?

 c. Cuéntele a su compañero(a) un sueño que Ud. ha tenido recientemente. Piense en la familia, los amigos, las clases... ¿Sería parte realidad y parte ficción?

• • • • • • • • • • • • • • • • • • ACTIVIDADES

LAS CRÓNICAS SOCIALES

Lea las crónicas sociales y escríbale una carta a cada una de las personas mencionadas felicitándolas por el acontecimiento social en que aparecen (*appear*). Las siguientes frases pueden ayudarle a expresarse.

Felicitaciones (*Congratulations*)
Ojalá que (+ *subjunctive*)
Me alegro que (+ *present perfect subjunctive*)
Mis más sinceros deseos
Deseándole que (+ *present subjunctive*)

1. **Quince años.** Una animada fiesta conmemoró (*commemorated*) los suspirados (*longed for*) quince años de la gentil señorita Ada Madero, hija del señor Hernando Madero y señora Rosa de Madero, siendo su dichoso (*being her fortunate*) compañero de baile el joven Carlos Julio Gómez. Le enviamos nuestras sinceras felicitaciones a la señorita Madero.

Quinceañera

2. **Nacimiento.** Un niño llegó al hogar de Guillermo Uribe y señora Beatriz Roa de Uribe. Con este motivo han recibido numerosas felicitaciones de sus familiares y amigos.

3. **Reunión.** Un delicioso almuerzo ofrecido por la gentil Mariana Castillo de Suárez, en su residencia de Miami, reunió a las voluntarias del Centro Hispano, entidad *(organization)* que ella preside, para coordinar detalles *(details)* de futuros eventos que se efectuarán *(will take place)* a beneficio del *(for the benefit of)* Senior Center.

Listen to this story that Mina Griffin, a Latin American student, wrote. Find out what has caught her attention in this encounter entitled «**No los he olvidado**» *("I have not forgotten them").* Afterwards answer the following questions.

1. La estudiante está un poco _____.
   a. cansada
   b. nerviosa
   c. dormida

2. La señora que ha subido al autobús _____.
   a. enseñaba en la universidad
   b. vivía cerca de la estudiante
   c. tenía más de cuarenta años

3. La señora tiene algo que _____.
   a. le ha llamado la atención a la estudiante
   b. le ha parecido raro a todo el mundo
   c. le ha dado el chofer

4. En el autobús, la estudiante está _____.
   a. leyendo una revista
   b. hablando con su amiga
   c. mirando a la señora

5. La estudiante ha empezado a _____.
   a. no prestarle atención a la señora
   b. sentir amor y cariño por la señora
   c. recordar a su abuelita

6. La señora ha llegado a su destinación _____.
   a. con la ayuda de la estudiante
   b. treinta minutos después
   c. después de todo el mundo

7. La estudiante se da cuenta que la atracción por la señora eran _____.
   a. las manos
   b. los labios
   c. los ojos

8. La estudiante veía en la señora _____.
   a. afecto y compasión
   b. a su abuelita
   c. dolor y pesimismo

9. La estudiante verá a su mamá en _____.
   a. un mes y medio
   b. el próximo fin de semana
   c. una fecha indeterminada

10. Parece que la estudiante siente _____.
    a. nostalgia por su madre
    b. miedo por la señora
    c. cariño por el chofer del autobús

Vocabulario

Sustantivos

el amor	*love*
el aniversario	*anniversary*
la boda	*wedding*
el campeonato	*championship*
el compromiso	*engagement, commitment*
la despedida	*farewell*
el escritorio	*desk*
la escudilla	*bowl*
la estufa	*stove*
el mundo	*world*
la Nochebuena	*Christmas Eve*
la película	*motion picture, film*
la pelota	*ball, baseball*
el santo	*saint's day*
la sartén	*skillet*

Adjetivos

corto(a)	*short (length)*
extranjero(a)	*foreign*
junto(a)	*together*
largo(a)	*long*
lleno(a)	*full*
muerto(a)	*dead*
orgulloso(a)	*proud*
redondo(a)	*round*

Afirmativos y negativos

algo	*something*
alguien	*someone, somebody*
algún, alguno(a)(os)(as)	*some, any*
jamás	*never, not ever*
nadie	*no one, nobody*
ningún, ninguno(a)	*none, no, not any (always singular)*
nunca	*never*
tampoco	*neither, not either*

Verbos

añadir	*to add*
batir	*to beat*
calmarse	*to calm (oneself) down*
cantar	*to sing*
cocinar	*to cook*
cortar	*to cut*
cumplir... años	*to turn . . . years, to have a birthday*
cumplir con	*to fulfill one's obligation to*
derramar	*to spill*
escurrir	*to drain*
freír (í)	*to fry*
ganar	*to win, to earn*
lanzar	*to pitch, to throw*
mimar	*to spoil, pamper*
morirse (ue)	*to die*
oír (oigo, oyes, oye, oímos, oís, oyen)	*to hear*
olvidar	*to forget*
portarse (bien, mal)	*to behave (well, badly)*
quejarse (de)	*to complain (about)*
sentir (ie)	*to feel, to sense, to be sorry*
Lo siento,	*I'm sorry.*
sentirse (ie)	*to feel (well, strong, lucky . . .)*

Expresiones

¡Ajá!	*Yep!, That's it!*
¡Dios mío!	*My goodness!*
el (la) que...	*the one that . . .*
¡Felicitaciones!	*Congratulations!*
llamarle la atención	*to catch (call) one's attention*
sino	*but rather*
tocarle a uno	*to be one's turn*
todo el mundo	*the whole world, everybody*

Review carefully the vocabulary and grammar for **Lecciones** 10–12. Next take the speaking section of the **Examen** with a classmate.

SPEAKING

I.   Pretend your classmate is a foreign student and asks you directions to the bookstore. Give him/her directions from your class to there, using **tú** commands.

II. Tell your classmate where members of your family and close friends are probably now, and what they are probably doing.

III. Imagine you're the boss and are asking your employee (your classmate) if he/she has done various tasks already. The employee should answer accordingly.

WRITING

I. You have to give commands to several people. However, one person needs everything repeated separately. Use the infinitives below to form commands.

> MODELO levantarse **¡Levántense, por favor!**
> **Y tú, ¡levántate también!**

1. sentarse   3. pedir   5. empezar a escribir   7. no jugar
2. mirar   4. leer   6. no irse   8. no tocar

II. Primero, decida Ud. si el contexto de la oración requiere el indicativo, el subjuntivo o el infinitivo. Después, dé la forma apropiada del verbo entre paréntesis.

1. El Sr. Gutiérrez desea que nosotros (revisar) _____ la cuenta.
2. Creo que ellos (poder) _____ ayudarte.
3. ¿Es necesario que la niña (cruzar) _____ la calle?
4. Tengo que (acostarse) _____ temprano.
5. Preferimos que tú (buscar) _____ otro lugar.
6. ¡Ojalá que Uds. (divertirse) _____ mucho!
7. Nos alegramos de que tú (quedarse) _____ unos días con nosotros.
8. Es lástima que los Serrano (salir) _____ tan poco.

III. Complete con **por, para** o nada.

1. Muchas gracias _____ el regalo tan bonito.
2. La tarea es _____ el viernes.
3. ¡Sigan caminando _____ esta calle!
4. Buscábamos _____ las entradas.
5. Uso aceite _____ freír las papas.

IV. You've found an error in your bank statement. To solve the problem you write the teller, explaining your latest transactions. Write:

1. how much you deposited in your checking account and in your savings.
2. how many checks you cashed and their total amounts.
3. how much you paid on your credit cards, house, and car.
4. how many certificates of deposit you bought.

End hoping that he/she will find the error soon.

V. You're entering a travel contest and need to write (approximately 75 words) what you would do in the all-expense-paid vacation. Mention:

1. where you would go.
2. where you would stay.
3. what famous sights you would see.
4. what you would eat.
5. what other things you would do for the week.

VI. Cultura. Basándose en la información en las **Notas culturales** y las **Observaciones** escriba **cierto** o **falso.** Cambie las oraciones falsas a ciertas.

1. La ciudad de México está al nivel del mar.
2. Las ciudades hispanas se desarrollaron alrededor de una plaza.
3. Buenos Aires y Montevideo preservan un carácter indoeuropeo en su arquitectura y ambiente.
4. La moneda oficial de España es el peso.
5. Los latinos (hispanos) celebran el 24 de diciembre, la Nochebuena.

READING

Lea el siguiente artículo y después escoja la frase que correctamente completa las oraciones.

La negociación ....

La negociación° es parte esencial de vivir. A continuación tienes unos consejos para negociar eficientemente.
¡Ten una actitud positiva!
Recomiendo que tengas una actitud positiva y flexible durante las negociaciones. En vez de° decirle a la persona —Tú no tienes razón. Estás equivocado.° —es mejor que le digas —Bueno, entiendo lo que me dices, pero yo veo el problema de esta manera...

negotiation

Instead of

wrong

¡Escucha más y habla menos!

Quiero que escuches más y hables menos. Es importante que prestes atención° a lo que dice la otra persona y no la interrumpas indiscretamente. Si hablas mucho es posible que digas algo inadvertido o cometas un grave error.

listen

¡No te enfades!°

Don't get angry!

Ojalá que no te enfades durante las negociaciones. No ganarás nada con perder el control. En situaciones intolerantes es mejor que cambies el tema y presentes otras consideraciones secundarias. Luego podrás regresar al tema con más ideas y flexibilidad. No olvides que es bueno dejar algo para negociar en el futuro y así das la impresión de ser razonable.

¡Cumple tu palabra!°

Keep your word!

Es preciso que cumplas tu palabra y tus compromisos. En particular, es importante que completes los proyectos y no los olvides. Algunas personas tienen buenas intenciones pero jamás terminan lo que han prometido.° Eso es desastroso para la moral y el buen entendimiento entre° todos. Recuerda, no vaciles° en tus compromisos. Puedes ser un negociador firme y efectivo si sigues el camino justo y derecho.

promised
among
vacillate

1. El artículo dice que la negociación es algo _____.
   a. ocasional   b. accidental   c. básico   d. secundario
2. Durante las negociaciones es importante que le digamos a la persona _____.
   a. —tú no tienes razón   c. —estás equivocado
   b. —mira esta otra opción   d. —no entiendes nada
3. El artículo prefiere que usemos más _____.
   a. los brazos que las manos   c. los ojos que las orejas
   b. las piernas que la espalda   d. los oídos que la boca
4. En situaciones intolerantes es mejor que _____.
   a. presentemos otras alternativas c. perdamos el control
   b. nos enojemos   d. insistamos en nuestras ideas
5. El artículo quiere que nosotros _____.
   a. vacilemos con los compromisos c. no dejemos nada para negociar luego
   b. seamos flexibles con nuestra palabra   d. cumplamos con lo que hemos dicho

LOS PROBLEMAS
SOCIOPOLÍTICOS

COMMUNICATION

to express doubt and disbelief

to refer to indefinite or nonexistent persons or things

to emphasize possession

CULTURE

the Hispanic sociopolitical environment

GRAMMAR

subjunctive with doubt and negation

subjunctive after indefinite and negative antecedents

long-form possessive adjectives and pronouns

LECCIÓN

13

Durante una reunión del Centro Internacional Universitario en Caracas, Venezuela, tres estudiantes extranjeros° presentan una breve charla° con respecto a los problemas sociopolíticos de sus respectivas regiones. Los tres tratan de ofrecer° soluciones posibles para esos problemas.

foreign
brief chat

try to offer

Guatemala (Catalina Toledo, estudiante de ciencias políticas)

Yo quisiera hablar de Centroamérica. La verdad es que la independencia dividió y fragmentó la región en pequeños países. Esa fragmentación resultó en el desorden, la represión y la desigualdad° social. Dudo que la solución a estos graves problemas sea° sólo el dinero.

inequality
may be

    Para remediar nuestra condición, primero será preciso que mejoremos el nivel de vida° de los pobres. Segundo, no lograremos° tener estabilidad política hasta que los radicales y los reaccionarios piensen más en el bienestar° del país que en sus propios° intereses. Tercero, tenemos que recordar que no hay democracia que pueda sobrevivir° sin la lucha° vigorosa del pueblo contra la corrupción y el engaño.° Es posible cambiar las cosas con el apoyo,° con el voto, del pueblo.

standard of living
won't succeed in
well-being
their own
survive / struggle
deceit
support

---

[1]**Lo que** *what* (not as a question)

[2]**Valores** *values*

[3]*That's so.*

[4]*Enough!*

México (Lourdes Sandoval, estudiante de comercio)

No creo que los problemas de mi país puedan solucionarse° en   *can be solved*
un santiamén.° Para empezar será necesario que México desa-   *jiffy*
rrolle más la industria y que aumente° la exportación. Espero   *increase*
que El Tratado de Libre Comercio* tenga esos efectos.

En particular, nuestro nivel de vida mejorará cuando el
gobierno entrene° más a los desempleados° en trabajos   *trains / unemployed*
nuevos. Los campesinos° especialmente necesitan la asistencia   *farmers*
federal para que cultiven diferentes productos y no abandonen
el campo por la ciudad.

Los Estados Unidos (Martín Johnson, estudiante de español y
biología)

En mi opinión el problema más serio de los Estados Unidos es
la salud. Digo la salud porque hay muchos norteamericanos
sin° tratamiento° médico adecuado. También creo que las dro-   *without / treatment*
gas han afectado gravemente la salud y el bienestar del
pueblo. Y digo la salud otra vez porque si no tomamos en
serio los problemas con la ecología y las enfermedades como el
SIDA** es muy posible que el nivel de nuestra vida vaya de
mejor a peor. No hay nadie que se escape completamente de
estas complicaciones. Es urgente que nos eduquemos° para   *educate ourselves*
mejorar la salud de todos.

¿Recuerda Ud.?

a. La charla de Catalina Toledo

1. ¿Qué efectos tuvo la independencia en Centroamérica?
2. ¿En qué resultó la fragmentación?
3. ¿Duda Catalina que la solución sea sólo el dinero?
4. ¿Cree Catalina que los problemas de Centroamérica sean puramente
    regionales?
5. ¿Qué será preciso mejorar primero?
6. Para ayudar a los pobres, ¿les daría Ud. asistencia económica o los entrenaría
    en un trabajo nuevo?
7. Según Catalina, ¿cuándo lograrán una estabilidad política en Centroamérica?
8. ¿Cree Ud. que los hombres como Jorge Wáshington y Benito Juárez pensaban
    más en su propio bienestar que en su país?
9. ¿Recuerda Ud. algún caso de corrupción o engaño recientemente en las noti-
    cias *(news)*? ¿Había pagado alguien una mordida *(colloquial: bribe)*? ¿Cree Ud.
    que las mordidas son necesarias en algunos casos? Dé ejemplos si contesta
    que **sí.**
10. ¿Ha votado Ud. en las últimas elecciones? ¿Votó Ud. por el partido *(political
    party)* o por el candidato?
11. Si celebraran *(were held)* las elecciones los domingos en los Estados Unidos
    —como es costumbre en otros países— ¿votarían más personas? ¿Por qué?

*North American Free Trade Agreement (NAFTA).

**AIDS. El SIDA = Síndrome de Inmunodeficiencia Adquirida

b. La charla de Lourdes

1. ¿Duda Lourdes que los problemas de México se solucionen en un santiamén?
2. ¿Qué será necesario que el país desarrolle?
3. Según Lourdes, ¿cómo mejorará el nivel de vida?
4. ¿Estará Lourdes en pro o en contra del Tratado de Libre Comercio?
5. ¿Qué productos, exportarían el Canadá y los Estados Unidos a México? ¿Qué productos exportaría México a esos países?
6. ¿Si Ud. tuviera (had) mucha autoridad en el gobierno, ¿les daría asistencia económica a los campesions? ¿Por qué?

c. La charla de Martín

1. Según Martín, ¿cuál es el problema fundamental en su país?
2. ¿Duda él que el tratamiento médico sea adecuado?
3. ¿Qué ha afectado el bienestar del pueblo?
4. ¿Qué quiere Martín que tomemos en serio?
5. ¿Qué tres cosas haría Ud. para preservar la naturaleza (nature)?
6. ¿Cómo es posible transmitir el virus del SIDA? ¿Cómo no es posible?
7. ¿Qué específicamente recomienda Ud. que hagamos para mejorar la salud?

Adaptación

Imagínese que Ud. es político (politician) y desea que el público vote por Ud. en las próximas elecciones. Prepare un breve anuncio para la televisión donde Ud. presenta un problema y unas soluciones. Recuerde que el anuncio es propaganda. Exagere un poco. Use humor e incluya fotos, diagramas o artículos de periódico. Escoja su problema o refiérase a uno de éstos:

PROBLEMAS	SOLUCIONES POSIBLES
1. la economía	importar menos y exportar más modificar el sistema de impuestos (taxes) crear nuevas industrias competir (i) más agresivamente en el mercado internacional ¿...?
2. la contaminación (pollution)	mejorar el sistema de emisión en los autos limpiar los ríos y lagos (lakes) multar (fine) a los contaminadores construir o no construir plantas nucleares reciclar las latas, las botellas... conservar... ¿...?
3. los conflictos internacionales	apoyar la ONU (Organización de Naciones Unidas) dar ayuda militar, técnica o económica boicotear (boycott) los países agresores reducir la proliferación de las armas nucleares ¿...?

MODELO Queridos amigos,
      problema: **El (La) candidato(a) del otro partido no se preocupa**
                   jamás por...
                   Dudo que él (ella)...*
                   No creo que...*

      soluciones: **Yo les prometo..., ...y...**
                   No hay nadie que...* más que yo.

      conclusión: **Quiero que Uds...**
                   Espero que Uds...
                   ¡Necesito su voto!

LOS GOBIERNOS

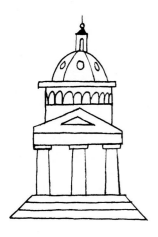

REPÚBLICA

Presidente
Vicepresidente
Congreso

MONARQUÍA

Rey *(King)* / Reina *(Queen)*
Primer Ministro
Parlamento

DICTADURA

Dictador
Junta
izquierda, derecha
poder militar

---

*These expressions take the subjunctive also.

Durante tres siglos° España gobernó directamente sus colonias en el Nuevo Mundo. Los hispanos, cansados de las injusticias del sistema colonial, declararon su independencia a principios del siglo XIX. Los grandes libertadores fueron el padre Miguel Hidalgo (México), Simón Bolívar (Venezuela) y José de San Martín (la Argentina). Las antiguas° colonias en vez de crear una sólida unión hispanoamericana, como quería Bolívar, formaron las repúblicas independientes de hoy día.

centuries

ancient

Después de la independencia las nuevas naciones sufrieron una serie de revoluciones y guerras° civiles. Esas guerras eran mayormente contra las opresivas dictaduras. La revolución mexicana (1910–1917), por ejemplo, se comenzó contra el dictador Porfirio Díaz. Los mexicanos luchaban por la justicia social, la reforma agraria y la distribución del poder.°

wars

power

Desafortunadamente los cambios de gobierno en muchos países hispanos han ocurrido más por la fuerza° o los golpes de estado° que por vías democráticas. En algunos casos, se sustituía un déspota por otro sin erradicar los abusos socioeconómicos, perpetuados por intereses locales pero también extranjeros.°

by force / coups

foreign

Afortunadamente las democracias poco a poco van estableciéndose. Costa Rica tiene una larga historia de democracia. España, después de años de dictadura, instituyó una monarquía parlamentaria en 1975. Recientemente las elecciones en Centroamérica y Sudamérica han dado nuevo vigor la democracia. Sin embargo, la alta inflación en unos países y el perverso narcotráfico en otros representan graves obstáculos a las democracias. La esperanza está en manos de las nuevas generaciones —mejores preparadas y más conscientes de los problemas socioeconómicos— que luchan por una sociedad más justa y próspera.

➢ *Práctica 1*

Conteste las siguientes preguntas y después revise las respuestas con su compañero(a), especialmente los números 4 a 6.

1. ¿Quiénes fueron tres de los grandes libertadores de Hispanoamérica? ¿De qué países eran?
2. ¿Qué deseaba Bolívar para las colonias? ¿Qué ocurrió en realidad?
3. ¿Por qué luchaban los mexicanos en la revolución?
4. En su opinión, ¿por qué fue un grave problema la reforma agraria en México y no en los Estados Unidos?
5. ¿Qué tipo de gobierno tiene España hoy día? ¿Qué diferencias hay entre ese sistema y el de los Estados Unidos? ¿y el de Canadá?
6. ¿Qué graves problemas tienen algunas de las democracias? En su opinión, ¿cómo podrían resolverse esos dilemas?

Los problemas socioeconómicos también son una realidad en los Estados Unidos. César Estrada Chávez luchó muchos años por el bienestar de los mexicanos-americanos en el suroeste. Murió en 1993.

ESTRUCTURA

I. El subjuntivo con expresiones de duda y negación

A. Besides expressing requests and feelings, the subjunctive also conveys doubt or uncertainty about an action or situation.

Dudan que Marisela regrese.   *They doubt (that) Marisela will return.*

As expressions of certainty, **no dudar, creer, estar seguro(a), es verdad,** and **es cierto** are followed by the indicative, not the subjunctive.

No dudo (Creo) que ella **regresará.**   *I don't doubt (I believe) she'll return.*

As expressions of uncertainty, **es (im)posible** and **es (im)probable** take the subjunctive in both the affirmative and the negative.

¿Es posible que **pases** las vacaciones   *Is it possible (that) you'll spend your*
  en el Caribe?   *vacation in the Caribbean?*
No es posible que las **pase** allí.   *It's not possible (that) I'll spend them there.*

B. Similarly, speakers use the subjunctive to indicate denial or disbelief about an action.

No es verdad que Aurora **se case** con   *It's not true that Aurora is getting married*
  Rogelio.   *to Rogelio.*
No creo que ellos **comprendan**   *I don't believe (that) they understand the*
  los problemas.   *problems.*

¿Creer que... ? may take either the indicative or subjunctive, depending on the speaker's desire to express certainty or doubt.

¿Crees que ellos **protestarán?** *(certainty)*   *Do you think they'll protest?*
¿Crees que **protesten?** *(doubt)*   *Do you think they might protest?*

➤ *Práctica 2*

a. Ud. desea saber qué opinión tiene su compañero(a) de varias personas. Su compañero(a) parece ser muy indeciso(a) porque por un lado le contesta positivamente y por otra negativamente. Refiéranse a las siguientes personas para hacer y contestar las preguntas.

MODELO	Ud.	**¿Crees que Camila sea puntual?**
	Compañero(a)	**Por una parte creo que es puntual pero por otra no creo que sea puntual.**

1. Timoteo / expresivo
2. Elisa / amable
3. Susita / jovial
4. los Navarro / responsables
5. tus amigos / muy serios
6. el (la) profesor(a) / muy estricto(a)
7. yo / razonable
8. ellas / simpáticas
9. nosotros / justos
10. mi amiga y yo / impacientes
11. la gente / generosa
12. ¿...?

b. ¿Indicativo o subjuntivo? Complete con la forma apropiada del verbo entre paréntesis.

1. Dudo que Elisa (estar) _____ en casa ahora.
2. ¿Será posible que Uds. (ir) _____ a Sudamérica este año?
3. Creen que tú (tener) _____ razón.
4. Es imposible que yo lo (hacer) _____ todo solo.
5. Ramona está segura de que nosotros (doblar) _____ aquí.
6. No creo que los Gutiérrez (acostarse) _____ antes de las doce.
7. ¿Crees que ellos (conocer) _____ a Omar? Yo lo dudo.
8. Es dudoso que Rodolfo (enojarse) _____ contigo.

c. Las universidades: una encuesta *(a survey).* Formen grupos de tres estudiantes. El primero les hace a Uds. las siguientes preguntas; el segundo anota *(jots down)* sus respuestas; y luego el tercero le presenta a la clase el consenso del grupo, comenzando con la frase: **(No) Creemos que...**

1. ¿Crees que es bueno tener materias electivas? ¿y requisitos? ¿Cuáles deben ser los requisitos?
2. ¿Prefieres que la asistencia a clase sea obligatoria o no? ¿Por qué?
3. ¿Qué exámenes temes que sean más difíciles —los de español o los de matemáticas? ¿los de biología o los de historia?
4. ¿Es mejor que las universidades preparen a individuos cultos *(learned individuals)* o a especialistas? Incluyan Uds. dos o tres razones.
5. ¿Es posible que las universidades den demasiado *(too much)* énfasis a la vida social? ¿a los deportes? ¿a los exámenes? Mencionen Uds. ejemplos específicos.

d. Dígale a su compañero(a) cinco cosas que Ud. cree que ocurrirán en los próximos diez años y cinco que no cree o duda que ocurran. Use estos verbos y otros para expresar su opinión.

> MODELO **Creo que tendré un buen trabajo.**
> **Dudo que eliminemos todas las injusticias.**

aumentar	curar *(to cure)*	explorar	gastar *(to use up)*
cambiar	eliminar	ganar	haber (haya)

II. El subjuntivo después de los antecedentes indefinidos y negativos

The subjunctive after indefinite and negative antecedents

Spanish speakers use the subjunctive in the subordinate action or clause when referring back to a noun or pronoun (the antecedent) that is indefinite or negative.

A. Indefinite antecedent (unknown, hypothetical):

	¿Conoces[1] **una persona** que **trabaje** allí?	*Do you know a person who works there?* (unknown)
BUT	Sí, conozco a **una persona** que **trabaja** allí.	*Yes, I know a person who works there.* (known)

B. Negative antecedent (nonexistent):

No conozco **a nadie**[2] que **trabaje** allí.	*I don't know anyone who works there.* (negative)

HUMOR

¿Por qué está triste el libro de matemáticas?

—Porque no hay ningún libro que tenga más problemas que él.

---

[1]The personal **a** is omitted when the direct object is indefinite.

[2]As direct objects, **nadie, alguien, ninguna persona,** and so forth, require the personal **a.**

➤ *Práctica 3*

a. ¿Indicativo o subjuntivo? Complete las oraciones con la forma apropiada del verbo entre paréntesis.

1. Necesitamos una señorita que (hablar) _____ bien inglés y español.
2. Busco al joven que (estacionar) _____ los carros.
3. No hay nadie aquí que (vivir) _____ cerca de esa dirección.
4. Por favor, ¡tráigame la carta que (estar) _____ en la mesa!
5. ¿Tienen Uds. algo que (costar) _____ menos de 20 mil pesos?
6. ¡Caramba, no hay nada que les (gustar) _____ a ellos!
7. Irma es la empleada que más (preocuparse) _____ por los clientes.
8. No conozco a ningún estudiante que (ir) _____ y (venir) _____ a la universidad todos los días.

b. Con un(a) compañer(a) primero conteste afirmativamente y después, negativamente.

1. ¿Conoces a alguien que piense ir a México este verano?
2. ¿Tienes un libro que explique bien la gramática?
3. ¿Hay alguna persona en esta clase que sepa más que tú?
4. ¿Pasa un autobús por aquí *(by here)* que vaya al museo?

c. Imagínese que Ud. es jefe de personal y busca trabajadores para su firma. Prepare un anuncio con los siete requisitos *(requirements)* más importantes que los trabajadores deben cumplir. Empiece de esta manera: **Solicitamos trabajadores que sean responsables, que aprendan rápido, que lleguen a tiempo, que...** Use como modelo el siguiente anuncio.

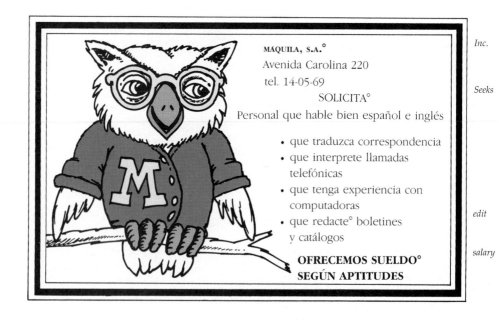

MÁQUILA, S.A.°   *Inc.*
Avenida Carolina 220
tel. 14-05-69
SOLICITA°   *Seeks*
Personal que hable bien español e inglés

- que traduzca correspondencia
- que interprete llamadas telefónicas
- que tenga experiencia con computadoras
- que redacte° boletines   *edit*
  y catálogos

OFRECEMOS SUELDO°   *salary*
SEGÚN APTITUDES

328   LECCIÓN 13

III. Las formas posesivas enfáticas

To emphasize possession, Spanish speakers use stressed possessives, also called the long forms of possessive adjectives.

mío(a, os, as)   *my, mine, of mine*
tuyo(a, os, as)   *yours, of yours*
suyo(a, os, as)   *his, of his; hers, of hers; yours (de Ud., de*
                                       Uds.), of yours; theirs, of theirs
nuestro(a, os, as)   *ours, of ours*
vuestro(a, os, as)   *yours, of yours*

¿Las llaves? No son **mías.** Son **tuyas.**   *The keys? They aren't **mine.** They're **yours.***
¿Los amigos de Julia? Sí, conocí a unos   *Julia's friends? Yes, I met some friends **of***
    amigos **suyos.**   *hers.*

Note that the possessives agree in number and gender with the thing possessed and not the owner. To clarify the possessor, **suyo(a, os, as)** may be replaced by **de él, de ella, de Ud., de ellos, de Uds.**

Este asiento es de ella, no de él.   *This seat is hers, not his.*

The long-form possessives become pronouns by adding the definite article. Generally, however, the article is omitted after the forms of **ser.**

¿La carta? **Es mía.** Aquí está **la tuya.** No veo **la de él.**

➤ *Práctica 4*

a. Ud. quiere dar énfasis a la posesión. Haga los cambios según el modelo.

     MODELO   Son mis papeles.   **Son unos papeles míos.**
                                          Son míos.

1. Son mis cartas.
2. Son nuestros amigos.
3. Es tu revista.
4. Es su cuaderno.
5. Era mi profesora.
6. Eran sus cuentas.
7. Son tus periódicos.
8. Son sus exámenes.

b. Hágale estas preguntas a su compañero(a). Él / Ella debe contestarle con un posesivo enfático.

     MODELO   Ud.   ¿Quieres comer en mi casa o en la tuya?
        Compañero(a)   **Quiero comer en la mía (la tuya).**

1. ¿Quieres dar un paseo en mi carro o en el tuyo?
2. ¿Deseas usar mi máquina de escribir o la tuya?
3. ¿Cuáles son más difíciles, mis clases o las tuyas?
4. ¿Quiénes son más amables, mis profesores o los tuyos?
5. ¿Cuál te gusta más, la camisa mía o la tuya?
6. ¿Cuáles te gustan más, los pantalones míos o los tuyos?

7. ¿El dinero? ¿Es mío o tuyo?
8. ¿Las llaves? ¿Son mías o tuyas?
9. ¿De quién son los papeles —míos o de ellos?
10. ¿De quién es la entrada —mía o de Jacinto?

c. ¿Cómo se dice en español?

1. This pen is mine, not yours.
2. These suitcases are his, not hers.
3. He's a friend of ours and of theirs, too.
4. Pepe, is this jacket mine or Ernesto's?
5. It's not Ernesto's. It's (probably) yours.

Los problemas sociopolíticos ••••••••••••••••

Dudo que los problemas sociopolíticos de Hispanoamérica se solucionen de hoy a mañana.° Creo que esos problemas son el resultado° de la geografía, historia y economía de esos países. Antes de las guerras de independencia, las distancias y las barreras geográficas habían formado regiones naturalmente separadas. Me parece que esa separación geográfica, combinada con diferencias étnicas, le dio a cada nación un carácter individual. Por esas razones es posible que México sea tan diferente de la Argentina y Costa Rica, de Guatemala.

    Durante los tiempos coloniales los hispanoamericanos tuvieron poca oportunidad de aprender a gobernarse porque casi todos los administradores eran de España. Esto fomentó° el paternalismo y el personalismo. Esas dos prácticas, que se consideran injustas e ineficientes en los Estados Unidos, todavía son comunes en muchas partes de Latinoamérica. No hay duda que para el hispano su primer deber° es a su familia y después a sus amigos. Con la influencia personal —la ayuda de los compadres y amigos— se abren caminos en la vasta burocracia de los países.

    Después de la independencia varios países, en busca de° la estabilidad política, pasaron a manos de dictadores. No es

overnight
result

fostered

duty

in search of

raro° que un pueblo descontento con la discordia civil y la injusticia social siga a un líder° que le prometa mejorar su condición. Lo malo* es que luego ese pueblo termine dominado por un tirano.

unusual

leader

Es verdad que hoy día la industrialización ha aumentado la clase media urbana, pero no lo suficiente.° Todavía existe una discrepancia enorme entre los ricos y los pobres. No creo que la industria haya creado° los empleos necesarios para la multitud de gente sin especialización. Me parece que la solución, aunque no sea fácil, está en reducir el gran desnivel° económico entre las clases. También es preciso que políticamente se integren° las posiciones extremas de los ultraconservadores y ultrarradicales. Es posible que la estabilidad política y la democracia coexistan de un grado a otro como° se nota en México, Costa Rica, Venezuela y España.

sufficiently

has created

imbalance

integrate

as

Rigoberta Menchú, ganadora del Premio Nobel de la paz por defender valientemente los derechos humanos

Sus Majestades los Reyes de España: don Juan Carlos I y su esposa doña Sofía

***Lo** + *masculine adjective* corresponds to *the . . . (thing, part):* **lo malo** = *the bad (thing, part).*

¿Comprende Ud.?

a. Vocabulario. Forme nuevas oraciones usando los verbos en la columna B que corresponden al contexto y al tiempo verbal de los verbos en cursivo en las oraciones de la columna A.

MODELO *Me parece* que es justo.
           Creo que es justo.

A

1. *No creo* que el Presidente domine al Congreso.
2. El gobierno *fomentará* más la industria.
3. ¿*Solucionaron* el problema?
4. *Aumenté* el espacio.
5. El país *mejoraba* poco a poco.
6. *Han formado* otra asociación.
7. Quiero que *continúes* trabajando.
8. Todavía *hay* una gran discrepancia.
9. Es posible que *reduzcan* los impuestos.
10. *Me parece* que sí.

B

a. creer
b. crear
c. dudar
d. bajar
e. estimular
f. resolver (ue)
g. agrandar
h. progresar
i. seguir
j. existir

b. Comprensión. Escoja la mejor respuesta según el ensayo.

1. Esto contribuye a la separación en Hispanoamérica.
   a. la religión   **b.** la geografía   **c.** la lengua
2. Generalmente *no* fue parte del colonialismo.
   a. el paternalismo   **b.** el monopolio   **c.** la autonomía
3. Después de las guerras de independencia las nuevas naciones se convirtieron en _____.
   a. dictaduras   **b.** democracias   **c.** monarquías
4. La industria en Hispanoamérica no _____.
   a. ha aumentado la clase media
   b. ha atraído *(attracted)* los campesinos a la ciudad
   c. ha creado suficientes trabajos
5. La ayuda de amigos o conexiones en el gobierno o el comercio se llama _____.
   a. nepotismo   **b.** personalismo   **c.** magnetismo
6. Para los hispanos su primer deber u obligación es _____.
   a. al país   **b.** a los compadres   **c.** a la familia

c. Escriba un ensayo de unas 125 palabras donde presenta un problema, después sus causas y finalmente su posible solución. Considere estos temas u otros que le interesen.

1. el abuso de los niños
2. el chofer borracho *(drunk)*
3. los destituidos (personas sin casa)
4. el inglés como lengua oficial
5. el nepotismo y el personalismo en el gobierno, por ejemplo embajadores *(ambassadors)* y administradores nombrados por el presidente

•••••••••••••••••••• ACTIVIDADES

Imagínese que Ud. está en una tertulia *(social gathering)* donde hay personas de diferentes países hispanos. Haga el papel de un(a) hispano(a) y díganos algo de Ud. y su país. Consulte la biblioteca, específicamente *The Area Handbook, The Almanac* y otros libros apropiados. Si es posible consulte con una persona de ese país.

•••••••••••••••••• ESCUCHEMOS

Listen as Delia and Jacinto, two Puerto Rican adults, discuss the pros and cons **(los pros y los contras)** of the island's political status. Who's for statehood **(hacerse estado)** and who's for continued commonwealth status **(el estado libre asociado)?** Rely on context and surrounding words to get the gist of the discussion. Afterwards answer the following questions.

1. Delia está en favor _____.
   a. del estado número cincuenta y uno
   b. del estado libre asociado
   c. de la independencia
2. Delia cree que los puertorriqueños no quieren perder su _____.
   a. gobernador
   b. sistema de educación
   c. identidad
3. La asociación de Puerto Rico con los Estados Unidos casi cumple
   _____.
   a. cien años
   b. ciento cincuenta años
   c. doscientos años
4. La economía de Puerto Rico está íntimamente relacionada con
   _____.
   a. la República Dominicana y Cuba
   b. España
   c. los Estados Unidos
5. Si Puerto Rico se hace estado es posible que los impuestos _____.
   a. bajen
   b. suban
   c. se queden igual

6. Jacinto duda que todas las compañías _____.
   a. cambien los gerentes
   b. exporten menos
   c. se muden
7. Delia se siente puertorriqueña y
   _____.
   a. cubana
   b. norteamericana
   c. dominicana
8. A Delia le gusta(n) _____.
   a. esto o lo otro
   b. los extremos
   c. la moderación
9. Jacinto duda que Delia _____.
   a. cambie de opinión por ahora
   b. olvide las elecciones
   c. se mude a San Juan
10. Delia y Jacinto no mencionan nada que _____.
   a. se refiera a la industria
   b. esté relacionado con la tradición hispana
   c. explique la posición del Congreso en Wáshington

Vocabulario

Sustantivos

el apoyo	support
los beneficios	benefits
el bienestar	well-being
la contaminación	pollution
el deber	duty, obligation
los derechos humanos	human rights
el (la) desempleado(a)	unemployed person
la dictadura	dictatorship
las elecciones	elections
el engaño	deceit
la guerra	war
el impuesto	tax
la libertad	liberty, freedom
el (la) líder	leader
la lucha	struggle
la mayoría	majority
la minoría	minority
las noticias	news
el partido político	political party
el poder	power
la reina	queen
el resultado	result
el rey	king
el sueldo	salary
el voto	vote

Adjetivos

antiguo(a)	ancient
bilingüe	bilingual
culto(a)	learned, educated
demasiado(a)	too much
extranjero(a)	foreign
*gran(des) + sustantivo	great
sustantivo + grande(s)	big
mío(a, os, as)	mine
nuestro(a, os, as)	ours
suyo(a, os, as)	yours (form.), his, hers, theirs
tuyo(a, os, as)	yours (fam.)

Verbos

apoyar	to support
aumentar	to increase
contar (ue) (con)	to count (on), to tell (story)
convencer (z)	to convince
crear	to create
discutir	to discuss, argue
dudar	to doubt
elegir (elijo)	to elect
mejorar	to improve
ofrecer (zc)	to offer
proteger (protejo)	to protect
reciclar	to recycle
reducir (zc)	to reduce
solicitar	to seek
solucionar	to solve
votar	to vote

Expresiones

al contrario	on the contrary
así (no) es	that's (not) so
¡basta!	enough!
es raro	it's strange, unusual
estar de acuerdo (con)	to agree (with)
estar seguro(a)	to be sure
lo + adj. masc.	the . . . (thing, part)
lo que	what (not as a question)
más allá	beyond
el nivel de vida	standard of living
por una parte...	on the one hand . . .
y por la otra	and on the other
los pros y los contras	pros and cons
en pro de... en contra de	in favor of . . . against
que	who, that
sin	without
tratar de + inf.	to try to

---

*gran before a singular noun, grandes before plural nouns: un *gran* amigo, una gran mujer, unos *grandes* amigos, unas *grandes* amigas

El Museo del Prado, Madrid

LAS OBRAS
MAESTRAS

COMMUNICATION

to talk about actions that are (or were) pending
to express hypothetical situations

CULTURE

artistic, musical, and literary works from the Hispanic world

GRAMMAR

present subjunctive following adverbial conjunctions
past subjunctive
conditional clauses with **si**

LECCIÓN 14

España y Latinoamérica han creado° formidables obras maes-   *have created*
tras° en el arte, la música y la literatura. Estas obras general-   *masterpieces*
mente han sido realistas y espontáneas, y han reflejado° el   *have reflected*
espíritu del pueblo.

El arte

En los siglos° XVI-XVII* España tuvo excelentes pintores.° El   *centuries / painters*
Greco pintó° cuadros° intensamentes religiosos. Empleó° co-   *painted / pictures / Used*
lores claros y oscuros,° modificando la realidad para represen-   *light and dark*
tar la verdadera alma° del sujeto. Diego Velázquez se destacó°   *soul / stood out*
por su realismo y por su énfasis en la perspectiva. Sus sujetos
son dignos° y admirables. Un siglo más tarde Francisco de   *dignified*
Goya se hizo° famoso por su técnica impresionista y por sus   *became*
cuadros dramáticos donde atacaba° la decadencia política y   *attacked*
social de su país. Su cuadro *Los fusilamientos° del 3 de mayo*   *shootings*
(1808) describe gráficamente el horror de la invasión
napoleónica de España.

El entierro (burial) del conde (count) de Orgaz *es la obra maestra de El Greco.*

---

*Ordinal numbers beyond *tenth* (**décimo**) are rarely used in *spoken* Spanish. Read XI as **once,** XII as **doce,** and so forth.

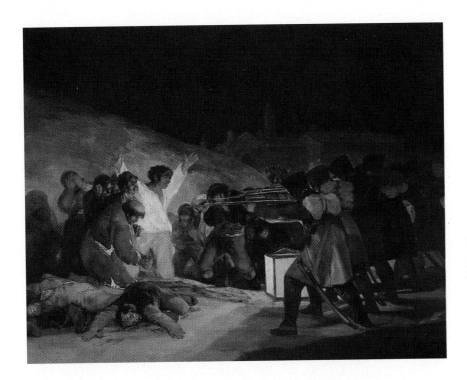

Los fusilamientos del 3 de mayo, *de Francisco de Goya, dramatiza los horrores de la guerra.*

Las doncellas de Avignon, *de Pablo Picasso, emplea figuras geométricas para representar las figuras humanas.*

En el siglo XX los españoles Pablo Picasso y Salvador Dalí han representado la realidad desde° un punto de vista que desfigura lo normal para obligarnos° a ver la anormalidad de la época. Picasso, sin duda, es el pintor que más ha influido en el arte contemporáneo. Con su obra *Las doncellas° de Avignon* (1907) se inició el cubismo. En ese cuadro Picasso deformó radicalmente el sujeto —por medio de° círculos, rectángulos y triángulos— para hacernos ver las figuras desde diferentes perspectivas. Luego Dalí, en sus obras cubistas y surrealistas, nos ha representado el mundo de los sueños° y los pensamientos.°

from

force us

young ladies

by means of

dreams

thoughts

El descubrimiento de América, *de Salvador Dalí, es una de las obras más prominenites del* surrealismo.

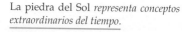

La piedra del Sol *representa conceptos extraordinarios del tiempo.*

La América precolombina° produjo° excelentes obras de arte, especialmente en la arquitectura y la escultura. *La piedra°* *del Sol*, calendrio azteca, es una de las esculturas más conocidas. Desde° el principio los pintores hispanoamericanos combinaron temas° indígenas con las técnicas europeas. En la primera mitad° del siglo XX los célebres pintores mexicanos Diego Rivera, José Clemente Orozco y David Alfaro Siqueiros adaptaron esa combinación para crear una extensa serie de pinturas murales que simbolizan las preocupaciones sociales y políticas del pueblo.

pre-Columbian /
produced
stone

Since

themes
half

El polifórum de David Alfaro Siqueiros en la Ciudad de México

La música

La música es una parte integral del alma° hispana. En todo el mundo hispano ritmos° europeos, hispanoamericanos y africanos se combinan para producir la música latina.

soul
rhythms

Un magnífico y popular ejemplo de esta música es *la salsa*, que combina los ritmos hispanos con el jazz y los instrumentos electrónicos de hoy. La cubana Celia Cruz es considerada la reina de la salsa.

Algunos instrumentos que forman parte del folklore hispano son: la guitarra, las castañuelas,° la marimba y el bongó. Entre° los más famosos compositores de la música moderna española se encuentran° Isaac Albéniz, creador de la suite *Iberia*, y Manuel de Falla, bien conocido por su encanta-

castanets
Among
are found

dora° *Danza ritual del fuego.*° El guitarrista Andrés Segovia y el violoncelista Pablo Casals son otros prodigiosos músicos españoles. Carlos Chávez, de México, se ha distinguido universalmente por sus vigorosas composiciones que incorporan la música ritual indígena. Otros hispanoamericanos de fama internacional son: los mexicanos Agustín Lara, compositor de *Granada;* Armando Manzanero, creador de numerosas canciones populares; el cubano Ernesto Lecuona, compositor de *Siboney* y *Malagueña,* y los ilustres pianistas Claudio Arrau (Chile) y Alicia de la Rocha (España).

enchanting / Fire Dance

Plácido Domingo, distinguido tenor español de la Ópera Metropolitana

Andrés Segovia restableció la guitarra como instrumento de concierto.

La cantante cubana Gloria Estéfan y el grupo Miami Sound Machine *son bien conocidos por el ritmo de su música.*

Miguel de Cervantes, autorde Don Quijote de la Mancha, *contempla desde arriba* (top) *a Don Quijote y a su inseparable compañero Sancho Panza.*

Gabriel García Márquez, famoso novelista y ganador del Premio Nóbel (1982)

La literatura

La literatura se distingue desde sus comienzos° por un genuino realismo en el que° toda clase de personajes viven su vida y cuentan° su historia. El Cid, el novelesco Don Quijote y Don Juan Tenorio son incomparables personajes clásicos de la literatura española. Esos personajes se enfrentaron° a la realidad con cierto realismo e idealismo, venciendo° unas veces y perdiendo otras.

Durante la época colonial la monja° Sor° Juana Inés de la Cruz fue la figura literaria más notable de Hispanoamérica. Defendió el derecho° de la mujer a participar en las actividades intelectuales y religiosas cuando esa causa no era popular.

En la segunda mitad del siglo XIX un grupo de poetas hispanoamericanos, entre los cuales sobresalía° Rubén Darío (Nicaragua), inició el movimiento literario llamado Modernismo. Ese movimiento le dio a la poesía una nueva musicalidad y sensibilidad desconocidas° hasta entonces. Durante esa época la novela realista estaba en su apogeo.° Entre los novelistas españoles, Benito Pérez Galdós se destacó por su enorme producción literaria y su viva° descripción de las circunstancias sociales de España.

beginnings
in which
tell

faced
conquering

nun / Sister

right

stood out

unknown
apogee

lively

La tradición realista continuó en el siglo XX. Las novelas hispanoamericanas anteriores a 1950 generalmente son documentales que denuncian° las deplorables condiciones políticoeconómicas del pueblo. En años más recientes, los cuentistas° y novelistas, aunque inspirados en la realidad, se han interesado más en explorar la naturaleza° humana. Jorge Luis Borges (la Argentina), Mario Vargas Llosa (el Perú) y Gabriel García Márquez (Colombia) —por medio de su técnica narrativa— han escrito verdaderas obras maestras. Por sus finos poemas y ensayos Octavio Paz (México) recibió el Premio Nóbel en 1990.

denounce

short-story writers
nature

Hoy día las escritoras hispanas han creado espléndidas obras literarias. En particular, se han destacado° la reportera y novelista Elena Poniatowska de México, la novelista española Ana María Matute, la ensayista y poetisa puertorriqueña Rosario Ferré. Además, la cuentista y novelista Isabel Allende, cuya° novela *La casa de los espíritus* ha sido adaptada para el cine, ya es muy bien conocida internacionalmente.

stood out

whose

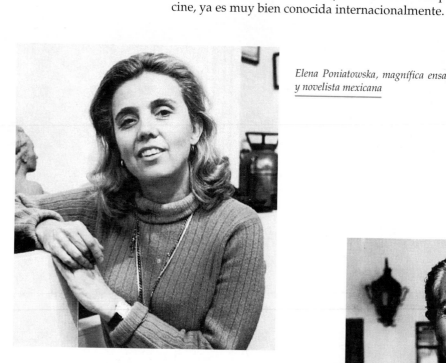

Elena Poniatowska, magnífica ensayista y novelista mexicana

Gabriela Mistral, eminente poetisa chilena y ganadora del Premio Nobel (1945)

¿Comprende Ud.?

a. Busque en la columna de la derecha el antónimo de cada palabra en la columna de la izquierda.

MODELO feo **bonito**

1.	claro	**a.**	imaginario
2.	normal	**b.**	indigno
3.	digno	**c.**	muerto
4.	encontrar	**d.**	desconocido
5.	realista	**e.**	anormal
6.	conocido	**f.**	oscuro
7.	vivo	**g.**	perder

b. Complete las oraciones con la expresión más apropiada.

amor	se ha hecho	los sueños
ha creado	desde	la época
un cuadro	vencía	

1. Dalí _____ numerosas obras surrealistas.
2. Los surrealistas tratan de interpretar _____.
3. Plácido Domingo _____ un distinguido cantante de ópera.
4. Los hispanos sienten gran _____ por la música.
5. Sor Juana vivió durante _____ colonial.
6. Las obras de Picasso deben contemplarse _____ diferentes puntos de vista.
7. *El entierro del conde de Orgaz* es _____ famoso de El Greco.
8. A veces creemos que Don Quijote _____ la realidad sórdida.

c. Identifique a las siguientes personas como **pintor(a)**, **músico** o **escritor(a)**.

1.	Picasso	**6.**	El Greco	**11.**	Goya
2.	Cervantes	**7.**	García Márquez	**12.**	de la Rocha
3.	Darío	**8.**	Andrés Segovia	**13.**	Poniatowska
4.	Mistral	**9.**	Borges	**14.**	Matute
5.	Albéniz	**10.**	Velázquez	**15.**	de Falla

d. Complete las oraciones.

1. La obra maestra de Velázquez es...
2. *Los fusilamientos del 3 de mayo* es del pintor...
3. El pintor que ha influido más en el arte contemporáneo es...
4. Rivera, Orozco y Siqueiros pintaron una extensa serie de...
5. El compositor de *La danza ritual del fuego* es...
6. La literatura hispana se distingue desde sus comienzos por...
7. Dos personajes clásicos de la literatura española son...
8. Sor Juana Inés de la Cruz defendió...
9. Las novelas hispanoamericanas anteriores a 1950 denuncian...
10. Tres famosos escritores contemporáneos de Hispanoamérica son...

Las meninas (Ladies in Waiting) *es la obra maestra de Velázquez.*

e. Interpretación. *Las meninas* es una maravillosa combinación de realismo y perspectiva artística. Refiérase Ud. a ese cuadro, y conteste las siguientes preguntas. Después compare sus respuestas o interpretación con otro(a) estudiante.

1. ¿Quién será el pintor que está a la izquierda?
2. ¿Crees que el señor en la puerta va a entrar o salir?
3. ¿Crees que las dos figuras en el fondo *(rear)* son imágenes en un cuadro o en un espejo *(mirror)*?
4. ¿Por *(Through)* dónde entra la luz en el cuadro?
5. ¿Cómo son las caras de las personas?
6. ¿A quiénes mira el pintor? ¿A quiénes pintará?

I. El subjuntivo con algunas expresiones adverbiales

A. Besides its use with the notions of request and emotion, the subjunctive is also used with expressions that signal events yet to be realized. The following adverbial expressions designate pending or provisional actions and always take the subjunctive in Spanish.

---

para que *so that, in order that*   **sin que** *without*
antes (de) que *before*   **con tal que** *provided (that)*

Te daré la dirección **para que** visites a mis padres.

*I'll give you the address **so that** you'll visit my parents.*

Terminaremos pronto **con tal que** Uds. nos ayuden.

*We'll finish quickly **provided** you help us.*

B. When **que** is omitted from **para, antes de,** and **sin,** they become prepositions and require the *infinitive* rather than the subjunctive. This often happens when there is no change of subject in the sentence.

	Lo haré **sin decir** nada.	*I'll do it without saying anything.*
BUT	Lo haré **sin que ellos me digan** nada.	*I'll do it without their saying anything to me.*

	Queremos ver a Graciela **antes de irnos.**	*We want to see Graciela before leaving.*
BUT	Queremos ver a Graciela **antes de que ella se vaya.**	*We want to see Graciela before she leaves.*

➤ *Práctica 1*

a. ¿Cómo se relacionan las expresiones de las columnas A y B?

A

1. Invitaremos a los Rivera...
2. Te acompañaré al teatro esta noche...
3. Miguelito, quiero que me des ese vaso...
4. ¡Qué horror! No puedo decir nada...
5. Quiero ir al banco...

B

a. sin que tú interrumpas.
b. para que vengan a la fiesta.
c. antes de que lo rompas.
d. para depositar este cheque.
e. con tal que den una comedia buena.

b. Unos amigos invitan a María Elena a un café. Ella desea ir, pero tiene unos compromisos *(commitments)*. ¿Qué les debe decir ella a sus amigos? Use las expresiones indicadas para completar la frase.

¡Estupendo, con tal que (yo)... !

terminar el trabajo	regresar temprano	no tener otro compromiso
no estar muy ocupada	traer a mi hermano	no necesitar estudiar
pagar la cuenta	animarse un poco	no quedarse mucho tiempo
sentirse mejor		

c. Consuelo no sabe qué hacer con su hijo Angelito. Ella le pide consejos (*advice*) a su tía. Use las expresiones indicadas para completar la pregunta.

Ay, tía, ¿qué hago con Angelito para que (él)... ?

buscar trabajo	limpiar su cuarto	guardar la ropa
no ser tan desobediente	no tocar música todo el día	casarse pronto
asistir a las clases	recoger sus cosas	¿...?
no dormir tanto	no gastar todo el dinero	

d. Dígale a su compañero(a) qué hará Ud. para él (ella). Complete estas oraciones.

1. Te daré el dinero para que...
2. Te ayudaré sin que...
3. Te acompañaré con tal que...
4. Te veré antes de...
5. Te voy a devolver las cosas antes que...
6. Te voy a invitar al cine para que...

e. ¿Cómo se dice en español?

1. a. I'll call before leaving.   b. I'll call before they leave.
2. a. They're coming (in order) to celebrate the anniversary.   b. They're coming so (that) we'll celebrate the anniversary.
3. a. We won't leave without finishing the work.   b. We won't leave without your friend finishing the work.

ADIVINANZA

Ud. tiene una canasta (*basket*) con tres manzanas para tres niños. ¿Qué hará para darle una manzana a cada niño, y para que quede (*remain*) una manzana en la canasta?

Ud. le da la última manzana con la canasta al tercer niño.

II. El indicativo o el subjuntivo con otras expresiones

Both the indicative and the subjunctive may be used after the adverbial expressions below. The indicative is used when referring to events that have already occurred or generally do occur. That is, the information is considered certain and factual. The subjunctive is used when referring to events that have not yet occurred or are deemed uncertain.

cuando	when, whenever
hasta que	until
aunque	although, even though
tan pronto como	as soon as

Indicative (certainty: nonfuture)

Cerraron la puerta cuando **entraron**.	*They closed the door when they came in.*
Por lo general cierran la puerta cuando **entran**.	*Generally they close the door when they come in.*
Estudiamos aunque **es** tarde.	*We're studying although it's late.*

Subjunctive (uncertainty: future)

Cerrarán la puerta cuando **entren**.	*They'll close the door when they come in.*
Van a cerrar la puerta cuando **entren**.	*They're going to close the door when they come in.*
Estudiaremos aunque **sea** tarde.	*We'll study although it may be late.*

➤ *Práctica 2*

a. Use el verbo indicado para completar cada grupo de oraciones. Escoja entre el indicativo o el subjuntivo según el contexto.

1. **ver**
   a. Hablaré con Jaime cuando yo lo _____. b. Voy a hablar con Jaime cuando (yo) lo _____. c. Siempre hablo con Jaime cuando lo _____. d. Hablé con Jaime ayer cuando lo _____.

2. **insistir**
   a. No iremos aunque ellos _____. b. No fuimos aunque ellos _____. c. No vamos a ir aunque ellos _____.

3. **regresar**
   a. Van a quedarse aquí hasta que ella _____. b. Se quedarán aquí hasta que ella _____. c. Se quedaron aquí hasta que ella _____.

b. Su compañero(a) le pregunta cuándo Ud. hará las siguientes actividades con Sonia, una estudiante de intercambio.

> MODELO Compañero(a) ¿Cuándo irás de compras con Sonia? (regresar de la universidad)
> Ud. **Cuando (yo) regrese de la universidad.**

1. ¿Cuándo invitarás a Sonia a un buen restaurante? (tener más dinero)
2. ¿Cuándo darás un paseo con ella? (lavar bien el carro)
3. ¿Cuándo la llevarás a la capital? (estar menos ocupado)
4. ¿Cuándo le sacarás una foto a ella? (comprar una nueva cámara)
5. ¿Cuándo jugarás a las cartas con ella? (invitar a los amigos)
6. ¿Cuándo presentarás Sonia a tus amigos? (ir con ella a la fiesta)
7. ¿Cuándo le enseñarás los vídeos? (terminar de comer)

c. ¿Cómo se dice en español?

1. I'll write when I arrive.
2. I was sixteen when I started to work.
3. We'll wait here until he calls us.
4. They won't sell the house even though you may give them a million pesos.
5. Even though I paid them last summer, they still send me the bill every month.

 d. Dígale a su compañero(a) qué hará Ud. después de terminar este curso. Complete las siguientes oraciones con diferentes actividades.

1. Iré de compras cuando...
2. Dormiré hasta que...
3. Visitaré a mis amigos antes de que...
4. Llamaré a mis primos tan pronto como...
5. Me divertiré cuando...
6. Voy a estudiar un poco aunque...
7. Voy a trabajar con tal que...
8. Ayudaré con la casa para que...

POEMA POPULAR

Cuando tenía dinero me llamaban don* Tomás.
Ahora que no lo tengo me llaman Tomás no más *(only)*.

III. El imperfecto (pasado) del subjuntivo

The past subjunctive is used for past actions, generally under the same rules that apply to the present subjunctive, that is, after:

1. expressions of request and emotion;
2. adverbial conjunctions designating pending or provisional actions;
3. expressions of doubt, denial, and disbelief;
4. indefinite and negative antecedents.

To form the imperfect subjunctive, take the third-person plural **(Uds.)** form of the preterite and change the **-o** in the ending to **-a.**

llamar (llamarøn)	poder (pudierøn)	ir / ser (fuerøn)
llamara	pudiera	fuera
llamaras	pudieras	fueras
llamara	pudiera	fuera
llamáramos	pudiéramos	fuéramos
llamarais	pudierais	fuerais
llamaran	pudieran	fueran

***Don, Doña** are titles of respect or affection used before a first name.

Quiero que Uds. llamen.	*I want you to call.*
Quería que Uds. **llamaran**.	*I wanted you to call.*
Te doy el dinero para que pagues las cuentas.	*I'm giving yo the money so that you'll pay the bills.*
Te di el dinero para que **pagaras** las cuentas.	*I gave you the money so that you* ***would (might) pay*** *the bills.*
Buscan una persona que sirva de intérprete.	*They're looking for a person who'll serve as interpreter.*
Buscarían una persona que **sirviera** de intérprete.	*They were probably looking for a person who* ***would (might) serve*** *as interpreter.*

The imperfect subjunctive can be translated with the helping verbs *would* or *might* depending on the context. Notice that in Spanish when the main clause is in the *past* or *conditional* the subordinate clause (with the subjunctive) is also in the past.

➤ *Práctica 3*

a. Hágale preguntas a un(a) compañero(a) y cambie los infinitivos al imperfecto del subjuntivo.

> MODELO (leer)   Ud.   ¿Qué querías que (yo) *leyera?*
>   Compañero(a)   **Quería que leyeras esta página.**

1. ¿Qué querías que (yo) *leyera?* (estudiar / revisar / ver / escribir / traer / preparar / ¿...?)
2. ¿Dudabas que (yo) *regresara?* (manejar / cocinar / bailar / mudarse / preocuparse por ti / ¿...?)
3. ¿Hablarías con la profesora antes de que (yo) *terminara?* (empezar / llegar / salir / irse / venir / poder / ¿...?)

b. Ud. está en un restaurante y no está contento(a) con el servicio. Combine las listas A y B para expresarle su disgusto *(displeasure)* al camarero. Haga un mínimo de ocho oraciones diferentes.

> MODELO **Le pedí que me asara la carne un poco y no mucho.**
>   *(I asked you to roast the meat for me a little, not a lot.)*

A	B
Quería que me...	traer vino tinto y no blanco
Le pedí que me...	servir pollo y no jamón
Esperaba que nos...	preparar una ensalada y no un sándwich
No creía que nos...	dar un cuchillo y no...
Dudaba que me...	cocinar... y no...
Sería posible que me...	calentar *(to warm)*... y no...
	enfriar... y no...
	cobrar *(charge)*... y no...
	¿...?

IV. Cláusulas con *si*   *(If-clauses)*

Speakers also use the past subjunctive in **si** *(if)* clauses to express situations that are contrary to fact or unlikely to happen. The verb in the clause expressing the result is in the *conditional.*

Si yo fuera tú, no le diría nada a él.   *If I were you, I wouldn't tell him anything.*
Si tuviéramos tiempo, iríamos contigo.   *If we had time, we'd go with you.*

Si + *imperfect subjunction* + *conditional*
(contrary-to-fact clause)   (result clause)

However, when a situation is considered factual or likely to happen, the indicative is used.

Si voy al cine, invitaré a mis primos.   *If I go to the movies, I'll invite my cousins.*

➤ *Práctica 4* ....

a. Formen grupos de tres estudiantes. El primero hace las preguntas, el segundo las contesta y el tercero repite las respuestas.

> MODELO   Primero   **Si tuvieras un millón de dólares, ¿qué harías?**
> Segundo   **Pues, si tuviera un millón de dólares, le daría una parte a mi familia, compraría un carro de sport, pasaría unas vacaciones en...**
> Tercero   **Él (Ella) dijo que si tuviera un millón de dólares, le daría...**

1. Si fueras profesor(a), ¿qué materias enseñarías?
2. Si pudieras ser una famosa figura política, ¿quién serías?
3. Si pudieras hacer un viaje, ¿adónde te gustaría ir?
4. Si sólo pudieras leer dos o tres libros este año, ¿qué libros leerías?
5. Si sólo fueras al cine dos o tres veces este año, ¿qué películas verías?
6. Si estuvieras en una isla tropical desierta, ¿qué harías para pasar el tiempo?
7. Si alguien llega tarde a clase, ¿qué dice el (la) profesor(a) normalmente?
8. Si tú no sabes bien la lección, ¿qué le dices al (a la) profesor(a)?

b. ¿Qué haría Ud. en estas situaciones?

1. **En el aeropuerto.** ¿Qué haría si perdiera la conexión de un vuelo con otro? ¿si la compañía perdiera sus maletas? ¿si un terrorista tomara control del avión?
2. **En la tienda.** ¿Qué le diría a la dependiente si Ud. devolviera una camisa con un defecto? ¿si no tuviera el recibo? ¿Qué le compraría a su novio(a) si fuera el cumpleaños de él (ella)? ¿Qué haría Ud. si no tuviera dinero para pagar las compras?

LA POESÍA POETRY

No es raro que de vez en cuando (*now and then*) los hispanos reciten algunos de sus poemas favoritos en las tertulias o las reuniones. Apréndase Ud. los siguientes versos de memoria, y después vamos a ver (*let's see*) quién da la mejor interpretación en clase.

Rimas°

Por una mirada,° un mundo
por una sonrisa,° un cielo°
por un beso°... ¡yo no sé
qué te diera° por un beso!

Gustavo Adolfo Bécquer
(España, 1836–1870)

Poems (Rhymes)

For a glance
smile / sky
kiss
I'd give

Cuadrados° y ángulos

Casas enfiladas,° casas enfiladas,
casas enfiladas,
Cuadrados, cuadrados, cuadrados.
Casas enfiladas.
Las gentes ya tienen el alma° cuadrada,
ideas en fila°
y ángulo en la espalda.
Yo misma he vertido° ayer una lágrima,°
Dios mío, cuadrada.

Alfonsina Storni
(Argentina, 1892–1938)

Squares

in a row

soul
in a row

I myself shed / tear

La rosa blanca

Cultivo una rosa blanca,
en junio como° en enero,
para el amigo sincero
que me da su mano franca.
Y para el cruel que me arranca°
el corazón con que vivo,
cardo ni ortiga° cultivo;
cultivo la rosa blanca.

José Martí
(Cuba, 1853–1895)

as

tears out

Listen as a father talks about a spring break vacation to Florida with his family. Where else besides the beach were they going? What object impressed them and why? Rely on context and surrounding words to get the gist. Then answer the following questions.

1. La familia fue a la Florida en _____ .
   a. avión
   b. tren
   c. carro

2. Los padres querían que los hijos conocieran _____ .
   a. a los tíos y los primos
   b. las obras de Dalí
   c. el museo de ciencias naturales

3. Ellos preferían estar en el museo antes de que _____ .
   a. se abrieran las puertas
   b. cambiaran la exhibición
   c. fueran a la playa

4. Los padres convencieron a los hijos (los muchachos) en ir al museo con tal que _____ .
   a. llevaran a los primos también
   b. no se quedaran mucho tiempo
   c. fueran a un cine después

5. La familia no entendía muy bien a la guía porque ella _____ .
   a. no estaba muy organizada
   b. hablaba en un nivel muy abstracto
   c. tenía un notable acento europeo

6. El cuadro grande que les llamó la atención fue _____ .
   a. *El descubrimiento de América*
   b. *El entierro del conde de Orgaz*
   c. *Los fusilamientos del 3 de mayo*

7. Para pintar ese cuadro grande sería posible que Dalí _____ .
   a. estudiara las obras de Goya
   b. imitara a El Greco
   c. se inspirara en Velázquez

8. Se describió un poco ese cuadro grande sin que _____ .
   a. se mencionara el simbolismo
   b. se nombraran sus personas
   c. se dijera el año en que se pintó

9. Cuando la familia estaba en el museo _____ .
   a. los hijos estaban aburridos
   b. ellos se encontraron con unos amigos
   c. el tiempo pasó muy rápido

10. Según los hijos, si tuvieran más tiempo, _____ .
    a. regresarían al museo
    b. comprarían unos dibujos
    c. visitarían la casa de Dalí

Vocabulario

Sustantivos

el alma	soul
el cuadro	picture, painting
el derecho	right
la época	period, era
el espejo	mirror
el intercambio	exchange
la lágrima	tear
la mirada	glance, look
la mitad	half
la naturaleza	nature
el (la) novio(a)	sweetheart
la obra maestra	masterpiece
el pensamiento	thought
el personaje	character
la piedra	stone
el (la) pintor(a)	painter
la poesía	poetry
el pueblo	people, town
el siglo	century
la sonrisa	smile
los sueños	dreams
el tema	theme

Adjetivos

claro(a)	light (color)
desconocido(a)	unknown
digno(a)	worthy, dignified
oscuro(a)	dark
vivo(a)	alive, lively

Verbos

atacar	to attack
calentar (ie)	to warm
contar (ue)	to count, tell
denunciar	to denounce
destacar	to highlight, stand out
distinguir	to distinguish
encontrar (ue)	to find
hacerse	to become
pintar	to paint
reflejar	to reflect
vencer	to conquer

Expresiones

antes (de) que	before
aunque	although, even though
con tal que	provided that
cuando	when, whenever
desde	from, since (a certain time)
entre	between, among
hasta que	until
para que	so that, in order that
sin que	without
tan pronto como	as soon as

Review carefully the contents and grammar for **Lecciones** 13–14. Next take the speaking section of the **Examen** with a classmate.

SPEAKING

I. Tell your classmate what your parents wanted, hoped, and doubted that you would do in high school. Also mention the things they didn't want, hope, or doubt. Finally, say what you did.

II. Explain to your classmate what you would do:

1. if you were president of the country.
2. if you were rich.
3. if you lost all your money.
4. if you were a Picasso or a Don Quijote.

WRITING

Primero, decida Ud. si el contexto de la oración requiere el indicativo, el subjuntivo o el infinitivo. Después dé la forma apropiada del verbo entre paréntesis. Note el tiempo *(tense)* que requiere el contexto.

1. Ojalá que Uds. (tener) _____ buena suerte.
2. ¿Prefieres que yo (pedir) _____ otra cosa?
3. No creía que ellos te (olvidar) _____ jamás.
4. Los muchachos se fueron sin (decir) _____ adiós.
5. Mamá quería que nosotros (limpiar) _____ la casa bien.
6. ¿Conoces a alguien que (escribir) _____ programas para las computadoras?
7. Estábamos seguros de que papá (pagar) _____ las cuentas el mes pasado.
8. Dudaba que tú (cometer) _____ ese error.
9. Tenemos que (reunirse) _____ este viernes.
10. No había nada que (ser) _____ difícil para ella.
11. Les expliqué todo despacio para que ellos me (comprender) _____ bien.
12. Si yo (poder) _____ , me quedaría aquí.

IDENTIFICATION

Refiérase a las siguientes listas y escriba oraciones donde Ud. relaciona las personas con su obra o profesión.

MODELO **Goya pintó...**
Vargas Llosa y García Márquez son...

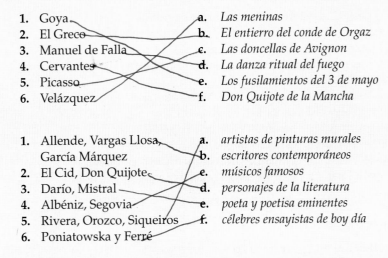

1. Goya
2. El Greco
3. Manuel de Falla
4. Cervantes
5. Picasso
6. Velázquez

a. *Las meninas*
b. *El entierro del conde de Orgaz*
c. *Las doncellas de Avignon*
d. *La danza ritual del fuego*
e. *Los fusilamientos del 3 de mayo*
f. *Don Quijote de la Mancha*

1. Allende, Vargas Llosa, García Márquez
2. El Cid, Don Quijote
3. Darío, Mistral
4. Albéniz, Segovia
5. Rivera, Orozco, Siqueiros
6. Poniatowska y Ferré

a. *artistas de pinturas murales*
b. *escritores contemporáneos*
c. *músicos famosos*
d. *personajes de la literatura*
e. *poeta y poetisa eminentes*
f. *célebres ensayistas de boy día*

READING

La fábula es una narración corta que generalmente tiene una moraleja *(moral)*. Los elementos esenciales de la fábula son la sátira y la instrucción. La siguiente narración se basa en las antiguas fábulas indoeuropeas que el autor medieval, don Juan Manuel, adaptó al español. Note lo que les pasa a las personas que desean complacer *(please)* a todo el mundo.

El padre, el hijo y el burro (Adaptado)●●●●●●●●

Don Juan Manuel (España, 1282–1348)

Un agricultor le dijo a su hijo: —Hoy es día de mercado; vamos al pueblo para comprar unas cosas que necesitamos.

Decidieron llevar un burro con ellos para traer las compras. Salieron por la mañana para el mercado; ellos dos a pie y el burro sin carga.°   *without a load*

Por el camino se encontraron con unos hombres que comentaron que el padre y el hijo eran tontos porque los dos iban a pie y no en el burro. Al oír esto, el padre le preguntó al hijo qué pensaba de lo que dijeron los hombres. El hijo creía que era verdad. Entonces el padre le dijo al hijo que se subiera al burro.

Luego se encontraron con otros hombres que regresaban del pueblo y que pronto comenzaron a criticar al padre. Dijeron que el padre estaba loco porque viejo y cansado iba a pie mientras su hijo joven iba cómodo en el burro. El padre le preguntó al hijo qué pensaba de lo que dijeron los otros.
—Tienen razón —le contestó el joven. Entonces el hijo se bajó y el padre se subió al burro.

Un poco más tarde dos señores criticaron al padre por permitir al muchacho ir a pie. —¿Qué piensas de lo que dijeron? —le preguntó el padre al hijo. —Es muy cierto —dijo el hijo. Entonces el padre le pidió a su hijo que se subiera al burro para que ninguno de los dos fuera a pie.

Nuevamente se encontraron con otros señores que criticaron al padre y su hijo por montarse° en el pobre burrito. —Hijo,— dijo el padre —¿qué haremos para que la gente no nos critique más?— Por fin, decidieron que la única solución era cargar° el burro. Así, padre e hijo llegaron al mercado con el burro en la espalda pero, a pesar de esto,° muchos seguían criticando al padre y su hijo.

to ride

to carry

despite this

Conteste las siguientes preguntas.

1. ¿Adónde decidieron ir el padre y su hijo?
2. ¿Para qué llevaban el burro?
3. ¿Por qué dijeron unos hombres que el padre y su hijo eran tontos?
4. ¿Qué le dijo el padre al hijo?
5. ¿Por qué dijeron otros hombres que el padre estaba loco?
6. Irónicamente, ¿cuál era la única solución según el padre y su hijo?
7. A pesar de esa solución, ¿qué seguían haciendo muchos?
8. ¿Quiénes determinaban las acciones del padre?
9. ¿Cuáles de los siguientes adjetivos describen mejor esta fábula: cómica, seria, melancólica, divertida, complicada, absurda, satírica?
10. ¿Qué pasa cuando tratamos de complacer a todo el mundo?
11. Entonces, ¿cuál es la lección o la moraleja?

APÉNDICES

REGULAR VERBS ●●●●●●●●●●●●●●●●●●●●●●●●●●●●●

INFINITIVE	hablar *to speak*	comer *to eat*	vivir *to live*
PRESENT PARTICIPLE	hablando *speaking*	comiendo *eating*	viviendo *living*
PAST PARTICIPLE	hablado *spoken*	comido *eaten*	vivido *lived*

SIMPLE TENSES

PRESENT INDICATIVE *I speak, am speaking, do speak*	hablo hablas habla hablamos habláis hablan	como comes come comemos coméis comen	vivo vives vive vivimos vivís viven
IMPERFECT INDICATIVE *I was speaking, used to speak, spoke*	hablaba hablabas hablaba hablábamos hablabais hablaban	comía comías comía comíamos comíais comían	vivía vivías vivía vivíamos vivíais vivían
PRETERITE *I spoke, did speak*	hablé hablaste habló hablamos hablasteis hablaron	comí comiste comió comimos comisteis comieron	viví viviste vivió vivimos vivisteis vivieron
FUTURE *I will speak, shall speak*	hablaré hablarás hablará hablaremos hablaréis hablarán	comeré comerás comerá comeremos comeréis comerán	viviré vivirás vivirá viviremos viviréis vivirán

CONDITIONAL *I would speak*	hablaría hablarías hablaría	comería comerías comería	viviría vivirías viviría
	hablaríamos hablaríais hablarían	comeríamos comeríais comerían	viviríamos viviríais vivirían
PRESENT SUBJUNCTIVE *(that) I speak*	hable hables hable	coma comas coma	viva vivas viva
	hablemos habléis hablen	comamos comáis coman	vivamos viváis vivan
PAST SUBJUNCTIVE *(that) I speak, might speak*	hablara hablaras hablara	comiera comieras comiera	viviera vivieras viviera
	habláramos hablarais hablaran	comiéramos comierais comieran	viviéramos vivierais vivieran
COMMANDS *informal* *Speak*	habla (no hables)	come (no comas)	vive (no vivas)
formal	hable hablen	coma coman	viva vivan

COMPOUND TENSES

PRESENT PERFECT INDICATIVE *I have spoken*	he hemos has habéis ha han	hablado	comido	vivido
PAST PERFECT INDICATIVE *I had spoken*	había habíamos habías habíais había habían	hablado	comido	vivido
PRESENT PROGRESSIVE *I am speaking*	estoy estamos estás estáis está están	hablando	comiendo	viviendo
PAST PROGRESSIVE *I was speaking*	estaba estábamos estabas estabais estaba estaban	hablando	comiendo	viviendo

STEM-CHANGING VERBS ● ● ● ● ● ● ● ● ● ● ● ● ● ● ● ● ● ●

	-ar / -er verbs			
	e → ie		o → ue	
	pensar *to think*	entender *to understand*	recordar *to remember*	volver *to return*
PRESENT INDICATIVE	pienso	entiendo	recuerdo	vuelvo
	piensas	entiendes	recuerdas	vuelves
	piensa	entiende	recuerda	vuelve
	pensamos	entendemos	recordamos	volvemos
	pensáis	entendéis	recordáis	volvéis
	piensan	entienden	recuerdan	vuelven
PRESENT SUBJUNCTIVE	piense	entienda	recuerde	vuelva
	pienses	entiendas	recuerdes	vuelvas
	piense	entienda	recuerde	vuelva
	pensemos	entendamos	recordemos	volvamos
	penséis	entendáis	recordéis	volváis
	piensen	entiendan	recuerden	vuelvan

THERE ARE NO *-AR / -ER* STEM-CHANGING VERBS IN THE PRETERITE

	-ir verbs		
	e → ie	e → i	o → ue
	divertirse *to have fun*	pedir *to ask for*	dormir *to sleep*
PRESENT INDICATIVE	me divierto	pido	duermo
	te diviertes	pides	duermes
	se divierte	pide	duerme
	nos divertimos	pedimos	dormimos
	os divertís	pedís	dormís
	se divierten	piden	duermen
PRESENT SUBJUNCTIVE	me divierta	pida	duerma
	te diviertas	pidas	duermas
	se divierta	pida	duerma
	nos divirtamos	pidamos	durmamos
	os divirtáis	pidáis	durmáis
	se diviertan	pidan	duerman

PRETERITE	me divertí	pedí	dormí
	te divertiste	pediste	dormiste
	se divirtió	pidió	durmió
	nos divertimos	pedimos	dormimos
	os divertisteis	pedisteis	dormisteis
	se divirtieron	pidieron	durmieron
PAST SUBJUNCTIVE	me divirtiera	pidiera	durmiera
	te divirtieras	pidieras	durmieras
	se divirtiera	pidiera	durmiera
	nos divirtiéramos	pidiéramos	durmiéramos
	os divirtierais	pidierais	durmierais
	se divirtieran	pidieran	durmieran
PRESENT PARTICIPLE	divirtiéndose	pidiendo	durmiendo

Other stem-changing verbs:

-ar / -er verbs

e → ie

cerrar   *to close*
comenzar   *to commence, to begin*
despertarse   *to wake up*
empezar   *to begin*
nevar   *to snow*
perder   *to lose*
recomendar   *to recommend*
sentarse   *to sit down*

o → ue

almorzar   *to have lunch*
contar   *to count, to tell*
costar   *to cost*
devolver   *to return (something)*
encontrar   *to find*
jugar (u → ue)   *to play (game)*

llover   *to rain*
mostrar   *to show*
resolver   *to solve*
sonar   *to sound*
soñar   *to dream*

-ir verbs

e → ie

preferir   *to prefer*
sentir   *to feel; to be sorry*

o → ue

morir   *to die*

e → i

reír *   *to laugh*
repetir   *to repeat*
servir   *to serve*
vestirse   *to get dressed*

---

* reír

Pres. Ind.: río, ríes, ríe, reímos, reís, ríen

Pres. Subj.: ría, rías, ría, ríamos, ríais, rían

Preterite: reí, reíste, rio, reímos, reísteis, rieron

Similarly: **sonreír** *(to smile)*

IRREGULAR VERBS ●●●●●●●●●●●●●●●●●●●●●●●●●●●

INFINITIVE	PARTICIPLES	PRESENT INDICATIVE	IMPERFECT	PRETERITE
1. andar *to walk,* *to go*	andando andado	ando andas anda andamos andáis andan	andaba andabas andaba andábamos andabais andaban	**anduve** **anduviste** **anduvo** **anduvimos** **anduvisteis** **anduvieron**
2. buscar* *to look for* **c → qu** before **e**	buscando buscado	busco buscas busca buscamos buscáis buscan	buscaba buscabas buscaba buscábamos buscabais buscaban	**busqué** buscaste buscó buscamos buscasteis buscaron
3. caer *to fall*	**cayendo** caído	**caigo** caes cae caemos caéis caen	caía caías caía caíamos caíais caían	caí caíste **cayó** caímos caísteis **cayeron**
4. conocer *to know* **c → zc** before **a, o**	conociendo conocido	**conozco** conoces conoce conocemos conocéis conocen	conocía conocías conocía conocíamos conocíais conocían	conocí conociste conoció conocimos conocisteis conocieron
5. construir† *to build* **i → y,** **y** inserted before **a, e, o**	**construyendo** construido	**construyo** **construyes** **construye** construimos construís **construyen**	construía construías construía construíamos construíais construían	construí construiste **construyó** construimos construisteis **construyeron**

*Similarly: **explicar** (*to explain*), **marcar** (*to mark, to dial*), **practicar** (*to practice*), **sacar** (*to take out*), **tocar** (*to touch, to play an instrument*)

†Similarly: **contribuir** (*to contribute*), **destruir** (*to destroy*), **incluir** (*to include*)

Future	Conditional	Present Subjunctive	Past Subjunctive	Informal / Formal Commands
andaré	andaría	ande	**anduviera**	—
andarás	andarías	andes	anduvieras	anda (no andes)
andará	andaría	ande	anduviera	ande
andaremos	andaríamos	andemos	anduviéramos	—
andaréis	andaríais	andéis	anduvierais	—
andarán	andarían	anden	anduvieran	anden
buscaré	buscaría	**busque**	buscara	—
buscarás	buscarías	busques	buscaras	busca (**no busques**)
buscará	buscaría	busque	buscara	**busque**
buscaremos	buscaríamos	busquemos	buscáramos	—
buscaréis	buscaríais	busquéis	buscarais	—
buscarán	buscarían	busquen	buscaran	**busquen**
caeré	caería	**caiga**	**cayera**	—
caerás	caerías	caigas	cayeras	cae (**no caigas**)
caerá	caería	caiga	cayera	**caiga**
caeremos	caeríamos	caigamos	cayéramos	—
caeréis	caeríais	caigáis	cayerais	—
caerán	caerían	caigan	cayeran	**caigan**
conoceré	conocería	**conozca**	conociera	—
conocerás	conocerías	conozcas	conocieras	conoce (**no conozcas**)
conocerá	conocería	conozca	conociera	**conozca**
conoceremos	conoceríamos	conozcamos	conociéramos	—
conoceréis	conoceríais	conozcáis	conocierais	—
conocerán	conocerían	conozcan	conocieran	**conozcan**
construiré	construiría	**construya**	**construyera**	—
construirás	construirías	construyas	construyeras	**construye (no construyas)**
construirá	construiría	construya	construyera	**construya**
construiremos	construiríamos	construyamos	construyéramos	—
construiréis	construiríais	construyáis	construyerais	—
construirán	construirían	construyan	construyeran	**construyan**

Infinitive	Participles	Present Indicative	Imperfect	Preterite
6. continuar *to continue* **-ú**	continuando continuado	**continúo** **continúas** **continúa** continuamos continuais **continúan**	continuaba continuabas continuaba continuábamos continuabais continuaban	continué continuaste continuó continuamos continuasteis continuaron
7. dar *to give*	dando dado	**doy** das da damos dais dan	daba dabas daba dábamos dabais daban	**di** diste dio dimos disteis dieron
8. decir *to say, to tell*	**diciendo** **dicho**	**digo** dices dice decimos decís dicen	decía decías decía decíamos decíais decían	**dije** dijiste dijo dijimos dijisteis **dijeron**
9. empezar **(e → ie)*** *to begin* **z → c** before **e**	empezando empezado	**empiezo** empiezas empieza empezamos empezáis empiezan	empezaba empezabas empezaba empezábamos empezabais empezaban	**empecé** empezaste empezó empezamos empezasteis empezaron
10. escoger[†] *to choose* **g → j** before **o, a**	escogiendo escogido	**escojo** escoges escoge escogemos escogéis escogen	escogía escogías escogía escogíamos escogíais escogían	escogí escogiste escogió escogimos escogisteis escogieron

*Other **z → c** verbs: **analizar** *(to analyze)*, **cruzar** *(to cross)*

[†]Similarly: **recoger** *(to pick up)*, **proteger** *(to protect)*

FUTURE	CONDITIONAL	PRESENT SUBJUNCTIVE	PAST SUBJUNCTIVE	INFORMAL/FORMAL COMMANDS
continuaré	continuaría	**continúe**	continuara	—
continuarás	continuarías	continúes	continuaras	**continúa (no continúes)**
continuará	continuaría	continúe	continuara	**continúe**
continuaremos	continuaríamos	continuemos	continuáramos	—
continuaréis	continuaríais	continuéis	continuarais	—
continuarán	continuarían	continúen	continuaran	**continúen**
daré	daría	**dé**	**diera**	—
darás	darías	des	dieras	da (no des)
dará	daría	**dé**	diera	**dé**
daremos	daríamos	demos	diéramos	—
daréis	daríais	deis	dierais	—
darán	darían	den	dieran	den
diré	**diría**	**diga**	**dijera**	—
dirás	dirías	digas	dijeras	**di (no digas)**
dirá	diría	diga	dijera	**diga**
diremos	diríamos	digamos	dijéramos	—
diréis	diríais	digáis	dijerais	—
dirán	dirían	digan	dijeran	**digan**
empezaré	empezaría	**empiece**	empezara	—
empezarás	empezarías	empieces	empezaras	empieza **(no empieces)**
empezará	empezaría	empiece	empezara	**empiece**
empezaremos	empezaríamos	empecemos	empezáramos	—
empezaréis	empezaríais	empecéis	empezarais	—
empezarán	empezarían	empiecen	empezaran	**empiecen**
escogeré	escogería	**escoja**	escogiera	—
escogerás	escogerías	escojas	escogieras	escoge **(no escojas)**
escogerá	escogería	escoja	escogiera	**escoja**
escogeremos	escogeríamos	escojamos	escogiéramos	—
escogeréis	escogeríais	escojáis	escogierais	—
escogerán	escogerían	escojan	escogieran	**escojan**

Infinitive	Participles	Present Indicative	Imperfect	Preterite
11. esquiar* *to ski* **-í**	esquiando esquiado	**esquío** esquías esquía	esquiaba esquiabas esquiaba	esquié esquiaste esquió
		esquiamos esquiáis esquían	esquiábamos esquiabais esquiaban	esquiamos esquiasteis esquiaron
12. estar *to be*	estando estado	**estoy** estás está	estaba estabas estaba	**estuve** estuviste estuvo
		estamos estáis están	estábamos estabais estaban	estuvimos estuvisteis estuvieron
13. haber *to have*	habiendo habido	**he** **has** **ha [hay]**	había habías había	**hube** hubiste hubo
		hemos habéis **han**	habíamos habíais habían	hubimos hubisteis hubieron
14. hacer *to make, to do*	haciendo **hecho**	**hago** haces hace	hacía hacías hacía	**hice** hiciste **hizo**
		hacemos hacéis hacen	hacíamos hacíais hacían	hicimos hicisteis hicieron
15. ir *to go*	**yendo** ido	**voy** vas va	iba ibas iba	**fui** fuiste fue
		vamos vais van	íbamos ibais iban	fuimos fuisteis fueron

*Similarly: **enviar** (*to send*), **variar** (*to vary*)

Future	Conditional	Present Subjunctive	Past Subjunctive	Informal/Formal Commands
esquiaré	esquiaría	**esquíe**	esquiara	—
esquiarás	esquiarías	esquíes	esquiaras	**esquía (no esquíes)**
esquiará	esquiaría	esquíe	esquiara	**esquíe**
esquiaremos	esquiaríamos	esquiemos	esquiáramos	—
esquiaréis	esquiaríais	esquiéis	esquiarais	—
esquiarán	esquiarían	esquíen	esquiaran	**esquíen**
estaré	estaría	**esté**	**estuviera**	—
estarás	estarías	estés	estuvieras	**está (no estés)**
estará	estaría	esté	estuviera	**esté**
estaremos	estaríamos	estemos	estuviéramos	—
estaréis	estaríais	estéis	estuvierais	—
estarán	estarían	estén	estuvieran	**estén**
habré	**habría**	**haya**	**hubiera**	—
habrás	habrías	hayas	hubieras	—
habrá	habría	haya	hubiera	—
habremos	habríamos	hayamos	hubiéramos	—
habréis	habríais	hayáis	hubierais	—
habrán	habrían	hayan	hubieran	—
haré	**haría**	**haga**	**hiciera**	—
harás	harías	hagas	hicieras	**haz (no hagas)**
hará	haría	haga	hiciera	**haga**
haremos	haríamos	hagamos	hiciéramos	—
haréis	haríais	hagáis	hicierais	—
harán	harían	hagan	hicieran	**hagan**
iré	iría	**vaya**	**fuera**	—
irás	irías	vayas	fueras	**ve (no vayas)**
irá	iría	vaya	fuera	**vaya**
iremos	iríamos	vayamos	fuéramos	—
iréis	iríais	vayáis	fuerais	—
irán	irían	vayan	fueran	**vayan**

		PRESENT		
INFINITIVE	PARTICIPLES	INDICATIVE	IMPERFECT	PRETERITE
16. jugar* *to play* **g → gu** before **e**	jugando jugado	**juego** juegas juega jugamos jugáis juegan	jugaba jugabas jugaba jugábamos jugabais jugaban	**jugué** jugaste jugó jugamos jugasteis jugaron
17. leer† *to read* **i → y:** stressed **i → í**	**leyendo** **leído**	leo lees lee leemos leéis leen	leía leías leía leíamos leíais leían	leí **leíste** **leyó** **leímos** **leísteis** **leyeron**
18. oír *to hear* **i → y**	**oyendo** **oído**	**oigo** **oyes** oye oímos oís oyen	oía oías oía **oíamos** oíais oían	**oí** **oíste** **oyó** **oímos** **oísteis** **oyeron**
19. poder *can, to be able*	**pudiendo** podido	**puedo** puedes puede podemos podéis pueden	podía podías podía podíamos podíais podían	**pude** pudiste pudo pudimos pudisteis pudieron
20. poner *to place, to put*	poniendo **puesto**	**pongo** pones pone ponemos ponéis ponen	ponía ponías ponía poníamos poníais ponían	**puse** pusiste puso pusimos pusisteis pusieron

*__Jugar__ also has a stem-change (**u → ue**). **Llegar** *(to arrive)* and **pagar** *(to pay)*, also have the **g → gu** variation but not the stem-change: **llegue / pague.**

†Similarly: **creer** *(to believe)*

FUTURE	CONDITIONAL	PRESENT SUBJUNCTIVE	PAST SUBJUNCTIVE	INFORMAL/FORMAL COMMANDS
jugaré	jugaría	**juegue**	jugara	—
jugarás	jugaría	juegues	jugaras	**juega (no juegues)**
jugara	jugaría	juegue	jugara	**juegue**
jugaremos	jugaríamos	juguemos	jugáramos	—
jugaréis	jugaríais	juguéis	jugarais	—
jugarán	jugarían	jueguen	jugaran	**jueguen**
leeré	leería	lea	**leyera**	—
leerás	leerías	leas	leyeras	lee (no leas)
leerá	leería	lea	leyera	lea
leeremos	leeríamos	leamos	leyéramos	—
leeréis	leeríais	leáis	leyerais	—
leerán	leerían	lean	leyeran	lean
oiré	oiría	**oiga**	**oyera**	—
oirás	oirías	oigas	oyeras	**oye (no oigas)**
oirá	oiría	oiga	oyera	**oiga**
oiremos	oiríamos	oigamos	oyéramos	—
oiréis	oiríais	oigáis	oyerais	—
oirán	oirían	oigan	oyeran	**oigan**
podré	**podría**	**pueda**	**pudiera**	—
podrás	podrías	puedas	pudieras	—
podrá	podría	pueda	pudiera	—
podremos	podríamos	podamos	pudiéramos	—
podréis	podríais	podáis	pudierais	—
podrán	podrían	puedan	pudieran	—
pondré	**pondría**	**ponga**	**pusiera**	—
pondrás	pondrías	pongas	pusieras	**pon (no pongas)**
pondrá	pondría	ponga	pusiera	**ponga**
pondremos	pondríamos	pongamos	pusiéramos	—
pondréis	pondríais	pongáis	pusierais	—
pondrán	pondrían	pongan	pusieran	**pongan**

INFINITIVE	PARTICIPLES	PRESENT INDICATIVE	IMPERFECT	PRETERITE
21. querer *to like* *to want,* *to love (people)*	queriendo querido	**quiero** quieres quiere queremos queréis quieren	quería querías quería queríamos queríais querían	**quise** quisiste quiso quisimos quisisteis quisieron
22. saber *to know*	sabiendo sabido	**sé** sabes sabe sabemos sebéis saben	sabía sabías sabía sabíamos sabíais sabían	**supe** supiste supo supimos supisteis supieron
23. salir *to leave*	saliendo salido	**salgo** sales sale salimos salís salen	salía salías salía salíamos salíais salían	salí saliste salió salimos salisteis salieron
24. seguir (e → ie, i) *to follow* **gu → g** before **a, o**	**siguiendo** seguido	**sigo** sigues sigue seguimos seguís siguen	seguía seguías seguía seguíamos seguíais seguían	seguí seguiste **siguió** seguimos seguisteis **siguieron**
25. ser *to be*	siendo sido	**soy** eres es somos sois son	**era** eras era éramos erais eran	**fui** fuiste fue fuimos fuisteis fueron

FUTURE	CONDITIONAL	PRESENT SUBJUNCTIVE	PAST SUBJUNCTIVE	INFORMAL/FORMAL COMMANDS
querré	**querría**	**quiera**	**quisiera**	—
querrás	querrías	quieras	quisieras	quiere (no quieras)
querrá	querría	quiera	quisiera	quiera
querremos	querríamos	queramos	quisiéramos	—
querréis	querríais	queráis	quisierais	—
querrán	querrían	quieran	quisieran	quieran
sabré	**sabría**	**sepa**	**supiera**	—
sabrás	sabrías	sepas	supieras	sabe **(no sepas)**
sabrá	sabría	sepa	supiera	**sepa**
sabremos	sabríamos	sepamos	supiéramos	—
sabréis	sabríais	sepáis	supierais	—
sabrán	sabrían	sepan	supieran	**sepan**
saldré	**saldría**	**salga**	saliera	—
saldrás	saldrías	salgas	salieras	**sal (no salgas)**
saldrá	saldría	salga	saliera	**salga**
saldremos	saldríamos	salgamos	saliéramos	—
saldréis	saldríais	salgáis	salierais	—
saldrán	saldrían	salgan	salieran	**salgan**
seguiré	seguiría	**siga**	**siguiera**	—
seguirás	seguirías	sigas	siguieras	**sigue (no sigas)**
seguirá	seguiría	siga	siguiera	**siga**
seguiremos	seguiríamos	sigamos	siguiéramos	—
seguiréis	seguiríais	sigáis	siguierais	—
seguirán	seguirían	sigan	siguieran	**sigan**
seré	sería	**sea**	**fuera**	—
serás	serías	seas	fueras	**sé (no seas)**
será	sería	sea	fuera	**sea**
seremos	seríamos	seamos	fuéramos	—
seréis	seríais	seáis	fuerais	—
serán	serían	sean	fueran	**sean**

Infinitive	Participles	Present Indicative	Imperfect	Preterite
26. tener *to have*	teniendo tenido	**tengo** tienes tiene tenemos tenéis tienen	tenía tenías tenía teníamos teníais tenían	**tuve** tuviste tuvo tuvimos tuvisteis tuvieron
27. traducir* *to translate*	traduciendo traducido	**traduzco** traduces traduce traducimos traducís traducen	traducía traducías traducía traducíamos traducíais traducían	**traduje** tradujiste tradujo tradujimos tradujisteis **tradujeron**
28. traer *to bring*	**trayendo** **traído**	**traigo** traes trae traemos traéis traen	traía traías traía traíamos traíais traían	**traje** trajiste trajo trajimos trajisteis **trajeron**
29. valer *to be worth*	valiendo valido	**valgo** vales vale valemos valéis valen	valía valías valía valíamos valíais valían	valí valiste valió valimos valisteis valieron
30. vencer[†] *to conquer* c → z before o, a	venciendo vencido	**venzo** vences vence vencemos vencéis vencen	vencía vencías vencía vencíamos vencíais vencían	vencí venciste venció vencimos vencisteis vencieron

*Similarly: **conducir** (Spain, *to drive*), **producir** (*to produce*)
[†]Similarly: **convencer** (*to convince*)

FUTURE	CONDITIONAL	PRESENT SUBJUNCTIVE	PAST SUBJUNCTIVE	INFORMAL/FORMAL COMMANDS
tendré	**tendría**	**tenga**	**tuviera**	—
tendrás	tendrías	tengas	tuvieras	**ten (no tengas)**
tendrá	tendría	tenga	tuviera	**tenga**
tendremos	tendríamos	tengamos	tuviéramos	—
tendréis	tendríais	tengáis	tuvierais	—
tendrán	tendrían	tengan	tuvieran	**tengan**
traduciré	traduciría	**traduzca**	**tradujera**	—
traducirás	traducirías	traduzcas	tradujeras	traduce **(no traduzcas)**
traducirá	traduciría	traduzca	tradujera	**traduzca**
traduciremos	traduciríamos	traduzcamos	tradujéramos	—
traduciréis	traduciríais	traduzcáis	tradujerais	—
traducirán	traducirían	traduzcan	tradujeran	**traduzcan**
traeré	traería	**traiga**	**trajera**	—
traerás	traerías	traigas	trajeras	trae **(no traigas)**
traerá	traería	traiga	trajera	**traiga**
traeremos	traeríamos	traigamos	trajéramos	—
traeréis	traeríais	traigáis	trajerais	—
traerán	traerían	traigan	trajeran	**traigan**
valdré	**valdría**	**valga**	valiera	—
valdrás	valdrías	valgas	valieras	**val (no valgas)**
valdrá	valdría	valga	valiera	**valga**
valdremos	valdríamos	valgamos	valiéramos	—
valdréis	valdríais	valgáis	valierais	—
valdrán	valdrían	valgan	valieran	**valgan**
venceré	vencería	**venza**	venciera	—
vencerás	vencerías	venzas	vencieras	vence **(no venzas)**
vencerá	vencería	venza	venciera	**venza**
venceremos	venceríamos	venzamos	venciéramos	—
venceréis	venceríais	venzáis	vencierais	—
vencerán	vencerían	venzan	vencieran	**venzan**

INFINITIVE	PARTICIPLES	PRESENT INDICATIVE	IMPERFECT	PRETERITE
31. venir *to come*	**viniendo** venido	**vengo** vienes viene venimos venís vienen	venía venías venía veníamos veníais venían	**vine** viniste vino vinimos vinisteis vinieron
32. ver *to see*	viendo **visto**	**veo** ves ve vemos veis ven	**veía** veías veía veíamos veíais veían	**vi** viste vio vimos visteis vieron
33. volver **(o → ue)*** *to return*	volviendo **vuelto**	**vuelvo** vuelves vuelve volvemos volvéis vuelven	volvía volvías volvía volvíamos volvíais volvían	volví volviste volvió volvimos volvisteis volvieron

---

*Similarly: **devolver** *(to return something)*, **envolver** *(to wrap)*

FUTURE	CONDITIONAL	PRESENT SUBJUNCTIVE	PAST SUBJUNCTIVE	INFORMAL/FORMAL COMMANDS
vendré	**vendría**	**venga**	**viniera**	—
vendrás	vendrías	vengas	vinieras	**ven (no vengas)**
vendrá	vendría	venga	viniera	**venga**
vendremos	vendríamos	vengamos	viniéramos	—
vendréis	vendríais	vengáis	vinierais	—
vendrán	vendrían	vengan	vinieran	**vengan**
veré	vería	**vea**	**viera**	—
verás	verías	veas	vieras	ve **(no veas)**
verá	vería	vea	viera	**vea**
veremos	veríamos	veamos	viéramos	—
veréis	veríais	veáis	vierais	—
verán	verían	vean	vieran	**vean**
volveré	volvería	**vuelva**	volviera	—
volverás	volverías	vuelvas	volvieras	**vuelve (no vuelvas)**
volverá	volvería	vuelva	volviera	**vuelva**
volveremos	volveríamos	volvamos	volviéramos	—
volveréis	volveríais	volváis	volvierais	—
volverán	volverían	vuelvan	volvieran	**vuelvan**

VOCABULARIO

The Spanish-English, English-Spanish vocabularies include all the words that appear in the text, except most proper nouns and conjugated verb forms. The ENGLISH-SPANISH vocabulary includes all the words and expressions listed in the **Vocabulario** sections as well as those used in the exercises.

The gender of nouns is indicated with the definite article. The alphabetization follows the pre-1994 Spanish letter order with CH after C, LL after L, and Ñ after N. Stem changes in verbs are indicated by (ie), (ue), or (i). A (zc) after an infinitive indicates that the YO form of the present tense has this irregularity. A (y) indicates the spelling change of -uir verbs. Those verbs that have only an irregular YO form (i.e., traer/traigo) have that form listed following the infinitive.

A number following a word or phrase indicates the chapter of its first appearance. **CD** before a letter indicates that the chapter is one of the **Conversaciones diarias.**

The following abbreviations are used:

adj	adjective	*m*	masculine
adv	adverb	*obj of prep*	object of preposition
contr	contraction	*pl*	plural
def art	definite article	*pol*	polite usage
dem adj	demonstrative adjective	*poss*	possessive
dir obj	direct object	*prep*	preposition
f	feminine	*pron*	pronoun
fam	familiar	*ref*	reflexive
ind obj	indirect object	*rel pron*	relative pronoun
inf	infinitive	*sing*	singular

A

a	to 1
a beneficio	for the benefit 12
a causa de	due to, because of 9
a la derecha	to the right 3
a la izquierda	to the left 3
a la vez	at the same time 10
a pagar allá	collect (call) 9
a pesar de	in spite of 9
a principios de	at the beginning of 9
¿a qué hora es?	at what time is it? CD D
a veces	at times 4
a ver	let's see 7
abajo	down 3
abandonar	to abandon 10
abierto(a)	open CD A
la abnegación	self-denial 8
el abogado	lawyer 1
abordar	to board 5
abra	open (command) CD A
el abrazo	embrace 6
el abrigo	coat 4
abril	April CD C
abrir	to open 2
el/la abuelo(a)	grandfather, grandmother CD B
abundar	to be abundant 2
aburrido(a)	bored 3
acabar	to finish 11
accesible	accessible 9
el acceso	access 9
el aceite (de oliva)	(olive) oil 7
la aceituna	olive 6
acelerar	to accelerate 9
el acontecimiento	happening 12
acostarse (ue)	to go to bed 4
acostumbrarse (a)	to get used to 10
la actitud	attitude 12
la actriz	actress 7
actuar	to act 12
adaptar	to adapt 14
adaptarse	to adapt oneself 10
adecuado(a)	adequate 5
¡Adelante!	Come in!, Move forward! 5
adicional	additional 10

adiós	good-bye CD B
la adivinanza	riddle 7
adivinar	to guess 4
el adjetivo	adjective CD G
admirar	to admire 2
¿adónde?	where (to)? 2
adquirir (ie)	to acquire 11
la aduana	customs 5
el aeropuerto	airport 1
afeitarse	to shave 4
los aficionados	fans 7
afiliado(a)	affiliated 5
afiliar	to affiliate 3
afirmativo(a)	affirmative 12
afuera	outside 6
las afueras	outskirts 10
el/la agente	agent 7
el/la agente de compras	purchasing agent 9
agosto	August CD C
agradable	pleasant 10
agradecido(a)	grateful 9
agrandar	to enlarge 13
agresivamente	aggressively 13
agresivo(a)	aggresive 13
agresor(a)	aggressive, aggressor 13
el agricultor	farmer 7
el agua (f)	water 2
el aguacate	avocado 7
aguantar	to endure 12
ahí	there 12
ahora mismo	right now 9
¡ajá!	yep! 12
el ajedrez	chess 4
el ajo	garlic 7
ajustar	to adjust 9
al + inf	upon, when (+ -ing form of verb) 5
al contrario	on the contrary 13
al fondo	to the rear 3
al lado de	next to, beside 2
al principio	at first 6
la alameda	park 10
alegrarse (de)	to be happy (about) 10
alegre	happy CD B
la alegría	happiness 12
Alemania	Germany 6
alemán, alemana	German 1

alérgico(a)	*allergic 3*
la alfombra	*carpet, rug 2*
algo	*something 12*
el algodón	*cotton 4*
alguien	*somebody 9*
alguna vez	*ever 7*
alguno(a), algún	*some, any 3*
algunos	*some CD C*
allí	*there 3*
el alma	*soul 14*
el almacén	*warehouse 4*
las almejas	*clam 6*
las almendras	*almonds 7*
el almuerzo	*lunch 4*
el alojamiento	*lodging 5*
alrededor	*around 10*
la altitud	*altitude 9*
altivo(a)	*proud 12*
alto(a)	*tall 3*
el ama de casa	*housewife 12*
amable	*kind 5*
amarillo(a)	*yellow CD E*
el ambiente	*environment 10*
la amenidad	*amenity 5*
el/la amigo(a)	*friend CD A*
la amistad	*friendship 10*
el amor	*love 12*
amplio(a)	*ample 2*
anaranjado(a)	*orange color CD E*
el/la anarquista	*anarchist 13*
ancho(a)	*wide 4*
anda	*go ahead (command) 7*
¡Ándale!	*Go ahead! (slang) 10*
andaluz	*Andalusian 7*
andar	*to go, walk 10*
los Andes	*Andes 9*
andino(a)	*Andean 9*
angosto(a)	*narrow 9*
el ángulo	*angle 14*
el anillo	*ring 11*
animado(a)	*animated, lively 6*
animarse	*to take heart 12*
el aniversario	*anniversary 10*
anoche	*last night 7*
anormal	*abnormal 14*
la anormalidad	*abnormality 14*
anotar	*to jot down 13*
el antecedente	*antecedent 13*
los anteojos	*eyeglasses 4*
anterior	*previous 7*
antes (de)	*before 4*
la anticipación	*anticipation 10*
el anticongelante	*antifreeze 9*
antiguo(a)	*ancient 10*
antipático(a)	*disagreeable 3*
el antónimo	*antonym 14*
la antropología	*anthropology 10*
anual	*annual 10*
anualmente	*annually 4*
el anuncio	*announcement 3*
añadir	*to add 7*
el año	*year 1*
el Año Nuevo	*New Year 10*
apagar	*to turn off 10*
el aparato	*apparatus 4*
aparecer (zc)	*to appear 12*
aparte	*separate 5*
apasionado(a)	*passionate 6*
el apellido	*surname CD B*
apenas	*hardly 9*
el aperitivo	*appetizer 8*
apestoso(a)	*smelly 12*
el apio	*celery 7*
aplicar	*to apply 7*
el apogeo	*apogee 14*
apoyar	*to support 9*
el apoyo	*support 3*
aprender	*to learn 2*
apretado(a)	*tight 4*
apropiado(a)	*appropriate 9*
la aptitud	*aptitude 13*
los apuntes	*class notes 7*
apurado(a)	*hurried 12*
aquel, aquella	*that (over there) 6*
aquellos, aquellas	*those (over there) 6*
aquí	*here CD D*
el árbitro	*umpire 12*
el árbol	*tree 1*
el archivo	*file 12*
el argentino	*Argentinian 7*
arqueológico(a)	*archeological 10*
arrancar	*to start (engine) 9*
arrestado(a)	*arrested 13*
arriba	*up 3*
el arroz (con leche)	*rice (pudding) 7*
arrugar	*to wrinkle 11*
el arte	*art CD D*
la artesanía	*craft 10*
el/la artista	*artist CD E*
el artículo	*article 9*
artístico(a)	*artistic 12*
asado(a)	*roasted 8*

ascender (ie)	to ascend 9	el baño	bath 2
el ascensor	elevator 6	barato(a)	cheap 4
así	thus, like this CD D	el barco	ship 9
así (no) es	that's (not) so 13	la barrera	barrier 13
el asiento	seat CD A	la barriga	belly 3
la asistencia	assistance, attendance 13	el barrio	neighborhood 6
asistir a	to attend 2	basar	to base 9
asociar	to associate 6	basta	enough 12
el astro	star 12	la basura	garbage 10
asustado(a)	frightened 12	la batata	sweet potato (Spain) 7
atacar	to attack 14	el bateador	batter 12
atender (ie)	to tend to 3	la batería	battery 9
el Atlántico	Atlantic 9	batir	to beat 12
la atracción	attraction 10	el baúl	trunk 9
atractivo(a)	attractive 9	el bautismo	baptism 12
atraer (atraigo)	to attract 13	la bebida	drink 7
atrasarse	to get behind 9	el béisbol	baseball CD E
el atún	tuna 7	bello(a)	beautiful 2
aumentar	to increase 8	las bellas artes	fine arts 10
el aumento	increase CD C	el beneficio	benefit 12
aunque	although 8	besar	to kiss 3
el autobús	bus 9	el beso	kiss 14
la autonomía	autonomy 13	la biblioteca	library CD D
¡ Ave María!	My goodness! 12	la bicicleta	bicycle CD E
la avenida	avenue 2	bien	well CD C
el avión	plane 5	bien asado	well done 8
el aviso	notice 3	bien pronto	very quickly 12
ayer	yesterday 7	el bienestar	well-being 13
el/la ayudante	helper CD E	bienvenido(a)	welcome 5
ayudar	to help 3	bilingüe	bilingual 13
el azafrán	saffron 7	el billete	ticket 9, bill (money)
azteca	Aztec 14	la biología	biology CD D
el azúcar	sugar 7	el bistec	beef steak 7
azul	blue CD E	blanco(a)	white CD E
los azulejos	glazed tiles 2	el bloque	block 6
		la blusa	blouse 4
		la boca	mouth 3
		el bocadillo	small sandwich 8
		la boda	wedding 12
		boicotear	to boycott 13
		el boletín	bulletin 13

B

		el boleto	plane, train, or boat ticket 9
bailar	to dance 1	el boliche	eyeround of beef 7
bajar	to lower 10	el bolillo	roll (bread) 8
bajo(a)	short 3	el bolígrafo	ballpoint pen CD A
el ballet	ballet 10	los bolos	bowling 8
el baloncesto	basketball CD E	los bollitos	rolls 8
la banana	banana 7	la bolsa	purse, bag 4
bancario(a)	adj bank 11	la bombilla	light bulb 6
el banco	bank CD D	el boniato	sweet potato (Cuba) 7
el/la banquero(a)	banker CD E	bonito(a)	pretty, beautiful 3
el banquete	banquet 9	borracho(a)	drunk 7
bañarse	to bathe 4		

las botas	boots 4	calmarse	to calm (oneself) down 12
la botella	bottle 8	la caloría	calorie 7
el botones	bell hop 5	la cama	bed 2
el boxeo	boxing CD E	la cámara	camera 3
el brazo	arm 3	el/la camarero(a)	waiter, waitress, maid 6
breve	brief 13	los camarones	shrimp 7
brillante	brilliant 12	el cambio	exchange, change 11
el brindis	toast 3	caminar	to walk 1
la brisa	breeze 2	el camino	road, way 9
la brocheta	skewer 7	el camión	truck 9
el bróculi	broccoli 7	la camisa	shirt 4
el bruto	brute 12	la camiseta	T-shirt 4
¡Buen provecho!	Good appetite! (Have a good meal) 8	el camote	sweet potato (Mexico) 7
		el campeonato	championship 7
la buena voluntad	good will 11	el/la campesino(a)	peasant 4
buenas noches	good evening CD A	el campo	countryside 1
buenas tardes	good afternoon CD A	el canapé de anchoa	anchovy appetizer 6
bueno(a)	good 3	la canasta	basket 14
buenos días	good morning CD A	la cancelación	cancellation 9
el bulevar	boulevard 10	cancelado(a)	cancelled 5
burlarse	to mock 12	la canela	cinnamon 7
buscar	to look (for) 1	la canoa	canoe 9
la butaca	armchair 2	cansado(a)	tired 3
el buzón	mailbox 11	el/la cantante	singer 14
		cantar	to sing 12
		el caos	chaos 13
		el capital	capital (money) 9
		la capital	capital (city) CD D
		los capitalistas	capitalists 13
		el capó	hood (of a car) 9
		la cara	face 3
		¡Caramba!	Golly! CD B
el caballero	gentleman 4	el caramelo	caramel 12
el caballo	horse CD E	el carácter	character 10
el cabaret	night club 10	el carburador	carburetor 9
la cabeza	head 3	la cárcel	jail 13
el cacahuete	peanut (Mexico) 7	el cardo	thistle 14
cada	each CD C	el Caribe	Caribbean CD E
cada vez	each time 8	el cariño	affection 3; sweetheart 4
la cadena	chain 11	el carnaval	carnival 12
caer (caigo, caes)	to fall 11	la carne	beef 8
la caja	register, box CD A	la carne de res	beef 7
el/la cajero(a)	teller, cashier 11	caro(a)	expensive 2
la calabacita	zucchini 7	el carpintero	carpenter 7
la calabaza	pumpkin 7	la carrera	career 7; run 12
el calamar	squid 7	las carreras de bicicleta	bicycle races CD E
el calambre	cramp 3		
los calcetines	socks 4	las carreras de caballos	horse races CD E
la calefacción	heating 2		
el calendario	calendar CD C	la carretera	highway 9
calentar (ie)	to warm 14	el carrito	cart 7
la calidad	quality 6	el carro	car CD E
caliente	hot 6		
callado(a)	quiet 3		
callarse	to keep quiet 12		
la calle	street 6		

la carta	letter 2
las cartas	cards (game) 4
la cartera	wallet 4
el cartero	mailman 11
el cartón	cardboard 3
la casa	house 1
casado(a)	married 1
casarse (con)	to get married (to) 4
cascarrabias	grouch(y) 12
casi	almost 8
la casilla	post-office box 11
el cassette	cassette 9
castaño(a)	brown (eyes, hair) CD E
el castillo	castle 5
la casucha	hut 10
el catálogo	catalogue 13
el catarro	cold 3
la catedral	cathedral 10
catorce	fourteen CD A
la causa	cause 14
causar	to cause 7
la cebolla	onion 7
la cebolla rebanada	sliced onion 8
ceder	to yield 9
célebre	celebrated 6
el celofán	cellophane 9
celoso(a)	jealous 12
la cena	dinner CD D
cenar	to dine 8
la censura	censure 13
el centro	center, downtown 1
el centro comercial	shopping center 4
cerámico(a)	ceramic 14
cerca (de)	near (to) 2
cercano(a)	near, close-by 9
el cerdo	pork 8
el cereal	cereal 7
el cerebro	brain 3
las cerezas	cherries 7
cerquita	adv (very) near 2
cerrado(a)	closed 3
cerrar (ie)	to close 4
el cerro	hill 11
la cerveza	beer 8
el cielo	sky 11
las ciencias políticas	political sciences CD D
ciento (cien)	one hundred CD C
cierre	close (command) CD A
cierto(a)	certain 5
la cifra	sum 11
el cilantro	parsley-like herb 7
cinco	five 1
cincuenta	fifty CD B
el cine	movie theater 2
la cinta	tape 9
el cinturón	belt 4
el cinturón de seguridad	seat belt 9
la cirugía	surgery 3
la cita	appointment 3
la ciudad	city 1
el círculo	circle 14
¡Claro que sí!	Of course! 10
claro(a)	light in color, clear CD E
la clase	class 2
clasificar	to classify 9
la clave	code 9
clásico(a)	classical 9
la cláusula	clause 14
el/la cliente	client 9
el clima	climate 6
la clínica	clinic 3
el club	club 7
cobrar	to charge (a fee) 11
el coche	car CD E
la cocina	kitchen 2
cocinar	to cook CD E
el/la cocinero(a)	cook 12
el coco	coconut 7
el cocotazo	rap on the head 7
el coctel	cocktail 7
coexistir	to coexist 13
la cola	line, queue 5
colarse delante	to cut in line in front 5
el colegio	school CD E
la cólera	anger 12
colgar (ue)	to hang up 9
la coliflor	cauliflower 8
la colonia	population 4
el color	color CD E
la columna	column 9
combinar	to combine 10
el comedor	dining room 2
comer	to eat 2
el comercio	commerce, business CD D
cómico(a)	funny 12
la comida	meal 2
la comida criolla	local or creole food 6
el comienzo	beginning 14
el comino	cumin 8

la comisión	commission 11	el congreso	congress 13
como	like 4	conmemorar	to commemorate 12
como de costumbre	as usual 8	conmigo	with me 11
¡cómo no!	of course! 11	conocer (zc)	to know a person, be
¿cómo?	how? CD A		acquainted with 2
¿Cómo te llamas?	What is your name?	consciente	conscious 13
(fam)	CD A	conseguir (i)	to get 5
{¿Cómo se llama	What is your name?	el consejo	advice 5
usted?} (pol)	CD A	conservar	to conserve 9
la comodidad	comfort 9	construir (y)	to build 2
cómodo(a)	comfortable 2	el consultorio	doctor's office 1
el compadre	close friend 12	el/la consumidor(a)	consumer 6
la compadrería	close companionship 12	el contacto	contact 9
la compañía	company 1;	el/la contador(a)	accountant 13
	companionship 8	la contaduría	accounting 1
		la contaminación	contamination 13
las compañías de		el contaminador	contaminator 13
seguros 1	insurance companies 1	contar (ue)	to tell 14
comparar	to compare CD E	contar (ue) con	to count on 9
compartir	to share 8	contemplar	to contemplate 14
competir (i)	to compete 13	contento(a)	content 3
el comportamiento	behavior 5	contestar	to answer CD E
el compositor	composer 14	contéstele	answer him/her
la compra	purchase 14		(command) CD A
comprar	to buy 1	contigo	with you (fam) 11
comprender	to understand 2	contra	against 8
comprensivo(a)	understanding 3	contrario(a)	contrary 9
el comprobante	claim check 5	el contraste	contrast 10
el compromiso	engagement,	la contratapa	inside cover 9
	commitment 12	el contratiempo	misfortune 11
compuesto(a)	compound 12	contribuir (y)	to contribute 4
la computación	computer science CD D	convencer	
la computadora	computer 2	(convenzo)	to convince 13
el/la computista	computer operator CD E	la conveniencia	convenience 5
la comunicación	communication CD D	conveniente	convenient 8
la comunidad	community 3	conversador(a)	conversant 3
la comunión	communion 12	convertirse(ie)	to be converted 6
los comunistas	communists 13	el cordero	lamb 7
común	common 2	cordial	cordial 9
con	with 1	el/la corredor(a)	broker, runner CD E
con permiso	excuse me (I'm leaving)	el correo	post office 1; mail 11
	CD B	correr	to run CD E
con tal que	provided that 14	la correspondencia	correspondence 12
el concierto	concert 9	el/la corresponsal	correspondent 7
concordar (ue)	to agree 9	la corrida de toros	bullfight CD E
el conde	count 14	corriente	common 9
condimentar	to dress, season (food) 7	la corrupción	corruption 13
los condimentos	seasonings 7	cortar	to cut 12
conectar	to connect 9	la cortesía	courtesy CD B
la conexión	connection 14	cortés	polite 11
la confianza	trust 11		

la cortina	curtain 2
corto(a)	short (length) CD E
la cosecha	harvest 11
coser	to sew 12
cosmopolita	cosmopolitan 10
la costa	coast 9
las costillas	ribs 7
la costumbre	custom 2
la cotización	quotation 11
creado(a)	created 13
crear	to create 13
crecer (zc)	to grow 10
el crédito	credit 11
creer	to believe 2
creer que no	not to think so 5
la crema	cream 8
el/la criollo(a)	creole 5
la crónica	news chronicle 12
la croqueta	croquette 6
crudo(a)	rare, raw 8
cruel	cruel 14
cruzar	to cross 10
el cuaderno	notebook CD A
la cuadra	city block 10
cuadrado(a)	square 14
el cuadro	picture 9
cual	which 2
¿cuál(es)?	which one(s)? what? 1
¿cuál es la fecha?	what is the date? CD D
cualquier(a)	whichever, whoever 11
cuando	when, whenever 14
¿cuándo?	when? 2
¿cuánto(a)?	how much? 2
¿cuánto tiempo?	how long? 5
¿cuántos?	how many? CD C
el cuarto	room z
el cubismo	cubism 14
cubrir	to cover 10
la cuchara	spoon, tablespoon 7
la cucharadita	teaspoonful 7
la cucharita	teaspoon 7
el cuchillo	knife 7
el cuello	neck 3
la cuenta	bill 6
la cuenta corriente	checking account 11
la cuenta de ahorros	savings account 11
el/la cuentista	short-story writer 14
el cuero	leather 3
el cuerpo	body 9
el cuidado	care 3

cuidar	to take care of 1
la culpa	blame 12
cultivar	to cultivate 7
culto(a)	learned, educated 13
el cumpleaños	birthday CD D
cumplido(a)	polite 7
cumplir con	to fulfill one's obligation to someone 12
cumplir ... años	to turn . . . years, to have a birthday 12
la cuota	fee, quote 3
curioso(a)	curious 7
el curso	course 5
la curva	curve 9

CH

el champú	shampoo 4
la chaqueta	jacket 4
la charla	brief chat 10
charlar	to chat 10
el cheque (de viajero)	(traveler's) check 11
chícharos	peas 7
chileno(a)	Chilean 14
la china	orange (Puerto Rico) 7
el chisme	gossip 5
el chiste	joke 10
chocar	to bump CD E
el chofer	chauffeur, driver 9
el chorizo	pork sausage 8
las chuletas de puerco	pork chops 7

D

la dama	lady 4
las damas	checkers 4
la danza	dance 14
dar (doy)	to give 1
dar un paseo (por)	to take a walk, ride (along) 4
dar a	to face toward 2
dar golpecitos	to tap 11
darle las gracias (a alguien)	to thank (someone) for 7
darse la mano	to shake hands 7
darse prisa	to hurry 7
de	of, from CD B

¿de acuerdo?	*agreed? 2*	deportivo(a)	*sports* adj *4*
de algodón	*(made of) cotton 4*	depositar	*to deposit 9*
de antemano	*beforehand 9*	el derecho	*law CD D*
de cuadros	*plaid 4*	derecho	adv *straight ahead 3*
de cuero	*of leather 4*	los derechos humanos	*human rights 13*
de día en día	*from day to day 11*	derramar	*to spill 12*
¿de dónde?	*where from? 2*	desagradable	*disagreeable 3*
de hoy a mañana	*overnight 13*	desarrollar	*to develop 9*
de la mañana	*A.M. CD D*	el desarrollo	*development 9*
de nada	*you're welcome CD A*	desayunar(se)	*to eat breakfast 4*
de nilón	*of nylon 4*	el desayuno	*breakfast CD D*
¿De parte de quién?	*Who's calling? 9*	descafeinado	*decaffeinated 8*
de pie	*standing 12*	descontento(a)	*discontent 13*
de poliéster	*of polyester 4*	descortés	*impolite 8*
de pronto	*suddenly 8*	el descuento	*discount 7*
¿De qué color es?	*What color is it? CD E*	desde	*from, since (a certain*
¿De quién es?	*Whose is it? 3*		*time) 14*
de rayas	*striped 4*	desear	*to wish, want 1*
de repente	*suddenly 8*	desempleado(a)	*unemployed 13*
de seda	*of silk 4*	desfigurar	*to disfigure 14*
de veras	*really 12*	deshacerse	*to get rid of 5*
de vez en cuando	*now and then 8*	desierto(a)	*desert 14*
debajo de	*underneath 3*	la desigualdad	*inequality 13*
el deber	*duty, obligation 13*	desinflado(a)	*flat (tire) 9*
deber + *inf*	*should, ought to (+ inf) 2*	el desnivel	*imbalance 13*
la decadencia	*decadence 14*	desobediente	*disobedient 14*
decidir	*to decide 10*	el desorden	*disorder 13*
décimo	*tenth 6*	despacio	adv *slow 10*
decir (digo)	*to tell, say 5*	la despedida	*farewell 12*
declarar	*to declare 2*	despedirse (i) de	*to say good-bye to 5*
decorar	*to decorate 9*	despejado	*clear (weather) CD C*
el defecto	*defect 14*	despertarse (ie)	*to awaken 4*
defender (ie)	*to defend 13*	desplazar	*to displace 13*
la defensa	*defense 12*	el déspota	*despot 13*
deformar	*to deform 14*	después	*afterwards 6*
dejar	*to leave behind 9*	destacar	*to stand out 14*
delante (de)	*in front (of) 2*	la destinación	*destination 12*
déle	*give to him/her*	el destino	*destination 5*
	(command) CD A	destruido(a)	*destroyed 11*
delgado(a)	*slender 3*	el desván	*attic 2*
delicioso(a)	*delicious CD C*	los detalles	*details 12*
la demanda	*demand 11*	el/la detallista	*retailer CD E*
demasiado(a)	*too much 13*	determinado(a)	*determined 12*
el demonio	*demon 12*	determinar	*to determine 2*
la demora	*delay 9*	devolver (ue)	*to return (something),*
demostrar (ue)	*to demonstrate, show 10*		*give back 9*
el demostrativo	*demonstrative 6*	di	*12*
denunciar	*to denounce 14*	di	*say (fam command) 12*
el/la dependiente(a)	*clerk 4*	el día	*day CD D*
deplorable	*deplorable 14*	el día de los	
		enamorados	*Valentine's Day 7*

el diagrama	diagram 13	dos	two CD A
diario(a)	daily 8	el drama	drama 12
el dibujo	drawing 7	dramático(a)	dramatic 14
dichoso(a)	fortunate 12	la ducha	shower (bath) 6
diciembre	December CD D	dudar	to doubt 13
la dictadura	dictatorship 13	el dueño	owner 5
los dientes	teeth 3	el dulce	candy 9
diez	ten CD A	los dulces	preserves 7
la dificultad	difficulty 9	durante	during CD C
difícil	difficult 3	durar	to last 8
dígame	tell me (command) 5	el durazno	peach (Mexico) 7
digno(a)	worthy, dignified 14		
el dinero	money CD B		
¡Dios mío!	My goodness! 12		
diplomarse	to receive a degree 7		

E

la dirección	address 2	echar	to pour 12
el directorio	directory 9	echar al correo	to mail 11
la discordia	discord 13	echar de menos	to miss 8
la discoteca	discoteque 7	la economía	economics, economy CD D
la discrepancia	discrepancy 13	económico(a)	economical 9
discreto(a)	discreet 7	la edad	age 4
discutir	to discuss 13	el edificio	building 10
el/la diseñador(a)	designer CD E	la editorial	publishing house CD D
disponible	available 6	educarse	to educate oneself 13
distinguido(a)	distinguished 14	el efecto	effect 9
distinguir	to distinguish 14	efectuar	to carry out, accomplish 9;
distinto(a)	different 7		to take place 12
el distrito	district 8	eficiente	efficient 9
divertido(a)	amusing 8	ejercer (ejerzo)	to practice 11
divertirse (ie)	to have a good time 4	el (la) que	the one that 12
las divisas	currencies 11	el [los, la(s)] más ...	the most . . . 7
divorciado(a)	divorced 1	la elección	election 13
doblar	to turn (a corner) 10	la electricidad	electricity 7
doble	double 6	elegante	elegant 7
doce	twelve CD A	elegido(a)	elected 13
la docena	dozen 7	elegir (i) (elijo)	to elect 7
documental	documentary 14	ellos mismos	they themselves 9
el documento	document 2	el/la embajador (a)	ambassador 5
el dólar	dollar CD B	el embotellamiento	traffic jam 3
doler (ue)	to hurt 3	la emergencia	emergency 7
el domicilio	home address 6	eminente	emminent 14
el domingo	Sunday CD D	la emisión	emission 13
el dominó	dominos 4	las empanadas de	
la doncella	young lady 14	carne	turnovers 7
¿dónde?	where?	empezar (ie)	to begin 4
dorado(a)	brown 12	el empleado	employee 4
dormir (ue)	to sleep 4	emplear	to use, employ 14
dormir como un		el empleo	employment 1
tronco	to sleep like a log 6	la empresa	firm, company 6
dormirse (ue)	to fall asleep 4	en broma	in jest CD D
el dormitorio	bedroom 2	en busca de	in search of 13

en cambio	on the other hand 7	la época	epoch 14
en contra de	against 13	equipado(a)	equipped 3
en cuanto a	regarding 10	el equipaje	baggage 5
en efectivo	cash 11	el equipo	team CD E
en fila	in a row 14	el equivalente	equivalent 10
en frente de	in front of 3	equivocarse	to be mistaken 11
en pro de	in favor of 13	erradicar	to erradicate 13
en punto	on the dot CD D	el error	mistake 7
¿En qué puedo servirle?	What can I do for you? 4	es (una) lástima	it's a pity 10
		es preciso	it's necessary 10
en resumen	summing up 6	es que	it's that 9
en seguida	at once 7	es raro	it's strange, unusual 13
en un santiamén	in a jiffy 13	es triste	it's sad 10
en vez de	instead of 7	¿Es usted ... ?	Are you? CD A
enamorado(a)	in love 7	la escalera	stairs, ladder 6
encantado(a)	delighted CD A	escalfado(a)	poached (eggs) 8
encantador(a)	charming 10	la escena	scene, stage 12
encarcelar	to incarcerate 13	la escenografía	scenography 12
encargarse	to be in charge 11	escoger (escojo)	to choose 9
encontrar (ue)	to find 4	escriba	write (command) CD A
la encuesta	survey 6	escribir	to write 2
enero	January CD C	el escritorio	desk 12
enfadarse	to get angry 11	escuchar	to listen to 1
el enfado	annoyance 12	escuche	listen (command) CD A
el énfasis	emphasis 13	la escudilla	bowl 12
enfático(a)	emphatic 13	la escultura	sculpture 14
la enfermedad	illness 3	escurrir	to drain 12
la enfermería	infirmary CD D	ese, esa	that 6
enfermo(a)	ill, sick 3	esencial	essential 9
enfilado(a)	in a row 14	esos, esas	those 6
enfrentarse	to face 14	el espacio	space 6
enfriar (enfrío)	to cool 14	la espalda	back 3
el engaño	deceipt 13	España	Spain 1
el enlace	linking CD E	el español	Spanish language CD D
enojado(a)	angry 3	español(a)	Spanish (nationality) 2
enorme	enormous 2	especializarse	to major 5
la ensalada	salad 8	la esperanza	hope 11
el ensayo	essay 5	esperar	to wait (for) 1; to hope 12
enseñar	to teach, show 1	la espinaca	spinach 7
entender (ie)	to understand 4	el espíritu	spirit 14
la entidad	entity 12	espléndido(a)	splendid 12
el entierro	burial 12	espontáneo(a)	spontaneous 14
la entrada	entrance; theater/movie ticket; inning 12	el/la esposo(a)	husband, wife CD B
		el espumante	sparkling (wine) 8
entre	between, among 2	esquiar (esquío)	ski CD E
entrenar	to train 13	la esquina	street corner 10
entretener (ie)	to entertain 2	esta misma mañana	this very morning 9
la entrevista	interview 1	está despejado	it's clear CD C
entrevistar	to interview 7	está lloviendo (mucho)	it's raining (a lot) CD C
enviar (envío)	to ship, send 9		
envolver (ue)	to wrap 11		

está nevando (mucho)	*it's snowing (a lot) CD C*
está nublado	*it's cloudy CD C*
la estabilidad	*stability 13*
la estación	*season CD D; station 1*
estacionarse	*to park 9*
el estadio	*stadium CD D*
los Estados Unidos	*United States 1*
la estampilla	*stamp CD C*
el estante	*bookshelf CD E*
estar (estoy)	*to be (location or condition) 3*
estar de acuerdo (con)	*to agree (with) 13*
estar de guardia	*to be on guard 3*
estar de vacaciones	*to be on vacation 6*
estar de visita	*to be visiting 11*
estar empatados	*to be tied (score) 12*
estar listo(a)	*to be ready 12*
estar seguro(a)	*to be sure 6*
la estatua	*statute 1*
el este	*east 9*
este, esta	*this 6*
el estéreo	*stereo 7*
el estilo	*style 4*
estimado(a)	*dear, esteemed 5*
estimular	*to stimulate 13*
estornudar	*to sneeze 3*
estos, estas	*these 6*
el estómago	*stomach 3*
estrecho(a)	*narrow, tight 9*
la estrella	*star 5*
estricto(a)	*strict 2*
el estuco	*stucco 6*
el/la estudiante	*student CD A*
el/la estudiante de intercambio	*exchange student 5*
estudiantil	adj *student 7*
estudiar	*to study 1*
estudioso(a)	*studious 7*
la estufa	*stove 2*
estupendo(a)	*stupendous 5*
étnico(a)	*ethnic 13*
europeo(a)	*European 10*
evitar	*to avoid 9*
exagerar	*to exaggerate 13*
el examen físico	*physical examination 3*
la excursión	*excursion 10*
la exhibición	*exhibition 7*
exigente	*demanding 5*

la existencia	*existence 12*
la explicación	*explanation 9*
el/la explorador(a)	*boy (girl) scout 8*
explorar	*to explore 14*
la exportación	*exportation 13*
exportar	*to export 7*
la extensión	*extension 9*
extenso(a)	*extensive 9*
extranjero(a)	*foreign 12*
extraordinario(a)	*extraordinary 14*

F

la fábrica	*factory 1*
el/la fabricante	*manufacturer CD E*
fabuloso(a)	*fabulous 10*
fácil	*easy 3*
facilitar	*to facilitate 9*
facturar	*to check in, ship 5*
la facultad	*university school CD D*
la falda	*skirt 4*
falso(a)	*false 10*
la falta	*lack 9*
la fama	*fame 3*
familiar	adj *family 12*
la fantasía	*fantasy 12*
el/la farmacéutico(a)	*pharmacist 3*
la farmacia	*pharmacy 1*
fascinar	*to fascinate 9*
la fe	*faith 11*
febrero	*February CD C*
la fecha	*date 9*
felicitaciones	*congratulations 12*
felicitar	*to congratulate 12*
feliz	*happy CD E*
¡Feliz cumpleaños!	*Happy Birthday! CD C*
el fenónemo	*phenomenon 7*
feo(a)	*ugly 3*
el ferrocarril	*railroad 9*
festejar	*to entertain 8*
los fideos	*noodles 7*
la fiebre	*fever 3*
fiel	*faithful 8*
la fiesta de etiqueta	*formal party 12*
fijo(a)	*fixed 5*
filosofía y letras	*humanities CD D*
la finca	*farm 11*
fingido(a)	*pretend 12*
fino(a)	*fine 7*

la firma	signature, firm 6	ganar	to earn, win 12
firmar	to sign 11	los gandules	Puerto Rican peas 7
la firmeza	firmness 11	el garaje	garage 2
el flan	custard 7	los garbanzos	chickpeas 7
la flauta	flute 12	la garganta	throat 3
la flor	flower 5	la gasolina	gasoline 9
el flujo	flow 9	el/la gastador(a)	spendthrift 7
folklórico(a)	folkloric 10	gastar	to spend (money) 12
el folleto	brochure 10	el gasto	expense 3
fomentar	to foster 13	el/la gato(a)	cat CD E
el fondo	fund 11	el gaucho	herdsman from
la forma	form 7		Argentina 4
formidable	formidable 14	el gazpacho	cold tomato soup 8
la fotocopia	photocopy 12	generalmente	generally CD D
fragante	fragrant 5	generoso(a)	generous 7
francés, francesa	French 3	la gente	people 3
Francia	France 12	gentil	polite 12
franco(a)	frank 14	genuino(a)	genuine 14
frecuente	frequent 7	la geografía	geography 9
frecuentemente	frequently CD D	el/la gerente de ventas	sales manager 9
freír (frío)	to fry 12	el gimnasio	gymnasium CD D
los frenos	brakes 9	girar	to draw 11
la frente	forehead 12	el giro postal	money order 11
las fresas	strawberries 7	la glorieta	traffic circle (Mexico) 10
los frijoles	beans 7	gobernar (ie)	to govern 13
frito(a)	fried 7	el gobierno	government 2
la frontera	border 13	el golpe de estado	coup 13
la fruta	fruit 8	gordo(a)	fat 3
el fuego	fire CD A	la gorra	cap 4
la fuente	fountain 10	la gota	drop 11
fuera	adv out 12	la grabadora	tape recorder 2
fuerte	strong 1	gracias	thank you CD B
la fuerza	force, strength 13	gracioso(a)	funny 3
fumar	to smoke CD A	gráfico(a)	graphic 14
funcionar	to function 6	el gramo	gram (0.035 ounce) 7
furioso(a)	furious 12	gran(des)	
el fusilamiento	shooting 14	(+ sustantivo)	great 13
el fútbol	soccer CD E	grande(s)	big, large CD E
el fútbol americano	football CD E	el granito	granite 6
		granizar	to hail 11
		el granizo	hail 11
G		gratis	free of charge 3
		grave	grave, serious 10
la galleta	cookie 10	la gripe	flu 3
las galletas	crackers 8	gris	gray CD E
la galletita	small cracker 5	gritar	to shout 11
la galletita dulce	cookie 5	grueso(a)	heavy set 3
el galón	gallon 7	el guacamole	avocado puree with
la ganadería	cattle raising 7		onions 7
el/la ganador(a)	winner 14	el guanajo	turkey (in Cuba) 7

guapo(a)	*handsome 3*
guardar	*to put away, keep 10*
la guayaba	*guava 7*
la guerra	*war 13*
el guisante	*pea 8*
el/la guitarrista	*guitarist 14*
el/la guía	*guide CD E*
gustarle (a alguien)	*to be pleasing (to someone), like 9*
el gusto	*taste 4*

H

haber (he, has. . .)	*to have (perfect tense) 12*
las habichuelas	*green beans 7*
la habitación	*room 6*
el/la habitante	*inhabitant 10*
había	*there was/were 8*
hablar	*to speak 1*
hace (mucho) calor	*it's (very) hot CD C*
hace (mucho) frío	*it's (very) cold CD C*
hace (mucho) sol	*it's (very) sunny CD C*
hace (mucho) viento	*it's (very) windy CD C*
hace buen (mal) tiempo	*the weather is fine (bad) CD C*
hacer (hago)	*to do, make 5*
hacer cola	*to stand in line 5*
hacer compras	*to shop 7*
hacer daño	*to damage, harm 5*
hacer escala	*to make a stopover 5*
hacer las maletas	*to pack 5*
hacer un viaje	*to take a trip 5*
hacer una pregunta	*to ask a question 5*
hacerse	*to become 8*
la hacienda	*country home 5*
hallar	*to find 9*
el hambre(f)	*hunger 5*
la hamburguesa	*hamburger 2*
hasta	*up to, until 10*
hasta luego	*see you later (until later) CD B*
hasta mañana	*until tomorrow CD B*
hasta pronto	*see you soon CD B*
hasta que	*until 14*
hay	*there is/are CD D*

hay que + *inf*	*one must 5*
el helado	*ice cream 8*
el helicóptero	*helicopter 9*
el hemisferio	*hemisphere 9*
la herencia	*heritage, inheritance CD C*
herido(a)	*wounded 12*
el/la hermano(a)	*brother, sister CD B*
la herramienta	*tool 6*
el hielo	*ice 7*
la hierba	*grass 11*
el/la hijo(a),	*son, daughter CD B*
¡Híjole!	*Gee-whiz! (slang) 11*
el/la hipocondríaco(a)	*hypochondriac 3*
el/la hispano(a)	*hispanic CD E*
la historia	*history CD D*
el hogar	*home 2*
la hoja	*leaf 11*
¡Hola!	*Hello! CD A*
el hombre	*man 1*
el hombro	*shoulder 3*
hondureño(a)	*Honduran 13*
el horario	*schedule CD C*
el horno de microondas	*microwave oven 7*
hostil	*hostile 9*
hoy día	*nowadays CD D*
el hueso	*bone 3*
el huevo	*egg 7*
los huevos escalfados	*poached eggs 8*
los huevos revueltos	*scramble eggs 8*
los huevos tibios	*soft boiled eggs 8*
humilde	*humble 11*

I

ida y vuelta	*round-trip 5*
la iglesia	*church CD D*
igual	*same 7*
igualmente	*likewise CD A*
la ilusión	*illusion 10*
imaginarse	*to imagine 7*
el impermeable	*raincoat 4*
el ímpetu	*impetus 13*
importar	*to be important 9*
importarle a alguien	*to be important (to someone) 9*
impresionante	*impressive 6*
impresionar	*to impress 9*

impresionista	impressionist 14
improvisar	to improvise 9
el impuesto	tax 9
incidental	incidental 12
incluso	including CD E
incomparable	incomparable 12
incorporar	to incorporate 14
indeciso(a)	indecisive 13
la independencia	independence 13
indicar	to indicate 3
indigno(a)	unworthy 14
el individuo	individual 2
indígena	indigenous 14
indoespañol(a)	Indo-Spanish 10
la industria	industry 9
la industrialización	industrialization 13
infantil	infantile 12
influir (y)	to influence 4
el informe	report 7
la ingeniería	engineering 9
ingenioso(a)	ingenious 12
el inglés	English language CD D
ingresar	to be admitted 3
iniciar	to initiate 14
la iniciativa	initiative 2
inmenso(a)	immense 9
el inodoro	toilet 6
inquietante	upsetting 12
insistir (en)	to insist (on) 6
instalar	to install 9
instituir (y)	to institute 13
la instrucción	instruction 2
integrar	to integrate 13
el intercambio	exchange 14
interesar	to interest 9
interesarle (a alguien)	to be interesting (to someone) 9
interminable	endless 8
interrogar	to interrogate 7
interrumpir	to interrupt 10
el intérprete	interpreter 7
íntimo(a)	intimate 2
la inundación	flood 7
inútil	useless 12
invertir (ie)	to invest 11
el invierno	winter CD C
el/la invitado(a)	guest CD D
ir (voy, vas ...)	to go (I go, you go . . .) 1
irse (me voy)	to leave 4
la isla	island 14
el itinerario	itinerary 10

J

el jabón	soap 4
jamás	never, not ever 12
el jamón	ham 6
el jardín	garden 2
el jardinero	outfielder 12
los jeans	jeans 4
el jefe	boss 9
el jerez	sherry 6
¡Jesús!	Bless you! 3
joven (jóvenes)	young 3
jovial	jovial 13
el jueves	Thursday CD C
el/la juez	judge 13
jugar (ue) a	to play (game, sport) CD E
el jugo (de naranja)	juice 5, (orange juice 8)
el juguete	toy 4
julio	July CD C
junio	June CD C
la junta	board 13
junto a	next to 10
la justicia	justice 13
justo(a)	fair 8

L

los labios	lips 3
el laboratorio	laboratory CD D
el ladrillo	brick 2
el/la ladrón(-ona)	thief 11
el lago	lake 13
la lágrima	tear 14
la lámpara	lamp 2
la lana	wool 4
la langosta	lobster 8
el/la lanzador(a)	pitcher 12
el lanzamiento	pitch 12
lanzar	to pitch 12
el lápiz	pencil CD A
largo(a)	long CD E
la lástima	pity, shame 10
la lata	can 7
latino(a)	Latin 12

el laurel	bay leaf 8
la lavadora de ropa	washing machine
/platos	/dishwasher 2
lavarse	to wash oneself 4
el laxante	laxative 3
el lazo	knot, tie 6
¿Le gusta(n)?	Do you like? CD E
la leche	milk 7
el/la lechón (-ona)	pig 8
la lechuga	lettuce 7
el/la lector(a)	reader CD E
la lectura	reading 9
leer	to read 2
las legumbres	vegetables 8
lejano(a)	far away 9
lejos (de)	far (from) 3
levantarse	to get up 4
el levantamiento	
de pesas	weightlifting CD E
levántese	stand up, get up
	(command) CD A
la libertad	liberty, freedom 13
el libertador	liberator 13
la librería	bookstore CD D
el libro	book CD A
el/la líder	leader
ligero(a)	light (in weight) 8
limitado(a)	limited 9
el limón	lemon 7
limpio(a)	clean 3
la liquidación	clearance sale 4
listo(a)	clever, ready 3
la literatura	literature CD D
lo mismo	the same thing 11
lo mismo da	it's all the same 12
lo que	what (not as a
	question) 13
lo siento	I'm sorry CD B
lo suficiente	sufficient (amount) 13
lo (+ adj masc)	the . . . (thing, part) 13
lograr	to get, succeed, achieve 13
la loma	hill 12
el loro	parrot 7
los pros y los	
contras	pros and cons 13
la lucha	wrestling, CD E;
	struggle 13
luchar	to fight, struggle 8
luego	later 6
el lugar	place 6

el lujo	luxury 10
la luna	moon 10
el lunes	Monday CD C
la luz	light CD A

LL

llamarle la	to catch (call) one's
atención	attention 12
llámeme	call me (command) 5
la llanta	tire 9
la llave	key 6
llegar	to arrive CD D
la llegada	arrival 5
llenar	to fill 5
lleno(a)	full 6
llevar	to wear, take 4
llover (ue)	to rain CD C, 7
la lluvia	rain 9

M

la madera	wood 2
la madrastra	stepmother CD B
la madre	mother CD B
maduro(a)	ripe 11
el/la maestro(a)	teacher CD E
la magia	magic 12
mágico(a)	magical 12
el magnetismo	magnetism 13
magnífico(a)	magnificent 9
el maíz	corn 7
el maíz tierno	tender corn 8
mal(o), mala	bad 3
la maleta	suitcase 4
mandar	to send 9
el mandato	command 10
mandatorio	mandatory 10
manejar	to drive 6
manera	way CD D
la manga	sleeve 4
el mango	mango 7
el maní	peanut 7
la mano	hand 3
mantener (ie)	support
	(financially) 1
la mantequilla	butter 7
la manzana	apple 7

la manzanilla	camomile tea 8
la mañana	morning, tomorrow CD C
el mapa	map 9
maquillarse	to put on make-up 4
la máquina	machine 9
el mar	sea 10
marcar	to dial 9
el marido	husband CD B
la marihuana	marijuana 13
los mariscos	seafoods, shellfish 7
marítimo(a)	maritime 9
marrón	brown CD E
el martes	Tuesday CD C
marzo	March CD C
más	more 1
más allá	beyond 13
más o menos	so-so, more or less CD 13
más (menos) ... que	more (less) . . . than 7
las matemáticas	mathematics CD D
la matrícula	registration 2
mayo	May CD C
la mayonesa	mayonnaise 7
mayor	great, older, oldest 6
la mayoría	majority 9
me duele(n)	it hurts me 3
me fascina(n)	it fascinates me 6
me gusta(n)	I like CD E
la medalla	medallion 11
mediano(a)	medium (size) 4
las medias	stockings 4
la medicina	medicine CD D
el medio	means 9
medio asado	medium done 8
medio crudo	medium rare 8
medio(a)	half 7
mediocre	mediocre 9
el mediodía	noon CD D
la medionoche	midnight CD D
mejor	better, best 3
mejorar	to improve 13
mejorarse	to get better 3
el melocotón	peach 7
la memoria	memory 7
mencionar	to mention 7
la menina	lady in waiting 14
menor	younger, youngest, lesser, least 7
menos	less CD E

el menudo	small change 11
el menú	menu 9
el mercado	market 1
la merienda	snack 8
el mes	month CD C
la mesa	table CD A
los meses del año	the months of the year CD D
la mesita	coffee table 6
el metro	subway 9
metropolitano(a)	metropolitan 10
mexicano(a)	Mexican CD B
mi, mis	my 5
el miembro	member 3
mientras	while 2
el miércoles	Wednesday CD C
militar	military 13
mimar	to spoil, pamper 12
el ministro	minister 13
la minoría	minority 13
mío(a,os,as)	poss mine 13
la mirada	glance 14
mirar	to look at 4
mire	look (command) CD A
la misa	mass 12
mismo(a)	self, very 9
la mitad	half 14
el mínimo	minimum 10
el modernismo	modernism 14
modificar	to modify 13
el modo	method, way 9
mojar	to wet, moisten 11
la monarquía	monarchy 13
el monasterio	monastery 5
la moneda	coin CD C
monetario(a)	monetary 11
la monja	nun 14
el monopolio	monopoly 13
la montaña	mountain 9
montar	to mount, get on 14
el monumento	monument 10
morado(a)	purple CD E
la mordida	bribe 13
moreno(a)	dark-haired, brunette CD E
morir (ue)	to die 8
moro(a)	Moorish 6
el mosaico	floor tile 2
la mostaza	mustard 7

mostrar (ue)	to show 11	la niñera	babysitter 12
la motocicleta	motorcycle 6	el/la niño(a)	child; boy, girl CD B
el motor	motor 9	el nivel	level 10
muchas gracias	thank you very much CD A	el nivel de vida	standard of living 13
		¡No se preocupe!	Don't worry! (command) 5
muchísimo	very much 6	no tanto	not as much 1
mucho	much CD A	la noche	evening, night CD C
la mudanza	move 7	la Nochebuena	Christmas Eve 12
mudarse	to move (residence) 7	el noreste	northeast 9
los muebles	furniture 2	el norte	north 9
la muela	tooth (molar) 3	norteamericano(a)	North American 2
muerto(a)	dead 12	la nota	note 2
la muestra	sample 6	notar	to note 6
la mujer	wife, woman CD B	las noticias	news 13
la multa	traffic ticket, fine 9	la novela	novel 12
la multitud	multitude 13	novelesco(a)	novelistic 14
el mundo	world CD D	el/la novelista	novelist 14
la muñeca	doll 6	noventa	ninety CD B
el muro	stone wall 2	noviembre	November CD C
el museo	museum 1	el/la novio(a)	sweetheart 14
la música	music 9	nublado	cloudy CD C
la musicalidad	musicality 14	nuclear	nuclear 13
muy atentamente	sincerely 5	las nueces	walnuts 7
muy bien, gracias	very well, thank you CD A	nuestro(a)	our 5
		nueve	nine CD A
		nuevo(a)	new 3
		el número	number CD E
		nunca	never 7

N

nacer	to be born 7
el nacimiento	birth 12
nadar	to swim CD E
nadie	no one, nobody 12
la naranja	orange 7
la nariz	nose 3
narrativo(a)	(adj) narrative 12
la natación	swimming CD E
la naturaleza	nature 14
navegable	navigable 9
la Navidad	Christmas 10
necesitar	to need 1
negativo(a)	negative 12
negociar	to negotiate 9
el negocio	business 9
negro(a)	black CD E
el nepotismo	nepotism 13
nevar (ie)	to snow 7
ni	nor 5
ni siquiera	not even 12
ningún, ninguno(a)	none, no, not any (always sing.) 12

O

o	or CD A
obligar	to force 14
la obra maestra	masterpiece 14
el obrero	worker CD E
el obstáculo	obstacle 9
obtener (ie)	to obtain 3
obvio	obvious 10
ochenta	eighty CD B
ocho	eight CD A
octubre	October CD C
ocupado(a)	busy 3
el oeste	west 9
la oferta (de trabajo)	(job) offer 8
la oficina	office 2
el oficio	occupation CD E
ofrecer (zc)	to offer 13
el oído	(inner) ear 3
oír (oigo, oyes ...)	to hear 6

ojalá	*I hope, here's hoping 10*	paralizarse	*to become paralyzed 7*
el ojo	*eye 3*	parecer (zc)	*to seem, look like 7*
¡ojo!	*watch out! CD C*	parecerle (a	
olvidado(a)	*forgetful 7*	alguien)	*to seem (to somebody) 9*
olvidar	*to forget 12*	parecido(a)	*like, similar 12*
once	*eleven CD A*	la pared	*wall 5*
la ópera	*opera 12*	el paréntesis	*aside 12*
el/la operador(a)	*operator 7*	el pargo	*red snapper 7*
ordenar	*to order 8*	parlamentario(a)	*parliamentary 13*
el orégano	*oregano 7*	el parlamento	*parliament 13*
organizar	*to organize 7*	el parque	*park CD D*
orgulloso(a)	*proud 12*	el párrafo	*paragraph 8*
el oro	*gold 11*	la parrillada	*grilled meat*
la orquesta	*orchestra 12*		*(Argentina) 7*
la orquídea	*orchid 5*	participar	*participate 1*
la ortiga	*nettle 14*	particular	*private 1*
oscuro(a)	*dark CD E*	el partido	*game CD E*
la ostra	*oyster 8*	el partido político	*political party 13*
el otoño	*autumn CD C*	pasado mañana	*day after tomorrow 12*
otro(a)	*other, another 1*	el pasaje	*plane-train ticket 5*
el/la otro(a)	*other (one) 1*	el/la pasajero(a)	*passenger 5*
		el pasaporte	*passport 5*

P

		pasar hambre	*to go hungry 11*
		el pasatiempo	*hobby 7*
		el paseo	*outing, ride 10*
		el pasillo	*hallway 2*
la paciencia	*patience 6*	el paso	*way, path 9*
el/la paciente	*patient 3*	la pasta de dientes	*toothpaste 4*
el Pacífico	*Pacific 9*	el pastel	*pie 7*
el padrastro	*stepfather CD B*	el paternalismo	*paternalism 13*
el padre (los padres)	*father (parents) CD B*	el pavo	*turkey 7*
la paella	*paella 7*	el pavo relleno	*stuffed turkey 8*
pagar	*to pay 3*	el pecho	*chest 3*
el país	*country CD E*	el pedido	*order 9*
el palacio	*palace 5*	pedir (i)	*to ask for 5*
pálido(a)	*pale 3*	peinarse	*to comb (one's hair) 4*
el pan	*bread 7*	pelar	*to peel 12*
la panetela	*cake 7*	la película	*motion picture, film 12*
los pantalones	*pants 4*	el pelo	*hair 3*
el pañuelo	*(hand)kerchief 4*	la pelota	*ball, baseball, jai*
las papas	*potatoes 7*		*alai CD E*
la papaya	*papaya 7*	el pelotero	*baseball player CD E*
el paquete	*package 7*	el pensamiento	*thought 14*
el par	*pair 9*	pensar (ie)	*to think 1*
para	*for, in order to CD D*	pensar + inf	*to plan to 2*
para que	*so that, in order that 14*	pensar (en)	*to think (about) 4*
para servirle	*at your service 4*	la pensión	*boarding house 5*
el parabrisas	*windshield 9*	peor	*worse, worst 7*
la parada	*bus stop 9*	el pepino	*cucumber 7*
el parador	*inn 5*	pequeño(a)	*small CD E*
el paraguas	*umbrella 4*	la pera	*pear 7*

perder (ie)	*to lose 4*	la planta	*plant 9*
perdido(a)	*lost 3*	la planta baja	*ground floor 5*
perdonar	*to pardon, excuse 9*	la plata	*silver 12*
perdón	*excuse me (for my mistake) CD B*	el plátano	*banana, plantain 7*
		el platillo	*saucer 7*
perdóneme	*pardon me (command) 3*	el plato	*dish, plate 7*
perezoso(a)	*lazy 3*	la playa	*beach 1*
la perfumería	*perfume store 4*	pleno(a)	*full 9*
el periódico	*newspaper 2*	la población	*population 10*
pero	*but CD D*	pobre	*poor 3*
el/la perro(a)	*dog CD E*	la pobreza	*poverty 5*
la persistencia	*persistence 14*	poco	*a little CD B*
el personaje	*character 12*	poco a poco	*little by little 2*
el personalismo	*personalism 13*	el poder	*power 13*
personalizado(a)	*personalized 11*	poder (ue)	*to be able (can) 4*
la perspectiva	*perspective 14*	la poesía	*poetry 14*
pertenecer (zc)	*to belong 9*	el policía, la mujer policía	*policeman, policewoman CD E*
peruano(a)	*Peruvian 9*	el/la político(a)	*politician 13*
perverso(a)	*perverse 13*	el pollo	*chicken 7*
pesar	*to weigh 11*	el ponche	*punch 5*
la pesca	*fishing CD E*	poner (pongo)	*to put 2*
el pescado	*fish 5*	ponerse (me pongo)	*to put on 4*
pescar	*to fish 10*	ponerse serio	*to become serious 11*
la peseta	*Spanish currency 5*	popular	*popular CD A*
el petróleo	*petroleum 7*	por	*for (because of), during 6*
el/la pianista	*pianist 14*	por Dios	*for heaven's sake 11*
el picadillo	*ground beef 7*	por ejemplo	*for example CD D*
picadito(a)	*minced 7*	por esa razón	*for that reason 13*
picante	*spicy hot 7*	por eso	*for that reason 8*
picar	*to nibble 8*	por expreso aéreo	*via express mail 9*
el pie	*foot 3*	por favor	*please CD B*
la piedra	*stone 14*	por fin	*finally 6*
la piel	*skin, leather 3*	por lo general	*generally 11*
el piloto	*pilot 9*	por lo tanto	*therefore 10*
la pimienta	*pepper 7*	por medio de	*by means of, through 14*
el pimiento verde	*green pepper 7*	¿por qué?	*why? 2*
el pincho moruno	*miniature kabobs 6*	porque	*because 6*
pintar	*to paint 14*	por supuesto	*of course 11*
el/la pintor(a)	*painter 14*	por teléfono	*by telephone 9*
pintoresco(a)	*picturesque 6*	porque	*because 6*
la pintura	*paint, painting 14*	el portal	*portico, porch 2*
la pintura de cal	*lime paint 2*	el portalito	*small portico 2*
la piña	*pineapple 7*	portarse (bien, mal)	*to behave (well, badly) 12*
la pirámide	*pyramid 10*	la posesión	*possession 13*
la piscina	*swimming pool CD E*	posterior	*posterior, after 7*
el piso	*floor 2*	el postre	*dessert 7*
la pizarra	*chalkboard CD A*	el potaje	*stew 7*
la placa	*license plate 9*		
el placer	*pleasure 9*		
el plano	*city map 10*		

practicar	to practice CD E		el puerco (asado)	(roast) pig 7
práctico(a)	practical 7		la puerta	door, gate CD A
el precio	price 6		puertorriqueño(a)	Puerto Rican CD B
precioso(a)	precious 2		pues	well, then 8
precolombino(a)	pre-Columbian 14		los pulmones	lungs 3
predominar	to predominate 11		los puntos cardinales	cardinal points 9
preferible	preferable 10		puntual	punctual CD A
preferir (ie)	to prefer 4		el puré	purée 7
preguntar	to ask, inquire CD E		el puré (de papas)	purée, mashed
pregúntele	ask him/her			(potatoes) 7
	(command) CD A		el purgante	laxative 12
la prenda	article of clothing 11		puro(a)	pure 13
prender	to turn on 12			
preocupado(a)	worried 3			
preocuparse (por)	to worry about 4			
prepararse	to prepare oneself 7			
presentarse	to present oneself 1			

Q

presidir	to preside over 12		¿qué?	what, how? CD A
prestar	to lend 9		el/la que	the one that 12
prestigioso(a)	prestigious 8		lo que	what 13
previo(a)	previous 9		que	that CD C
la primavera	spring CD C		¡Qué, + adj!	How + adj! 8
primer, primero(a)	first 6		¡Qué barbaridad!	How awful! 12
el/la primo(a)	cousin CD B		¿Qué es esto	
principal	principal, main 10		(eso)? 6	What is this (that)? 6
probarse (ue)	to try on (clothes) 4		¿Qué hora es?	What time is it? CD D
el problema	problem 13		¿Qué le pasa?	What's wrong? 3
prodigioso(a)	prodigious 14		¡Que le vaya bien!	May it go well for you! 5
producir (zc)	to produce 14		¡Qué lío!	What a mess! 6
el producto	product 9		¡Qué padre!	Great! (Mexico) 10
la proeza	prowess 9		¿Qué tal?	How goes it? CD B
el/la profesor(a)	professor 1		¿Qué tiempo hace?	How's the weather? CD C
prohibido	prohibited CD A		¡Qué va!	Of course not! 10
la proliferación	proliferation 13		quedarle bien	to fit well (badly)
prometer	to promise 13		(mal)	(clothing) 4
prominente	prominent 14		quedarse	to stay, be left, remain 4
pronto	soon 12		el quehacer	chore 10
la propaganda	propaganda, publicity 13		quejarse	to complain 9
la propina	tip 8		quemado(a)	burned 3
propio(a)	own 3		quemarse	to get burned 12
el propósito	purpose 3		querer (ie)	to want 4
próspero(a)	prosperous 10		querido(a)	dear 6
proteger (protejo)	to protect 13		el queso	cheese 7
próximo(a)	next 9		la química	chemistry CD D
la prueba	proof 11		el químico	chemist CD E
la psicología	psychology CD D		quince	fifteen CD A
psicológico(a)	psychological 12		quisiera	I'd like 10
el pudín	pudding 8		el quisco	vending stand 1
el pueblo	people, town 14		quitar	to remove, take away 11
el puente	bridge 9			

R

el radiador	radiator 9
radical	radical 13
la rama	branch 12
raro(a)	rare 3
el rascacielos	skyscraper 10
el rastro	flea market 4
razonable	reasonable 13
la razón	reason 5
el reaccionario	reactionary 13
la realidad	reality 9
realizar	to fulfill 7
rebasar	to pass (a car) 9
rebotar	to bounce 11
el recado	message 9
el/la recepcionista	receptionist 6
la receta	recipe, prescription 7
recetar	to prescribe 3
el recibidor	foyer 2
recibir	to receive 2
el recibo	receipt 14
reciclar	to recycle 13
reciente	recent 12
recitar	to recite 14
recoger (recojo)	to pick up 7
recomendar (ie)	to recommend 10
reconocer (zc)	to recognize 6
recordar (ue)	to remember 7
el recreo	recreation, recess 10
el rectángulo	rectangle 14
recto	straight ahead 3
la rectoría	administration CD D
el recurso	resource 3
redactar	to edit 13
redondo(a)	round 12
reducir (zc)	to reduce 13
referirse (ie)	to refer to 7
reflejar	to reflect 10
el refrán	saying, proverb 7
el refresco	soft drink 8
el refrigerador	refrigerator 2
regalar	to give a gift 9
el regalo	gift 5
regatear	to haggle 4
el regateo	bartering 5
el registro	registration 6
regresar	to return 1
la reina	queen 13

reír (í) (río)	to laugh 3
reírse (í) (me río)	to laugh 11
las rejas	iron grills 2
relacionado(a)	related 1
relatar	to tell, relate 7
relativo(a)	relative (adj) 9
el reloj	watch, clock CD A
remediar	to remedy 13
el remedio	remedy 3
remoto(a)	remote 9
reparar	to repair 9
repetir (i)	to repeat 5
repita	repeat (command) CD A
el/la representante	representative 12
la represión	repression 13
la república	republic 13
requerir (ie)	to require 10
el requisito	requirement 13
la reservación	reservation 10
respetar	to respect 12
respirar	to breathe 3
la respuesta	answer 2
las respuestas múltiples	multiple choice 5
restablecer (zc)	to reestablish 14
el resultado	result 13
la reunión	meeting 2
reunirse (con) (me reúno)	to get together (with) 10
revisar	to check, inspect 5
la revista	magazine 2
el rey	king 12
los Reyes	the king and queen 13
los Reyes Magos	Three Wise Men 12
rico(a)	rich 3
la rima	rhyme 14
riquísimo(a)	delicious 8
rizado(a)	curly CD E
rodeado(a)	surrounded 2
la rodilla	knee 3
rojo(a)	red CD E
romper	to break 12
la ropa	clothing 4
el ropero	closet 2
rosado(a)	pink CD E
roto(a)	broken 3
rubio(a)	blonde CD E
rudo(a)	rude 2
ruidoso(a)	noisy 9
la ruta	routes 9

S

el sábado	*Saturday CD C*
saber (sé)	*to know facts; to know how to 2*
el sabor	*flavor 8*
sabroso(a)	*tasty 7*
sacar	*to take out 7*
sacar buenas (malas) notas	*to get good (bad) grades 5*
sacar fotos	*to take pictures 6*
sacrificar	*to sacrifice 13*
la sal	*salt 7*
la sala	*living room 2*
la sala de espera	*waiting room 3*
la sala de estar	*family room, den 2*
la salchicha	*sausage 8*
la salida	*exit CD A, departure 5*
salir (salgo)	*to go out, leave 5*
la salsa	*sauce 7*
las sandalias	*sandals 4*
la sandía	*watermelon 7*
la sangre	*blood 3*
el santiamén	*jiffy 13*
el santo	*saint's day 12*
el sarcasmo	*sarcasm 12*
sarcástico(a)	*sarcastic 7*
la sardina	*sardine 9*
la sartén	*skillet 12*
satisfecho(a)	*satisfied 9*
la secadora	*dryer 6*
secarse	*to dry oneself 4*
el/la secretario(a)	*secretary 7*
la (escuela) secundaria	*high school 12*
la sed	*thirst 5*
la seda	*silk 4*
seguir (i) (sigo)	*to follow, continue 5*
el segundo	*second 4*
según	*according to CD E*
seis	*six CD A*
el sello	*stamp 11*
los sellos de urgencia	*special delivery stamps 11*
la selva	*jungle 9*
el semáforo	*traffic light 10*
sembrar (ie)	*to sow 11*
la semejanza	*similarity 10*
el seminario	*seminar 7*
sencillo(a)	*simple, single 6*
la sensibilidad	*sensibility 14*
sensible	*sensitive 3*
sentarse (ie)	*to sit down 10*
el sentimiento	*feeling 10*
sentir (ie)	*to be or feel sorry; to feel 10*
sentirse (ie)	*to feel (well, strong, ...) 12*
la señal	*signal 9*
señor	*sir, Mr. gentleman CD B*
señora	*Madam, Ma'am, Mrs. lady CD B*
señorita	*Miss CD B*
septiembre	*September CD C*
la sequía	*drought 7*
ser (soy,eres,...)	*to be (I am, you are,. . .) 1*
la serie	*series 5*
serio(a)	*serious 3*
el servicio	*service 6*
la servilleta	*napkin 7*
servir (i)	*to serve 5*
servirse (i)	*to serve oneself 7*
sesenta	*sixty CD B*
setenta	*seventy CD B*
severo(a)	*severe 7*
si	*if 3*
sí	*yes, indeed 1*
la (p)sicología	*psychology CD D*
el SIDA	*AIDS 13*
siempre	*always 5*
lo siento	*I'm sorry CD B*
la siesta	*siesta 10*
siete	*seven CD A*
siéntese	*sit down (command) CD A*
el siglo	*century CD D*
siguiente	*following 7*
la sílaba	*syllable CD B*
la silla	*chair CD A*
el sillón	*armchair 6*
simbolizar	*to symbolize 14*
similar	*similar 6*
simpático(a)	*nice 3*
sin	*without CD C*
sin embargo	*nevertheless 4*
sin que	*without 14*
sino	*but, rather 12*
el sinónimo	*synonym CD E*
el sistema	*system 9*
situado(a)	*situated 2*

situar	*to situate* 10
el sobre	*envelope* 11
el sobregiro	*overdraft* 11
la sobremesa	*after dinner conversation* 7
sobrevivir	*to survive* 13
sociable	*sociable* 7
el/la socio(a)	*member, partner* 1
sociopolítico(a)	*socio-political* 13
la sociología	*sociology* CD D
sofreír (sofrío) (í)	*to sauté* 7
el sofrito	*sauté* 7
el sóftbol	*softball* CD E
el sol	*sun* CD C
solicitar	*to seek* 13
la solicitud	*application* 1
solo(a)	*alone* 2
sólo	adv *only* 5
soltero(a)	*single* 1
solucionar	*to solve,* 13
somos	*we are* CD B
son	*they are* CD B
son las (2, 3, ...)	*it is (2, 3, . . .) o'clock* CD D
sonar	*to ring* 8
sonreír (í) (sonrío)	*to smile* 5
la sonrisa	*smile* 14
la sopa	*soup* 7
soplar	*to blow* 11
la sor	*sister (nun)* 14
sórdido(a)	*sordid* 14
sospechoso(a)	*suspicious* 7
el sótano	*basement* 2
su, sus	*his, her, its, your (formal), their* 5
subir	*to raise, go up* 6
subirse	*to climb, get on* 12
subrayar	*to underline* 10
la sucesión	*succession* 9
sucio(a)	*dirty* 3
la sudadera	*sweatshirt* 4
Sudamérica	*South America* 12
el sudor	*sweat* 12
la suegra	*mother-in-law* 12
el sueldo	*salary* 1
el suelo	*ground* 12
el suelto	*small change* 11
el sueño	*dream* 9
la suerte	*luck* 10
el suéter	*sweater* 4

suficiente	*sufficient* 7
la sugerencia	*suggestion* 8
superior	*superior, higher* 7
el supermercado	*supermarket* 7
el supervisor	*supervisor* 7
suprimir	*to suppress* 11
el sur	*south* 9
el suroeste	*southwest* 13
el/la surrealista	*surrealist* 14
suspirado(a)	*longed for* 12
el sustantivo	*noun* CD C
sustituir (y)	*to substitute* 9
suyo(a)	*yours* (form), *his, hers, theirs* 13

T

los tablaos	*stage shows (flamenco)* 6
tacaño(a)	*stingy* CD C
tal vez	*perhaps* 4
la talla	*clothing size* 4
el tamaño	*size* 4
también	*also* 1
tampoco	*neither* 9
tan pronto como	*as soon as* 11
tan ... como	*as . . . as* 7
el tanque	*tank* 9
tanto/a(s) ... como	*as much (many) as* 7
las tapas	*hors d' oeuvres* 8
la tarde	*afternoon* CD D
tarde	*late* CD D
la tarjeta de embarque	*boarding pass* 5
la tarjeta postal	*postcard* 2
la tasa	*appraisal* 13
la tasca	*tavern (Spain)*
el/la taxista	*taxi driver* 7
la taza	*cup* 5
el té	*tea* 8
¿Te gusta(n)?	*Do you like? (fam)* CD E
el teatro	*theater* 7
el techo	*roof* 2
la técnica	*technique* 14
la teja	*roof tile* 2
el tejido	*textile* 9
la tela	*fabric* 4
el televisor	*TV set* CD E
el tema	*theme* 10
el tembleque	*coconut flavored pudding (Puerto Rico)* 7

el temblor	tremor 7
temer	to fear 10
la temperatura	temperature 10
el templo	temple 1
la temporada	season CD E
temprano	early 6
el tenedor	fork 7
tener (tengo)	to have 5
tener ... años	to be . . . years old 5
tener calor	to be hot 5
tener cuidado	to be careful 5
tener frío	to be cold 5
tener ganas	to feel like (doing
de + inf	something) 5
tener hambre	to be hungry 5
tener miedo	to be afraid 5
tener prisa	to be in a hurry 5
tener que + inf	to have to (do something) 5
tener que ver con	to have to do with 12
tener razón	to be right 5
tener sed	to be thirsty 5
tener sueño	to be sleepy 5
tengo el pelo...	I have . . . hair CD E
tengo los ojos...	I have . . . eyes CD E
el tenis	tennis CD E
el tenor	tenor 14
tercer, tercero(a)	third 6
el termómetro	thermometer 3
la ternera	veal, calf 7
el terremoto	earthquake 9
los terrenos	lots (plot of land) 2
terrestre	land (terrestrial or earthly) 9
el/la terrorista	terrorist 13
la tertulia	social gathering 13
el tesoro	treasure 11
tibio(a)	lukewarm 4
el tiempo	time, weather 10
la tienda	store 1
la tienda de	
artesanía	craft shop 10
¿Tiene usted...?	Do you have . . .? CD B
la tierra	land 11
las tijeras	scissors 9
la tinta	ink 7
el/la tío(a)	uncle, aunt CD B
típico(a)	typical 7
el tirano	tyrant 13
las tiras cómicas	comic strips 6
tire	pull (pol command) CD A
la toalla	towel 4
la toallita	hand towel 5

el tocadiscos	Record player CD E
tocar	to play (an instrument); to touch 4
tocarle a uno	to be one's turn 12
el tocino	bacon 7
todavía	still 4
todo	all CD D
todo el mundo	everybody 5
tomar	to take; to drink 1
el tomate	tomato 7
el tono	tone 9
tonto(a)	fool, foolish 3
torcer (ue) (tuerzo)	to twist, turn 13
la tormenta	storm 13
el tornado	tornado 7
la toronja	grapefruit 7
la torre	tower 5
la torta	cake 3
la tortilla	Spanish omelet 6
la tos	cough 3
la tostadora	toaster 12
el tostón	fried plantain 7
trabajador (a)	hard-working 3
trabajar	to work 1
el trabalenguas	tongue twister 7
el/la traductor(a)	translator CD E
traer (traigo)	to bring 5
el traje	suit 4
el traje de baño	bathing suit 4
el traje típico	costume, typical dress 4
el tranquilizante	tranquilizer 3
transferir (ie)	to transfer 11
la transmisión	transmission 9
el transporte	transportation 9
el tranvía	trolley 12
tras	after 12
el tratado	treaty 13
el tratamiento	treatment 3
tratar	to treat 3
tratar de + inf	to try to 13
el tráfico	traffic 10
trece	thirteen CD A
treinta	thirty CD A
el tren	train 9
tres	three CD A
el triángulo	triangle 14
triste	sad 3
el triunfo	triumph 13
tu, tus	your (fam) 5
tú	you (fam) CD A

el túnel	tunnel 9	veinte	twenty CD A
el/la turista	tourist 10	la velocidad	speed 9
turnarse	to take turns 3	vencer (venzo)	to conquer 14
el turno	turn 2	el/la vendedor(a)	sales person CD E
tuyo(a)	yours (fam) 13	vender	to sell 4
		venir (ie)	
		(vengo)	to come 5

U

u	or (before an "o" sound) 8	la venta	sales 6
la ubicación	location 2	la ventaja	advantage 1
la última moda	latest fashion 4	la ventana	window CD A
el último	last CD D	la ventanilla	small window 5
el último recurso	last resort 3	ver (veo)	to see 2
el/la único(a)	sole one, only one,	el verano	summer CD D
	unique 11	¿verdad?	really? 2
unir	to unite 9	verdadero(a)	real 6; true 12
la universidad	university 1	verde	green CD E
el/la universitario(a)	university student CD E	las verduras	vegetables 7
un, uno(a)	one CD A	verter (ie)	to shed 14
urbano(a)	urban 9	el vestido	dress 4
la urgencia	urgency 9	vestirse (i)	to get dressed 4
usar	to use CD E	la vez	time 7
usar letras		la vía	way 9
de molde	to print 6	viajar	to travel 5
usted (Ud.)	you (formal) CD A	el viaje	trip 5
el utensilio	utensil 4	la vida	life CD D
las uvas	grapes 7	la vida nocturna	night life 6
		el video	video CD A
		videograbadora	camcorder 5

V

		viejo(a)	old 3
la vaca	cow 11	el viernes	Friday CD C
la vacuna	vaccine 3	el vigor	vigor 13
la vainilla	vanilla 7	vigoroso(a)	vigorous 14
¡Vale!	O.K.! (Spain) 6	el vinagre	vinegar 7
valer la pena	to be worthwhile 11	el vino	wine 5
valiente	courageous 8	el vino tinto (blanco)	red (white) wine 5
valioso(a)	valuable 11	el/la violinista	cellist 14
el valle	valley 11	visible	visible 10
el valor	value 11	el/la visitante	visitor 10
los valores	values 13	la vitamina	vitamin 3
vamos a + inf	let's + inf 1	la viuda	widow 9
vamos a ver	let's see 8	la vivienda	housing 10
la vanidad	vanity 12	vivir	to live 2
la variación	variation 9	vivo(a)	alive, lively 14
variar (vario)	to vary, change 7	la vocal	vowel CD A
varios(as)	several CD D	el volante	steering wheel 9
el vaso	drinking glass 7	volar (ue)	to fly 7
el vehículo	vehicle 9	el voleibol	volleyball CD E
		el voltaje	voltage 5
		el/la voluntario(a)	volunteer 12
		volverse (ue) loco	to go crazy 7

votar	to vote 13
el voto	vote 13
el vuelo	flight 2

Y

y	and CD A
ya	already 9
ya no	no longer 1
la yuca	cassava root 7

Z

la zanahoria	carrot 7
la zapatería	shoe store 4
el zapatero	shoemaker, shoedealer CD E
los zapatos	shoes 4
la zona	zone 5

A

a little	poco CD B
A.M.	de la mañana CD D
abandon	abandonar 10
abnormal	anormal 14
abnormality	la anormalidad 14
accelerate	acelerar 9
access	el acceso 9
accessible	accesible 9
according to	según CD E
accountant	el/la contador(a) 13
accounting	la contaduría 1
acquire	adquirir (ie) 11
act	actuar 12
actress	la actriz 7
adapt	adaptar 14
adapt oneself	adaptarse 10
add	añadir 7
additional	adicional 10
address	la dirección 2
adequate	adecuado(a) 5
adjective	el adjetivo CD C
adjust	ajustar 9
administration	la rectoría CD D
admire	admirar 2
advantage	la ventaja 1
advice	el consejo 5
affection	el cariño 3
affiliate	afiliar 3
affiliated	afiliado(a) 5
affirmative	afirmativo(a) 12
after	tras 12
after dinner conversation	la sobremesa 7
afternoon	la tarde CD D
afterwards	después 6
against	contra 8
age	la edad 4
agent	el/la agente 7
aggresive	agresivo(a) 13
aggressor	agresor(a) 13
agree (with)	estar de acuerdo (con) 13; concordar (ue) 9
agreed?	¿de acuerdo? 2
AIDS	el SIDA 13
airport	el aeropuerto 1
alive	vivo(a) 14
all	todo CD D
allergic	alérgico(a) 3
almonds	las almendras 7
almost	casi 8
alone	solo(a) 2
already	ya 9
also	también 1
although	aunque 8
altitude	la altitud 9
always	siempre 5
ambassador	el embajador 5
ample	amplio(a) 2
amusing	divertido(a) 8
anarchist	el/la anarquista 13
anchovy appetizer	el canapé de anchoa 6
ancient	antiguo(a) 10
and	y CD A
Andalusian	andaluz 7
Andean	andino(a) 9
Andes	los Andes 9
anger	la colera 12
angle	el ángulo 14
angry	enojado(a) 3
animated	animado(a) 6
anniversary	el aniversario 10
announcement	el anuncio 3
annoyance	el enfado 12
annual	anual 10
annually	anualmente 4
another	otro(a) 1
answer	la respuesta 2; contestar CD E
answer him/her	contéstele CD A
antecedent	el antecedente 13
anthropology	la antropología 10
anticipation	la anticipación 10
antifreeze	el anticongelante 9
antonym	el antónimo 14
apogee	el apogeo 14
apparatus	el aparato 4
appear	aparecer (zc) 12
appetizer	el aperitivo 8
apple	la manzana 7
application	la solicitud 1

apply   aplicar 7
appointment   la cita 3
appraisal   la tasa 13
appropriate   apropiado(a) 9
April   abril CD C
aptitude   la aptitud 13
archeological   arqueológico(a) 10
Are you . . . ?   ¿Es usted…? CD A
Argentinian   el argentino 7
arm   el brazo 3
armchair   la butaca 2; el sillón 6
around   alrededor 10
arrested   arrestado(a) 13
arrival   la llegada 5
arrive   llegar CD D
art   el arte CD D
article   el artículo 9
artist   el/la artista CD E
artistic   artístico(a) 12
as much (many) as   tanto-a( ) … como 7
as soon as   tan pronto como 11
as usual   como de costumbre 8
as . . . as   tan… como 7
ascend   ascender (ie) 9
aside   el paréntesis 12
ask   preguntar CD E
ask a question   hacer una pregunta 5
ask for   pedir (i) 5
ask him/her   pregúntele CD A
assistance   la asistencia 13
associate   asociar 6
at first   al principio 6
at once   en seguida 7
at the beginning of   a principios de 9
at the same time   a la vez 10
at times   a veces 4
At what time is it?   ¿A qué hora es? CD D
at your service   para servirle 4
Atlantic   el Atlántico 9
attack   atacar 14
attend   asistir a 2
attic   el desván 2
attitude   la actitud 12
attract   atraer (atraigo) 13

attraction   la atracción 10
attractive   atractivo(a) 9
August   agosto CD C
autonomy   la autonomía 13
autumn   el otoño CD C
available   disponible 6
avenue   la avenida 2
avocado   el aguacate 7
avoid   evitar 9
awaken   despertarse (ie) 4
Aztec   azteca 14

B

babysitter   la niñera 12
back (human)   la espalda 3
bacon   el tocino 7
bad   mal(o), mala 3
baggage   el equipaje 5
ball   la pelota CD E
ballet   el ballet 10
ballpoint pen   el bolígrafo CD A
banana   la banana, el plátano 7
bank   el banco CD D; adj bancario(a) 11
banker   el/la banquero (a) CD E
banquet   el banquete 9
baptism   el bautismo 12
barrier   la barrera 13
bartering   el regateo 5
base   basar 9
baseball   el béisbol CD E; la pelota 12
baseball player   el pelotero CD E
basement   el sótano 2
basket   la canasta 14
basketball   el baloncesto CD E
bath   el baño 2
bathe   bañarse 4
bathing suit   el traje de baño 4
batter   el bateador 12
battery   la batería 9
bay leaf   el laurel 8
be (I am, you are, . . .)   ser (soy, eres,…) 1; estar 3
be . . . years old   tener… años 5
be able (can)   poder (ue) 4
be abundant   abundar 2

be admitted	ingresar 3	behavior	el comportamiento 5
be afraid	tener miedo 5	believe	creer 2
be born	nacer 7	bell hop	el botones 5
be burned	quemarse 12	belly	la barriga 3
be careful	tener cuidado 5	belong	pertenecer (zc) 9
be cold	tener frío 5	belt	el cinturón 4
be converted	convertirse (ie) 6	benefit	el beneficio 12
be happy (about)	alegrarse (de) 10	best	el/la mejor 3
be hot	tener calor 5	better	mejor 3
be hungry	tener hambre 5	between	entre 2
be important	importar 9	beyond	más allá 13
be in a hurry	tener prisa 5	bicycle	la bicicleta CD E
be in charge	encargarse 11	bicycle races	las carreras de
be interesting	interesarle		bicicleta CD E
(to someone)	(a alguien) 9	big	grande CD E
be mistaken	equivocarse 11	bilingual	bilingüe 13
be on guard	estar de guardia 3	bill	la cuenta 6
be on vacation	estar de	biology	la biología CD D
	vacaciones 6	birth	el nacimiento 12
be one's turn	tocarle a uno 12	birthday	el cumpleaños
be sorry	sentir (ie) 10		CD D
be pleasing (to someone)	gustarle	black	negro(a) CD E
	(a alguien) 9	blame	la culpa 12
be ready	estar listo(a) 12	Bless you!	¡Jesús! 3
be right	tener razón 5	block	el bloque 6
be sleepy	tener sueño 5	blonde	rubio(a) CD E
be sure	estar seguro(a) 6	blood	la sangre 3
be thirsty	tener sed 5	blouse	la blusa 4
be tied (a score)	estar	blow	soplar 11
	empatados 12	blue	azul CD E
be visiting	estar de visita 11	board	la junta 13; abordar
be worthwhile	valer la pena 11		(un avión) 5
beach	la playa 1	boarding house	la pensión 5
beans	los frijoles 7	boarding pass	la tarjeta de
beat	batir 12		embarque 4
beautiful	bello(a) 2	body	el cuerpo 9
because	porque 6	bone	el hueso 3
become	hacerse 8	book	el libro CD A
become paralyzed	paralizarse 7	bookshelf	el estante CD A
become serious	ponerse serio(a) 11	bookstore	la librería CD D
bed	la cama 2	boots	las botas 4
bedroom	el dormitorio 2	border	la frontera 13
beef	la carne de res 7;	bored	aburrido(a) 3
	la carne 8	boss	el/la jefe 9
beef steak	el bistec 7	bottle	la botella 8
beer	la cerveza 8	boulevard	el bulevar 10
before	antes (de) 4	bounce	rebotar 11
beforehand	de antemano 9	bowl	la escudilla 12
begin	empezar (ie) 4	bowling	los bolos CD E
beginning	el comienzo 14	boxing	el boxeo 10
behave (well, badly)	portarse (bien,	boy (girl) scout	el/la explorador(a) 8
	mal) 12	boycott	boicotear 13

brain	el cerebro 3	calendar	el calendario CD C
brakes	los frenos 9	call me	llámeme 5
branch	la rama 12	calm (oneself) down	calmarse 12
brandy	el coñac 8	calorie	la caloría 7
bread	el pan 7	camcorder	la videograbadora 5
break	romper 12	camera	la cámara 3
breakfast	el desayuno CD D	camomile tea	la manzanilla 8
to eat breakfast	desayunar(se)	can	la lata 7
breathe	respirar 3	cancellation	la cancelación 9
breeze	la brisa 2	cancelled	cancelado(a) 5
bribe	la mordida 13	candy	el dulce 9
brick	el ladrillo 2	canoe	la canoa 9
bridge	el puente 9	cap	la gorra 4
brief	breve 13	capital (money)	el capital 9; (city)
brilliant	brillante 12		la capital CD D
bring	traer (traigo) 5	capitalists	los capitalistas 13
broccoli	el brócoli 7	car	el coche,
brochure	el folleto 10		el carro CD E
broken	roto(a) 3	caramel	el caramelo 12
broker	el/la corredor(a) CD E	carburetor	el carburador 9
brother	el hermano CD B	cardboard	el cartón 3
brown	marrón CD E;	cardinal points	los puntos
	castaño(a) (for		cardinales 9
	eyes and hair) CD	cards (game)	las cartas 4
	E; dorado(a) 12	care	el cuidado 3
brute	el bruto 12	career	la carrera 7
build	construir (y) 2	Caribbean	el Caribe CD E
building	el edificio 10	carnival	el carnaval 12
bull fight	la corrida de toros	carpenter	el carpintero 7
	CD E	carpet	la alfombra 2
bulletin	el boletín 13	carrot	la zanahoria 7
bump	chocar CD E	carry out	efectuar 9
burial	el entierro 12	cart	el carrito 7
burial place	el mausoleo 5	cash	en efectivo 11
burned	quemado(a) 3	cash register	la caja CD A
bus	el autobús 9	cassava root	la yuca 7
bus stop	la parada 9	cassette	el cassette 9
business	el negocio 9	castle	el castillo 5
busy	ocupado(a) 3	cat	el/la gato(a) CD E
but	pero CD D; sino 12	catalogue	el catálogo 13
butter	la mantequilla 7	catch (call) one's attention	llamarle la
buy	comprar 1		atención 12
by means of	por medio de 14	cathedral	la catedral 10
by telephone	por teléfono 9	cattle raising	la ganadería 7
		cauliflower	la coliflor 8
		cause	la causa 14;
	C		causar 7
		celebrated	célebre 6
		celery	el apio 7
		cellist	el/la violonista 14
cake	la torta 3;	cellophane	el celofán 9
	la panetela 7	censure	la censura 13

center	el centro 1	clean	limpio(a) 3
century	el siglo CD D	clearance sale	la liquidación 4
ceramic	cerámico(a) 14	clerk	el/la dependiente(a) 4
cereal	el cereal 7	clever	listo(a) 3
certain	cierto(a) 5	client	el/la cliente 9
chain	la cadena 11	climate	el clima 6
chair	la silla CD A	climb (to get on)	subirse 12
chalkboard	la pizarra CD A	clinic	la clínica 3
championship	el campeonato 7	close	cerrar (ie) 4
chaos	el caos 13	closed	cerrado(a) 3
character	el carácter 10;	closet	el ropero 2
	(theater) el	clothing	la ropa 4
	personaje 12	clothing size	la talla 4
charge (a fee)	cobrar 11	cloudy	nublado CD C
charming	encantador(a) 10	club	el club 7
chat	charlar 10; la	coast	la costa 9
	charla 10	coat	el abrigo 4
chauffeur	el chofer 9	cocktail	el coctel 7
cheap	barato(a) 4	coconut	el coco 7
check	revisar 5	coconut flavored pudding	el tembleque
check in (luggage)	facturar 5		(Puerto Rico) 7
checkers	las damas 4	code	la clave 9
checking account	la cuenta corriente 11	coexist	coexistir 13
cheese	el queso 7	coffee table	la mesita 6
chemist	el químico CD E	coin	la moneda CD C
chemistry	la química CD D	cold	el catarro 3
cherries	las cerezas 7	cold tomato soup	el gazpacho 8
chess	el ajedrez 4	collect (call)	a pagar allá 9
chest	el pecho 3	color	el color CD A
chicken	el pollo 7	column	la columna 9
chickpeas	los garbanzos 7	comb (one's hair)	peinarse 4
child	el/la niño(a) CD B	combine	combinar 10
Chilean	chileno(a) 14	come	venir (ie)
choose	escoger (escojo) 9		(vengo) 5
chore	el quehacer 10	Come in!	¡Adelante! 5
Christmas	la Navidad 10	comfort	la comodidad 9
Christmas Eve	la Nochebuena 12	comfortable	cómodo(a) 2
church	la iglesia CD D	comic strips	las tiras cómicas 6
cinnamon	la canela 7	command	el mandato 10
circle	el círculo 14	commemorate	conmemorar 12
city	la ciudad 1	commerce	el comercio CD D
city block	la cuadra 10	commission	la comisión 11
city map	el plano 10	common	común 2;
claim check	el comprobante 5		corriente 9
clam	las almejas 6	communication	la comunicación
class	la clase 2		CD D
class notes	los apuntes 7	communion	la comunión 12
classical	clásico(a) 9	communists	los comunistas 13
classify	clasificar 9	community	la comunidad 3
clause	la cláusula 14	companion	el compadre 12

companionship	la compadrería 12; la compañía 8
company	la compañía 1
compare	comparar CD E
compete	competir (i) 13
complain	quejarse 9
composer	el/la compositor(a) 14
compound	compuesto(a) 12
computer	la computadora 2
computer operator	el/la computista CD E
computer science	la computación CD D
concert	el concierto 9
congratulate	felicitar 12
congratulations	felicitaciones 12
congress	el congreso 13
connect	conectar 9
connection	la conexión 14
conquer	vencer (venzo) 14
conscious	consciente 13
conserve	conservar 9
consumer	el/la consumidor(a) 6
contact	el contacto 9
contamination	la contaminación 13
contaminator	el contaminador 13
contemplate	contemplar 14
content	contento(a) 3
contrary	contrario(a) 9
contrast	el contraste 10
contribute	contribuir (y) 4
convenience	la conveniencia 5
convenient	conveniente 8
conversant	conversador(a) 3
convince	convencer (convenzo) 13
cook	el/la cocinero(a) 12; cocinar CD E
cookie	la galleta 10; la galletita dulce 5
cool	enfriar 14
cordial	cordial 9
corn	el maíz (elote in Mexico) 7
correspondence	la correspondencia 12
correspondent	el/la corresponsal 7
corruption	la corrupción 13
cosmopolitan	cosmopolita 10
costume (typical dress)	el traje típico 4
cotton	el algodón 4
cough	la tos 3
count	el conde (title) 14
count	contar (ue) 14
count on	contar (ue) con 9
country	el país CD E
country home	la hacienda 5
countryside	el campo 1
coup d'état	el golpe de estado 13
courageous	valiente 8
course	el curso 5
courtesy	la cortesía CD B
cousin	el/la primo(a) CD B
cover	cubrir 10
cow	la vaca
crackers	las galletas 8; las galletitas 5
craft	la artesanía 10
created	creado(a) 13
credit	el crédito 11
creole	el criollo(a) 5
cross	cruzar 10
cruel	cruel 14
Cuban	cubano(a) CD B
cubism	el cubismo 14
cucumber	el pepino 7
cultivate	cultivar 7
cumin	el comino 8
cup	la taza 5
curious	curioso(a) 7
curly	rizado(a) CD E
currencies	las divisas
curtain	la cortina 2
curve	la curva 9
custard	el flan 7
custom	la costumbre 2
customs	la aduana 5
cut	cortar 12
cut in line in front of	colarse delante de 5

D

daily	diario(a) 8
damage	hacer daño 5
dance	bailar 1; la danza 14
dark	oscuro(a) 4
dark-haired	moreno(a) CD E
date	la fecha 9

day	el día CD D	
day after tomorrow	pasado mañana 12	
dead	muerto(a) 12	
dear	querido(a) 6	
decadence	la decadencia 14	
deceipt	el engaño 13	
December	diciembre CD D	
decide	decidir 10	
declare	declarar 2	
decorate	decorar 9	
defect	el defecto 14	
defend	defender(ie) 13	
defense	la defensa 12	
deform	deformar 14	
delay	la demora 9	
delicious	riquísimo(a), deliciosa(a) 7	
deluxe	de lujo 5	
demand	la demanda 11	
demanding	exigente 5	
demon	el demonio 12	
demonstrate	demostrar (ue) 10	
demonstrative	el demostrativo 6	
denounce	denunciar 14	
deplorable	deplorable 14	
deposit	depositar 9	
desert	desierto(a) 14	
deserve	merecer (zc) 3	
designer	el/la diseñador(a) CD E	
desk	el escritorio 12	
despot	el déspota 13	
dessert	el postre 7	
destination	la destinación 12; el destino 5	
destroyed	destruido(a) 11	
detail	el detalle 12	
determine	determinar 2	
determined	determinado(a) 12	
develop	desarrollar 9	
development	el desarrollo 9	
diagram	el diagrama 13	
dial	marcar 9	
dictatorship	la dictadura 13	
die	morir (ue) 8	
different	destinto(a) 7	
difficult	difícil 3	
difficulty	la dificultad 9	
dine	cenar 8	
dining room	el comedor 2	
dinner	la cena CD D	

directory	el directorio 9	
dirty	sucio(a) 3	
disagreeable	antipático(a), desagradable 3	
discontent	descontento(a) 13	
discord	la discordia 13	
discoteque	la discoteca 7	
discount	el descuento 7	
discreet	discreto(a) 7	
discrepancy	la discrepancia 13	
discuss	discutir 13	
disfigure	desfigurar 14	
dish	el plato 7	
dismiss	dar de baja 7	
disobedient	desobediente 14	
disorder	el desorden 13	
displace	desplazar 13	
distinguish	distinguir 14	
distinguished	distinguido(a) 14	
district	el distrito 8	
divorced	divorciado(a) 1	
do	hacer (hago) 5	
Do you have . . . ?	¿Tiene usted… ? CD B	
Do you like . . . ?	¿Te/Le gusta(n) … ? CD E	
doctor's office	el consultorio 1	
document	el documento 2	
documentary	el documental 14	
dog	el/la perro(a) CD E	
doll	la muñeca 6	
dollar	el dólar CD B	
domino	el dominó 4	
Don't worry!	¡No se preocupe! 5	
door	la puerta CD A	
double	doble 6	
doubt	dudar 13	
down	abajo 3	
dozen	la docena 7	
drain	escurrir 12	
drama	el drama 12	
dramatic	dramático(a) 14	
draw	girar 11	
drawing	el dibujo 7	
dream	el sueño 9	
dress	el vestido 4	
dress (a salad)	condimentar 7	
drinking glass	el vaso 7	
drive	manejar 6	
drop	la gota 11	
drought	la sequía 7	

drunk	borracho(a) 7	English language	el inglés CD D
dry oneself	secarse 4	enlarge	agrandar 13
dryer	la secadora 6	enormous	enorme 2
due to	a causa de 9	enough	basta 12
during	durante CD 3	entertain	entretener(ie) 2;
duty	el deber 13		festejar 8
dynamic	dinámico(a) 7	entity	la entidad 12
		entrance	la entrada 2

E

		envelope	el sobre 11
		environment	el ambiente 10
		epoch	la época 14
each	cada CD C	equipped	equipado(a) 3
each time	cada vez 8	equivalent	el equivalente 10
ear (inner)	el oído 3	erradicate	erradicar 13
early	temprano 6	essential	essencial 9
earn	ganar 5	ethinc	étnico(a) 13
earthquake	el terremoto 9	European	europeo(a) 10
east	el este 9	evening	la noche CD C
easy	fácil 3	ever	alguna vez 7
eat	comer 2	everybody	todo el mundo 5
eat breakfast	desayunarse 4	exaggerate	exagerar 13
economical	económico(a) 9	exchange	el intercambio 14
economics	la economía CD D	exchange student	el/la estudiante de
economy	la economía CD D		intercambio 5
educate oneself	educarse 13	excursion	la excursión 10
effect	el efecto 9	excuse me	perdón CD B
efficient	eficiente 9	(for my mistake)	
egg	el huevo 7	excuse me (I'm leaving)	con permiso CD B
eight	ocho 1	exhibition	la exhibición 7
eighty	ochenta CD B	existence	la existencia 12
elect	elegir (i) (elijo) 7	exit	la salida CD A
elected	elegido(a) 13	expense	el gasto 3
election	la elección 13	expensive	caro(a) 2
electricity	la electricidad 7	explanation	la explicación 9
elegant	elegante 7	explore	explorar 14
elevator	el ascensor CD A	export	exportar 7
eleven	once CD A	exportation	la exportación 13
embrace	el abrazo 6	extension	la extensión 9
emergency	la emergencia 7	extensive	extenso(a) 9
eminent	eminente 14	extraordinary	extraordinario(a) 14
emission	la emisión 13	eye	el ojo 3
emphasis	el énfasis 13	eyeglasses	los anteojos 4
emphatic	enfático(a) 13	eyeround of beef	el boliche 7
employee	el/la empleado(a) 4		
employment	el empleo 1		

F

endless	interminable 8		
endure	aguantar 12	fabric	la tela 4
engagement	el compromiso 13	fabulous	fabuloso(a) 10
engineering	la ingeniería 9	face	la cara 3;
			enfrentarse 14

face toward	dar a 2	five	cinco 1
facilitate	facilitar 9	fixed	fijo(a) 5
factory	la fábrica 1	flat (tire)	desinflado(a) 9
fair	justo(a) 8	flavor	el sabor 8
faith	la fe 11	flea market	el rastro 4
faithful	fiel 8	flight	el vuelo 2
fall	caer (caigo) 11	flood	la inundación 7
fall asleep	dormirse (ue) 4	floor	el piso 2
false	falso(a) 10	floor tile	el mosaico 2
fame	la fama 3	flow	el flujo 9
family	adj familiar 12	flower	la flor 5
family room	la sala de estar 2	flu	la gripe 3
fans	los aficionados 7	flute	la flauta 12
fantasy	la fantasía 12	fly	volar (ue) 7
far (from)	lejos (de) 3	folkloric	folklórico(a) 10
far away	lejano(a)	follow	seguir (i) (sigo) 5
farewell	la despedida 12	following	siguiente 7
farm	la finca 11	foolish	tonto(a) 3
farmer	el agricultor 7	foot	el pie 3
fascinate	fascinar 9	for (because of)	por 6; (in order to)
fat	gordo(a) 3		para CD D
father	el padre CD B	for example	por ejemplo CD D
fear	temer 10	For heaven's sake!	¡Por Dios! 11
February	febrero CD C	for that reason	por esa razón 13;
fee	la cuota 3		por eso 8
feel	sentirse (ie) 12	for the benefit	a beneficio 12
feel like	tener ganas	force	obligar 14;
(doing something)	de + inf 5		la fuerza 13
feeling	el sentimiento 10	forehead	la frente 12
fever	la fiebre 3	foreign	extranjero(a) 12
fifteen	quince CD A	forget	olvidar 12
fifty	cincuenta CD B	forgetful	olvidado(a) 7
fight	luchar 8	fork	el tenedor 7
file	el archivo 12	form	la forma 7
fill	llenar 5	formal party	la fiesta de etiqueta 12
finally	por fin 6	formidable	formidable 14
find	encontrar (ue) 4;	fortunate	dichoso(a) 12
	hallar 9	forty	cuarenta CD B
fine	fino(a) 7	foster	fomentar 13
fine arts	las bellas artes 10	fountain	la fuente 10
finish	acabar 11	four	cuatro CD A
fire	el fuego CD A	fourteen	catorce CD A
firm (company)	la empresa 6	foyer	el recibidor 2
firmness	la firmeza 11	fragrant	fragante 5
first	primer, primero(a) 6	France	Francia 12
fish	el pescado (food) 5;	frank	franco(a) 14
	pescar 10	free of charge	gratis 3
fishing	la pesca CD E	French	francés,
fit well/badly (clothing)	quedarle bien/		francesa 3
	mal 4	frequent	frecuente 7

frequently	frecuentemente CD D	get better	mejorarse 3
Friday	el viernes CD C	get dressed	vestirse (i) 4
fried	frito(a) 7	get good grades	sacar buenas notas 5
fried plantain	el tostón 7		
friend	el/la amigo(a) CD A	get married to	casarse (con) 4
friendship	la amistad 10	get rid of	deshacerse 5
frightened	asustado(a) 12	get together (with)	reunirse (con) 10
from (a certain time)	desde 14	get up	levantarse 4
from day to day	de día en día 11	get used to	acostumbrarse (a) 10
fruit	la fruta 8	gift	el regalo 5
fry	freír (í) (frío) 12	give	dar (doy) 1
fulfill (a wish)	realizar 7;	give as a gift	regalar 9
	(an obligation)	glance	la mirada 14
	cumplir con 12	glazed tiles	los azulejos 2
full	lleno(a) 6;	go (I go, you go . . .)	ir (voy, vas…) 1;
	pleno(a) 9		andar 10
function	funcionar 6; el oficio 9	go ahead	anda 7
		Go ahead! (slang)	¡Ándale! (Mexico) 10
fund	el fondo 11		
funny	gracioso(a) 3, cómico(a) 12	go crazy	volverse (ue) loco 7
		go hungry	pasar hambre 11
furious	furioso(a) 12	go out	salir (salgo) 5
furniture	los muebles 2	go to bed	acostarse (ue) 4
		gold	el oro 11
		Golly!	¡Caramba! CD B
	G	good	bueno(a) 3
		good afternoon	buenas tardes CD A
gallon	el galón 7	Good appetite! (Have a good meal)	¡Buen provecho! 8
game	el partido 3		
garage	el garaje 2	good evening	buenas noches CD A
garbage	la basura 10		
garden	el jardín 2	good morning	buenos días CD A
garlic	el ajo 7	good will	la buena voluntad 11
gasoline	la gasolina 9	good-bye	adiós CD B
Gee-whiz! (slang)	¡Híjole! (Mexico) 10	gossip	el chisme 5
generally	generalmente CD D; por lo general 11	govern	gobernar (ie) 13
		government	el gobierno 2
		gram (0.035 ounces)	el gramo 7
generous	generoso(a) 7	grandfather	el abuelo CD B
gentleman	el caballero 4	grandmother	la abuela CD B
genuine	genuino(a) 14	granite	el granito 6
geography	la geografía 9	grapefruit	la toronja 7
German	alemán, alemana 1	grapes	las uvas 7
Germany	Alemania 6	graphic	gráfico(a) 14
get	conseguir (i) 5; lograr 13	grass	la hierba 11
		grateful	agradecido(a) 9
get angry	enfadarse 11	grave (serious)	grave 10
get annoyed	enfadarse 11	gray	gris CD E
get behind	atrasarse 9		

Great! (slang) — ¡Qué padre! (Mexico) 10
great — gran 1; gran (des) + sustantivo
green — verde CD E
green beans — las habichuelas 7
green pepper (ají in Cuba) — el pimiento verde 7
grilled meat — la parrillada (Argentina) 7
ground — el suelo 12
ground beef — el picadillo, la carne molida 7
grouch(y) — cascarrabias 12
grow — crecer (zc) 10
guava — la guayaba 7
guess — adivinar 4
guest — el/la invitado(a) CD D
guide — el/la guía CD E
guitarist — el/la guitarrista 14
gymnasium — el gimnasio CD D

H

haggle — regatear 4
hail — granizar; el granizo 11
hair — el pelo 3
half — la mitad 14; adj medio(a) 7
hallway — el pasillo 2
ham — el jamón 6
hamburger — la hamburguesa 2
hand — la mano 3
hand towel — la toallita 5
handkerchief — el pañuelo 4
handsome — guapo(a) 3
hang up — colgar (ue) 9
happening — el acontecimiento 12
happiness — la alegría 12
happy — alegre CD B; feliz CD E
Happy birthday! — ¡Feliz cumpleaños! CD C
hardly — apenas 9
hard-working — trabajador(a) 3
harvest — la cosecha 11
have — tener (ie) (tengo) 5; perfect tenses haber

have a good time — divertirse (ie) 4
have to (do something) — tener que + inf 5
have to do with — tener que ver con 12
head — la cabeza 3
hear — oír (y) (oigo) 6
heart — el corazón 3
heating — la calefacción 2
heavyset — grueso(a) 3
helicopter — el helicóptero 9
hello — hola
help — ayudar 3
helper — el/la ayudante CD E
hemisphere — el hemisferio 9
herdsman — el gaucho (Argentina) 4
here — aquí CD D
heritage — la herencia CD C
high school — la escuela secundaria 12
highway — la carretera 9
hill — la loma, el cerro 11
his — su, sus 5
Hispanic — el/la hispano(a) CD E
history — la historia CD D
hobby — el pasatiempo 7
home — el hogar 2
home address — el domicilio 6
Honduran — hondureño(a) 13
hood (of car) — el capó 9
hope — la esperanza 11; esperar 12
hors d'oeuvres — las tapas 8
horse — el caballo CD E
horse races — las carreras de caballos CD E
hostile — hostil 9
hot — caliente 6
house — la casa 1
housewife — el ama de casa 12
housing — la vivienda 10
how? — ¿cómo? CD A
How awful! — ¡Qué barbaridad! 12
How goes it? — ¿Qué tal?
how long? — ¿cuánto tiempo? 5
how many? — ¿cuántos(as)? CD C
how much? — ¿cuánto? 2
How's the weather? — ¿Qué tiempo hace? CD C

How + adjective!	¡Qué + adjetivo!	in search of	en busca de 13
human rights	los derechos humanos 13	in spite of	a pesar de 9
		incarcerate	encarcelar 13
Humanities	filosofía y letras CD D	incidental	incidental 12
		including	incluso CD E
humble	humilde 11	incomparable	incomparable 12
hunger	el hambre(f) 5	incorporate	incorporar 14
hurricane	el huracán 7	increase	aumentar 8; el aumento CD C
hurried	apurado(a) 12		
hurry	darse prisa 7		
hurt	doler (ue) 3	indecisive	indeciso(a) 13
husband	el marido, el esposo CD B	independence	la independencia 13
		indicate	indicar 3
hut	la casucha 10	indigenous	indígena 14
hypochondriac	el/la hipocondríaco(a) 3	individual	el individuo 2
		Indo-Spanish	indoespañol(a) 10

I

		industrialization	la industrialización 13
I have . . . eyes	Tengo los ojos… CD E	industry	la industria 9
		inequality	la desigualdad 13
I have . . . hair	Tengo el pelo… CD E	infantile	infantil 12
		infirmary	la enfermería CD D
I hope, here's hoping	Ojalá 10	influence	influir (y) 4
I like	me gusta(n) CD E	ingenious	ingenioso(a) 12
I'd like	quisiera 10	inhabitant	el/la habitante 10
I'm sorry	lo siento CD B	initiate	iniciar 14
ice	el hielo 7	initiative	la iniciativa 2
ice cream	el helado 8	ink	la tinta 7
if	si 3	inn	el parador 5
ill	enfermo(a) 3	inning	la entrada 12
illness	la enfermedad 3	inside cover	la contratapa 9
illusion	la ilusión 10	insist (on)	insistir (en) 6
imagine	imaginarse 7	install	instalar 9
imbalance	el desnivel 13	instead of	en vez de 7
immense	inmenso(a) 9	institute	instituir (y) 13
impetus	el ímpetu 13	instruction	la instrucción 2
impolite	descortés 8	insurance companies	las compañías de seguro 1
impress	impresionar 9		
impressionist	el/la impresionista 14	integrate	integrar 13
impressive	impresionante 6	interest	interesar 9
improve	mejorar 13	interpretor	el/la intérprete 7
improvise	improvisar 9	interrogate	interrogar 7
in a jiffy	en un santiamén 13	interrupt	interrumpir 10
		interview	la entrevista 1; entrevistar 7
in a row	en fila, enfilado(a) 14		
		intimate	íntimo(a) 2
in favor of	en pro de 13	invert	invertir (ie) 11
in front (of)	delante (de) 2	iron grills	las rejas 2
in jest	en broma CD D	island	la isla 14
in love	enamorado(a) 7	itinerary	el itinerario 10

it's (very) cold	hace (mucho) frío CD C
it's (very) hot	hace (mucho) calor CD C
it's (very) sunny	hace (mucho) sol CD C
it's (very) windy	hace (mucho) viento CD C
it's a pity	es (una) lástima 10
it's all the same	lo mismo da 12
it's clear	está despejado CD C
it's cloudy	está nublado CD C
it's necessary	es preciso 10
it's raining a lot	está lloviendo (mucho) CD C
it's sad	es triste 10
it's snowing (a lot)	está nevando (mucho) CD C
it's strange, unusual	es raro 13
it's that	es que 9
it fascinates me	me fascina(n) 6

J

jacket	la chaqueta 4
jail	la carcel 13
January	enero CD C
jealous	celoso(a) 12
jeans	los jeans 4
jewels	la prenda 11
jiffy	el santiamén 13
joke	el chiste 10
jot down	anotar 13
jovial	jovial 13
judge	el/la juez 13
juice (orange juice)	el jugo (de naranja) 5
July	julio CD C
June	junio CD C
jungle	la selva 9
justice	la justicia 13

K

keep quiet	callarse 12
key	la llave 6
kind	amable 5
king	el rey 12
king and queen	los reyes 13
kiss	el beso 14; besar 3
kitchen	la cocina 2
knee	la rodilla 3
knife	el cuchillo 7
know (a person, be acquainted with)	conocer (zc) 2; (facts; to know how to) saber (sé) 2

L

laboratory	el laboratorio CD D
lack	la falta 9
lady in waiting	la menina 14
lake	el lago 13
lamb	el cordero 7
lamp	la lámpara 2
land	la tierra 11; adj terrestre 9
last	último(a) CD D; durar 8
last night	anoche 7
last resort	el último recurso 3
late	tarde CD D
later	luego 6
latest fashion	la última moda 4
laugh	reír (río) 3; reírse (í) (me río) 11
law	el derecho CD D
lawyer	el/la abogado(a) 1
laxative	el laxante 3; el purgante 12
lazy	perezoso(a) 3; flojo(a) 12
leader	el/la líder 1
learn	aprender 2
learned	culto(a) 13
leather	el cuero 3
leave	irse (me voy) 4
leave behind	dejar 9
leaves	las hojas 11
lemon	el limón 7
lend	prestar 9
less	menos CD A
let's + inf	vamos a + inf 1
let's see	a ver 7; vamos a ver 8
letter	la carta 2

lettuce	la lechuga 7	
level	el nivel 10	
liberator	el libertador 13	
liberty	la libertad 13	
library	la biblioteca CD 4	
license plate	la placa 9	
life	la vida CD D	
light	la luz CD A; (in color) claro(a) CD E; (in weight) ligero(a) 8	
light bulb	la bombilla 6	
like	como 4	
like (similar)	parecido(a) 12	
likewise	igualmente CD A	
like this	así CD C	
lime paint	la pintura de cal 2	
limited	limitado(a) 9	
line	la cola 2	
linking	el enlace CD E	
lips	los labios 3	
listen to	escuchar 1; (command) escuche CD A	
literature	la literatura CD D	
little by little	poco a poco 2	
live	vivir 2	
living room	la sala 2	
lobster	la langosta 8	
location	la ubicación 2	
lodging	el alojamiento 5	
long	largo(a) CD E	
longed for	los suspirados 12	
look	mire (command) CD A	
look at	mirar 4	
look for	buscar 1	
lose	perder (ie) 4	
lost	perdido(a) 3	
lot	el terreno 2	
lottery ticket	el boleto de lotería 4	
love	el amor 12	
lower	bajar 10	
luck	la suerte 10	
lukewarm	tibio(a) 4	
lunch	el almuerzo 4	
lungs	los pulmones 3	
luxury	lujo 10	

M

machine	la máquina 9
Madam	señora CD B
magazine	la revista 2
magic	la magia, adj mágico(a) 12
magnetism	el magnetismo 13
magnificent	magnífico(a) 9
maid, waitress	la camareva 6
mail	el correo 11; echar al correo 11
mailbox	el buzón 11
mailman	el cartero 11
major	especializarse 5
majority	la mayoría 9
make a stopover	hacer escala 5
man	el hombre 1
mandatory	mandatorio(a) 10
mango	el mango 7
manufacturer	el/la fabricante CD E
map	el mapa 9
March	marzo CD C
marijuana	la marihuana 13
maritime	marítimo(a) 9
market	el mercado 1
married	casado(a) 1
mass	la misa 12
masterpiece	la obra maestra 14
mathematics	las matemáticas CD D
May it go well for you!	¡Que le vaya bien! 5
mayonnaise	la mayonesa 7
meal	la comida 2
means	el medio 9
medallion	la medalla 11
medicine	la medicina CD D
mediocre	mediocre 9
medium (size)	mediano(a) 4
medium done	medio asado 8
medium rare	medio crudo 8
meeting	la reunión 2
member	el/la socio(a) 1; el miembro 3
memory	la memoria 7
mention	mencionar 7
menú	el menú 9
message	el recado 9
method	el modo 9

metropolitan	metropolitano(a) 10	much	mucho
Mexican	mexicano(a) CD B	multiple choice	las respuestas múltiples 5
microwave oven	el horno de microondas 7	multitude	la multitud 13
midnight	la medianoche CD C	museum	el museo 1
		music	música 9
military	militar 13	musicality	la musicalidad 14
milk	la leche 7	mustard	la mostaza 7
minced	picadito(a) 7	my	mi, mis 5
mine (possession)	mío(a,os,as) 13	My goodness!	¡Dios mío!, ¡Ave María! 12
miniature kabobs	el pincho moruno 6		
minimum	el mínimo 10		
minister	el ministro 13		N
minority	la minoría 13		
misfortune	el contratiempo 11	napkin	la servilleta 7
miss	echar de menos 8	narrative	narrativo(a) 12
Miss	la señorita CD B	narrow	estrecho(a) 4; angosto(a) 9
mistake	el error 7	nature	la naturaleza 14
mock	burlarse 12	navegable	navegable 9
modernism	el modernismo 14	near (to)	cerca (de) 2; adj cercano(a) 9
modify	modificar 13		
moisten	mojar 11	near (very)	cerquita 2
monarchy	la monarquía 13	neck	el cuello 3
monastery	el monasterio 5	need	necesitar 1
Monday	el lunes CD C	negative	negativo(a) 12
monetary	monetario(a) 11	negotiate	negociar 9
money	el dinero CD B	neighborhood	el barrio 6
money order	el giro postal 11	neither	tampoco 9
monopoly	el monopolio 13	nepotism	el nepotismo 13
month	el mes CD C	nettle	la ortiga 14
monument	el monumento 10	never	nunca 7; jamás 12
moon	la luna 10	nevertheless	sin embargo 4
Moorish	moro(a) 6	new	nuevo(a) 3
more	más CD E	New Year	el Año Nuevo 10
more or less	más o menos CD B	news	las noticias 13
more (less) . . . than	más (menos)… que 7	news chronicle	la crónica 12
		newspaper	el periódico 2
morning	la mañana CD C	next	próximo(a) 9
mother	la madre CD B	next to	al lado de 2; junto a 10
mother-in-law	la suegra 12		
motion picture	la película 12	nibble	picar 8
motor	el motor 9	nice	simpático(a) 3
motorcycle	la motocicleta 6	night club	el cabaret 10
mount	montar 14	night life	la vida nocturna 6
mountain	la montaña 9	nine	nueve CD A
mouth	la boca 3	ninety	noventa CD B
move (residence)	mudarse; la mudanza 7	no longer	ya no 1
		no one	nadie 12
movie theater	el cine 2	nobody	nadie 12

noisy	ruidoso(a) 9	office	la oficina 2
none	ningún, ninguno(a)	old	viejo(a) 3
	(always sing) 12	olive	la aceituna 6
noodles	los fideos 7	olive oil	el aceite de oliva 7
noon	el mediodía CD D	on the contrary	al contrario 13
nor	ni 5		y por otra 12
north	el norte 9		en cambio 7
North American	norteamericano(a)	on the other hand	uno(a), un CD A
	2	one	Cien CD D
northeast	el noreste 11	one hundred	hay que + *inf* 5
nose	la nariz 3	one must	la cebolla 7
not as much	no tanto 1	onion	abrir 2; abierto(a)
not even	ni siquiera 12	open	CD A; *(command)*
not to think so	creer que no 5		abra CD A
note	la nota 2; notar 6	opera	la ópera 12
notebook	el cuaderno CD A	operator	el/la operador(a) 7
notice	el aviso 3	or	o CD A; *(before*
noun	el sustantivo CD C		*an "o" sound)* u 8
novel	la novela 12	orange	la naranja, *(color)*
novelist	el/la novelista 14		anaranjado(a) 7
novelistic	novelesco(a) 14	orchestra	la orquesta 12
November	noviembre CD C	orchid	la orquídea 5
now and then	de vez en cuando 8	order	ordenar 8;
nowadays	hoy día CD D		el pedido 9
nuclear	nuclear 13	oregano	el orégano 7
number	el número CD E	organize	organizar 7
nun	la monja 14	orientation	la orientación 12
		other (one)	el/la otro(a) 1
		our	nuestro(a) 5
		out	fuera 12
		outfielder	el jardinero 12
		outing	el paseo 10
O.K.	¡Vale! *(Spain)*	outside	afuera 6
obstacle	el obstáculo 9	outskirts	las afueras 10
obtain	obtener (ie)	overdraft	el sobregiro 11
	(obtengo) 3	overnight	de hoy a mañana
obvious	obvio(a) 10		13
October	octubre CD C	own	propio(a) 3
of	de CD B	owner	el/la dueño(a) 5
of polyester	de poliéster 4	oyster	la ostra 8
of course	¡Claro que sí! 10;		
	como no, por		
	supuesto 11		
Of course not!	¡Qué va! 10		
of leather	de cuero 4		
of nylon	de nilón 4	P.M. *(afternoon)*	de la tarde CD D
of silk	de seda 4	P.M. *(evening)*	de la noche CD D
of wool	de lana 4	Pacific	el Pacífico 9
offer	ofrecer (zc) 13;	pack	hacer las maletas 5
	(job offer) la	package	el paquete 11
	oferta	paella	la paella 7
	(de trabajo) 8	paint	pintar,

O

P

	la pintura 14	*perverse*	perverso(a) 13
painter	el/la pintor(a) 14	*petroleum*	el petróleo 7
painting	la pintura 14	*pharmacist*	el farmacéutico 3
pair	el par 9	*pharmacy*	la farmacia 1
palace	el palacio 5	*phenomenon*	el fenónemo 7
pale	pálido(a) 3	*photocopy*	la fotocopia 12
pants	los pantalones 4	*physical examination*	el examen físico 3
papaya	la papaya 7	*pianist*	el/la pianista 14
paper	el papel 1	*pick up*	recoger 7
paragraph	el párrafo 8	*picture*	el cuadro 9
pardon	perdonar 9	*picturesque*	pintoresco(a) 6
pardon me	perdóneme 3	*pie*	el pastel 7
park (a car)	estacionarse 9	*pig (roast)*	el puerco (asado) 7;
park	el parque CD D		el lechón 8
parliament	el parlamento 13	*pilot*	el/la piloto(a) 9
parliamentary	parlamentario(a) 13	*pineapple*	la piña 7
		pink	rosado(a)
parrot	el loro 7	*pitch*	el lanzamiento, lanzar 12
participate	participar 1		
pass (a car)	rebasar 9	*pitcher*	el/la lanzador(a) 12
passenger	el/la pasajero(a) 5	*pity*	la lástima 10
passionate	apasionado(a) 6	*place*	el lugar 6
passport	el pasaporte 5	*plaid*	de cuadros 4
paternalism	el paternalismo 13	*plan to*	pensar (ie) + inf 2
patience	la paciencia 6		
patient	el/la paciente 3	*plane*	el avión 5
pay	pagar 3	*plane ticket*	el boleto 9
peach	el melocotón; el durazno (México) 7	*plant*	la planta 9
		play (game, sport)	jugar (ue) a CDE; (an instrument) tocar 4
peanut	el maní, el cacahuate (México) el cacahuete (Spain) 7		
		pleasant	agradable 10
		please	por favor CD B
pear	la pera 7	*pleasure*	el placer 9
peas	los chícharos, los guisantes 7	*poached (eggs)*	escalfado(a) 8
		poetry	la poesía 14
peasant	el/la campesino(a) 4	*police officer*	el policía, la mujer policía CD E
peel	pelar 12		
pencil	el lápiz CD A	*polite*	cumplido(a) 7; cortés 11; gentil 12
people	la gente 3; el pueblo 14		
		political party	el partido político 13
pepper	la pimienta 7	*political sciences*	las ciencias políticas CD D
perfume store	la perfumería 4		
perhaps	tal vez 4	*politician*	el/la político(a) 13
persistence	la persistencia 14	*polka dotted*	de lunares 4
personalism	el personalismo 13	*poor*	pobre 3
personalized	personalizado(a) 11	*popular*	popular 12
		population	la colonia, población 4
perspective	la perspectiva 14		
Peruvian	peruano(a) 9	*pork*	el cerdo 8

pork chops	las chuletas de puerco 7	protect	proteger (protejo) 13
pork sausage	el chorizo	protect oneself	protegerse 2
portico (small porch)	el portal 2	proud	altivo(a), orgulloso(a) 12
possession	la posesión 13		
post office	el correo 1	provided that	con tal que 14
post-office box	la casilla 11	prowess	la proeza 9
postcard	la tarjeta postal 2	psychological	psicológico(a) 12
posterior	posterior 7	psychology	la psicología CD D
potatoes	las papas, las patatas (Spain) 7	publicity	la propaganda 13
		publishing house	la editorial CD D
pour	echar 12	pudding	el pudín 8
poverty	pobreza 5	Puerto Rican	puertorriqueño(a) CD B
power	el poder 13		
practical	práctico(a) 7	pull	tire (command) CD A
practice	practicar CD E; ejercer 11	pumpkin	la calabaza 7
		punch	el ponche 5
pre-Columbian	precolombino(a) 14	punctual	puntual 7
		purchase	la compra 14
precious	precioso(a) 2	purchasing agent	el/la agente de compras 9
predominate	predominar 11		
prefer	preferir (ie) 4	pure	puro(a) 13
preferable	preferible 10	purée	el puré 7
prepare oneself	prepararse 7	purple	morado(a) CD E
prescribe	recetar 3	purpose	el propósito 3
present oneself	presentarse 1	purse, bag	la bolsa 4
preserves	los dulces 7	put	poner (pongo) 2
preside over	presidir 12	put away	guardar 10
prestigious	prestigioso(a) 8	put on	ponerse (me pongo) 4
pretend	adj fingido(a) 12		
pretty	bonito(a) 3	put on make-up	maquillarse 4
previous	anterior 7; previo(a) 9	pyramid	la pirámide 10
price	el precio 6		
principal	adj principal 10		Q
print	usar letras de molde 6		
private	particular 1	quality	la calidad 6
problem	el problema 13	queen	la reina 13
prodigious	prodigioso(a) 14	quiet	callado(a) 3
produce	producir (zc) 14	quotation	la cotización 11
product	el producto 9		
professor	el/la profesor(a) 1		R
proliferation	la proliferación 13		
prominent	prominente 14		
promise	prometer 13	radiator	el radiador 9
proof	la prueba 11	radical	radical 13
propaganda	la propaganda 13	railroad	el ferrocarril 9
pros and cons	los pros y los contras 13	rain	llover (ue) 7; la lluvia 9
prosperous	próspero(a) 10	raincoat	el impermeable 4

raise — subir 6
rap on the head — el cocotazo 7
rare — raro(a) 3
raw — crudo(a) 8
reactionary — el reaccionario 13
read — leer 2
reader — el/la lector(a) CD E
reading — la lectura 9
real — verdadero(a) 6
reality — la realidad 9
realize (understand) — darse cuenta de 7
really — de veras 12
really? — ¿verdad? 2
reason — la razón 5
reasonable — razonable 13
receipt — el recibo 14
receive — recibir 2
receive a degree — diplomarse 7
recent — reciente 12
receptionist — el/la recepcionista 6
recess — el recreo 10
recipe — la receta 7
recite — recitar 14
recognize — reconocer (zc) 6
recommend — recomendar (ie) 10
record — el disco CD A
recreation — el recreo 10
rectangle — el rectángulo 14
recycle — reciclar 13
red — rojo(a) CD E
red snapper — el pargo 7
red wine — el vino tinto 5
reduce — reducir (zc) 13
reestablish — restablecer (zc) 14
refer to — referirse (ie) 7
reflect — reflejar 10
refrigerator — el refrigerador 2
regarding — en cuanto a 10
registration — la matrícula (in school) 2; el registro 6
related — relacionado(a) 1
relative — adj relativo(a) 9
remain — quedar CD E
remedy — el remedio 3; remediar 13
remember — recordar (ue) 7
remote — remoto(a) 9
remove — quitar 11
repair — reparar 9

repeat — repetir (i) 5; (command) repita CD A
report — el informe 7
representative — el/la representante 12
repression — la represión 13
republic — la república 13
require — requerir (ie) 10
requirement — el requisito 13
reservation — la reservación 10
resource — el recurso 3
respect — respetar 12
rest — descansar 2; el descanso 8
restore — la restauración, restaurar 13
result — el resultado 13
retailer — el/la detallista CD E
return (to a place) — regresar 1; (give something back) devolver (ue) 9
rhyme — la rima 14
ribs — las costillas 7
rice (pudding) — el arroz (con leche) 7
rich — rico(a) 3
riddle — la adivinanza 7
right now — ahora mismo 9
ring (a phone) — sonar 8; (jewelry) el anillo 13
ripe — maduro(a) 11
road — el camino 9
roasted — asado(a) 8
roll (bread) — el bolillo 8
roof — el techo 2
roof tile — la teja 2
room — el cuarto 2; la habitación 6
round — redondo(a) 12
round-trip — ida y vuelta
routes — la ruta 9
rude — rudo(a) 2
run — correr CD E; la carrera 12

S

sacrifice — sacrificar 13
sad — triste 3
saffron — el azafrán 7

saint's day	el santo 12	see you soon	hasta pronto CD B
salad	la ensalada 8	seek	solicitar 13
salary	el sueldo 1	seem	parecer (zc) 7
sales	la venta 6	seem (to somebody)	parecerle (a
sales manager	el/la gerente de		alguien) 9
	ventas 9		mismo(a) 9
sales person	el/la vendedor(a) CD E	self	la abnegación 8
salt	la sal 7	self-denial	vender 4
same	igual 7	sell	el seminario 7
same thing	lo mismo 11	seminar	mandar 9
sample	la muestra 6	send	la sensibilidad 14
sandals	las sandalias 4	sensibility	sensible 3
sandwich (small)	el bocadillo 8	sensitive	la sentencia
sarcasm	el sarcasmo 12	sentence (in prison)	aparte 5
sarcastic	sarcástico(a) 7	separate	septiembre CD C
sardine	la sardina 9	September	la serie 5
satisfied	satisfecho(a) 9	series	serio(a) 3
Saturday	el sábado CD C	serious	servir (i) 5
sauce	la salsa 7	serve	servirse (i) 7
saucer	el platillo 7	serve oneself	el servicio 6
sausage	la salchicha 8	service	siete CD A
sauté	el sofrito, sofreír (í)	seven	setenta CD B
	(sofrío) 7	seventy	varios(as) CD D
savings account	la cuenta de	several	severo(a) 7
	ahorros 11	severe	coser 12
say	di (fam command	sew	el champú 4
	for decir) 12	shampoo	compartir 8
say good-bye to	despedirsé (i) de 5	share	afeitarse 4
saying	el refrán 7	shave	verter (ie) 14
scene	la escena 12	shed	el jerez 6
scenography	escenografía 12	sherry	el barco 9; (to send)
schedule	el horario CD D	ship	enviar (envío) 9
school	el colegio CD E		la camisa 4
scissors	las tijeras 9	shirt	la zapatería 4
scrambled eggs	los huevos	shoe store	el zapatero CD E
	revueltos 8	shoemaker	los zapatos 4
sculpture	la escultura 14	shoes	el fusilamiento 14
sea	el mar 10	shooting	hacer compras 7
seafoods	los mariscos 7	shop	el centro comercial 4
season	la estación CD D;	shopping center	(length) corto CD E;
	la temporada	short	(height) bajo(a) 3
	CD E		el/la cuentista 14
seasonings	los condimentos 7	short-story writer	deber + inf 2
seat	el asiento CD A	should	el hombro 3
seat belt	el cinturón de	shoulder	gritar 11
	seguridad 9	shout	mostrar (ue) 11
second	el segundo 4	show	la ducha 6
secretary	la secretaria 7	shower	los camarones 7
see	ver (veo) 2	shrimp	la siesta 10
see you later	hasta luego CD B	siesta	la señal 9
		signal	

signature	la firma 6	soccer	el fútbol CD E
silk	la seda 4	sociable	sociable 7
silver	la plata 11	social gathering	la tertulia 13
similar	similar 6	socio-political	sociopolítico(a) 13
similarity	la semejanza 10	sociology	la sociología CD D
simple	sencillo(a) 6	socks	los calcetines 4
sincerely	muy atentamente 5	soft boiled eggs	los huevos tibios 8
		soft drink	el refresco 8
sing	cantar 12	sole (only)	el/la único(a) 11
singer	el/la cantante 14	solve	solucionar 13
single	soltero(a) 1	some	alguno(a), algún 3
sir	señor CD B	somebody	alguien 9
Sister (nun)	la sor 14	something	algo 12
sit down	sentarse (ie) 10;	son	el hijo CD B
	(command)	soon	pronto 12
	siéntese CD A	sordid	sórdido(a) 14
situate	situar 10	soul	el alma 14
situated	situado (a) 2	soup	la sopa 7
six	seis CD A	south	el sur 9
sixty	sesenta CD B	South America	Sudamérica 12
size	el tamaño 4	southwest	el suroeste 13
skewer	la brocheta 7	sow	sembrar (ie) 11
ski	esquiar (esquío) CD E	space	el espacio 6
		Spain	España 1
skillet	la sartén 12	Spanish (nationality)	español(a) 2
skin	la piel 3	Spanish currency	la peseta 5
skirt	la falda 4	Spanish language	el español CD D
sky	el cielo 11	Spanish omelet	la tortilla 6
skyscraper	el rascacielos 10	sparkling (wine)	espumante 8
sleep	dormir (ue) 4	speak	hablar 1
sleep like a log	dormir como un tronco 6	special delivery stamps	los sellos de urgencia 11
sleeve	la manga 4	speed	la velocidad 9
slender	delgado(a) 3	spend (money)	gastar 12
sliced onion	la cebolla rebanada 8	spendthrift	el/la gastador(a) 7
slow	adv despacio 10	spicy hot	picante 7
small	pequeño(a) CD E	spill	derramar 12
small change	el menudo, el suelto 11	spinach	la espinaca 7
		spirit	el espíritu 14
smelly	apestoso(a) 12	splendid	espléndido(a) 12
smile	la sonrisa 14; sonreír (í) (sonrío) 5	spoil	mimar 12
		spontaneous	espontáneo(a) 14
		spoon	la cuchara 7
snack	la merienda 8	sports	adj deportivo(a) 4
sneeze	estornudar 3	spring	la primavera CD C
snow	nevar (ie) 7	square	cuadrado(a) 14
so that	para que 14	squid	el calamar 7
so-so	más o menos CD A	stability	la estabilidad 13
		stadium	el estadio CD D
		stage shows (flamanco)	los tablaos 6
soap	el jabón 4	stairs	la escalera 6

stamp	el sello,	sugar	el azúcar 7
	la estampilla 11	suggestion	la sugerencia 8
stand in line	hacer cola 5	suit	el traje 4
stand out	sobresalir,	suitcase	la maleta 4
	destacar 14	sum	la cifra 11
stand up	levántese	summer	el verano CD D
	(command) CD A	summing up	en resumen 6
standard of living	el nivel de vida 13	sun	el sol 10
standing	de pie 12	Sunday	el domingo CD D
star	la estrella 5;	superior	superior 7
	el astro 12	supermarket	el supermercado 7
start (engine)	arrancar 9	supervisor	el/la supervisor(a) 7
stay	quedarse 4	support	el apoyo 3; apoyar 9
steak	el bistec 7	support (financially)	mantener (ie)
steering wheel	el volante 9		(mantengo) 1
stepfather	el padrastro CD B	suppress	suprimir 11
stepmother	la madrastra CD B	surgery	la cirugía 3
stereo	el estéreo 7	surname	el apellido CD B
stew	el potaje 7	surrealistic	surrealista 14
still	todavía 4	surrounded	rodeado(a) 2
stimulate	estimular 13	survey	la encuesta 6
stockings	las medias 4	survive	sobrevivir 13
stomach	el estómago 3	suspicious	sospechoso(a) 7
stone	la piedra 14	sweat	el sudor 12
stone wall	el muro 2	sweater	el suéter 4
store	la tienda 1	sweatshirt	la sudadera 4
storm	la tormenta 13	sweet potato	el boniato (Cuba),
stove	la estufa 2		el camote
straight ahead	derecho 3		(Mexico),
strawberries	las fresas 7		la batata (Spain) 7
street	la calle 6	sweetheart	el/la novio(a) 14
street corner	la esquina 10	swim	nadar CD E
strict	estricto(a) 2	swimming	la natación CD E
striped	de rayas 4	swimming pool	la piscina CD E
strong	fuerte 1	syllable	la sílaba CD B
struggle	la lucha 13	symbolize	simbolizar 14
stucco	el estuco 6	symphonic	sinfónico(a) 12
student	el/la estudiante CD A;	synonym	el sinónimo CD E
	adj estudiantil 7	system	el sistema 9
studious	estudioso(a) 7		
study	estudiar 1		
stuffed turkey	el pavo relleno 8		T
stupendous	estupendo(a) 5		
style	el estilo 4	T-shirt	la camiseta 4
substitute	sustituir (y) 9	table	la mesa CD A
subway	el metro 9	take	tomar 1
succession	la sucesión 9	take a trip	hacer un viaje 5
suddenly	de pronto 8	take a walk, ride (along)	dar (doy) un
sufficient	suficiente 7;		paseo por 2
	(amount) lo	take care of	cuidar 1
	suficiente 13	take heart	animarse 12

take out sacar 7
take pictures sacar fotos 6
take place efectuar 12
take turns turnarse 3
talkative hablador(a) 7
tall alto(a) 3
tank el tanque 9
tap dar golpecitos 11
tape la cinta 9
tape recorder la grabadora 2
taste el gusto 4
tasty sabroso(a) 7
tavern la tasca (Spain) 6
tax el impuesto 9
taxi driver el/la taxista 7
tea el té 8
teach enseñar 1
teacher el/la maestro(a) CD E
team el equipo CD E
tear la lágrima 14
teaspoon la cucharita 7
teaspoonful la cucharadita 7
technique la técnica 14
teeth los dientes 3
tell me dígame 5
tell (say) decir (i) (digo) 5;
    (relate) relatar 7
teller, cashier el/la cajero(a) 11
temperature la temperatura 10
temple el templo 1
ten diez CD A
tend to atender (ie) 3
tender corn el maíz tierno 8
tennis el tenis CD E
tenor el tenor 14
tenth décimo(a) 6
terrorist el/la terrorista 13
textile el tejido 9
thank (someone) for darle las gracias
    (a alguien) 7
thank you (very much) muchas gracias
    CD A
that ese, esa 6
that (over there) aquel, aquella 6
that's (not) so así (no) es 13
the most . . . el, los, la(s) más… 7
the one that el (la)que 12
theater el teatro 7
theme el tema 10
there allí 3; ahí 12
there is/are hay CD D

there was/were había 8
therefore por lo tanto 10
thermometer el termómetro 3
these estos, estas 6
they themselves ellos mismos 9
thief el/la ladrón(ona) 11
think pensar (ie) 1
think (about) pensar (ie) en 4
third tercer, tercero(a) 14
thirst la sed 5
thirteen trece CD A
thirty treinta CD A
this este, esta 6
this very morning esta misma
    mañana 9
thistle el cardo 14
those esos, esas 6
those (over there) aquellos,
    aquellas 6
thought el pensamiento 14
thread la hebra 7
three tres CD A
Three Wise Men los Reyes Magos 12
Thursday el jueves CD C
thus así CD D
ticket el billete 9
tie la corbata 4; el lazo 6
tight apretado(a) 4
time la vez 7; el tiempo 10
tip la propina 8
tire la llanta 9
tired cansado(a) 3
to a 1
to the left a la izquierda 3
to the right a la derecha 3
toast el brindis 3
toaster la tostadora 12
toilet el inodoro 6
tomato el tomate, jitomate
    (Mexico) 7
tone el tono 9
tongue twister el trabalenguas 7
too much demasiado(a) 13
tool la herramienta 6
tooth (molar) la muela 3
toothpaste la pasta de dientes 4
tornado el tornado 7
tourist el/la turista 10
tower la torre 5
toy el juguete 4
traffic el tráfico 10

traffic circle	la glorieta (Mexico) 10	typical	típico(a) 7
		tyrant	el tirano 13
traffic jam	el embotellamiento 3		
traffic light	el semáforo 10		
traffic ticket	la multa 9		
train	el tren 9; (practice a sport) entrenar 13		

U

feo(a) 3

tranquilizer	el tranquilizante 3	ugly	feo(a) 3
transfer	transferir (ie) 11	umbrella	el paraguas 4
translator	el/la traductor(a) CD E	uncle	el tío CD B
transmission	la transmisión 9	underline	subrayar 10
transportation	el transporte 9	underneath	debajo de 3
travel	viajar 5	understand	comprender 2; entender (ie) 4
traveler's check	el cheque de viajero 11	understanding	comprensivo(a) 3
		unemployed	el/la desempleado(a) 13
treasure	el tesoro 11	unique	único(a)
treat	tratar 3	unite	unir 9
treatment	el tratamiento 3	United States	los Estados Unidos 1
treaty	el tratado 13	university	la universidad 1
tree	el árbol 1	university school	la facultad CD D
tremor	el temblor 7	university student	el/la universitario(a) CD E
triangle	el triángulo 14		desconocido(a) 14
trip	el viaje 5	unknown	
triumph	el triunfo 13	until	hasta que 14
trolley	el tranvía 12	until tomorrow	hasta mañana CD B
truck	el camión 9		
trunk	el baúl 9	unworthy	indigno(a) 14
trust	la confianza 11	up	arriba 3
try on (clothes)	probarse (ue) 4	up to	hasta 10
try to	tratar de + inf 13	upon (doing something)	al + inf 5
Tuesday	el martes CD C	upsetting	inquietante 12
tuna	el atún	urban	urbano(a) 9
tunnel	el tunel 9	urgency	la urgencia 9
turkey	el pavo, el guanajo (Cuba), el guajolote (Mexico) 7	use	usar CD E; emplear 14
		useless	inútil 12
		utensil	el utensilio 4
turn	el turno 2		
turn a corner	doblar 10		
turn off	apagar 10		
turn on	prender 12		

turn . . . years old	cumplir… años 12		
turnovers	las empanadas de carne 7	vaccine	la vacuna 3
		Valentine's Day	el día de los enamorados 7
TV set	el televisor CD E	valley	el valle 11
twelve	doce CD A	valuable	valioso(a) 11
twenty	veinte CD A	value	el valor 11
twist	torcer (ue) (tuerzo) 13	values	los valores 13
		vanilla	la vainilla 7
two	dos CD A	vanity	la vanidad 12

variation	la variación 9
vary	variar 7
veal	la ternera 7
vegetables	las legumbres, verduras 8
vehicle	el vehículo 9
vehicle window	la ventanilla 5
very much	muchísimo 6
very quickly	bien pronto 12
very well, thank you	muy bien, gracias CD A
via express mail	por expreso aéreo 9
video	el vídeo (video) CD A
vigor	el vigor 13
vigorous	vigoroso(a) 14
vinegar	el vinagre 7
visible	visible 10
visitor	el/la visitante 10
volunteer	el/la voluntario/a 12
vote	el voto, votar 13
vowell	la vocal CD A

W

wait (for)	esperar 1
waiter/waitress	el/la camarero(a) 6
waiting room	la sala de espera 3
walk	caminar 1
wall	la pared 5
wallet	la cartera 4
walnuts	las nueces 7
want	querer (ie) 4; desear 1
war	la guerra 13
warehouse	el almacén 4
warm	calentar (ie) 14
wash oneself	lavarse 4
washing machine	la lavadora 2
watch	el reloj CD A
watch out!	¡Ojo! CD C
water	el agua (f) 2
watermelon	la sandía, el melón (Cuba) 7
way	la vía, el paso 9
ways	las maneras CD 4
we are	somos CD 2
wear	llevar 4
weather is fine (bad)	hace buen (mal) tiempo CD C
wedding	la boda 12

Wednesday	el miércoles CD C
weigh	pesar 11
welcome	bienvenido(a) 5
well	bien CD C
well done	bien asado 8
well, then	pues 8
well-being	el bienestar 13
west	el oeste 9
wet	mojar 11
what?	qué CD A
What a mess!	¡Qué lío! 6
What can I do for you?	¿En qué puedo servirle? 4
What color is it?	¿De qué color es? CD E
What is the date?	¿Cuál es la fecha? CD D
What is your name?	¿Cómo se llama usted? CD A
What time is it?	¿Qué hora es? CD D
What's wrong?	¿Qué le pasa? 3
what (that which)	lo que 13
What is this (that)?	¿Qué es esto (eso)? 6
when, whenever	cuando 14
when?	¿cuándo? 2
where (to)?	¿adónde? 2
where from?	¿de dónde? 2
where?	¿dónde?
which?	¿cuál? 2
which one(s)?	¿cuál(es)? 1
whichever, whoever	cualquier(a) 11
while	mientras 2
white	blanco(a) CD E
Who's calling?	¿De parte de quién? 9
whose is it?	¿De quién es? 3
why?	¿por qué? 2
wide	ancho(a) 10
widow	la viuda 9
wife	la mujer CD B
window	la ventana CD A
windshield	el parabrisas 9
wine	el vino 5
wine glass	la copa 7
winner	el/la ganador(a) 14
winter	el invierno CD C
wish	desear 1
with	con 1
with me	conmigo 11

with you (fam)	contigo 11
without	*prep* sin CD C;
	conj sin que 14
woman	la mujer CD B
wood	la madera 2
wool	la lana 4
work	trabajar 1
worker	el obrero CD E
world	el mundo CD D
World Cup	la Copa Mundial
	CD E
worried	preocupado(a) 3
worry about	preocuparse
	(por) 4
worse	peor 7
worst	el/la peor 7
worthy	digno(a) 14
wounded	herido(a) 12
wrap	envolver (ue) 11
wrinkle	arrugar 11
write	escribir, redactar
	2; *(command)*
	escriba
	CD A

Y

year	el año 1
yellow	amarillo(a) CD E
yep!	¡ajá! 12
yes	sí 1
yesterday	ayer 7
yield	ceder 9
you	*(formal)* usted (Ud.); *(fam)* tú CD A
you're welcome	de nada CD A
young	joven 3
young lady	la doncella 14
younger	menor 7
youngest	el/la menor 7
your	*(formal)* su, sus; *(fam)* tu, tus 5
yours	*(formal)* suyo (a,os,as); *(fam)* tuyo (a,os, as) 13

Z

zone	la zona 5
zucchini	la calabacita 7

REALIA CREDITS

Pages 56, 61, 99, 120, 128, 145, 225, 301, *Diario las Américas* (Miami); Page 207—Nabisco Brands; Page 209—National Dairy Council; Page 236—Reprinted with permission of AT&T; Pages 300, 301—*Excelsior* (Mexico City).

LITERARY CREDITS

We wish to thank the authors, publishers, and holders of copyright for their permission to use the reading materials in this book.

«*Una carta a Dios*» reprinted by permission of Lic. Ángel López Oropeza.

¡*Pum, cataplum!* and *No los he olvidado* adapted and reprinted by permission of Llueve Tlaloc.

RESPUESTAS DE LOS EXÁMENES I–VII

EXAMEN I

Listening
I. **Mandatos** (Answers vary)
II. **Números** (Answers vary)

Speaking
I. Oral Questions
    1. Sí, (No, no) soy muy puntual . . .
    2. Bien (más o menos, regular . . .)
    3. Me llamo . . .
    4. Somos . . . en mi familia.
    5. Mi número (de teléfono) es . . .
    6. Sí, (No, no) mi profesor(a) es paciente . . .
II. **Situaciones**
    1. Answers vary.
    2. Answers vary.

Writing
I. Answers vary.
II. Translate.
    1. Buenos días, Sra. Gómez. ¿Cómo está Ud.?
    2. Más o menos. ¿Y Ud.?
    3. Mucho gusto.
    4. Lo siento.
    5. Dele noventa pesos.
    6. Con permiso.
    7. Igualmente.
    8. Hasta mañana.
III. Cultura
    1. Falso. Los tíos o los buenos amigos son los padrinos.
    2. Cierto.
    3. Falso. Es formal.
    4. Cierto.
    5. Falso. La señora es la esposa del señor Guerrero.
    6. Falso. La capital de Costa Rica es San José.

Reading
I. Match.
1. c	6. b
2. i	7. e
3. a	8. g
4. d	9. h
5. f	10. j

II. Complete.
1. son	4. alegre
2. viven	5. igualmente
3. llama	6. muy

EXAMEN II

Listening
I. Answers vary.

II. **El dinero**
1.	400 pesetas	4. . . .
2.	900	5. . . .
3.	1.800	

III. **Los gestos**
1. a little	5. stingy
2. more or less	6. money
3. careful	7. afterwards
4. no	8. delicious

IV. **El reloj**
    Answers vary.
V. **El alfabeto**
    Answers vary.

Speaking
I. Oral Questions.
    1. Mi cumpleaños es el . . . de . . .
    2. Hoy es el . . . de . . .
    3. Mi clase de español es a las . . .
    4. Hoy hace . . .
    5. Mi carro es azul (rojo, . . .)
    6. Sí, (No, no) tengo el pelo castaño.
II. **Situaciones**
    1. Answers vary.
    2. Answers vary.

Writing
I. Answers vary.
II. Answers vary.
III. Translate.
    1. ¿Cuál es la fecha de hoy?
    2. ¿Hace mucho calor aquí en el verano?
    3. ¿Qué libros te (le) gustan leer?
    4. Tengo el pelo castaño y los ojos castaños.
    5. ¿Cuánto cuesta?
    6. ¿De qué color es tu carro?
    7. ¿Hay un reloj aquí?

EXAMEN III

Listening
I. **Vocabulario** (Answers vary)
II. **Descripciones**
    1. No es bonita. Es fea.
    2. No es alegre. Es seria.
    3. No es joven. Es vieja.
    4. No es perezosa. Es trabajadora.
    5. No es antipática. Es simpática.
    6. No es muy inteligente. Es muy tonta.
    7. No es muy rica. Es muy pobre.
    8. No es casada. Es soltera.
    9. No es aburrida. Es muy interesante.
    10. No es gorda. Es delgada.

Speaking

I. Oral Questions
   1. Vivo en . . .
   2. Leo . . .
   3. Comemos . . .
   4. Estoy bien (más o menos, . . .)
   5. Estudio español, . . .
   6. Sí, (no, no) soy soltero(a).
   7. Doy una fiesta el . . .
   8. Voy a estudiar (trabajar, . . .)
   9. Conozco a María (Juan, . . .)
   10. Vamos al cine (a las tiendas, . . .)

II. **Situaciones**
   1. Answers vary.
   2. Answers vary.

Writing

I. Complete.
   1. debemos   4. necesitan
   2. cree   5. da
   3. conozco

II. Use the information . . .
   1. ¿A qué hora llega Ud.? Llego a las . . .
   2. ¿Qué refresco tomas? Tomo Coca-Cola (Pepsi, . . .)
   3. ¿Dónde está la profesora? Está en . . .
   4. ¿A qué clases asistes? Asisto a las clases de español, de inglés, de historia . . .
   5. ¿A quién esperan Uds.? Esperamos a . . .
   6. ¿Adónde desear ir? Deseo ir a . . .

III. Replace the boldface portions . . .
   1. Vamos al parque.
   2. Josefina es española.
   3. La carta es del esposo.
   4. Ellos están en Panamá.
   5. Yo doy cincuenta pesos.
   6. Buscamos al Sr. Ruiz.
   7. Me gusta la fiesta.

IV. Complete.
   1. es   6. es
   2. es   7. está
   3. está   8. es
   4. es   9. está
   5. están   10. es

V. Imagine . . . (Answers vary)

VI. Translate.
   1. Somos de los Estados Unidos.
   2. ¿Habla Ud. inglés?
   3. ¿A qué hora llego allí?
   4. Tú sabes nadar, ¿no?
   5. Ellos deben ver a la Sra. Flores hoy.

VII. Cultura
   1. Falso. Dan a la calle.
   2. Falso. Son típicos en los Estados Unidos.
   3. Cierto.
   4. Cierto.

   5. Falso. Se turnan durante la noche.
   6. Falso. Prefieren recuperarse en casa.

Reading

I. Match
   1. f   6. d
   2. h   7. j
   3. b   8. i
   4. g   9. a
   5. c   10. e

II. As you read . . .
   la mayor   Fidel Castro
   mexicano   últimos
   donde   desean
   son   vasto
   forman
   salen

EXAMEN IV

Speaking

I. Mention . . .
   1. Mi primo se baña.
   2. Me despierto a las siete.
   3. Mi mamá se levanta también.
   4. Te lavas la cara.
   5. Me pongo la ropa.
   6. Mis padres se desayunan.
   7. Mi hermanito se queda con abuela.
   8. Nos vamos al trabajo.

II. Tell your classmate what you did yesterday . . .
   1. Me levanté temprano.
   2. Estudié unas horas.
   3. Leí el periódico.
   4. Escribí unas cartas.
   5. Pagué unas cuentas.
   6. Manejé al centro.
   7. Toqué un poco de música.
   8. Me divertí con los amigos.

III. Situaciones
   1. Answers vary.
   2. Answers vary.

Writing

I. Substituya . . .
   1. Ellos son nuestros hijos.
   2. Tú estás en tu casa.
   3. Sus maletas son azules.
   4. El apartamento del señor está en el segundo piso.
   5. Necesito esa revista.
   6. Hablamos con esos muchachos, no aquéllos.
   7. ¿Prefieres estos asientos o ésos?
   8. Quiero probarme este suéter.

II. Escriba la forma correcta del verbo . . .
   1. sirve   4. pueden
   2. me pongo   5. Juegan
   3. pides   6. hago

III. Complete . . .
1. tienen sueño
2. tienes hambre
3. tiene miedo
4. tengo sed
5. tenemos frío
6. tenemos que
7. tengo ganas

IV. Indique . . .
1. cocino / estoy cocinando / cociné
2. escribimos / estamos escribiendo / escribimos
3. leen / están leyendo / leyeron
4. se divierte / se está divirtiendo / se divirtió
5. juego / estoy jugando / jugué
6. no duermo / no está durmiendo / no durmió

V. Cultura
1. Falso. La Zona Rosa está en México y la Gran Vía, en Madrid.
2. Falso. Los campesinos de los Andes llevan ropa de colores vivos de lana para protegerse del frío.
3. Cierto.
4. Falso. Los paradores nacionales son castillos.
5. Cierto.

Reading
I. Combine . . .
1. f
2. h
3. a
4. e
5. b
6. g
7. c
8. i
9. k
10. d

Las Américas . . .
II. Complete . . .
1. llegaron
2. encontraron
3. ocupó
4. interesó
5. inventó
6. establecieron
7. practicaron
8. dominaron
9. caracterizaron
10. construyeron
11. capturó
12. empezó
13. administraron
14. construyeron
15. adoraron
16. avanzaron
17. formaron

EXAMEN V
Speaking
I. Preguntas Orales
1a. Nací en el año 19 . . .
b. Vivía en . . .
c. Me gradué en el 19 . . .
d. Me interesaba más . . .
e. Pasábamos los veranos en . . .
2a. . . . era mi buen(a) amigo(a).
b. Era simpático(a), . . .
c. Éramos curiosos . . . él (ella) era . . . y yo no.
d. Jugábamos al baloncesto . . . Íbamos a . . .
3a. Fui al restaurante . . .
b. Llevaba . . .

c. Pedí . . . de comer y . . . de tomar.
d. Me gustó más el postre (la carne, . . .). Me gustó menos la ensalada (el café . . .).

II. You call a friend . . . (Answers vary)
III. Describe . . . (Answers vary)

Writing
I. **Pronombres directos e indirectos**
1. Se la quiero enseñar. / Quiero enseñársela.
2. Te lo traje.
3. No la entiendo.
4. Deben dárselo. / Se lo deben dar.
5. ¿Las conoces?
6. Patricia nos los va a preparar. / . . . va a preparárnoslos
7. Se los envié por correo.

II. Haga y conteste . . .
1. ¿Qué trajiste del mercado? Traje pollo, frutas . . .
2. ¿A quién le dijeron Uds. los planes para el fin de semana? Le dijimos los planes a Carlos (Isabel . . .)
3. ¿Cuándo hiciste ejercicios? Hice ejercicios ayer (esta mañana . . .)
4. ¿Adónde tuviste que ir esta mañana? Tuve que ir a . . .
5. ¿Cuándo supieron Uds. los resultados del examen?
Supimos los resultados ayer (la semana pasada . . .)

III. **¿Pretérito o imperfecto?** Traduzca . . .
1. Fui
2. trajo
3. Veíamos
4. Conocieron
5. era
6. quiso

IV. **¿Pretérito o imperfecto?** Escriba . . .
1. nació
2. era
3. se mudaban
4. tenía
5. fue
6. aprendió
7. comenzó
8. tomó
9. se destacó
10. regresaba (While returning . . .)
11. capturaron
12. llevaron
13. llegó
14. publicó
15. fue

V. Escriba un informe . . . (Answers vary)
VI. Cultura
1. Falso. Los tacos y las enchiladas son típicos de México.
2. Cierto.
3. Falso. Son platos cubanos que se hacen con carne.
4. Falso. Es carne asada.
5. Falso. Significa que yo pago.
6. Cierto.
7. Falso. El vino es parte de todas las buenas comidas hispanas.
8. Falso. Los taxis cuestan más que los colectivos.

Vocabulario
I. **La mesa**
   Pon la cuchara a . . .
II. **El almuerzo** (Answers vary)
III. **Las señales** *(Drawings)*
IV. **El carro** (Answers vary)

Reading
1. Se extendía por gran parte de la costa del Pacífico.
2. Era Cuzco que significaba ombligo del mundo.
3. Era el Inti (Sol).
4. Comían papas.
5. Construyeron formidables carreteras, puentes y templos.

EXAMEN VI

Speaking
I. Sigue, dobla . . .
II. Estará(n) en . . ., hablará(n) . . ., verá(n) . . .
III. ¿Has terminado (empezado . . ., hecho . . .) Sí, (No, no) he terminado . . .

Writing
I. Commands
   1. ¡Siéntense, por favor! Y tú, ¡siéntate también!
   2. ¡Miren! ¡Mira!
   3. ¡Pidan! ¡Pide!
   4. ¡Lean! ¡Lee!
   5. ¡Empiecen . . .! ¡Empieza!
   6. ¡No se vayan! ¡No te vayas!
   7. ¡No jueguen! ¡No juegues!
   8. ¡No toquen! ¡No toques!
II. Primero, decida . . .
   1. revisemos   5. busques
   2. pueden   6. se diviertan
   3. crucen   7. te quedes
   4. acostarme   8. salgan
III. Complete . . .
   1. por   4. —
   2. para   5. para
   3. por
IV. You've found . . .
   1. Deposité . . .   3. Pagué . . .
   2. Cambié . . .   4. Compré . . .
   Ojalá que encuentre el error pronto.
V. You're entering a travel contest . . .
   1. Iría a . . .
   2. Me quedaría en . . .
   3. Vería . . ., . . . y . . .
   4. Comería . . ., . . . y . . .
   5. Compraría, visitaría, caminaría por . . .
VI. Cultura
   1. Falso. Está a más de 7,000 mil pies de altura.
   2. Cierto.

3. Falso. México y Quito preservan un carácter indoeuropeo en su arquitectura . . .
4. Falso. Es la peseta.
5. Cierto.

Reading
1. c   4. a
2. b   5. d
3. d

EXAMEN VII

Speaking
I. Mis padres querían (esperaban, dudaban) que yo fuera . . . (hiciera . . ., estudiara . . ., viera . . .)
II. Explain . . .
   1. Si yo fuera presidente, cambiaría . . ., haría . . ., construiría . . ., no permitiría . . .
   2. Si yo fuera rico(a), daría . . ., haría . . .
   3. Si perdiera todo mi dinero, buscaría . . ., trabajaría . . .
   4. Si fuera Picasso, pintaría . . . Si fuera Don Quijote, lucharía . . ., insistiría en . . . soñaría con . . .

Writing
I. Primero, decida . . .
   1. tengan   7. pago
   2. pida   8. cometieras
   3. olvidaran   9. reunirnos
   4. decir   10. fuera
   5. limpiáramos   11. comprendieran
   6. escriba   12. pudiera

Identificación
1. e   4. f   1. b   4. c
2. b   5. c   2. d   5. a
3. d   6. a   3. e   6. f

Reading
1. Decidieron ir al pueblo.
2. Llevaban el burro para traer las compras.
3. Porque los dos iban a pie y no en el burro.
4. Le dijo que se subiera al burro.
5. Porque viejo y cansado iba a pie mientras su hijo iba en el burro.
6. Era cargar el burro.
7. Seguían criticando.
8. Los otros determinaban las acciones del padre.
9. comica, divertida, satírica
10. No complacemos a nadie.
11. Haz bien y no te preocupes . . . No permitas que los otros determinen tus acciones . . .